Paul Tebroke, Kathrin von Eerde

Lernsituationen Logistische Prozesse

Berufe der Lagerlogistik

3. Auflage

Bestellnummer 00392

Bildungsverlag EINS

Die in diesem Produkt gemachten Angaben zu Unternehmen (Namen, Internet- und E-Mail-Adressen, Handelsregistereintragungen, Bankverbindungen, Steuer-, Telefon- und Faxnummern und alle weiteren Angaben) sind i. d. R. fiktiv, d. h., sie stehen in keinem Zusammenhang mit einem real existierenden Unternehmen in der dargestellten oder einer ähnlichen Form. Dies gilt auch für alle Kunden, Lieferanten und sonstigen Geschäftspartner der Unternehmen wie z. B. Kreditinstitute, Versicherungsunternehmen und andere Dienstleistungsunternehmen. Ausschließlich zum Zwecke der Authentizität werden die Namen real existierender Unternehmen und z. B. im Fall von Kreditinstituten auch deren IBANs und BICs verwendet.

Die in diesem Werk aufgeführten Internetadressen sind auf dem Stand zum Zeitpunkt der Drucklegung. Die ständige Aktualität der Adressen kann vonseiten des Verlages nicht gewährleistet werden. Darüber hinaus übernimmt der Verlag keine Verantwortung für die Inhalte dieser Seiten.

service@bv-1.de
www.bildungsverlag1.de

Bildungsverlag EINS GmbH
Ettore-Bugatti-Straße 6-14, 51149 Köln

ISBN 978-3-427-**00392**-2

Vorwort

Umsetzung des Lernfeldkonzeptes

Das Lernfeldkonzept als Basis fast aller kaufmännischen Ausbildungsberufe verlangt von den Schulen, dass sie Handlungssituationen aus der Praxis in **Lernsituationen** umsetzen. Lernsituationen sind exemplarische, curriculare Bausteine, die fachtheoretische Inhalte pädagogisch aufbereiten und in einen Anwendungszusammenhang bringen.

Eine Lernsituation ist durch folgende **Merkmale** gekennzeichnet:
- Sie bezieht sich anhand eines realitätsnahen Szenarios auf eine beruflich, gesellschaftlich oder privat bedeutsame exemplarische Problemstellung.
- Sie ermöglicht individuelle Kompetenzentwicklung im Rahmen einer vollständigen Handlung.
- Sie hat ein konkretes Handlungsprodukt bzw. Lernergebnis.
- Sie schließt Anwendungs-, Übungs-, Vertiefungs- und Transferaufgaben sowie Erfolgskontrollen ein.

Zusätzliche Aspekte:
- Lernsituationen fördern selbstgesteuerte Lernprozesse und
- unterstützen individualisierte Lernprozesse durch unterschiedliche Zugänge, Lösungsprozesse und/ oder Lernergebnisse.

Jedes Kapitel besteht aus drei Elementen:
- **Element 1:** Eine Lernsituation (als Einstiegssituation) im oben definierten Sinne (realitätsnahes Szenario mit einer vorzugsweise beruflichen, exemplarischen Problemstellung). In der Lernsituation werden die zentralen Problemstellen des Themas schülernah aufbereitet und problematisiert.
- **Element 2:** Ein Arbeitsauftrag, der die Lösung der aufgeworfenen Problemstellung zum Inhalt hat und der zu einem Handlungsprodukt führt. Häufig wird der übergreifende Arbeitsauftrag noch durch Teilarbeitsaufträge und auch durch methodische Hinweise/Vorschläge untergliedert bzw. ergänzt.
- **Element 3:** Aufgaben, die der Anwendung, Übung, Vertiefung und dem Transfer sowie der Erfolgskontrolle dienen.

Die Einstiegssituation wird häufig in Dialogform aufbereitet, weil Dialoge für die Auszubildenden besonders anschaulich sind und zur Identifikation mit den handelnden Personen einladen. Dialoge sind darüber hinaus besonders geeignet, Konflikte sichtbar zu machen, die die Lerninhalte problematisieren. Mit ihnen lassen sich ferner Lerninhalte an Jugendliche heranführen, die dem geschriebenen Wort gewöhnlich eher distanziert gegenüberstehen.

Inhaltsverzeichnis

Lernfeld 1: Güter annehmen und kontrollieren

1 Sich im Betrieb orientieren

Petra Meyer und Andreas Jöger sind Auszubildende bei der Interlogistik Handel und Lagerei GmbH. Petra Meyer hat eine dreijährige Ausbildung als Fachkraft für Lagerlogistik vor sich, Andreas Jöger eine zweijährige Ausbildung als Fachlagerist. Ausbildungsbeginn für beide war der 1. August. Beide haben zuvor ein einwöchiges Praktikum absolviert, kennen den Betrieb also schon ein wenig.

Das Unternehmen hat zwei Schwerpunkte:
- Großhandel für Sanitär und Baumarktprodukte
- Lagerei für die unterschiedlichsten Artikel

Für den Großhandel ist Herr Schulte als Geschäftsführer verantwortlich, für den Bereich der Lagerei der Geschäftsführer Herr Scherlers. Herr Schulte und Herr Scherlers kannten sich schon vorher durch geschäftliche Beziehungen. Als die Lagerhalle im Duisburger Hafen frei wurde, entschlossen sie sich, gemeinsam eine Firma zu gründen. So lautet die Adresse der Interlogistik nun: Luisenstraße 93, 47119 Duisburg/Ruhrort.

Da Petra 17 Jahre alt ist und noch keinen Führerschein, geschweige denn ein Auto, hat, ist sie auf öffentliche Verkehrsmittel angewiesen. Sie fragt sich, wie sie ihren neuen Arbeitgeber zukünftig von Oberhausen aus erreichen soll. Der Standort ihrer Ausbildungsstätte scheint ihr schwer erreichbar. Petra wohnt in 46049 Oberhausen, Dieselstraße 7. Ihr Arbeitskollege Andreas kommt aus 47798 Krefeld, Nordwall 3. Er ist 19 Jahre alt und besitzt ein Auto.

Petra: „Du hast es gut. Du kannst schön mit dem Auto zur Arbeit fahren. Ich brauche Stunden von Oberhausen bis hier."

Andreas: „Ich bin auch nicht viel schneller. Du hast keine Ahnung, was hier morgens für ein Verkehr herrscht. Dazu muss ich noch durch ganz Duisburg, da staut es sich besonders."

Petra: „Dann fahr halt anders."

Andreas: „Das ist leichter gesagt als getan. Aber ich muss mich tatsächlich mal mit Alternativstrecken auseinandersetzen."

Petra: „Siehst du. Ich fahre auch einmal an Duisburg vorbei, rein in die Innenstadt und dann wieder von hier raus. Die Interlogistik liegt echt ungünstig."

Andreas: „Finde ich auch. Unsere Kunden stehen bestimmt auch nur im Stau. Da hätte ich als Kunde schon keine Lust mehr, hier zu kaufen, und würde mir einen anderen Anbieter suchen."

Petra: „Wir müssen echt mal fragen, warum die Chefs diesen abgelegenen Standort gewählt haben … Sag mal, wo wirst du zuerst eingesetzt?"

Andreas: „Ich bin im Wareneingang. Und du?"

Petra: „Ich auch, das ist ja super. Dann können wir uns ja gegenseitig helfen."

Andreas: „Ich hoffe trotzdem, dass wir auch die anderen Bereiche kennenlernen. Denn im Wareneingang war ich schon im Praktikum."

Petra: „Es gibt auch noch den Warenausgang. Das weiß ich ganz sicher, denn da war ich im Praktikum eingesetzt."

Andreas: „Dazwischen gibt es aber noch weitere Bereiche."

Petra: „Wie dazwischen?"

Andreas: „Zwischen Warenein- und Warenausgang."

Petra: „Und welche? Ware kommt rein und geht wieder raus. Was soll es da noch geben?"

Petra will sich mit den Gründen für die Standortwahl der Interlogistik GmbH genauer beschäftigen. Daher spricht sie kurz darauf mit Herrn Schulte, dem Geschäftsführer.

Petra: „Herr Schulte, darf ich Sie mal fragen, warum die Interlogistik GmbH ihren Standort in Duisburg hat? Wegen der guten Hafen- und Straßenanbindung? Oder gab es noch andere Aspekte? Warum haben Sie sich für einen einzigen Standort entschieden?"

Herr Schulte: „Wieso sollten wir mehr als einen Standort haben? Wie kommen Sie auf die Idee? Und nur wegen der guten Verkehrsanbindung habe ich den Standort hier nicht gewählt.

Da gibt es sogar andere Standorte, die besser geeignet wären. Nein, Hauptgrund war, dass ich über das Wirtschaftsförderungsamt der Stadt Duisburg dieses Gebäude günstig erwerben konnte. Es stand schon fünf Jahre lang leer, weil es keine Interessenten gab."

Petra: „Das leuchtet ein. Der Nachteil ist bloß, dass hier kein Kunde mal eben vorbeikommt und unsere Produkte kauft. Darauf sind wir kaum eingestellt."

Herr Schulte: „Das ist für den Einzelhandel interessant, aber nicht für einen Großhandel, zu dem wir gehören. Wir brauchen keine Laufkundschaft. Außerdem bekomme ich in der Fußgängerzone keine Genehmigung für so einen Betrieb. Ein weiterer Punkt ist, dass die Entsorgungskosten für Restmüll hier wesentlich geringer sind als im Kreis Oberhausen. Und noch ein Vorteil: Wir haben hier Fernwärme."

Petra: „Spielt es auch eine Rolle, dass wir hier von anderen gewerblichen Unternehmen umgeben sind?"

Herr Schulte: „Auf jeden Fall! Nicht nur vor- und nachgelagerte Betriebe sind hier zu finden, sondern auch Arbeitskräfte mit den unterschiedlichsten Qualifikationen. Das finden Sie nicht überall in Deutschland. Schauen Sie mal her, in dieser Grafik sind die Kriterien für die Standortwahl eines Betriebes abgebildet, damit Sie mal sehen, dass mehrere Faktoren zusammenkommen müssen, um sich betrieblich niederzulassen."

Arbeitsauftrag

Helfen Sie Petra und Andreas bei der Eingewöhnung in ihrem Ausbildungsbetrieb Interlogistik GmbH. Erledigen Sie dazu folgende Arbeitsschritte:

1. Erstellen Sie je eine sinnvolle Wegbeschreibung für Petra Meyer und Andreas Jöger und schätzen Sie die gesamte Fahrzeit.
2. Die beiden Auszubildenden wundern sich über den Standort der Firma. Prüfen Sie, welche Faktoren aus der Grafik von Herrn Schulte wichtig für den Standort der Interlogistik GmbH sind.
3. Neben dem Warenein- und -ausgangsbereich gibt es in der Lagerhalle weitere Bereiche. Beschreiben Sie einen davon.

Siehe auch www.bahn.de sowie „Wirtschafts- und Sozialprozesse" (00363): Kriterien der Standortwahl

Aufgabe 1

Wie Sie in der Lernsituation erfahren haben, ist die Interlogistik GmbH ein Großhandel für Sanitär und Baumarktprodukte.

a) Beschreiben Sie die Aufgaben eines Großhandels.
b) Unterscheiden Sie Einzelhändler und Großhändler.
c) Der Großhandel beschränkt sich nicht nur auf die reine Lagerung von Gütern. Zeigen Sie zwei weitere Beispiele auf, welche weiteren Arbeiten mit den Gütern anfallen könnten.

Aufgabe 2

Neben der Lagerung befinden sich im Betrieb verschiedene Abteilungen. Formulieren Sie für folgende Bereiche typische Aufgaben:

- Einkaufsabteilung
- Verkaufsabteilung
- Rechnungswesen
- Controlling
- Personal
- Informationstechnik
- Fuhrpark

Aufgabe 3

Erkundungsauftrag: Ihr Ausbildungsbetrieb

1. Nennen Sie die vollständige Firmierung Ihres Ausbildungsbetriebes.
2. Geben Sie an, welches Sachziel Ihr Ausbildungsbetrieb verfolgt (z. B. Verkauf von Hard- und Software). Beschreiben Sie kurz die Produktpalette.
3. Nennen Sie die Branche, in der Ihr Ausbildungsbetrieb folglich tätig ist.
4. Ermitteln Sie, aus welchen Abteilungen Ihr Ausbildungsbetrieb besteht und wie diese im Unternehmen organisiert sind.
5. Stellen Sie fest, wie viele Mitarbeiter/-innen Ihr Ausbildungsbetrieb hat.
6. Beschreiben Sie, woher Ihr Betrieb überwiegend Ware geliefert bekommt.
7. Erklären Sie, wer die Hauptabnehmer bzw. die wichtigste Kundengruppe Ihres Unternehmens sind.
8. Ermitteln Sie, seit wann die Unternehmung existiert.
   - Ist sie seitdem immer derselben Branche zuzuordnen?
   - Hat sich der Firmenname oder die Unternehmensform geändert?
9. Begründen Sie, warum Ihr Ausbildungsbetrieb den genannten Standort gewählt hat.
10. Beschreiben Sie einen typischen Arbeitsablauf in Ihrem Betrieb.

Aufgabe 4

Frau Meyer hat die Aufgabe, Bestände zu aktualisieren. Helfen Sie ihr bei der Ermittlung der jeweiligen Endbestände an Waren:

Artikel	Anfangsbestand	Verkäufe	Endbestand
Fahrradflickset	12 Stück	5 Stück	
Digital-Multimeter PM 334	1 524 Stück	1 300 Stück	
Tintenpatrone Geha HP 810C	454 Stück	450 Stück	
Steckdosenleiste, 2er-Pack	5 Stück	4 Stück	
NICd Accu 120 mAH Block E	87 Stück	17 Stück	
Universalmesser	95 Stück	19 Stück	
Klingen, abbrechbar im 5er-Pack	75 Stück	52 Stück	
Handgriff mit Rosette je 2	45 Stück	12 Stück	
Kreuzschrauben 100er-Pack	9 Stück	4 Stück	

Aufgabe 5

Frau Meyer hat für den heutigen Tag den aktuellen Kassenbestand zu ermitteln:

3 547,00 €	Anfangsbestand	99,11 €	Abgänge
712,30 €	Zugänge	1 851,73 €	Abgänge
5 102,52 €	Zugänge	1 512,94 €	Abgänge
91,00 €	Zugänge	2 101,00 €	Abgänge
1 020,00 €	Zugänge		

Aufgabe 6

Ein Binnenschiff soll mit 3 900 t Kohle beladen werden. Ein Güterzug der Deutschen Bahn bringt je 25 Waggons mit 27,3 t, 29 1/8 t und 32 600 kg. Errechnen Sie, ob das Binnenschiff noch zwei weitere Züge mit je 32 Waggons von je 26,1 t Kohle aufnehmen kann.

Aufgabe 7

Ein Lkw verbraucht auf 100 km 24,5 l. Im Tank befinden sich 60 l. Wie viel Liter hat der Fahrer nachzutanken, wenn er 812 km zu fahren hat?

Aufgabe 8

Die Eisengroßhandlung Elsinghorst & Co. ermittelte für die ersten sechs Monate folgende Warenumsätze:

	Assy-Schrauben	Kreuzschrauben	Dübel	Verbinder	Summe
Januar	15 740	45	7 979	9 874	
Februar	8 200	4 879	45 454	6 541	
März	14 500	66	2 597	6 521	
April	10 415	4 859	3 589	365	
Mai	9 745	5 217	14 552	25	
Juni	15 478	6 666	1 452	2	

a) Berechnen Sie den Halbjahresumsatz je Artikelgruppe.
b) Ermitteln Sie den jeweiligen Monatsumsatz.
c) Errechnen Sie den Gesamtumsatz der Eisengroßhandlung für das erste Halbjahr.

2 Waren mit einem Lieferschein annehmen und kontrollieren

Petra: „Hast du schon gehört? Herr Heuser, unser Lagermeister, ist krank und Herr Alefs ist aufgrund einer Fortbildung außer Haus."

Andreas: „Und im Hof steht ein voller Lkw. Der Fahrer macht den totalen Aufstand und meckert rum, weil er unbedingt weiter will. Was machen wir jetzt? Wir sind ja erst seit zwei Wochen im Wareneingang und haben noch niemals Waren alleine angenommen."

Petra: „Zusammen kriegen wir das schon hin. Sag dem Fahrer erst mal, dass er an Rampe Zwei parken soll."

Andreas: „Okay. Dann muss er uns einen Frachtbrief oder einen Lieferschein geben, den wir prüfen müssen. Das habe ich letzte Woche schon einmal allein gemacht."

Petra: „Auf was muss ich dabei alles achten?"

Andreas: „Du musst auf jeden Fall erst mal gucken, ob wir überhaupt als Empfänger auf den Papieren stehen. Danach sollten wir prüfen, ob die Anzahl der Packstücke mit der Anzahl auf dem Begleitpapier übereinstimmt."

Petra: „Dabei sollten wir auch direkt kontrollieren, ob die Ware oder deren Verpackung beschädigt ist. Dann können wir nämlich die einwandfreie Lieferung auf dem Begleitpapier quittieren."

Andreas: „Das ist doch schon einmal ein guter Anfang ..."

Petra macht sich auf den Weg zu Rampe Zwei. Dort hat der Fahrer die Sendung bereits abgeladen und die Pakete übersichtlich nebeneinander gestellt. Als Petra kommt, drückt er ihr direkt den Lieferschein in die Hand. Petra ist verunsichert, weil der Fahrer die Sendung selbst abgeladen hat. Herr Heuser hatte ihr sehr deutlich gemacht, dass er nicht möchte, dass Fremde im Lager bzw. im Wareneingangsbereich herumlaufen. Eigentlich hatte sie nie wirklich verstanden, wo das Problem ist, wenn ein Fahrer selbst ablädt. Herr Heuser müsste sich doch freuen, wenn die Fahrer mithelfen. „Eins nach dem anderen. Jetzt mache ich erst mal die Warenannahme. Dann recherchiere ich in meinen Berufsschulunterlagen wegen des Entladens", denkt sie.

Hillinger GmbH
Achatstraße 122
33739 Bielefeld
Telefon 05206 922914
Fax 05206 922919

Hillinger GmbH, Achatstraße 122, 33739 Bielefeld

Interlogistik GmbH
Luisenstraße 93
47119 Duisburg

Datum

Lieferschein Nr. 00-244-01 Anlieferung auf Europalette 16.08.20..

Art. Nr.	Anzahl	Einheit	Bezeichnung
124308	3000	Stück	Sahneabdeckpapier 1/8 Bogen
1430110	5	kg	Bienex
Ohne	6000	Stück	SF-PE-Beutel Nr. 33, gelocht, 200*100*450 mm
313127	3000	Stück	Polyfaltenbeutel / SF-PE-Beutel Nr. 27, gelocht, 150*100*330 mm
341507	1000	Stück	Shoppertaschen 37/24/46
Ohne	10	VE	Frische Eier aus Bodenhaltung, Friesenhof, Güteklasse M, 10er-Set

Der anliefernde Lkw hat das Kennzeichen K-DU 587.

Fahrer: „Ich habe jetzt abgeladen. Ihnen ist klar, dass Sie haften, falls Schäden vorgekommen sind. Ich habe jedenfalls keine Zeit, mit Ihnen darüber zu diskutieren. Ich muss bis 09:00 Uhr zwei Anlieferungen in der Fußgängerzone erledigen. Ab 10:00 Uhr darf ich dort nicht mehr hin."

Petra: „Dann lassen Sie mich direkt mit der Warenkontrolle anfangen."

Petra nimmt sich den Lieferschein und beginnt mit der Überprüfung der Ware.

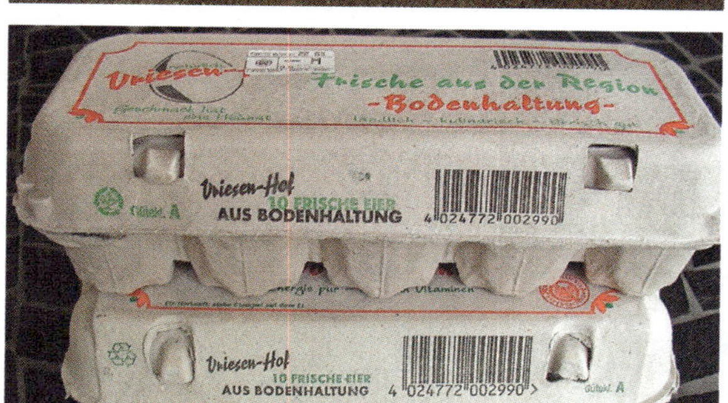

Der Fahrer wird immer ungeduldiger, da Petra sehr sorgfältig prüft.

Fahrer: „Hallo, ich habe Ihnen doch gerade deutlich gemacht, dass ich weiter muss!"

Petra: „Ich weiß, aber ich muss die Lieferung schon ordnungsgemäß kontrollieren."

Fahrer: „Wollen Sie damit andeuten, dass etwas nicht stimmt?!"

Petra: „Ja, die Angaben auf dem Lieferschein weichen teilweise von der angelieferten Sendung ab."

Fahrer: „Lassen Sie mal sehen, vielleicht kann ich ja helfen."

Petra und der Fahrer gehen gemeinsam die Beanstandungen durch. Notwendige Änderungen werden auf dem Lieferschein vermerkt und quittiert. Als der Fahrer weg ist, sucht Petra nach Andreas, findet ihn aber nicht. „Mist.", denkt sie. „Was muss ich jetzt mit der Sendung machen? Direkt einlagern geht nicht. Aber eigentlich habe ich doch schon alles kontrolliert … Obwohl … den Inhalt noch nicht … Das mache ich jetzt erst einmal. Vielleicht ergibt sich dann alles Weitere."

Arbeitsauftrag

Führen Sie die Warenannahme der Lieferung für die Interlogistik GmbH durch. Gehen Sie dabei wie folgt vor:

1. Kontrollieren Sie den Lieferschein, auf dem die ankommende Ware vermerkt ist, und nehmen Sie dort die notwendigen Eintragungen vor.
2. Beurteilen Sie das Verhalten des Fahrers beim Entladen. Prüfen Sie, ob er oder die Interlogistik GmbH für das Entladen zuständig ist und ob die Interlogistik GmbH tatsächlich für Schäden haftet, die entstehen, wenn der Fahrer entlädt.

Aufgabe 1

In der Warenannahme ist ein Lkw-Anhänger mit einer lange erwarteten Lieferung eingetroffen und muss nun entladen werden. Der Gabelstapler reicht mit seiner Hubkraft nicht aus, um eine überladene Palette mit 400 Kartons abzuheben. Ihr Kollege bittet Sie um Hilfe. Welchen Rat geben Sie Ihrem Kollegen?

- ☐ Der Kollege soll den Lkw an den Absender zurückschicken und den Lieferanten bitten, eine Teillieferung zu veranlassen.
- ☐ Der Kollege soll die Palette mit dem vorhandenen 6-t-Kran abladen.
- ☐ Der Kollege soll die Annahme verweigern.
- ☐ Der Kollege soll sich einen Schubmaststapler aus dem Hochregallager holen.
- ☐ Der Kollege soll die Palette von Hand teilentladen und die dadurch leichter gewordene Palette mit dem Stapler abladen.

Aufgabe 2

Beschreiben Sie den Ablauf bei der Warenannahme in Ihrem Betrieb. Entwerfen Sie dazu einen Text für Ihren Ausbildungsnachweis.

Name ____________________

Betriebsabteilung ____________________

Ausbildungsnachweis Nr. Woche vom bis Jahr: ________

Betriebliche Tätigkeit

____

____

____

____

____

____

____

Aufgabe 3

Bestimmen Sie die richtige Reihenfolge der nachfolgenden Arbeiten beim Wareneingang.

☐ Prüfen der Ware nach Menge, Art, Güte und Beschaffenheit

☐ Äußerlich erkennbare Beschädigungen und fehlende Packstücke vom Lkw-Fahrer bzw. Postboten bestätigen lassen

☐ Feststellen der Anschrift und der Zahl der Versandstücke anhand des Lieferscheins oder des Frachtbriefes sowie Prüfen der äußeren Unversehrtheit

☐ Vergleich der eingehenden Sendung mit der Bestellung und der Lieferantenrechnung

☐ Dem Anliefernden die Annahme der Sendung auf dem Lieferschein oder Frachtbrief durch Unterschrift bestätigen.

Aufgabe 4

Bestimmen Sie durch Ankreuzen, wann eine Warenanlieferung im Wareneingang in der EDV als Bestand eingebucht wird.

☐ Wenn die Ware eintrifft

☐ Wenn die Rechnung eintrifft

☐ Wenn die Rechnung bezahlt wird

Aufgabe 5

Sie sind Auszubildende/-r der Kropp GmbH und zuständig für die Warenannahme und Einlagerung. Heute bekommen Sie von einem Lieferanten aus Schwerin 40 Europaletten verschiedenster Kunststoffe zur Weiterverarbeitung. Der Lkw hat das Werksgelände erreicht und steht nun an der Abladerampe zur Entladung bereit.

a) Sie schreiten zur Tat. Zur Kontrolle der empfangenen Lieferung verwenden Sie unterschiedliche Begleitpapiere. Bestimmen Sie durch Ankreuzen, welche zwei Begleitpapiere Sie für die oben genannte Lieferung bei der ersten Wareneingangskontrolle verwenden können.

- ☐ Angebot
- ☐ Werbeanzeige
- ☐ Lieferschein
- ☐ Zolldokumente
- ☐ Frachtbrief
- ☐ Prospekt

b) Nachdem Ihnen nun die richtigen Papiere vorliegen, nehmen Sie in Anwesenheit des Lieferers die erste Sichtkontrolle nach HGB vor. Stellen Sie durch Ankreuzen fest, welche Tätigkeit Sie als erste durchführen.

- ☐ Kontrolle der Anzahl der angelieferten Packstücke
- ☐ Prüfung des Empfangsortes/der Abladestelle anhand der Lieferdokumente
- ☐ Entladung des Lkw
- ☐ Prüfung auf sichtbare Mängel
- ☐ Kontrolle der Verpackungsart

Aufgabe 6

Bei der Kontrolle einer Getränkesendung stellen Sie fest, dass eine Palette Apfelschorle statt des bestellten Mineralwassers geliefert wurde. Wie verfahren Sie mit der gelieferten Palette Apfelschorle?

- ☐ Sie ändern den Lieferschein auf eine Palette Apfelschorle ab und geben die Palette ohne weitere Bemerkungen für die Einlagerung frei.
- ☐ Sie ändern den Lieferschein auf eine Palette Apfelschorle ab, stellen die Palette zur Seite, lagern diese auf einem Sperrplatz ein und warten die Entscheidung der Einkaufsabteilung über die weitere Behandlung ab.
- ☐ Sie ändern den Lieferschein auf eine Palette Apfelschorle ab, separieren die Palette und lagern diese auf einem entsprechenden Lagerplatz ein und vermerken ihre Einlagerung in der Lagerbestandsverwaltung.
- ☐ Sie vermerken auf den Lieferschein die Falschlieferung, nullen die Palette Mineralwasser und geben die falsch gelieferte Palette dem Frachtführer mit.
- ☐ Sie ändern den Lieferschein und die Bestellung so ab, dass die gelieferte Menge mit der bestellten Menge übereinstimmt.

Aufgabe 7

Frau Meyer nimmt eine Warenanlieferung mit einem Lieferschein an. Sie prüft die Sendung und stellt fest, dass die Anlieferung auf einer Einwegpalette (1,00 m × 1,20 m) erfolgt. Äußere Schäden sind nicht festzustellen. Sie zählt die Produkte durch. Vom Draht werden 20 m, von den Patronen 87 Stück, von dem Produkt Bienex 74 kg, von den Taschen 20 Stück und den Polybeuteln 70 Stück angeliefert.

Nehmen Sie für Frau Meyer alle notwendigen Eintragungen auf dem Lieferschein vor.

(1) Empfänger	**(2) Eingangsvermerk**	**Lieferschein**	
		(3) Nr.	73815
Interlogistik GmbH **Luisenstraße 93** **D 47119 Duisburg**		**(4) Versanddatum 26.11.20(00)**	

(5) Lieferant	**(6) Fracht**		**(7) Anlieferung (Ist)**				**Rechnung**	
Müller GmbH	**frei**	**unfrei**	**Waggon**		**Spediteur**	X	**(8) Nr.**	**6**
Am Spund 121	**€**							
90402 Nürnberg								
							(9) vom	**26.11.20(00)**

(11) Bestellung Nr.	**(15) Zusatzdaten des Bestellers**	**(12) Unsere Abteilung**	**(13) Hausruf**	**(14) Unsere Auftrags-Nr.**
L5874Ö		Abt. 19	–699	LO-187- 20(00)
(19) Versandart	**frei (20) unfrei**	**(21) Verpackungsart**	**(23)**	**Gesamtgewicht kg (24)**
Gerd Berger Spedition e. K.	X	Euro	brutto 2870	2805 netto

(27) Pos	**(28) Sachnummer**	**(29) Bezeichnung der Lieferung**	**(30) Menge**	**Einheit**	**(40) Empfängervermerke: Menge (Ist)**	**Differenz +/–**
1	01 12 444	Bienex	80	kg		
2	08 42 543	Taschen	20	St.		
3	17 30 765	Polybeutel	70	St.		
4	09 12 883	Patronen	100	St.		
5	90 01 210	Draht	20	m		
	Datum:					
	Unterschrift:					

3 Eine Anlieferung mit einem Speditionsauftrag abwickeln

Einige Wochen sind vergangen. Petra Meyer und Andreas Jöger haben inzwischen Routine im Wareneingang. Heute liefert ein Fahrer von der Martmann Transport GmbH mit seinem Gliederzug (D-DG 589) eine Palette mit Waren an die Rampe der Interlogistik GmbH. Petra Meyer nimmt die Lieferung in Empfang. Ohne ein Wort zieht der Fahrer mit dem Hubwagen die Palette auf die Rampe. Er hat es eilig, weil er im Stau gestanden hat.

Petra: „Sie wissen ganz genau, dass Sie ohne Erlaubnis nicht abladen dürfen. Ich mache das."

Fahrer: „Ich wollte Ihnen nur helfen."

Petra: „Helfen? Sehen Sie nicht, dass die Kiste an der Rückseite ein Loch aufweist und man freien Blick auf die Ware hat?"

Fahrer: „Das habe ich tatsächlich nicht gesehen. Hier das Begleitpapier. Ich brauche noch eine Unterschrift von Ihnen. Und wegen des Schadens können Sie ja gleich meinen Chef anrufen. Das wird dann schon geregelt."

Petra: „Was ist das? Ein Speditionsauftrag? Was soll ich damit? Ich brauche den Lieferschein, sonst kann ich die Warenkontrolle nicht durchführen."

Fahrer: „Jetzt machen Sie schon. Der Speditionsauftrag ist fast dasselbe wie ein Lieferschein."

Petra: „Das glaube ich nicht. Ich kann doch darauf gar nicht erkennen, ob das die Messwerkzeuge sind, auf die ich warte. Die Artikelnummer fehlt mir ja."

Fahrer: „Mir und meinem Chef ist es wirklich egal, ob die Messwerkzeuge da drin sind oder nicht. Für uns ist lediglich wichtig, welche Palette wir angeliefert haben und ob getauscht wurde oder nicht. Der Schein ist ausreichend! Und wenn Sie den Lieferschein suchen, der ist an der Ware, damit können Sie Ihre Warenprüfung machen."

Petra läuft um die Kiste und findet kurz darauf den Lieferschein in einer roten Tasche oben auf der Kiste angebracht. Sie ist beruhigt. Aber so richtig weiß sie noch nicht, wie sie den Speditionsauftrag behandeln soll, und vor allem ist ihr nicht klar, wie sie nun mit dem Schaden verfahren soll.

Arbeitsauftrag

Wickeln Sie die Warenannahme ab und nehmen Sie alle Eintragungen auf dem Speditionsauftrag vor. Entscheiden Sie dabei, wie Sie mit dem Speditionsauftrag und dem Schaden verfahren und begründen Sie Ihre Entscheidung. Informieren Sie sich in diesem Zusammenhang über die „Untersuchungs- und Anzeigepflichten".

SPEDITIONS-AUFTRAG		**Martmann Transport GmbH** Olaf-Palme-Str. 1a DE-47123 Duisburg

Empfänger	Versender
Interlogistik GmbH Luisenstraße 93 **DE - 47119 Duisburg**	Vogel GmbH Bahnhofstr. 174 DE-47621 Kevelaer EUROPALETTE NICHT getauscht ☐ getauscht ☐

Kundenpapiere	Warenwertnachnahme	Versender-Nr.	Versanddatum	Frankatur	Warenwert in €
		071637000	03.02.20..	FREI HAUS	2.219,60 €

Position	Zeichen u. Nr.	Anzahl	Verpackung	Inhalt	Gewicht kg
1	26434/1-2 DE-47119	1	EURO	Messwerkzeuge	80,00
			1,20x0,80x0,40	Stapelbar	
2		1	Karton	Messwerkzeuge	9,20
			1,99x0,26x0,07		
Verladen auf______  DB/EU Flachpalette					89,20
					Gesamt kg

Bemerkungen

Wir arbeiten ausschließlich auf Grund der Allgemeinen deutschen Spediteurbedingungen (ADSp), jeweils neueste Fassung	Sendung in einwandfreiem Zustand und vollzählig erhalten.	Barcodelabelfeld 9 783648 001974
Lkw-Kennzeichen: ______________ ________ ______________________ Datum Unterschrift		

Aufgabe 1

Auf dem oben abgebildeten Speditionsauftrag steht unter der Rubrik „Inhalt", dass es sich um Messwerkzeuge handelt. Beschreiben Sie, wie man sich im Wareneingang davon überzeugen kann, dass es sich wirklich um Messwerkzeuge handelt und nicht um andersartige Ware.

Aufgabe 2

Nennen Sie Beispiele für verdeckte Transportschäden aufgrund Ihrer betrieblichen Erfahrung.

Aufgabe 3

Beschreiben Sie, wie im Wareneingang Ihres Betriebes die Abwicklung eines Transportschadens organisiert ist.

Aufgabe 4

Im Wareneingang stellt ein Mitarbeiter fest, dass aus einem angelieferten Sack Zement herausrieselt. Er verweigert daraufhin die Annahme der Lieferung. Nehmen Sie Stellung zu diesem Verhalten und begründen Sie Ihre Meinung.

Aufgabe 5

Erläutern Sie, welche rechtliche Bedeutung die Unterschrift eines Mitarbeiters oder einer Mitarbeiterin auf dem Frachtbrief hat, der/die damit den Wareneingang quittiert.

Aufgabe 6

Ermitteln Sie durch Ankreuzen, was Ihrer Meinung nach unter dem Begriff „unverzügliche" Prüfung des Inhalts einer Sendung zu verstehen ist.

- ☐ Der Inhalt dieser Sendung ist sofort und im Beisein des Lkw-Fahrers/Postboten zu prüfen.
- ☐ Nachdem der äußere Zustand einer Sendung geprüft und dem Überbringer die Annahme der Sendung quittiert worden ist, werden die Pakete sofort ausgepackt und überprüft.
- ☐ Nach der äußeren Prüfung kann die Sendung zunächst einmal zur Seite gestellt werden, um dringendere Arbeiten zu erledigen. Sobald der Betriebsablauf es zulässt, erfolgt die inhaltliche Prüfung.
- ☐ Die Prüfung des Inhalts einer Sendung erfolgt innerhalb der Fristen, die für die Reklamation von äußerlich nicht erkennbaren Transportschäden zulässig sind.

Aufgabe 7

Im Lager wird pro Quartal das Gesamtgewicht der Lieferungen festgehalten, die der jeweilige Mitarbeiter/die jeweilige Mitarbeiterin angenommen hat.

a) Ermitteln Sie die Summen und tragen Sie die Werte in die grauen Zellen ein.

	A	B	C	D	E	F
1		Quartal 1	Quartal 2	Quartal 3	Quartal 4	Summe
2	Meyer	27000,00	24000,00	32000,00	25000,00	
3	Heuser	28000,00	30000,00	35000,00	29000,00	
4	Jöger	32000,00	34000,00	38000,00	32000,00	
5	Summen					

b) Schreiben Sie zwei mögliche Formeln auf, die man bei dem Programm Excel verwenden kann, um den Wert in C5 zu ermitteln.

Aufgabe 8

In der Praxis werden Güter häufig auf Europaletten angeliefert.

a) Geben Sie vier wesentliche Vorteile der Europaletten für den Transport und die Lagerung von Gütern an.

b) Bestimmen Sie drei Kriterien, die dazu führen, dass Europaletten nicht getauscht werden können.

Aufgabe 9

Legen Sie mit dem Programm Excel eine neue Tabelle mit dem Namen KOSTEN an und erstellen Sie eine Vergleichsrechnung nach folgendem Muster. Tragen Sie Formeln zur Berechnung der Veränderungen und der Summen in die grau unterlegten Zellen ein.

	A	B	C	D	E	F	G
1	**Kostenvergleich**						
2							
3		*Januar*	*Februar*		*März*		*1. Quartal*
4		*Aufwen-dungen*	*Aufwen-dungen*	*Veränd. in %*	*Aufwen-dungen*	*Veränd. in %*	*Aufwen-dungen*
5	Aufwendungen für Energie	7145,00	7452,00	**4,30**	7245,00	**–2,78**	21842,00
6	Gehälter	180152,00	172365,00	**–4,32**	168523,00	**–2,23**	521040,00
7	Büromaterial	1120,00	1253,00	**11,88**	1036,00	**–17,32**	3409,00
8	Aufwendungen für Werbung	5460,00	1036,00	**–81,03**	3640,00	**251,35**	10136,00
9	Summe	**193877,00**	**182106,00**		**180444,00**		**556427,00**

Hinweise zur Gestaltung

Zelle A1 „Kostenvergleich"	
Zeilen 1 und 4	Höhe 21,75
Spalte A	Breite 22,71 Zeichen
Spalten B; C; E; G	Breite 13,57 Zeichen
Spalten D; F	Breite 6,57 Zeichen
Zellen D5-D8; F5-F8; B9-G9	fett
Zellen B4-G4	Schriftgröße 8 Punkt
Zellen B3-9; C3-9; E3-9; G3-9	1.000er-Trennzeichen, dünne Rahmung links
Zellen A3-G3	zentriert, kursiv, dicke Rahmung oben
Zellen A4-G4	zentriert, kursiv, Zeilenumbruch (Tipp: Format, Zellen, Ausrichtung), Textanordnung: vertikal unten, dünne Rahmung unten
Zellen A9-G9	fett, dünne Rahmung oben, dicke Rahmung unten
Zellen A1-G1	zentriert über mehrere Spalten (siehe Icon in der Symbolleiste), Schriftgröße 18 Punkt
Zellen C3-D3	zentriert über mehrere Spalten
Zellen E3-F3	zentriert über mehrere Spalten

Aufgabe 10

Im Wareneingang achtet Herr Heuser auf den Verbrauch der Dieselstapler. In folgender Tabelle hat er die Werte festgehalten.

a) Errechnen Sie den Wochenverbrauch jedes Staplers in Liter.

b) Ermitteln Sie die Summen der Tagesverbräuche.

	Montag	Dienstag	Mittwoch	Donnerstag	Freitag	Summe
Still R 20	4,80	11,20	17,60	24,00	30,40	
Linde H12	6,25	9,50	12,75	16,00	19,25	
Jungheinrich DFG 316	4,20	4,30	4,40	4,50	4,60	
Toyota 02-6-FD-40	7,70	9,10	10,50	11,90	13,30	
Summe						

Aufgabe 11

Speditionsauftrag siehe Seite 21.

Folgender Speditionsauftrag/Frachtbrief der Firma Gerd Berger, Spedition e. K., liegt im Wareneingang der Interlogistik GmbH vor und muss noch in Anwesenheit des Fahrers Franz Kleinert ausgefüllt werden. Herr Kleinert ist mit einem MAN-Lkw mit dem amtlichen Kennzeichen BOR-WE 564 vorgefahren. Die Kontrolle durch Herrn Heuser ergibt, dass die Anzahl der Packstücke mit den Frachtpapieren übereinstimmt. Auf einer Europalette ist eine Kiste stark eingedrückt, die Folie ist an dieser Stelle gerissen. Sonst sind keine Beschädigungen an der Ware zu erkennen. Allerdings fehlt bei einer Palette das EPAL-Brandzeichen.

a) Nehmen Sie für Herrn Heuser die notwendigen Eintragungen vor. Beachten Sie, dass Herr Heuser ausreichend Europaletten zum Tauschen hat, aber nur zwei Gitterboxen.

b) Berechnen Sie folgende Werte:

Gesamtvolumen in m^3	=
Summe des Bruttogewichts	=
Flächenbedarf der Sendung	=
Anzahl der Packstücke	=

c) Berechnen Sie die Kosten, die die Spedition Gerd Berger in Rechnung stellen wird, weil die Paletten nur zum Teil getauscht werden konnten.

d) Bestimmen Sie das Nettogewicht der Sendung. Ziehen Sie dazu die Gewichte der Transportmittel vom Bruttogewicht ab.

Gerd Berger Spedition e.K.
Gerd Berger Spedition
Merkurstraße 14
40223 Düsseldorf

Speditionsauftrag

Empfänger
165221
Interlogistik GmbH
Luisenstraße 93
D 47119 Duisburg

Bemerkungen

Versender
Firma Homelux
LANDWEHR 77
D 46325 BORKEN

Termin 11.08.20..
Auftragsnummer 522099

Versanddatum
Relation
Lkw-Kennzeichen:

BestellNr.	Colli	Verp.	Inhalt	Bruttogewicht in kg	Umfang in m³
115-02	2	€	Messwerkzeuge	1.620	3,8
113-08	4	GIBO	Regalsysteme	840	4,3
			Gesamtgewicht		

Freivermerk	Nachnahme	Transportversicherung
FREI HAUS		ist durch den Spediteur zu decken mit €

Ort und Tag der Ausstellung
Borken, den 08.08.20..

HOMELUX
Klinger
Unterschrift des Absenders

Eingang der Sendung bescheinigt
den

Unterschrift des Empfängers

Gut und Fracht übernommen
Tag: 11.08.20.. Stunde: 7:30
Gerd Berger e.K.
Kleinert
Unterschrift des Frachtführers

Palettentausch

Firma:

Berger übergab Ihnen:
Europaletten
Gitterboxen

Sie übergaben Berger:
Europaletten
Gitterboxen

Bevor Sie unterschreiben, beachten Sie bitte Folgendes: Wenn Sie die angelieferten Europaletten und Behälter nicht sofort austauschen, müssen wir Ihnen diese in Rechnung stellen, da eine Abholung durch uns nicht mehr vorgenommen werden kann. Durch Ihre Unterschrift erkennen Sie folgende Berechnung an: Europaletten: 13,00 € und Gitterboxen 95,00 €.

Ort und Datum | Unterschrift des Empfängers | Unterschrift des Fahrers

Aufgabe 12

Ermitteln Sie für ein Auslieferungsfahrzeug die Gesamtkilometer und die Literpreise anhand der nachfolgenden Daten.

Beginn bei Kilometerstand 25743

Gesamtkilometer	Kilometer	Liter	Betrag in €	Literpreis in €
	472	40,12	60,00	
	481	39,98	56,24	
	563	48,85	72,50	
	356	30,26	45,39	
	568	46,87	72,70	
	277	25,10	39,00	

Aufgabe 13

Die Interlogistik GmbH erwartet eine größere Ladung palettierten Sackgutes. Die Lieferung besteht aus 700 Einwegpaletten mit den Maßen 1 800 mm × 1 200 mm × 145 mm. Auf jeder Einwegpalette werden 18 Säcke gestaut. Die Säcke selbst haben ein Eigengewicht von jeweils 650 g und der Sackinhalt pro Sack beträgt 18,5 kg.

a) Berechnen Sie das Gesamtgewicht der Ladung, wenn die Einwegpalette ein Eigengewicht von 25 kg hat.

b) Ermitteln Sie die Gesamtfläche in m², wenn die Paletten einlagig eingelagert werden.

c) Zur Einlagerung stehen zwei Lagerhallen zur Verfügung. Sollte die Lagerhalle 1 kapazitätsmäßig nicht ausreichen, erfolgt eine Umlagerung in Lagerhalle 2.

Lagerhalle 1 hat folgende Maße:

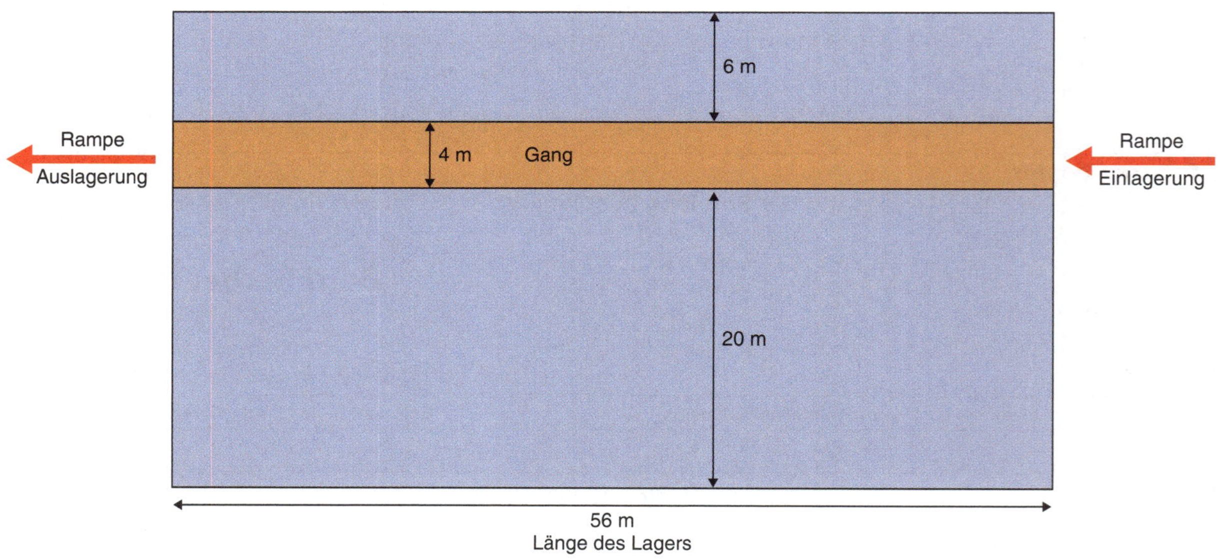

Bestimmen Sie die Anzahl der Paletten, die in die Lagerhalle 2 umgelagert werden müssen.

Aufgabe 14

Petra hat bei einer Anlieferung die folgenden 4 Paletten vorliegen. Der Fahrer drängt, er muss weiter und möchte 4 Europaletten mitnehmen. Entscheiden Sie, ob Petra die 4 Paletten tauschen kann.

Nr	Abbildung	Begründung über die Tauschfähigkeit	Tauschfähig Ja/Nein
1			
2			
3			
4			

4 Die Warenprüfung durchführen

Petra Meyer ist mit der Warenprüfung beschäftigt. Als Nächstes ist eine Warensendung der Firma Kollin zu überprüfen. Herr Heuser hat den Karton bereits vom Fahrer des KEP-Dienstes DPD angenommen. Am Paket ist die Lieferscheintasche angeklebt, darin befindet sich der Lieferschein mit einer Kopie.

Petra entnimmt den Lieferschein und sieht, dass es sich um eine kleine Sendung handelt: „Das schaffe ich noch vor der Pause." Artikel für Artikel kontrolliert sie die einzelnen Positionen. Dazu vergleicht sie immer wieder den Lieferschein mit der Kopie der Bestellung, die per Fax erfolgte.

Folgende Aufkleber findet sie auf den einzelnen Produkten. Eine Batterie mit der Artikelnummer 720104 war lose verpackt. „Igitt. Die ist schon mal kaputt", sagt Petra, als sie die Batterie aus dem Karton nimmt.

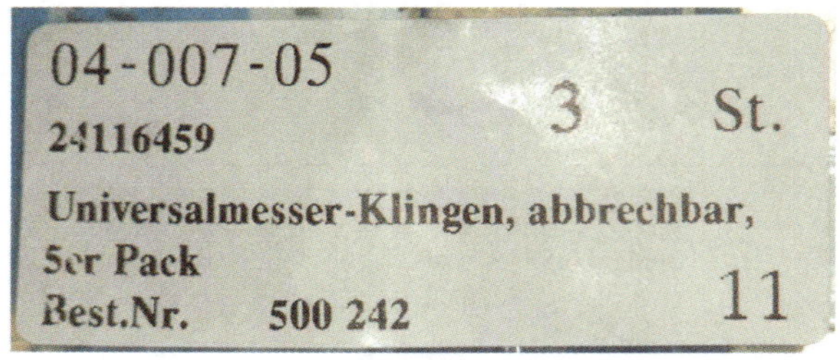

8 711938 503687

04-149-03
24116459 1 St.
Zeitschaltuhr MT1002
Best.Nr. 870 023 11

Kollin Electronic

Kollinstraße 3
D-95102 Pförring
Tel: 0911 958745

Kollin Electronic GmbH, Kollinstraße 3, 95102 Pförring

Interlogistik GmbH
Luisenstraße 93
47119 Duisburg

Datum: 12.09.20..

LIEFERSCHEIN

Kunden-Nr.: 24116459	Lieferschein-Nr.: **278266**	Lieferdatum: **20..-09-12**
Ihre Bestell-Nr.: **2485**	Bestelldatum: **20..-09-10**	Versandart: **DPD**
Lieferanschrift: **wie oben**		

Position	Artikelnummer	Artikelbezeichnung	Einheit	Menge
1	500242	Universalmesserklingen, abbrechbar	5er-Pack	3
2	870023	Zeitschaltuhr MT 1002	1 Stk.	1
3	830172	Digital-Multimeter PM334	1 Stk.	1
4	710572	Tintenpatrone Geha, HP Deskjet 810C	1 Stk.	1
5	50368	Steckdosenleiste 5-fach mit Geräteschutz	2 Stk.	1
6	720104	NiCd Accu 120 mAh Block E	1 Stk.	1

Warenlieferung unfrei

Die gelieferten Waren bleiben bis zur vollständigen Bezahlung unser Eigentum.
Gerichtsstand ist Ingolstadt.
St.-Nr.: 171/172/508072004

Firmenname
Kollin Electronic GmbH
Kollinstraße 3
95102 Pförring

Geschäftsangaben
HR Köln B 759938
Geschäftsführerin
Dipl.-Kffr. Erika Kollin

Bankverbindung
Stadtsparkasse Pförring
BLZ: 721 501 00
Konto: 9211

Interlogistik GmbH

Fax Deckblatt

DATUM: 20..-09-10 **ZEIT:** 10:27

AN: Kollin Electronic GmbH
Kollinstraße 3
D-95102 Pförring

FAX: 08403 92012944

Luisenstraße 93
47119 Duisburg
Telefon: 0203 2724-300
Fax: 0203 2724-360
E-Mail: info@interlogistik.de

Bestellung

Sehr geehrte Damen und Herren,

liefern Sie bitte:
830172, Digital-Multimeter PM334, 1 Stk.
710572, Tintenpatrone Geha, HP Deskjet 810C, 1 Stk.
50368, Steckdosenleiste 5-fach mit Geräteschutz, 2er-Pack
720104, NiCd Akku 120 mAh Block E, 1 Stk.
870023, Zeitschaltuhr MT1002, 1 Stk.
500242, Universalmesserklingen, abbrechbar im 5er-Pack, 4 Stk.
Lieferungsbedingungen: sofort, frei Haus

Mit freundlichen Grüßen

Reisch

Bei einem Etikett wird sie stutzig, sie zieht Andreas zu Rat. Er wird als Auszubildender derzeit im Büro eingesetzt.

Petra: „Andreas, komm doch mal bitte!"

Andreas: „Was gibt es Petra? Ich habe nicht viel Zeit. Ich muss gleich zur Bank."

Petra: „Schau Dir doch mal dieses Etikett an. Hier sind nur ein Barcode mit schwarzen und weißen Streifen drauf und eine lange Nummernkette. Sonst finde ich nichts. Wie soll ich so die Ware prüfen?"

Andreas: „Steht denn vielleicht auf der Rückseite oder an der Seite die Artikelbezeichnung?"

Petra: „Nein, es sind sonst keinerlei Hinweise auf der Verpackung."

Andreas: „Als ich letztens einkaufen war, wollte ich auch den Preis eines Artikels wissen. Dann hat der Kassierer den Code gescannt, um den Preis herauszufinden."

Petra: „Wie umständlich! Man kann doch besser den Preis aufkleben. Und was hilft mir das?"

Andreas: „Das weiß ich noch nicht. Aber das muss man doch irgendwie herausbekommen!"

Petra: „Ich schaue mal in unser Fachkundebuch. Vielleicht bekomme ich ja mit den Informationen selbst die Identifizierung hin."

Andreas: „Das ist eine gute Idee, viel Erfolg. Sag mir später, was für Geheimnisvolles sich hinter dem Strichcode verbirgt. Ich muss jetzt wirklich los."

Petra: „Warte. Da war eine kaputte Batterie dabei. Was soll ich damit machen?"

Andreas: „Dem Lieferanten eine Mängelrüge schreiben."

Petra: „Was ist das?"

Andreas: „Da musst du dich wirklich selbst drum kümmern. Die Bank hat nur noch eine halbe Stunde geöffnet. Ciao!"

Petra: „Na gut, ich probiere es. Ciao."

Arbeitsauftrag

Übernehmen Sie die Warenprüfung und die Mängelrüge. Beachten Sie:

1. Nehmen Sie alle notwendigen Eintragungen auf dem Lieferschein vor.
2. Ermitteln Sie, was es mit dem unbekannten Etikett auf sich hat.
3. Erläutern Sie, was eine Mängelrüge ist und verfassen Sie die Mängelrüge an den Lieferanten. Zeigen Sie in dem Brief Lösungsmöglichkeiten auf.

Aufgabe 1

Beurteilen Sie, welche Vorteile mit dem Einsatz des unbekannten Etiketts verbunden sein könnten. Betrachten Sie dabei nicht nur die Warenprüfung, sondern auch vor- bzw. nachgelagerte Tätigkeiten im Materialfluss.

Aufgabe 2

Kurz darauf gibt Herr Heuser Petra Meyer die Aufgabe, sich mit den verschiedenen Codiertechniken vertraut zu machen. Helfen Sie Petra dabei, indem Sie Anwendungsbereiche und Beispiele für die Nutzung von Barcodes beschreiben.

Aufgabe 3

Bei Paketen im Wareneingang stellt Andreas Jöger fest, dass neben dem GTIN-Code noch die Artikelnummer und die Artikelbezeichnung aufgedruckt sind. Welchen Grund hat diese doppelte Auszeichnung?

Aufgabe 4

Manche Produkte, die im Wareneingang eingehen, werden in neutraler Verpackung angeliefert. Nur eine Artikelnummer ist aufgedruckt. Erklären Sie, wozu diese einfache Art der Kennzeichnung dient.

Aufgabe 5

Andreas Jöger stellt bei der Überprüfung der Menge im Wareneingang fest, dass laut Lieferschein 40 DVD-Laufwerke hätten geliefert werden müssen. Tatsächlich zählt er 32. Er entschließt sich, die Ware nicht anzunehmen, da sie unvollständig ist. Beurteilen Sie sein Verhalten.

Aufgabe 6

Beschreiben Sie die unterschiedliche Handhabung des Lieferscheins und des Frachtbriefes, wenn Sie im Wareneingang Waren der Lieferanten entgegennehmen.

Aufgabe 7

Die inhaltliche Prüfung bei einer Sendung ergab, dass von 20 Helmen vier beschädigt sind (1x Visier verbogen, 3x Beschädigungen am Helm). Nach der Prüfung wurden die unbeschädigten Helme ins Lager einsortiert, die beschädigten Helme werden gesondert aufbewahrt. Ein Telefongespräch mit der Firma MAYARD ergibt, dass Sie den Rechnungsbetrag um den Gegenwert von vier Helmen reduzieren sollen. Auf eine Nachlieferung wird verzichtet. Die nächste Nachbestellung wird deshalb etwas früher fällig. Erstellen Sie die neue Rechnung für MAYARD.

MAYARD Helme

Bergstraße 2
43739 Osnabrück
Telefon 02206 541268
Fax 02206 984322

MAYARD Helme, Bergstraße 2, 43739 Osnabrück

Interlogistik GmbH
Luisenstraße 93
47119 Duisburg

Bank Stadtsparkasse Bielefeld
BLZ 48050161
Konto 443100

Rechnung Nr. 12-299

Datum 20..-03-19

Position	Zahl	Art	Einzelpreis €	Gesamt €
01	20	Motorrad-Helm „Classico“ Artikel-Nr. 207.448 Farben 01, 56, 63, 67, 84 Größen 53/54 – 61/62	72,50	1 450,00
		Rabatt 10 %		145,00
		Nettopreis		1 305,00
		+ 19 % Umsatzsteuer		247,95
		Bruttopreis		1 552,95

Zahlbar innerhalb von 30 Tagen netto Kasse.

Position	Zahl	Art	Einzelpreis €	Gesamt €

Zahlbar innerhalb von 30 Tagen netto Kasse.

Aufgabe 8

Die Spedition Schmitting beliefert täglich die Interlogistik GmbH. Der Fahrer hat nie einen Lieferschein oder Frachtbrief dabei, den Sie eigentlich für die Warenannahme benötigen. Beschreiben Sie für diesen Fall die ordnungsgemäße Warenannahme im Beisein des Zustellers.

Aufgabe 9

Sie haben bei einem Onlineshop elektronische Artikel für die Interlogistik GmbH bestellt. Die Waren werden von einem Paketdienst angeliefert. Äußerlich sind keine Schäden zu erkennen, aber schon beim Aufmachen des Paketes fallen Ihnen Glasscherben entgegen. Die stammen von einer beschädigten Neonröhre, wie sich schnell herausstellt. Als Sie die weiteren Artikel kontrollieren, fällt Ihnen auf, dass zwei Ventilatoren gar nicht geliefert wurden, obwohl sie auf dem Lieferschein vermerkt sind.
Zum Glück hat der Onlineshop für diese Fälle bereits einen Reklamationszettel beigelegt. Füllen Sie den Beleg aus. Die Kundennummer der Interlogistik GmbH lautet 548777, der Lieferschein trägt die Nummer 45888.

Qualitätsgarantie Qualitätsgarantie Qualitätsgarantie

Unsere Produkte werden gewissenhaft auf Menge und Qualität geprüft. Wir können aber nicht ausschließen (nobody is perfect), dass auch uns mal ein Fehler passiert, der alle Kontrollen geschickt umgeht, um schließlich von Ihnen entdeckt zu werden.

Bitte faxen Sie uns ohne Zögern diesen Kontrollschein, falls Sie einmal Opfer eines solchen Missgeschickes geworden sind.

„Wir biegen die Sache wieder gerade" – Versprochen!

geprüft am: ____________________ Auftrag-Nr./Bestell-Nr.: ____________________

Bearbeiter: ____________________ Menge: ____________________

Reklamationszettel innerhalb von 2 Tagen zurückschicken!

Bei Warenrückgabe:
Bitte kreuzen Sie den zutreffenden Grund für die Warenrücksendung an und fügen das Blatt der Sendung bei.

☐ **Falsch gelieferter Artikel** ☐ **Ware defekt/beschädigt** ☐ **Sonstiges**

☐ Folgende Artikel fehlen, obwohl auf Lieferschein vermerkt:
____
____

☐ Folgende Artikel defekt/beschädigt geliefert:
____
____

☐ Sonstiges: ____________________
____
____
____

Absender

Firmenname: ____________________
Ansprechpartner: ____________________
Straße: ____________________
PLZ/Wohnort: ____________________
Telefon: ____________________
Telefax: ____________________
Datum: ____________________
Kunden-Nr.: ____________________
Lieferschein-Nr.: ____________________

Aufgabe 10

Seit große Handelsorganisationen auf der Suche nach Rationalisierungs- und Verbesserungspotenzialen RFID entdeckt haben, wird das Thema auch in der Logistikbranche diskutiert. Denn diese Technik wird – da sind sich die Experten einig – nicht nur den Handel entscheidend verändern. Inzwischen haben Tests großer Handelsorganisationen die Praxistauglichkeit der RFID bewiesen. Die Radio-Frequency-Identification (RFID), Identifikation durch Radiowellen, ist schon seit Jahrzehnten bekannt. Die technischen Verfahren hierzu kommen aus der Funk- und Radartechnik. Als Datenträger werden hierbei Transponder (Tags) verwendet. Das sind einfache Mikrochips mit integrierter Antenne. Im Speicher des Chips können Informationen abgelegt werden, die über das Datenvolumen anderer Techniken hinausgehen. Die Antenne ermöglicht es einem Lesegerät, diesen Code berührungsfrei, ohne Sichtkontakt und stapelweise auszulesen (Pulklesung).

Die RFID-Technologie hat die Ablauforganisation der Stückgutverkehre verändert, so z. B. die Waren- und Packstückidentifikation, das Tracking & Tracing, die Wareneingangs- und -ausgangskontrollen und das Bestandsmanagement. Sie hat sich zu einer Alternative zu klassischen Identifikationsverfahren wie dem Barcoding entwickelt.
Kreuzen Sie an, welche der technischen Eigenschaften nicht zutrifft.

- ☐ Es wird keine Sichtverbindung zwischen der Leseeinrichtung und dem Transponder benötigt.
- ☐ Es können mehrere Transponder (heute etwa 500 Chips) gleichzeitig ausgelesen werden.
- ☐ Informationen werden automatisch abgefragt (z. B. durch Leseantennen an den Toren von Terminals).
- ☐ Transponder können mehrfach beschrieben werden (bei entsprechender Bauart).
- ☐ Transponder sind tendenziell widerstandsfähiger als Barcode-Etiketten, die beispielsweise durch Verschmutzung unlesbar werden können.
- ☐ Transponder können auf bis zu 5 m erkannt werden.
- ☐ Transponder geben „selbstständig" Auskunft (bei aktiven Transpondern mit Batterie, die eigenständig Verbindungen aufbauen können).
- ☐ Transponder können mit Zusatzfunktionen versehen werden.

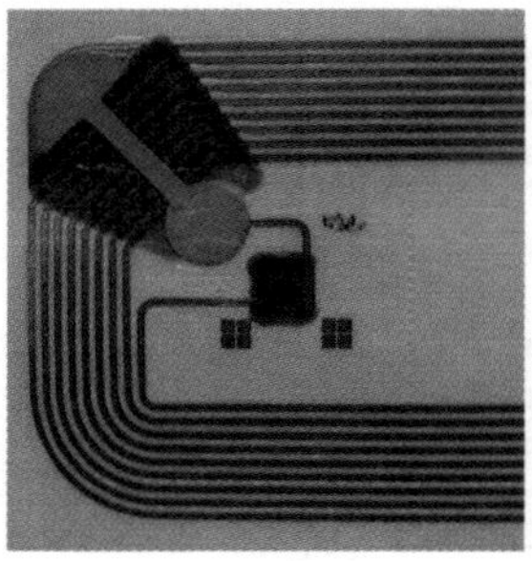

5 Sicherheitskennzeichen bei der Arbeit beachten

Die Warensendung, die Petra Meyer im Wareneingang am 15.11.20.. annimmt, besitzt Übermaße. In den Begleitpapieren sind die Maße mit 210 cm x 100 cm x 130 cm angegeben. Angeliefert wird die Sendung auf einer Europalette, die der Fahrer direkt wieder mitnehmen will. Da Petra Meyer keine Europalette zum Tauschen zur Verfügung hat, muss die Sendung umgepackt werden.

Das ist soweit auch kein Problem, da im Wareneingang genügend Einwegpaletten vorhanden sind.

Das Gewicht ist mit *65* kg angegeben, sodass die Sendung zu verrücken ist. Petra platziert die Einwegpalette direkt neben der Europalette, stellt sich hinter die Sendung und drückt mit beiden Händen gegen die Sendung. Nichts bewegt sich. So lässt sich die Sendung nicht umladen, deshalb bittet sie ihren Kollegen Andreas Jöger um Hilfe. Mit vereinten Kräften versuchen sie, die Sendung hochzuhieven. Auf „drei" heben sie beide an.

Da Petra Meyer die Sendung nicht sicher hat, muss sie schnell noch einmal nachfassen. Dabei hat sie jedoch das Pech, dass sie genau auf einen Holzverbinder greift, der nicht mehr im Holz sitzt. Der scharfkantige Verbinder drückt sich tief in ihre Hand, sodass Petra Meyer vor Schmerzen die Sendung loslässt. Durch das unkontrollierte Fallen verursacht der Verbinder noch eine fünf cm lange Wunde an der Hand.

Unter diesen Umständen kann Andreas Jöger die Kiste auch nicht mehr halten. Sie fällt nun ganz herunter und landet direkt auf seinem rechten Vorderfuß.

Durch das Fallen der Kiste hat sich die Holzumrandung weiter gelöst. Ein Nagel ragt heraus. Zum Glück trägt Andreas Jöger Sicherheitsschuhe. Der Nagel trifft zwar auf seinen Fuß, richtet jedoch bis auf einen Kratzer am Schuh keinen weiteren Schaden an.

Nachdem der erste Schrecken vorüber und die Wunde versorgt ist, sagt Petra zu Andreas: „Herr Heuser hätte uns ruhig über die Verletzungsgefahr informieren können!"

Andreas: „Meinst du nicht, dass wir das auch selber hätten merken müssen? Warum hast du auch keine Handschuhe an?"

Petra: „Wieso sollte ich?"

Andreas: „Weil das auf dem Zeichen da steht. Was meinst du, warum ich Sicherheitsschuhe trage."

Petra: „Was für ein Zeichen? Ich kenne nur das Rauchverbot. Aber vielleicht hätten wir die Sendung nicht umpacken dürfen. Sie ist ja ziemlich schwer."

Herr Heuser: „Alles richtig, was Sie bisher gesagt haben. Das Meiste hätten Sie sich auch denken können. Im Übrigen hätten Sie sich mit den Vorschriften zum richtigen Heben und Tragen vertraut machen sollen! Und noch viel wichtiger, überprüfen Sie, ob die Palette in Ordnung ist, bevor Sie Hand anlegen. Dann wäre nichts passiert. Und damit so etwas nicht noch einmal passiert, erstellen Sie eine Anweisung zum Umgang mit fehlerhaften Paletten, am besten zusammen mit den richtigen Sicherheitskennzeichen."

Arbeitsauftrag

Stellen Sie den richtigen Umgang mit Waren, die Übermaße haben, dar. Gehen Sie wie folgt vor:

1. Beurteilen Sie Petras und Andreas' Verhalten beim Umpacken der Ware und erläutern Sie Möglichkeiten, wie Petra Meyer die Verletzungen im Wareneingang hätte vermeiden können.
2. Petra Meyer ist der Auffassung, dass Herr Heuser, der Lagermeister, sie nicht auf die Verletzungsgefahr aufmerksam gemacht hat. Herr Heuser hält ihr entgegen, das könne man sich doch wohl denken. Vergleichen Sie dazu BGV A1 § 4.
3. Erstellen Sie eine betriebliche Anweisung, die auf den Umgang mit fehlerhaftem Palettenmaterial hinweist. Die Anweisung soll mit einem Textverarbeitungsprogramm auf einer Seite erstellt werden und maximal zwei Sicherheitskennzeichen enthalten.

Aufgabe 1

Die Unfallverhütungsvorschriften enthalten drei Bereiche. Nennen Sie diese und beschreiben Sie dazu ein Beispiel aus der Praxis.

Aufgabe 2

Auch staatliche Vorschriften versuchen durch ihr Regelwerk Unfallgefahren vorzubeugen. Nennen Sie je ein Beispiel zu folgenden Gesetzen:

Gesetz	Beispiel
Mutterschutzgesetz	
Jugendarbeitsschutzgesetz	
BBiG = Berufsbildungsgesetz	

Aufgabe 3

Die Unfallverhütungsvorschriften regeln für Sicherheitskennzeichnungen eindeutig Farbe und Form, aus deren Kombination die dazugehörige Bedeutung ablesbar ist. Tragen Sie die jeweilige Bedeutung in die weißen Felder des folgenden Schaubildes ein.

		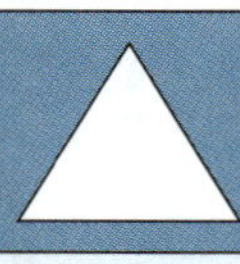	
Rot			
Gelb			
Grün			
Blau			

Aufgabe 4

Im Arbeitsbereich von Petra Meyer sind seit gestern immer wieder kurzzeitig zwei Steckdosen ohne Strom. Sie vermutet, dass ein Kontakt nicht mehr in Ordnung ist. Sie entschließt sich, die Steckdosen als defekt zu kennzeichnen und repariert sie am nächsten Morgen. Nehmen Sie begründet Stellung zu Petras Verhalten.

Aufgabe 5

Sie schließen am Arbeitsende die Batterie eines Elektrostaplers an das Ladegerät an. Entscheiden Sie durch Ankreuzen, was Sie hierbei unbedingt beachten müssen.

☐ Die Gabel des Staplers muss in der obersten Stellung fixiert werden.

☐ In einer Sicherheitszone im Bereich des Ladegerätes besteht Rauchverbot.

☐ Die Feststellbremse darf nicht bestätigt werden.

☐ Das Ladegerät darf nur von einem Elektro-Facharbeiter an die Batterie angeschlossen werden.

☐ Vor jedem Ladevorgang ist die Batterie durch Kurzschließen der Pole vollständig zu entladen.

Aufgabe 6

In dem Mitteilungsblatt der Gartenbau-Berufsgenossenschaft erschien folgender Artikel:

Durchtrittsicher auch ohne Stahlsohle

In vielen Betrieben des Erwerbsgartenbaus sowie Garten-, Landschafts- und Sportplatzbaus ist es wegen der Gefährdungen notwendig, einen Sicherheitsschuh mit Stahlkappe und durchtrittsicherer Sohle zu tragen. Bisher wurde die Durchtrittsicherheit durch den Einbau einer Stahlzwischensohle gewährleistet. Die Sicherheit ging hier jedoch häufig zulasten des Tragekomforts. Der Schuh ist schwerer als ein Sicherheitsschuh, der nur mit Stahlkappe ausgerüstet ist. Vielfach wird auch über kalte Füße aufgrund der Leitfähigkeit des Metalls geklagt. Die Stahlsohle wirkt sich zusätzlich negativ auf die Flexibilität bei Abrollbewegungen aus. Doch es gibt jetzt eine Alternative zum Stahl – eine Zwischensohle aus einem Mix aus Kevlar® und Keramikfasern bietet gleichen Schutz und mehr Komfort als die klassische Stahlsohle.

Flexibel und atmungsaktiv

Aufgrund der neuen Technik ist es möglich, bei der Verwendung der Zwischensohle L-Protektion® sowohl auf die Stahlsohle als auch auf die Brandsohle zu verzichten. Somit werden die Sicherheitsschuhe leichter, flexibler und atmungsaktiv. Ein klares Plus in Sachen Tragekomfort.

Erweiterter Sohlenrand

Weil die neue Sohle wie eine herkömmliche Sohlenschicht verarbeitet wird, ergibt sich ein Schutz über 100 % der Auftrittsfläche. Stahlsohlen haben dagegen eine Fußabdeckung von nur 85 %. Das ergibt ein weiteres Plus für die neue Technik.

Restrisiko

Hauchfeine Nadeln mit einem Durchmesser von weniger als einem Millimeter können aufgrund der Struktur der keramikbeschichteten Faser durch die Sohle in den Schuh eindringen. Bei Arbeitsplätzen, bei denen diese Gefahr besteht, sollte weiter ein Sicherheitsschuh mit Stahlzwischensohle getragen werden.
Trotz dieses Restrisikos entspricht der neue Sicherheitsschuh den Vorgaben aus der Norm mit der Schutzklasse S3.

Back

Zum Vergleich:

Schuhaufbau mit Stahlsohle

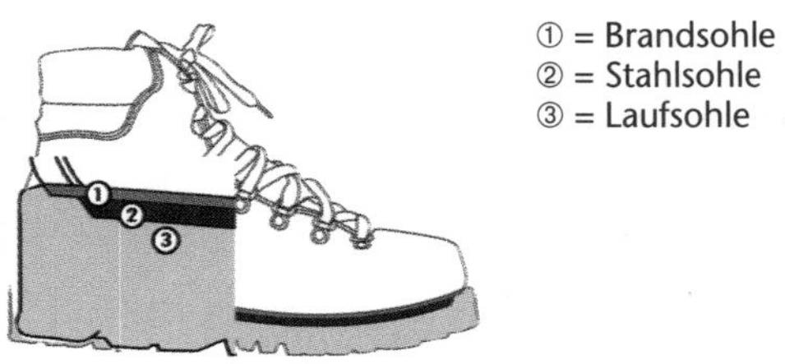

Schuhaufbau mit L-Protection®

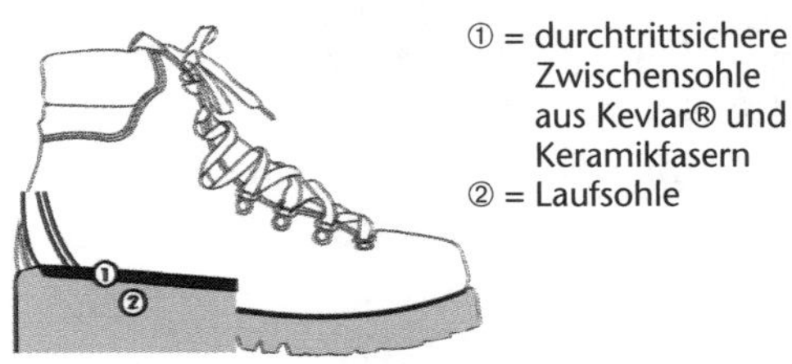

Quelle: Sozialversicherung für Landwirtschaft, Forsten und Gartenbau

a) Erklären Sie die Vorteile, die sich ergeben, wenn ein Sicherheitsschuh mit Stahlsohle durch einen Sicherheitsschuh mit einer Zwischensohle aus Kevlar und Keramikfasern ausgetauscht wird.
b) Erläutern Sie, warum es nicht möglich ist, bei einem Sicherheitsschuh mit Stahlsohle eine Auftrittsfläche von 100% zu erreichen.
c) Nennen Sie einen Grund, der trotz der Vorteile, die sich durch das Tragen eines Sicherheitsschuhs mit einer Zwischensohle aus Kevlar und Keramikfasern ergeben, für das Tragen eines Sicherheitsschuhs mit Stahlsohle spricht.

Aufgabe 7

In dem Mitteilungsblatt der Gartenbau-Berufsgenossenschaft erschien auch folgender Artikel:

Bei der Auswahl des Schutzhandschuhs ist die Forderung nach bestmöglichem Schutz einerseits und nach Tragekomfort, Tastgefühl und Greifvermögen andererseits abzuwägen.
Bei der Auswahl muss die Art der Gefährdung festgestellt (mechanische, thermische, chemische Gefährdungen sowie Gefährdungen durch Mikroorganismen), die Handschuhgrößen der Benutzer ermittelt und die Arbeitsaufgabe berücksichtigt werden. Bei der Beurteilung der Gefährdung ist darauf zu achten, dass bei Arbeiten an rotierenden Werkstücken oder Werkzeugen, z.B. Dreh-, Bohr-, Fräs- und Kreissägemaschinen, eine Erhöhung der Verletzungsgefahr durch das Tragen von Handschuhen besteht und in diesen Fällen auf den Einsatz von Schutzhandschuhen verzichtet werden muss.
Je nach Gefährdung ist auf die Kennzeichnung des Schutzhandschuhs zu achten. Die Kennzeichnung eines Schutzhandschuhs enthält folgende Angaben:

- CE-Kennzeichnung
- Piktogramm (ab Kategorie II und Angabe des Schutzlevels entsprechend der Schutzwirkung)
- Typenbezeichnung
- Name bzw. Zeichen des Herstellers
- Größe und Form

Sollte der Handschuh (oder die kleinstmögliche Verpackungseinheit) nicht über die genannte Kennzeichnung verfügen, handelt es sich nicht um persönliche Schutzausrüstung im Sinne der 8. Verordnung zum Geräte- und Produkt-Sicherheitsgesetzes (GPSG).

Unterteilt werden Schutzhandschuhe in drei Kategorien:

Kategorie I	Kategorie II	Kategorie III
• Minimale Risiken • Geringe Schutzanforderungen • CE-Kennzeichnung	• Mittlere Risiken • Schutz gegen z.B. mechanische Gefährdungen • CE-Kennzeichnung • Piktogramm mit Level	• Hohe Risiken • Schutz gegen irreversible Schäden und tödliche Gefahren, z.B. durch Chemikalien • CE-Kennzeichnung • Piktogramm mit Level • Kennnummer des Prüf- und Überwachungsinstitutes

Die Piktogramme (links) geben die Schutzwirkung eines Handschuhs an, wobei das Symbol die Gefährdung darstellen soll und ein Nummerncode Auskunft über den Grad der Schutzleistung (Level) gibt. Das unten dargestellte Beispiel entspricht der Kennzeichnung eines Handschuhs gegen mechanische Risiken.

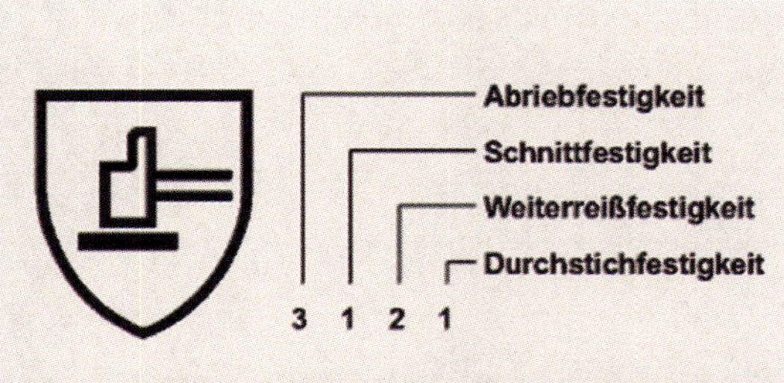

Piktogramm mit Leistungskennziffern für Schutzhandschuhe für mechanische Risiken

Die Prüfergebnisse sind als „Leistungs-Level" neben dem Piktogramm[1] in der Kennzeichnung angegeben. Dabei sind Level 4 beziehungsweise 5 die höchsten Leistungsstufen. 0 wird angegeben, wenn das Prüfergebnis unterhalb der niedrigsten Leistungsstufe liegt.

Die Schutzleistung (Level) wird unterteilt in Abriebfestigkeit 3 (von 4), Schnittfestigkeit 1 (von 5), Weiterreißfestigkeit 2 (von 4) und Stichfestigkeit 1 (von 4) angegeben.

Das Tragen von flüssigkeitsdichten Schutzhandschuhen ist nicht immer unproblematisch. Unter ihnen stauen sich auf der Haut Feuchtigkeit und Wärme. Durch den entstandenen Schweiß, der nicht verdampfen kann, quillt die Hornschicht der Haut auf. Dieses kann durch das Anwenden von gerbstoffhaltigen Hautschutzpräparaten, das Tragen von Baumwollunterhandschuhen und das regelmäßige Wechseln des Schutzhandschuhs selbst verhindert werden. Wenn möglich, sollte auch ein Wechsel der Tätigkeiten, bei denen Handschuhe getragen und nicht getragen werden müssen, stattfinden.

Auch beim Schutzhandschuh gilt, dass Qualität ihren Preis hat. Es gibt eine Vielzahl von verschiedenen Produkten auf dem Markt. Qualitativ schlechte Produkte überzeugen vielleicht durch den Preis, nicht aber durch Schutzwirkung, Standzeit und Tragekomfort. Die Beachtung der beschriebenen Kennzeichnung zusammen mit einer Beratung im Fachhandel kann bei der Auswahl des richtigen Schutzhandschuhs helfen.

Quelle: Sozialversicherung für Landwirtschaft, Forsten und Gartenbau

a) Begründen Sie, welche Handschuhkategorie für die Tätigkeiten im Wareneingangsbereich ausreichend ist.

b) Erklären Sie, welcher Handschuhtyp die Verletzung von Petra Meyer hätte verhindern können.

c) Finden Sie weitere Piktogramme, die auf Schutzhandschuhen verwendet werden.

d) Nennen Sie Kriterien, welche neben der erforderlichen Schutzwirkung noch beim Kauf von Sicherheitshandschuhen beachtet werden sollten.

e) Geben Sie an, zu welchen Problemen es führen kann, wenn nicht auf den jeweiligen Mitarbeiter oder die jeweilige Mitarbeiterin zugeschnittene Handschuhe beschafft werden.

Aufgabe 8

Sie sind bei einem Kaffeegroßhändler in der Beschaffungsplanung beschäftigt und sollen Verkaufszahlen überprüfen, um bei Bedarf Anpassungen bei der Einkaufsmenge vorzunehmen. Ermitteln Sie im Zusammenhang mit der Tabelle auf der folgenden Seite unter Verwendung geeigneter Formeln die Ergebnisse. Formeln sind in die grau unterlegten Zellen einzutragen. Die Formatierungen sind wie in der Tabelle zu übernehmen.

Quelle Piktogramm: Wiedergegeben mit Erlaubnis des DIN Deutsches Institut für Normung e. V. Maßgebend für das Anwenden der DIN-Norm ist deren Fassung mit dem neuesten Ausgabedatum, die bei der Beuth Verlag GmbH, Burggrafenstraße 6, 10787 Berlin, erhältlich ist.

	A	B	C	D	E	F	G
1	Artikel	Menge (Stück)	Gewicht je Stück (kg)	Gesamtgewicht (kg)	Preis je Stück	Gesamtumsatz	Anteil am Gesamtumsatz (%)
2	Dosenmilch	5 000 000	0,15		0,50		
3	Filtertüten	2 000 000	0,20		1,00		
4	Kaffeekanne	500 000	1,50		15,00		
5	Kaffeefilter	200 000	0,15		1,50		
6	Kaffeetassen	1 830 000	0,30		2,00		
7	Gesamt						

Der Ausdruck soll mit Formeln (Registerkarte Formeln, Formeln anzeigen), Zeilen- und Spaltenüberschriften sowie einer benutzerdefinierten Kopfzeile (links Name, Mitte Dateiname, rechts Druckdatum) erfolgen. Die notwendigen Einstellungen können Sie bei Excel unter der Registerkarte Seitenlayout, Drucktitel vornehmen.

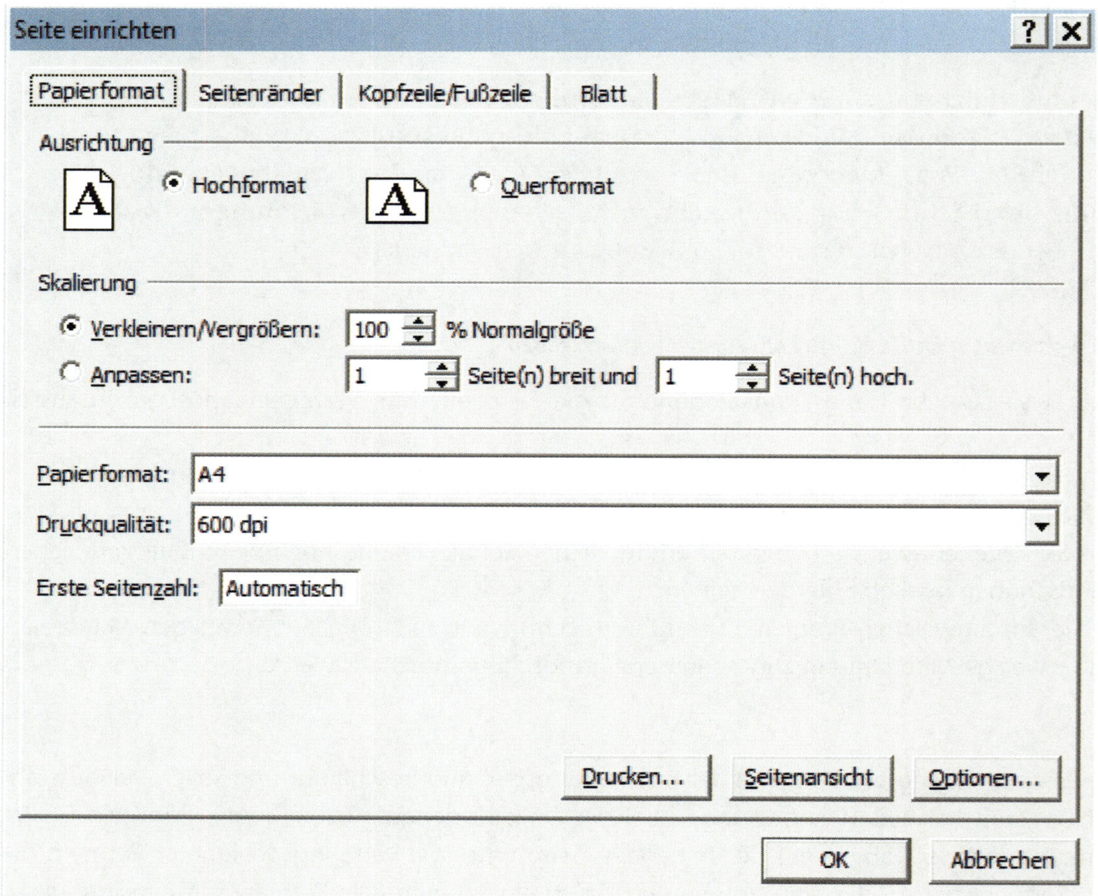

6 Einweg- und Mehrwegtransportverpackungen sortieren

Das Wochenende steht vor der Tür. Herr Ökta und Petra Meyer sind damit beschäftigt, im Wareneingang die Rampen und den Eingangsbereich aufzuräumen. Dabei haben sie nicht nur jede Menge Abfall zu entsorgen, sondern auch unterschiedlichste Transport- und Verpackungseinheiten. Herr Heuser hat die beiden angewiesen, mit den Sachen ordentlich umzugehen, immerhin hantierten sie mit „barem Geld". Sie fragen sich, warum Verpackungen etwas wert sein sollen. So sammeln sie erst einmal alle Gegenstände ein und stellen sie in einer freien Zone im Wareneingangsbereich ab. Dabei kommen viele unterschiedliche Dinge zusammen.

Petra fällt ein, dass sie die Aufenthaltsräume vergessen hat. Auch dort wird sie fündig. Von der letzten Party ist noch eine Sammelkiste für Gläser übrig geblieben und vom Bäcker eine Kiste, in der frische Brötchen angeliefert wurden. Auch diese Gegenstände stellt sie zu den anderen.

Herr Ökta: „Und wohin nun mit dem ganzen Zeug? Einen Teil in den Restcontainer?"

Petra: „Die Euro zu den anderen. Und diese Kisten?"

Herr Ökta: „Keine Ahnung. Ich würde sie in den Container mit dem grünen Punkt geben. Es ist schließlich Plastik."

Petra: „Das kann aber nicht sein. Dann müssten diese blaue Palette und die Fässer auch in diesen Container oder in den Restcontainer. Aber die werden ja nur einmal in der Woche abgeholt und nicht jeden Tag. Es muss eine andere Möglichkeit geben."

Herr Ökta: „Warum haben wir nicht mehr Mehrwegtransportverpackungen wie die Europaletten? Dann hätten wir jetzt nicht diese Probleme!"

Arbeitsauftrag

Übernehmen Sie die Aufräumarbeiten im Lager sowie das richtige Entsorgen der Verpackungen. Beachten Sie folgende Arbeitsschritte:

Mietsystem *Pfandsystem* *Tauschsystem*

1. Teilen Sie die Transportverpackungen in Einweg- und Mehrwegtransportverpackungen ein und begründen Sie Ihre Entscheidung.
2. Erklären Sie, was mit den leeren Einweg- oder Mehrwegtransportverpackungen geschieht.
3. Zeigen Sie anhand der Euroflachpalette die Vorteile der Nutzung von Mehrwegtransportverpackungen auf. Gehen Sie dabei auf folgende Kriterien ein: Qualität, Schutz der Ware, Handling, Umwelt, Pool, Ökonomie.

Aufgabe 1

Finden Sie zehn weitere Transportverpackungen, die in der Praxis verwendet werden.

Aufgabe 2

Beschreiben Sie die Schritte im Wareneingang, die beachtet werden müssen, wenn Mehrwegtransportverpackungen vom Frachtführer angeliefert werden.

Aufgabe 3

Erklären Sie, wie der Umlauf bei Mehrwegtransportverpackungen organisiert ist und welche Systeme dafür verantwortlich sind. Verwenden Sie dabei die Begriffe Miet-, Tausch- und Pfandsystem.

Aufgabe 4

Erklären Sie anhand einer Skizze, wie das Pfandsystem bei Getränkekästen (z. B. ein Kasten Mineralwasser) funktioniert. Folgende Beteiligte sind miteinzubeziehen: Getränkeabfüller, Großhandel, Einzelhandel, Endverbraucher.

Aufgabe 5

Darüber hinaus unterscheidet man Mehrwegsysteme nach ihrer Zugänglichkeit. Finden Sie jeweils zwei Beispiele für die in der folgenden Tabelle genannten Mehrwegsysteme.

Mehrwegsystem	Beschreibung	Beispiele
Geschlossenes Mehrwegsystem	Ein Tausch ist nur innerhalb des Unternehmens möglich.	1. 2.
Branchenspezifisches Mehrwegsystem	Hierbei sind der Versender und der Empfänger in der gleichen Branche tätig.	1. 2.
Offenes Mehrwegsystem	In diesem Fall gibt es keinerlei Beschränkungen. Jeder kann teilnehmen.	1. 2.
Bilaterales Mehrwegsystem	Die verwendeten Mehrwegtransportverpackungen werden nur zwischen Versender und Empfänger getauscht.	1. 2.
Multilaterales Mehrwegsystem	Es können sich mehrere Versender und Empfänger an dem System beteiligen.	1. 2.

Aufgabe 6

Petra Meyer hat die Aufgabe, die Europaletten aus dem Wareneingang, die derzeit nicht gebraucht werden, ins Palettenlager zu stellen. Im Vergleich zu anderen Paletten fällt ihr auf, dass auf dem mittleren Klotz das IPPC-Brandzeichen steht. Sie fragt sich, welche Bedeutung sich dahinter verbirgt.

Aufgabe 7

Zeigen Sie auf, wie in Ihrem Betrieb mit Kartonage umgegangen wird.

Aufgabe 8

Transportverpackungen dienen nicht nur zum Transport, sondern erfüllen weitere Aufgaben. Finden Sie zu folgenden Funktionen entsprechende Beispiele:

- Schutzfunktion
- Logistikfunktion
- Informationsfunktion

Aufgabe 9

Beschreiben Sie Vorteile

a) von Mehrwegtransportverpackungen,

b) von Einwegtransportverpackungen.

Aufgabe 10

Die Interlogistik GmbH unterhält mit der Martmann Transport GmbH in Duisburg ein Europaletten-Tauschkonto. Der unten aufgeführte Auszug des Interlogistik Kontos mit der Martmann GmbH ist unvollständig.

a) Kontieren Sie die angenommene Lieferung der Martmann GmbH, indem Sie Ihre Eintragungen in den blau hinterlegten Feldern des Europaletten-Tauschkontos vornehmen.

Europaletten-Konto mit der Martmann Transport GmbH in Duisburg			
Datum	**Anlieferung von Martmann**	**Rückgabe an Martmann**	**Bestand bei Interlogistik**
30.4.			+8
12.5.	21	34	–5
14.5.	34	38	
18.5.	0	20	
19.5.	25	22	
21.5.	45	40	
24.5.	12	38	

b) Schauen Sie sich den Bestand am 24. 5. an und bewerten Sie ihn.

c) Begründen Sie, wie sich die Interlogistik in Zukunft verhalten sollte.

Aufgabe 11

Tragen Sie für die folgenden Transportbehälter die Güter bzw. die Waren ein, die typischerweise damit transportiert werden.

Karton:	
Pressholzpalette:	
Kunststoffkiste:	
Kunststoffpalette:	
Tray:	
Holzkiste:	
Gibo:	

Aufgabe 12

Ein Großhandelsgeschäft verkauft an den Facheinzelhandel Computeranlagen. Für die schnellere Abwicklung der Rechnungserstellung ist ein Eingabeteil entwickelt worden. Der Sachbearbeiter gibt nur Daten in den Eingabeteil ein. Die Anzahl ist für alle Artikel gleich.

Erstellen Sie den Rechnungsausdruck für den Kunden, sodass automatisch die Daten des Eingabeteils berücksichtigt werden.

	A	B	C	D	E	F
1	**Eingabeteil:**					
2	Anzahl:	6				
3	MwSt.:	19%				
4	Rabatt:	12%				
5	Name des Kunden:	Enk				
6						
7						
8	Rechnungsausdruck für den Kunden			**Enk**		
9						
10	**Artikel**	**Anzahl**	**Einzelpreis (€)**	**Gesamtpreis (€)**	**MwSt. (€)**	**Endpreis (€)**
11	Mini-Tower	6	1 899,00			
12	Software	6	560,00			
13	Tastatur	6	55,00			
14	Maus	6	29,90			
15	Drucker	6	399,90			
16	Handbuch	6	39,80			
17						
18					Summe	
19				12%	Rabatt	
20					Rechnungspreis	

Lernfeld 2: Güter lagern

1 Die Aufgaben der Lagerhaltung erkennen

In der Interlogistik GmbH gibt es eine Fachabteilung im Bereich der Baustoffe, die das Sortiment Fenster und Türen betreut. Neben den traditionellen Holzfenstern und -türen werden auch Kunststoff- und Aluminiumfenster bzw. -türen, Sicherheitstüren, Feuerschutztüren usw. vertrieben. Außer kompletten Türen und Fenstern umfasst das Sortiment auch Kleinmaterial, wie verschiedene Typen von Scharnieren, Beschläge, Tür- und Fenstergriffe u. Ä.

Für heute wurde ein Meeting einberufen, an dem der Geschäftsführer, Herr Schulte, der Leiter des Lagers, Herr Heuser, und die Assistentin der Geschäftsleitung, Frau Becker, teilnehmen.

Herr Schulte: „Meine Dame, meine Herren, ich habe Sie heute zu diesem Meeting gebeten, weil Frau Klawitter mir mitgeteilt hat, dass in letzter Zeit vermehrt Kundenreklamationen eingegangen sind. Die Beschwerden betrafen vor allem falsche und verspätete Lieferungen."

Herr Heuser: „Ich weiß, wir hatten in den letzten Monaten Schwierigkeiten, weil einige unserer Lagermitarbeiter krank waren. Zudem gab es bei einigen Artikeln Verwechslungen bezüglich des Lagerplatzes. Ich bin aber überzeugt, dass wir diese Probleme jetzt im Griff haben."

Herr Schulte: „Das hoffe ich doch, denn ich muss wohl nicht ausdrücklich erwähnen, dass eine pünktliche und exakte Auslieferung der bestellten Waren zum guten Service gehören, der Bestandteil der Qualität unserer Produkte ist. Ganz abgesehen von den Kosten, die uns durch Reklamationen entstehen."

Frau Becker: „Vielleicht sollten wir diese Probleme zum Anlass nehmen, um uns über eine völlige Neuorganisation des Lagers Gedanken zu machen."

Herr Heuser: „Ich leite das Lager nun schon seit 18 Jahren und es lief, abgesehen von den letzten drei Monaten, einwandfrei. Warum soll man etwas ändern, was sich so lange bewährt hat?"

Frau Becker: „Nun ja, Sie haben natürlich recht, dass Ihre lange Erfahrung für sich spricht. Bei der Lagerdauer einiger Artikel und ihren Beständen sind mir allerdings die folgenden Sachverhalte aufgefallen, die aus meiner Sicht zu höheren Kosten führen. Schauen Sie sich doch mal diese Liste an. Ich habe daneben ein paar Bemerkungen notiert."

Artikel 1212 Fugenmasse außen, Bestand im November 5 000 Stück, Bestand im Februar 5 000 Stück, keine Zu- und Abgänge in diesem Zeitraum, offene Bestellungen 2 000 Stück 	Warum führen wir den Artikel?
Artikel 4545 Handgriff (je 2 Stück), Bestand 155, ebenso Artikel 4546 Kreuzschrauben 2 x 3,5, Bestand 1 240	Diese Artikel finden sich nicht in der Verkaufsliste!
Artikel 1458 Scharniere mit Blattgold, Bestand 914, jährlicher Abgang 40 	Bestand viel zu hoch!
Artikel 8561 Glasdichtungsmasse, verwendbar bis 12/20(00)-1	Warum ist der Artikel noch im Sortiment???
Artikel 7455 Zarge auf Maß, lieferbar in Kunststoff weiß und Eiche rustikal, Bestand 0 Stück	Wie soll denn dieser Artikel verkauft werden, wenn wir ihn nicht im Lager haben?
Artikel 8956 Eichenbretter, Bestand: 6 000 Stück, Einkauf vor einem Jahr, Abgang bis heute: 0 Stück 	Ist das nicht reine Platzverschwendung?

Herr Heuser: „Liebe Frau Becker, man merkt, dass Sie noch nicht so lange in unserer Firma beschäftigt sind. Sie könnten sich viel Arbeit ersparen, wenn Sie sich mehr mit den Produkten auskennen würden. Dann könnten Sie die Anmerkungen auf der Liste selbst klären. Man kann nicht bei allen Produkten die gleichen Bewertungsmaßstäbe zugrunde legen."

Frau Becker: „Aber wir können doch nicht die Eichenpanelen ein Jahr lang auf Lager halten, ohne einen Abgang zu verzeichnen. Das kostet viel zu viel Geld und den Platz könnten wir für andere Produkte nutzen. Darüber hinaus ist mir aufgefallen, dass unser Mitarbeiter Herr Alefs sehr ungeschickt ist."

Herr Heuser: „Wie meinen Sie das?"

Frau Becker: „Na ja, er macht sehr viel kaputt. Gerade die empfindlichen Artikel, habe ich festgestellt. So ließe sich auch Geld einsparen! Außerdem ist mir aufgefallen, dass er mit gefährlichen Artikeln manchmal leichtsinnig umgeht und sich häufig verletzt."

Herr Heuser: „Jetzt machen Sie aber mal einen Punkt! Das kann jedem von uns passieren. Allerdings gebe ich Ihnen recht, manchmal fehlt ihm noch das Feingefühl. Da habe ich mir aber etwas einfallen lassen."

Frau Becker: „Ja, und was?"

Herr Heuser: „Ich habe eine Tabelle mit verschiedenen Artikeln erstellt. Herr Alefs soll die Tabelle mit den fehlenden Eigenschaften der Produkte vervollständigen."

Frau Becker: „Und das soll helfen?"

Herr Heuser: „Na klar. Herr Alefs wird mit den Produkten, die auf der Liste stehen, vorsichtiger und aufmerksamer umgehen."

Frau Becker: „Das bezweifle ich."

Herr Schulte: „Das bringt uns jetzt nicht weiter. Frau Becker und Herr Heuser, Sie setzen sich zusammen und klären gemeinsam die Auffälligkeiten bei den Lagerbeständen. Auch wenn Frau Becker erst seit Kurzem bei uns ist, könnten ihre Anregungen uns im Lagerbereich Kosten einsparen. Vielleicht ist man in gewisser Hinsicht betriebsblind geworden. Wenn Herr Alefs die Liste ausgefüllt hat, hätte ich die dann gerne zur Kenntnis. Und wenn das alles geklärt ist, sehen wir uns wieder. Mein Vorschlag: Donnerstag 15:00 Uhr in meinem Büro. Guten Tag."

Um Herrn Alefs mit den Produkten vertrauter zu machen, hat Herr Heuser ihm eine Tabelle erstellt, in die er die verschiedenen Artikel nach vorgegebenen Kriterien einordnen soll.

Bestell-Nr.	Artikel-Nr.	Bezeichnung	Lagereinheit	Lagerzustand	Empfindlichkeit	Gefährlichkeit
728090						
415202						
217505						
215211						
625601						
916531						

Aufgaben der Lagerhaltung

Arbeitsauftrag
Klären Sie die von Frau Becker festgestellten Auffälligkeiten in der Artikelliste auf und vervollständigen Sie die von Herrn Heuser vorbereitete Liste.

Aufgabe 1
Erklären Sie, was man unter einem Mindestbestand im Lager versteht, und zeigen Sie dessen Bedeutung auf.

Aufgabe 2
Wein wird oft mehrere Jahre in Fässern gelagert. Begründen Sie, wozu diese lange Lagerung dient.

Aufgabe 3

Petra Meyer kauft sich einen Computer im Fachhandel vor Ort. Nachdem Sie mit dem Verkäufer die Komponenten abgeklärt hat, die eingebaut werden sollen, sagt er ihr, dass der Computer in drei Tagen abgeholt werden kann. Petra fragt: „Warum haben Sie den denn nicht auf Lager? Computer verkaufen Sie doch tagtäglich." Nehmen Sie Stellung zu Petras Aussage.

Aufgabe 4

Erklären Sie, inwiefern man Güter nach ihrer Lager- und Verbrauchseinheit unterscheiden kann.

Aufgabe 5

Zeigen Sie auf, welche Hauptaufgabe das Lager für den Betrieb übernimmt.

Aufgabe 6

Ein Mitschüler behauptet, dass durch die Just-in-time-Anlieferungen das Lager die Aufgabe der Sicherungsfunktion verliert und er selbst deshalb über kurz oder lang arbeitslos wird. Überzeugen Sie ihn davon, dass dies nicht so sein muss.

Aufgabe 7

Vervollständigen Sie die Übersicht zu den Aufgaben der Lagerhaltung und finden Sie je zwei Anwendungsbeispiele.

Aufgaben der Lagerhaltung	Beschreibung	Beispiele
Sicherungsaufgabe	Sicherung bei Engpässen, die durch Lieferverzögerungen oder erhöhte Nachfrage verursacht werden.	
	Herstellungs- und Verwendungszeitpunkt fallen auseinander.	
Spekulationsaufgabe		
Umformungsaufgabe		
	Einige Güter erhalten erst durch die Lagerung ihre volle Qualität.	

Aufgabe 8

Entscheiden Sie, welche Aufgaben die Lagerhaltung in den folgenden Beispielen erfüllt.

Beispiele	Aufgabe
Kaffeebohnen werden in Säcken per Seeschiff von Ecuador nach Bremen befördert.	
Eine landwirtschaftliche Genossenschaft kauft im Herbst die Kartoffelernte von Landwirten auf.	
Ein Schokoladenhersteller produziert ab Juni Weihnachtsmänner aus Schokolade und lagert sie bis November ein.	
Ein Whiskyhersteller füllt nach zwölf Jahren Lagerung aus einem 1 hl Whiskyfass den Whisky in 0,7-l - Flaschen ab.	
Ein Winzer lagert fünf Jahre lang Rotwein in Eichenfässern.	

2 Die Lagerhaltung nach Betriebsart und nach Lagerstandort unterscheiden

Petra Meyer sitzt in der Pause mit ihrem Mitschüler Thomas zusammen. Thomas macht seine Ausbildung bei der Firma Domhöfer, einem Automobilzulieferer.

Thomas: „Stell dir vor, ich werde von meiner Firma für 14 Tage in der Göteborger Niederlassung eingesetzt. In Deutschland war ich bisher im Beschaffungslager beschäftigt. In Göteborg werde ich unter anderem das Fertigwarenlager kennenlernen."

Petra: „Warum hat deine Firma in Schweden eine Niederlassung? Reichen euch die Kunden hier in Deutschland nicht? Also wir haben schon mit den Kunden aus dem Münsterland und dem Rheinland genug zu tun. Ich denke mal, dass der am weitesten entfernte Kunde 80 km von uns seinen Laden hat."

Thomas: „Ich glaube, dass unsere Kunden nicht nur in Deutschland, sondern in ganz Europa ansässig sind."

Petra: „Welche Produkte vertreibt ihr denn überhaupt?"

Thomas: „Automobilteppiche, Isolationsteile, Hutablagen und Dachhimmel.
Ich habe hier ein Bild, dann kannst du dir das besser vorstellen. Das ist eine typische Hutablage in der Standardausführung. "

Petra: „Interessant. Aber bei uns hat noch kein Kunde nach diesen Artikeln gefragt."

Thomas: „Das ist klar. Deine Kunden produzieren sicher keine Autos."

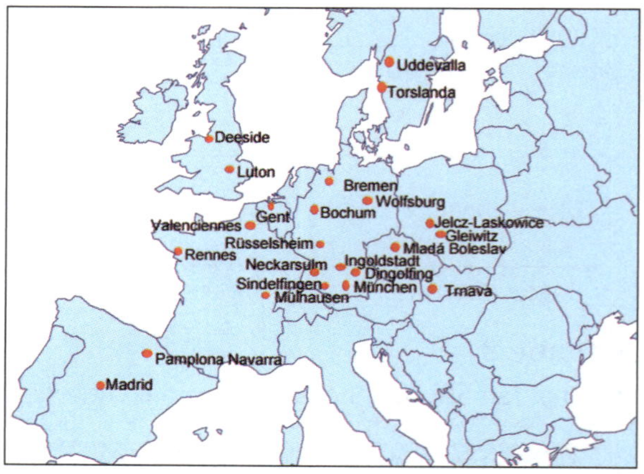

Petra: „Wie viele Kunden habt ihr denn überhaupt?"

Thomas: „Genau weiß ich das nicht, aber ich glaube nicht mehr als zehn oder zwölf."

Petra: „Nur zwölf? Bei so einer geringen Anzahl braucht ihr doch nicht so viele Standorte! Die Kunden kannst du doch locker vom Hauptsitz in Duisburg aus betreuen."

Thomas: „Wir haben eben nicht nur Kunden aus der Umgebung, sondern aus ganz Europa. Da musst du teilweise vor Ort sein. Und unsere Kunden verlangen Topqualität und vor allem Pünktlichkeit. Auf dieser Karte hier kannst du die Standorte unserer Firma sehen."

Petra: „Wer sind denn eure Kunden?"

Thomas: „Das liegt auf der Hand: Europäische Autohersteller wie Mercedes, VW etc."

Petra: „Aber ich verstehe immer noch nicht, warum ihr die Kunden nicht von einem einzigen Standort aus beliefert. Die Autobahnen sind gut ausgebaut und die Strecken überschaubar."

Thomas: „Das Besondere an Hutablagen ist allerdings die Variationsvielfalt. Also: Farbe, Bezug, Aufhängung, Verankerungspunkte, Boxeneinschnitte usw. Wir bekommen vom Hersteller kurz vorher gesagt, welche genaue Spezifikation der Hutablage gebraucht wird. Wir stellen dann die Hutablagen genau in der Reihenfolge zusammen, wie sie kurz darauf in der Produktion gebraucht werden. Der Fachbegriff dafür heißt Endsequenzierung."

Petra: „Das verstehe ich nicht. Was sollen verschiedene Standorte mit der Produktion zu tun haben?"

Thomas: „Petra, ihr kauft Dinge ein und verkauft sie direkt wieder. Wir kaufen zunächst einmal Roh-, Hilfs- und Betriebsstoffe ein, lagern sie, montieren vor und irgendwann wird dann daraus eine fertige Hutablage. Wir produzieren hier in Duisburg, aber an allen anderen Standorten in der Nähe unserer Kunden halten wir das vom jeweiligen Kunden gewünschte Sortiment vor. "

Petra: „Hört sich erstmal sehr teuer an, wenn ihr überall alles vorhaltet. Langsam bekomme ich eine Ahnung, woran das liegen könnte: Ihr seid ein Industriebetrieb und wir ein Großhändler."

Thomas: „Daher bin ich davon überzeugt, dass die Standortwahl eines Unternehmens davon abhängt, was das Unternehmen tut, ob es produziert oder handelt, welche Anforderungen die Kunden stellen und welche Vorgaben es ggf. erfüllen muss."

Petra: „Ich erinnere mich, dass ich ganz zu Beginn meiner Ausbildung schon mal eine Liste mit Gründen für die Standortwahl meines Betriebes entwickelt habe."

Thomas: „Dann lass uns nun eine Liste mit Standortfaktoren für mein Unternehmen machen."

Petra: „Gute Idee, und danach schauen wir, welche Vorteile mit eurer und welche mit unserer Standortwahl verbunden sind."

Thomas: „Danach können wir sicher auch beurteilen, ob die Kernaufgabe eines Unternehmens wirklich den Standort bestimmt."

Arbeitsauftrag

Vergleichen Sie die Standortwahl von Petras und Thomas Ausbildungsbetrieb.

1. Überprüfen Sie anhand der Karte, ob in der Nähe der Standorte von Thomas Firma tatsächlich Autohersteller ihren Sitz haben. Zeigen Sie auf, warum die verschiedenen Standorte für Domhöfer sinnvoll sind.
2. Analysieren Sie nun die Betriebsart und den Lagerstandort der Interlogistik GmbH.
3. Nehmen Sie Stellung zu der Aussage von Thomas, ob die Kernaufgabe eines Unternehmens tatsächlich den Standort bestimmt.

zentrale und dezentrale Lager

Aufgabe 1

Vor- und nachgelagerte Betriebe sind rund um die Interlogistik GmbH vertreten.

a) Erklären Sie, was man unter vor- und nachgelagerten Betrieben versteht.

b) Bestimmen Sie die Betriebe, die für die Interlogistik GmbH in diesem Zusammenhang interessant sind.

horizontale und vertikale Arbeitsteilung

Aufgabe 2

Füllen Sie folgende Tabelle aus:

Standort	Staat	Hauptstadt	Entfernung von Duisburg in km
Uddevalla			
Dingolfing			
Trnava			
Pamplona Navarra			
Gent			
Gleiwitz			

Aufgabe 3

Stellen Sie den Leistungsprozess von Thomas Ausbildungsbetrieb dar, indem Sie vom Einkauf bis zum Verkauf die Herstellungsstufen und Lagerarten skizzieren. Beziehen Sie Ihre Überlegungen auf die Herstellung von Hutablagen.

Aufgabe 4

Erklären Sie, was man unter einem stofforientierten Lager versteht. Nennen Sie dazu drei Beispiele.

Aufgabe 5

a) Petra Meyer soll einem Praktikanten erklären, was ein Kommissionslager ist und welche Vorteile diese Art von Lager für den Großhandel hat. Helfen Sie ihr bei der Erklärung.

b) Tragen Sie in die folgende Skizze die Ziffern 1 bis 6 in der richtigen Reihenfolge ein:

Siehe auch „Wirtschafts- und Sozialprozesse" (00363) Kommissionskauf

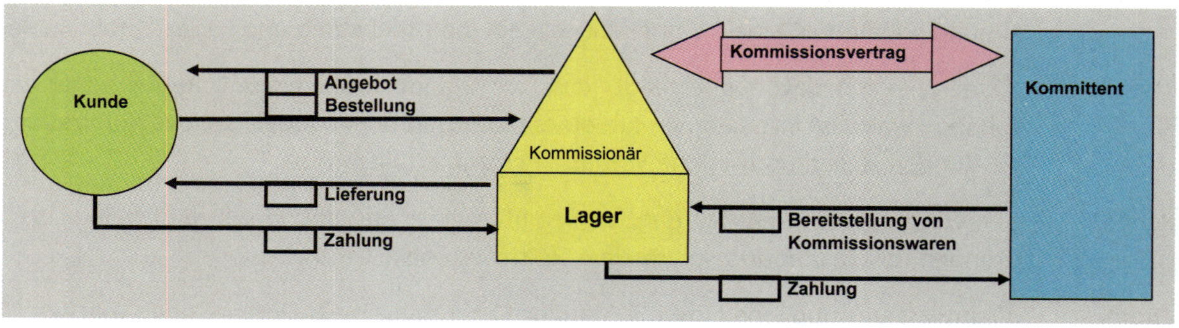

Hinweis: Kommissionär ist, wer gewerbsmäßig in eigenem Namen für Rechnung eines anderen (des Kommittenten) Waren verkauft. Kommittent ist beispielsweise ein Hersteller, der über den Großhändler seinen Absatz organisiert.

Aufgabe 6

Erklären Sie, warum ein optimaler Materialfluss in einem Etagenlager schlecht zu realisieren ist.

Aufgabe 7

Nach dem Lagerstandort unterscheidet man zwischen zentralen Lagern, dezentralen Lagern und Handlagern.

Bestimmen Sie, für welche Lager die folgenden Aussagen zutreffen. Kennzeichnen Sie die Aussagen mit
Z = Zentrallager
D = dezentrales Lager
H = Handlager

	Lager, das nur einen einzelnen Produktionsbereich des Betriebes mit Rohstoffen versorgt.
	Die notwendigen Materialvorräte des gesamten Betriebes können niedrig gehalten werden.
	Mehrere Filialen eines Handelsunternehmens werden von einem Lager aus beliefert.
	Der Materialverbrauch ist in diesem Lager relativ schwer zu kontrollieren.
	Der Bedarf kann direkt ermittelt werden, ohne auf die Meldung anderer Lager zu warten.
	Diese Lagerung ist meist mit einer Verlängerung der Transportwege und einer Zwischenlagerung verbunden.
	Größere Einkaufsmengen ermöglichen eine Senkung der Beschaffungskosten (Rabatte, Lieferung frei Haus) ab einer bestimmten Mindestabnahme.
	Das Lager für Kleinteile befindet sich direkt am Arbeitsplatz.
	Abstimmung zwischen Lager und Produktion ist meist leicht zu ermöglichen.
	Der Gesamtbedarf eines Betriebes ist besser feststellbar.

Aufgabe 8

a) Beschreiben Sie anhand des Bildes die Arbeitsweise in einem Handlager.

b) Nennen Sie drei Beispiele, in denen das Arbeiten mit einem Handlager sinnvoll ist.

c) Erklären Sie, welche drei Vorteile sich bei einem Handlager ergeben.

Aufgabe 9

Nennen Sie Beispiele, wo Standortentscheidungen durch interne und externe Vorgaben beeinflusst werden.

Aufgabe 10

Beschreiben Sie folgende Betriebsarten und nennen Sie je zwei wichtige Standortfaktoren (mit Begründung).

Einzelhandel	Frachtführer	PC-Service
Großhandel	Notar	Schreinerei
Industriebetrieb	Bergwerk	Gabelstaplerservice
Spedition	Lagerhalter	

Aufgabe 11

Die zu lagernde Ware bestimmt in den meisten Fällen auch die Art und das Aussehen des Lagers. Tragen Sie in der folgenden Tabelle die Lagerbezeichnung, die Kurzbeschreibung und geeignetes Lagergut ein.

Lagerbauform	Lagerbezeichnung	Kurzbeschreibung	Lagergut

Aufgabe 12

Zu den Speziallägern zählt man u. a. die Getreidelagerei. Die technischen Einrichtungen der Getreidelagerhäuser und die zunehmende Qualitätsanforderungen verlangen hohe Investitionen und besondere Qualifizierungsmaßnahmen für die Mitarbeiter/-innen. Standortschwerpunkte sind die Binnenhäfen. Dort erfolgt der Umschlag durch eigene Kran-, Elevator- und Sauganlagen in bzw. aus dem Binnenschiff der über die Seehäfen abgewickelten Getreideimporte und -exporte.

Für Erzeuger, landwirtschaftliche Genossenschaften, Getreidehandel und Verarbeitungsbetriebe (Mühlen, Kraftfutter und andere), und für die öffentliche Hand erbringen sie neben der Getreidelagerung weitere zahlreiche Nebenleistungen.

a) Nennen und beschreiben Sie diese Nebenleistungen.

b) Erklären Sie das Fördermittel Elevator, indem Sie es beschreiben und auf seinen Aufbau und seine Leistungsfähigkeit eingehen.

Aufgabe 13

In der abgebildeten Karte befinden sich die Kunden eines Herstellers von Navigationsgeräten. Innerhalb von vier Stunden muss das Unternehmen seine Kunden mit Ersatzteilen beliefern können.

Die Unternehmensleitung hat vier Läger genehmigt. Die Läger sind so konzipiert, dass zwischen vier und sechs Kunden beliefert werden können.

a) Sie haben die Aufgabe, diese Läger so zu platzieren, dass die Vier-Stunden-Vorgabe realisiert werden kann.

b) Nennen Sie zwei Vorteile und einen Nachteil, die sich für den Hersteller ergeben, wenn die Auslieferung über dezentrale Regionalläger erfolgt.

c) Erstellen Sie in Tabellenform eine Liste mit den Bundesländern und der dazugehörigen Landeshauptstadt, alphabetisch sortiert nach den Bundesländern.

3 Die Dienstleistung eines Lagerhalters in Anspruch nehmen

Die Interlogistik GmbH hat durch ihre guten Beziehungen zu einem Lieferanten sehr günstig einen größeren Posten Zinn eingekauft. Herr Reisch, Abteilungsleiter Einkauf, verspricht sich ein lukratives Geschäft, da er aufgrund einer früheren Tätigkeit gute Kontakte zu Kunden hat, die an der Abnahme von Zinn interessiert sind. Mit dem Geschäftsleiter, Herrn Schulte, hat er diesen Kauf abgeklärt. Als ein Teil der Lieferung im Wareneingang eintrifft, fragt sich Herr Schulte, ob der Kauf nicht etwas voreilig war. Herr Heuser, Abteilungsleiter Lager und Versand, wollte die Lieferung nicht annehmen, weil er im Lager keinen Platz mehr hat.

„Was denkt sich Herr Reisch dabei, diese riesige Menge anliefern zu lassen, wo wir doch gar keinen Platz im Lager haben!", schimpft er vor sich hin. Beim genaueren Hinsehen fallen ihm noch mehr Probleme auf. Auf der Stahlbox steht ein Hinweisschild mit folgenden Angaben:

Leergewicht: 400 kg
Maße: 80 cm x 240 cm x 110 cm
Zulässiges Gesamtgewicht: 3,8 t

Herr Heuser: „Frau Meyer, ich brauche Sie, es gibt ein Problem."

Petra: „Worum geht es denn?"

Herr Heuser: „Die Stahlboxen, die Sie hier sehen, wiegen 3,8 t. Das ist selbst für stabile Stahlboxen ein hohes Gewicht. Die Frage ist, ob unsere Stapler dafür ausgelegt sind. Überprüfen Sie bitte die höchstzulässige Tragkraft der Stapler, damit ich weiß, ob die Teile sicher transportiert werden können."

Petra: „O. k., hört sich spannend an. Aber wie mache ich das?"

Herr Heuser: „Suchen Sie den Stapler nach Hinweisschildern ab. Sie werden mit Sicherheit genaue Angaben finden. Viel Erfolg!"

Petra geht um den Stapler herum und findet am Stapler folgendes Lastschwerpunkt-Diagramm:

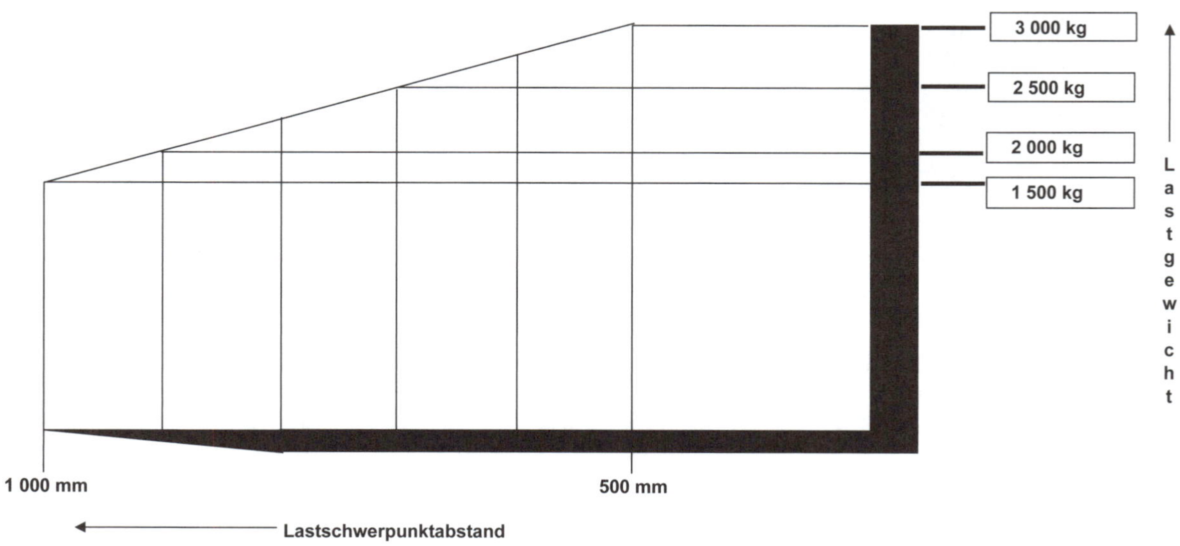

Mittlerweile ist Herr Reisch dazugekommen.

Herr Reisch: „Ich bin ganz erstaunt, dass schon geliefert wurde. Dabei war der Liefertermin erst für nächste Woche avisiert."

Herr Heuser: „Nächste Woche werde ich die gleichen Probleme mit dem Lagergut haben."

Herr Reisch: „Das soll auch nicht Ihr Problem sein, Herr Heuser. Ich habe schon Kontakt mit dem Lagerhalter Herrn Bruckmann aufgenommen. Er holt die Ware in einer Stunde ab und lagert sie in seinem Lager ein. Das Unternehmen liegt 500 Meter von hier entfernt. Sie können die Artikel gleich auf der Rampe stehen lassen."

Herr Heuser: „Das wird aber teuer, wenn ein anderes Unternehmen für uns einlagert. Außerdem haben wir dann keine Kontrolle über den Bestand und den Zustand der Ware. Sollen wir dann zum Kommissionieren zum Lager von Bruckmann herübergehen? Das wäre umständlich und es würde noch mehr Arbeit auf mein Team zukommen. Wie sollen wir das denn personell umsetzen, ohne zusätzliche Kräfte?"

Herr Reisch: „Keine Sorge, Herr Heuser, ich habe alles im Griff. Mit Herrn Bruckmann werde ich ein Konzept ausarbeiten, sodass Sie von Mehrarbeit verschont bleiben."

Herr Heuser: „Ich hoffe, das wird nicht zur Regel, dass wir bei Bruckmann einlagern."

Herr Reisch: „Das müssen Sie wirklich nicht befürchten. Das Lager ist für einen Großhändler doch das Herzstück."

Herr Heuser: „Ich weiß auch, dass ein Großhändler ohne eigenes Lager kein Großhändler ist."

Herr Reisch: „Machen Sie sich keine Sorgen. Morgen Nachmittag lege ich Ihnen mein Konzept auf den Tisch. Prüfen Sie bis dahin, ob unsere Stapler die Boxen heben können."

Herr Heuser: „Das wird Frau Meyer erledigen. Dann bis morgen Nachmittag."

Herr Reisch: „Einverstanden."

Arbeitsauftrag

Entwickeln Sie ein mögliches Konzept für die Fremdlagerung bei Bruckmann. Berücksichtigen Sie dabei alle Tätigkeiten von der Warenannahme bis zum Warenversand. Wesentlich dabei ist, dass für das Lagerteam der Interlogistik GmbH keine zusätzlichen Arbeiten anfallen. Klären Sie in diesem Zusammenhang auch:

1. ob die Güter innerbetrieblich transportiert werden können und begründen Sie Ihre Entscheidung;
2. welche Gründe dafür sprechen, den Posten Zinn bei dem Lagerhalter Bruckmann einzulagern.

Aufgabe 1

Petra Meyer meint zu Herrn Heuser, man könne doch besser das eigene Lager vergrößern anstatt die Dienstleistung eines fremden Lagerhalters in Anspruch zu nehmen. Zeigen Sie Gründe auf, die sowohl dafür als auch dagegen sprechen und geben Sie eine Empfehlung ab.

Aufgabe 2

Ein Lagerhalter hat vier Kunden, die bei ihm regelmäßig Kies ein- und auslagern. Dabei handelt es sich immer um Mengen zwischen drei und zwölf Tonnen. Bisher hat der Lagerhalter jeweils eigene Lagerbereiche für jeden Kunden. Das bedeutet, dass er vier Kieshaufen hat, die er aber häufiger mit seinem Bagger umlagern muss, da die Größe der Kieshaufen wechselt. Er überlegt, ob er nicht den gesamten Kies auf einer Sammelstelle lagert.

a) Bestimmen Sie, welche Vorteile sich für die Kunden ergeben, wenn der Kies getrennt gelagert wird (Trennungslagerung).

b) Schildern Sie die Nachteile, wenn der Lagerhalter den gesamten Kies auf einem Haufen lagert.

c) Analysieren Sie die Rechtslage bei dieser Art der Lagerung, der sogenannten Sammellagerung (§ 469 HGB).

d) Erklären Sie, warum Kunden sich dazu entschließen, beim Lagerhalter bestimmte Produkte im Rahmen der Sammellagerung einzulagern.

Aufgabe 3

Petras Mitschüler ist bei einem Lagerhalter beschäftigt. Er erzählt ihr, dass er bei der Entgegennahme von Lagergut nicht auf äußere Beschädigungen achtet, weil er dafür keine Zeit hat, und die Waren ungesehen einlagert. Petra Meyer sagt zu ihm, dass das doch wohl nicht richtig sein kann. „Wer soll denn dann für eventuelle Schäden aufkommen?“, fragt sie ihn. Stellen Sie Ihre Meinung (begründet mit § 470 HGB) dar.

Aufgabe 4

Die Firma Meiering lässt für einen Monat vier Paletten bepackt mit 500-g-Packungen Butter bei einem Lagerhalter von Juli bis Anfang August einlagern. Angeliefert wird in neutralen Kartons ohne irgendwelche Kennzeichnung. Mitte August beschwert sich der Einlagerer Meiering beim Lagerhalter, weil die Butter ranzig geworden ist und verlangt Schadenersatz. Der Lagerhalter kontert: „Dass in den Kartons Butter ist, hätten Sie mir bei Anlieferung mitteilen müssen. Den Schaden können Sie alleine tragen!“ Erläutern Sie die Rechtslage (§ 468 HGB).

Aufgabe 5

In vielen Fachzeitschriften liest man immer wieder, dass Betriebsaufgaben outgesourct werden. Outsourcing liegt nach wie vor im Trend. Erklären Sie den Begriff Outsourcing an einem Beispiel.

Aufgabe 6

In der Regel übernehmen Lagerhalter neben dem eigentlichen Lagern noch weitere logistische Dienstleistungen. Zählen Sie weitere Dienstleistungen auf, die ein Lagerhalter übernehmen kann, und beschreiben Sie dazu anschauliche Beispiele.

Aufgabe 7

In bestimmten Fällen wird als ein Nachteil der Fremdlagerung angeführt, dass der Kunde vom Logistikdienstleister abhängig ist. Beschreiben Sie diesen Sachverhalt anhand eines Beispiels.

Aufgabe 8

Stellen Sie die Rechte und Pflichten des Lagerhalters einander gegenüber:

Rechte des Lagerhalters	Pflichten des Lagerhalters

Aufgabe 9

Oft findet man Lagerhallen von Lagerhaltern direkt in der Nähe von Flughäfen. Nennen Sie vier Gründe für diese Standortwahl.

Aufgabe 10

Petra Meyer findet auf einem Stapler folgendes Lastschwerpunktdiagramm für eine Gabelverlängerung. Sie fragt sich, ob sie eine Palette mit einem Gesamtgewicht von 760 kg auf eine Höhe von 7,15 m heben darf, wenn der Lastschwerpunkt bei 1,15 m liegt. Beurteilen Sie die Sachlage.

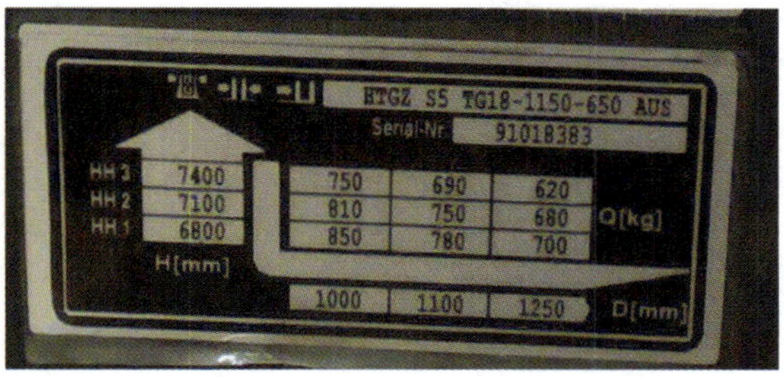

Aufgabe 11

Immer wieder kommt es vor, dass beim Einlagern Paletten längere Zeit in der Bereitstellungszone stehen bleiben, weil das Hochregallager keine freien Stellplätze mehr hat. Da in dieser Zone auch die fertig kommissionierten Paletten stehen, kann es passieren, dass Paletten verwechselt und falsche Paletten versendet werden.

Daher entschließt sich die Interlogistik GmbH dazu, die Paletten auszulagern, die sie selbst nicht ordnungsgemäß lagern kann, weil keine Stellplätze mehr frei sind. Zwei Betriebe in der näheren Umgebung haben der Interlogistik signalisiert, dass sie gern bereit sind, Paletten der Interlogistik zu lagern. In der Regel müssen die Paletten für eine Woche eingelagert werden. Die Interlogistik GmbH erhält aufgrund ihrer Anfrage diese Angebote:

1. Firma Bruckmann macht uns folgendes Angebot. Das Einlagern einer Palette wird mit je 2,00 € abgerechnet, ebenso die Auslagerung mit 2,00 €. Der Stellplatz selbst kostet 1,20 € in der Woche.
2. Firma Pottgeier verlangt für den Lagerraum eine feste monatliche Pauschalmiete von 240,00 €. Das Ein- bzw. das Auslagern der Palette wird jeweils mit 1,28 € abgerechnet.

a) Entscheiden Sie begründet, mit welchem Lagerhalter die Interlogistik GmbH einen Lagervertrag abschließen sollte. Erstellen Sie dazu eine Tabelle, indem Sie die Kosten der zwei Angebote jeweils für einen Monat berechnen und einander gegenüberstellen. Stellen Sie Ihre Lösung anschließend grafisch in einem Liniendiagramm dar.

	A	B	C	D	E	F	G	H	I	J
1	Eingabeteil:									
2	Kosten	Ein-/Auslagern		Stellplatz	Pauschalmiete					
3	Bruckmann									
4	Pottgeier									
5	Kötters									
6										
7		Bruckmann			Pottgeier			Kötters	Minimum in €	Günstigster Lagerhalter
8	Paletten	Ein-/Auslagern	Stellplatz	Gesamtkosten	Ein-/Auslagern	Pauschal	Gesamtkosten	Gesamtkosten		
9	10									
10	20									
11	30									
12	40									
13	50									
14	60									
15	70									
16	80									
17	90									
18	100									
19	110									

b) Kurz darauf erhält die Interlogistik von dem Lagerhalter Kötters das Angebot, eine Lagerhalle für 450,00 € im Monat anzumieten, ohne dass weitere Kosten anfallen. Bestimmen Sie, ob sich die getroffene Entscheidung dadurch verändern könnte.

4 Eine Lagerrechnung erstellen

Die Interlogistik GmbH hat das Zinn komplett beim Lagerhalter Bruckmann eingelagert. Die Verhandlungen zwischen Herrn Reisch und Bruckmann waren gut verlaufen, sodass auch Herr Heuser und sein Lagerteam nicht zusätzlich belastet werden.
Herr Heuser möchte Frau Meyer aufzeigen, dass die Einlagerung bei einem Lagerhalter Sinn macht. Von Herrn Reisch hat er erfahren, dass im ersten Monat schon Zinn im Wert von 12 000,00 € verkauft worden ist. Im Einkauf sind dafür 8 000,00 € bezahlt worden.

Herr Heuser: „Frau Meyer, Sie wissen, dass wir den Zinn beim Lagerhalter Bruckmann eingelagert haben. Mittlerweile sind fünf Wochen vergangen, da ist es notwendig, die Kosten für die Einlagerung zu berechnen."

Frau Meyer: „Dafür brauchen wir doch den Lagervertrag, wo die Konditionen drin stehen."

Herr Heuser: „Den klassischen Lagervertrag gibt es gar nicht mehr. Wir sprechen da von einer Logistikvereinbarung. Wir arbeiten mit Bruckmann schon länger zusammen, der lagert nicht nur die Güter für uns, sondern verfügt auch über eigene Lkw. Somit wickeln wir mit ihm auch die Transporte ab."

Frau Meyer: „Welchen Vorteil hat man denn davon?"

Herr Heuser: „Nun, wir haben für Lagerung und Zustellung nur einen Ansprechpartner, damit entfällt für uns auch ein Teil der Organisation. Unser Kerngeschäft ist ja der Handel und nicht der Transport. Deswegen sind wir dankbar, dass wir in der Firma Bruckmann einen Logistikdienstleister gefunden haben."

Frau Meyer: „Und wie berechnen wir jetzt die Kosten für die Fremdlagerung?"

Herr Heuser: „Dafür brauchen wir den Vertrag und die Aktivitäten des Abrechnungsmonats. Hier sehen Sie erst einmal die Vereinbarungen aus dem Vertrag."

Logistikvereinbarung

zwischen und **BLG Bruckmann Logistik GmbH**

Interlogistik GmbH
Luisenstraße 93
47119 Duisburg

Waren und Artikel:	Eingelagert werden Paletten mit Zinnbehältern. Blocklagerung, MHD und Chargen brauchen nicht zu beachtet werden.	
Lagerstrategie:	Artikelrein	
Lagertyp:	Einlagerung je Palette	2,50 €
	Auslagerung je Palette	2,50 €
	Lagergeld je Palette je angefangene Woche	1,00 €
	Pick pro Zinnbehälter	1,60 €
Nebenkosten:	Administration je Buchung für Ein- und Auslagerung	5,00 €
Zusatzaufgaben:	Mitarbeiter je angefangene Stunde (für Umformungsaufgaben, Etikettierungen, Kommissionierung, Containerentladung …)	25,80 €

Versicherung:	Die Ware ist gegen Elementarrisiken zu versichern. Prämie bei der Versicherung 0,4 ‰ pro Jahr zuzüglich 19 % Versicherungsteuer.
Avisierung:	Voravis, Wareneingänge und Auslagerungsaufträge müssen bis zwei Tage vor Auftragstag bis 16:30 Uhr erfolgen. Bei Abweichungen werden Zusatzkosten durch erhöhten Personalaufwand in Höhe von 30,00 € je angefangene Mannstunde berechnet.
Retouren:	Rücksendungen vom Kunden werden nach Aufwand berechnet. Ebenso die Behandlung von Schadensware und Restverpackungen.
Inventuren:	Monatliche Durchführung von Inventuren. Pauschalpreis: 150,00 €
Dauer der Ver-: einbarung	Die Vereinbarung verlängert sich automatisch um ein weiteres Jahr, wenn sie nicht von einer der beiden Parteien sechs Monate vor Ablauf schriftlich gekündigt wird.

Interlogistik GmbH
47119 Duisburg

Bruckmann
Logistik GmbH

Reisch
Unterschrift

Bruckmann
Unterschrift

Wir arbeiten ausschließlich nach den Allgemeinen Deutschen Spediteurbedingungen (ADSp) und – soweit diese für die Erbringung logistischer Leistungen nicht gelten – nach den Logistik-AGB, jeweils neuester Fassung, Ziffer 23. ADSp beschränkt die gesetzliche Haftung für Güterschäden nach § 431 HGB. für Schäden in speditionellem Gewahrsam auf 5 €/kg: bei multimodalen Transporten unter Einschluss einer Seebeförderung auf 2 SZR/kg sowie darüber hinaus je Schadenfall bzw. -ereignis auf 1 Mio. bzw. 2 Mio. € oder 2 SZR/kg, je nachdem welcher Betrag höher ist. Das Einlagern von Gütern geschieht auf Rechnung und Gefahr des Auftraggebers. Erfüllungsort und Gerichtsstand ist Duisburg. Bruckmann Logistik GmbH HRA 4891 Amtsgericht Duisburg.

Frau Meyer: „In der Vereinbarung sind ja die Abrechnungspunkte klar geregelt. Ich erkenne auch, dass die Firma Bruckmann nicht nur palettenweise auslagern, sondern auch die einzelnen Zinnbehälter."

Herr Heuser: „Ja, das ist so. Die Interlogistik verkauft den Artikel sowohl palettenweise als auch einzelne Behälter. Deswegen werden entweder ganze Paletten abgerechnet oder das Picken der einzelnen Zinnbehälter. Hier können Sie die Bewegungen der Ganzpaletten der ersten fünf Kalenderwochen sehen:

KW 01	=	€	1,00	×	0
KW 02	=	€	1,00	×	30
KW 03	=	€	1,00	×	20
KW 04	=	€	1,00	×	15
KW 05	=	€	1,00	×	15

Dabei fielen eine Einlagerung und drei Auslagerungen an. Zusätzlich sind 78 Picks in den ersten fünf Kalenderwochen gemacht worden. Für Kommissionierleistungen sind drei Stunden und 15 Minuten angefallen, für das Verpacken nochmals 2,5 Stunden. Bei drei Lieferungen haben wir die Avisierfrist nicht eingehalten, sodass bei Bruckmann 75 Minuten Überstunden anfielen."

Frau Meyer: „In der Logistikvereinbarung steht eine Regelung zur Versicherung der Güter. Wie hoch war denn der Wert des Zinns?"

Herr Heuser: „Der betrug 359 000,00 €. Man muss dabei beachten, dass die Prämienberechnung nur für die fünf Kalenderwochen durchgeführt werden müssen und nicht für das ganze Jahr."

Frau Meyer: „Dann haben wir ja alle Zahlen zusammen und können mal ausrechnen, was an Rohgewinn für diesen Zeitraum anfällt."

Arbeitsauftrag
Erstellen Sie aus Sicht der Bruckmann GmbH die Rechnung für die ersten fünf Kalenderwochen.

Aufgabe 1
Fertigen Sie für die Interlogistik GmbH für die ersten fünf Kalenderwochen eine Rohgewinnberechnung an, indem Sie von den Erlösen die angefallenen Kosten abziehen.

Aufgabe 2
Zeigen Sie auf, welche Vorteile sich für die Interlogistik GmbH dadurch ergeben, dass die Bruckmann GmbH nicht nur die Lagerung, sondern auch die Zustellung mit dem eigenen Fuhrpark an die Kunden der Interlogistik GmbH übernimmt.

Aufgabe 3
In der Logistikvereinbarung steht unterhalb der Unterschriften im Kleingedruckten ein Verweis darauf, dass nach den Allgemeinen Deutschen Spediteurbedingungen (ADSp) und – soweit diese für die Erbringung logistischer Leistungen nicht gelten – nach den Logistik-AGB gearbeitet wird. Zeigen Sie auf, welche wesentlichen Aspekte in diesen Bedingungen geregelt sind.

Aufgabe 4
Beispiel für die Abwicklung eines Kaufvertrages mithilfe eines Lagerscheins (Dieser wird in seltenen Fällen noch erstellt und enthält die wesentlichen Informationen zum eingelagerten Gut wie Name des Einlageres, Bezeichnung des Gutes, Anzahl, Gewicht usw.):
Die Kaufmann GmbH unterhält in München ein Fremdlager bei der Spedition Flextrans GmbH. Dort hat sie Küchenmontageelemente gegen Übergabe eines Lagerscheins eingelagert. Dem Kunden Allcor & Co. in München soll die Kaufmann GmbH am 20. Mai den gesamten Lagerbestand aus diesem Fremdlager zusenden. Zu diesem Zweck übergibt die Kaufmann GmbH dem Kunden Allcor & Co. nach Abschluss des Kaufvertrages den Lagerschein. Allcor & Co. kann gegen Vorlage dieses Lagerscheins die Küchenmontageelemente beim Lagerhalter abholen.

Im Beispiel werden sieben Verbindungen zwischen dem Einlagerer (Kaufmann GmbH), dem Lagerhalter (Spedition Flextrans) und dem Kunden der Kaufmann GmbH (Allcor & Co.) beschrieben. Ordnen Sie folgende Begriffe den Pfeilen in der Grafik zu. Bringen Sie die Begriffe in die richtige Reihenfolge.

- ☐ Kaufvertrag
- ☐ Lagergut
- ☐ Lagergut
- ☐ Lagerschein
- ☐ Lagervertrag
- ☐ Rückgabe des Lagerscheins
- ☐ Übergabe des Lagerscheins

Aufgabe 5

Kritische Lagergröße: Reichen die eigenen Lagerräume nicht aus oder ist der An- oder Umbau einer Lagereinrichtung zu kostspielig, wird bei geeigneten Gütern (meist Massengüter wie Kohle, Koks, Steine, Erden, Erze, Getreide, Mais, Baumwolle) die Lagerhaltung auf fremde Betriebe und deren Einrichtungen übertragen. Um entscheiden zu können, ob Eigen- oder Fremdlagerung kostengünstiger ist, bedarf es einer Kostenvergleichsrechnung.

Beispiel:

Angenommen, die fixen Lagerkosten belaufen sich bei Eigenlagerung auf monatlich 300 000,00 €, die variablen Lagerkosten auf 50 000,00 € je t Lagergut. Bei Fremdlagerung sind hingegen 100 000,00 € je t Lagergut zu zahlen.

Ermitteln Sie rechnerisch und zeichnerisch, bei welchen Mengen eine Eigenlagerung sinnvoll ist bzw. bei welchen Mengen es kaufmännisch vertretbar ist, einen fremden Betrieb mit der Lagerung zu beauftragen.

Eigenlagerung			Fremdlagerung	
fixe Kosten	300 000,00	€	Kosten	100 000,00
variable K	50 000,00	€/t		

	Eigenlagerung			Fremdlagerung	Günstiger ist
Menge in t	fixe Kosten	variable Kosten	Gesamtkosten		die
1					
2					
3					
4					
5					
6					
7					
8					
9					
10					

Aufgabe 6

Petra Meyer schließt eine Hausratversicherung über 60 000,00 € ab. Die jährliche Prämie, die an die Versicherung abzuführen ist, beträgt 1,8 ‰ der Versicherungssumme.
Wie viel Euro Prämie sind zu zahlen?

Aufgabe 7

Die Versicherungssumme für eine Voltaikanlage beträgt 96 000,00 €. Der Versicherungssatz beläuft sich auf 0,34 ‰.
Wie hoch ist die zu zahlende Prämie?

Aufgabe 8

Für den Kauf der Voltaikanlage in Höhe von 49 800,00 € bekommt der Interessent bis Ende des Monats 5 % Rabatt. Wie hoch ist der Rabatt in EUR und wie viel hat er für die Anlage zu zahlen?

Aufgabe 9

Petras Mutter hat eine Glasversicherung für ihr Ferienhaus abgeschlossen. Die jährliche Prämie richtet sich nach der Höhe des Gebäudewertes. Die Versicherung verlangt 0,2 ‰ des Gebäudewerts als jährliche Prämie. Sie beträgt 45,00 €.
Welchen Wert besitzt das Gebäude?

Aufgabe 10

Für ihre Hausratversicherung mit einer Versicherungssumme von 45 000,00 € zahlt ein Versicherungsnehmer jährlich 105,00 € Prämie.
Wie viel Promille der Versicherungssumme sind das?

Aufgabe 11

Die Auszubildende Petra Meyer möchte im PC-Bereich einen kleinen Handel für Zubehörteile eröffnen. Ihr erstes Produkt ist eine DVD mit einem Tool zum Mitschnitt von Radio- und Musiksendungen aus dem Internet. Dieses Programm hat sie selbst geschrieben.

Als Lager mietet sie einen kleinen Raum für 150,00 € im Monat, einschließlich Heizung und Wasser, an. Pro DVD-Rohling bezahlt sie selbst im Einkauf 0,20 €. Ferner wendet sie 10 Cent für das Farbetikett auf und 5 Cent fallen an für die Einlagerung je DVD im Fachbodenregal. Für die Hülle der DVD sind 65 Cent einzurechnen.

Erstellen Sie für Petra eine Analyse, damit sie weiß, wie viel DVD's sie verkaufen muss, so dass sie im Gewinnbereich ist.
Petra plant ihr Programm für 4,00 € zu verkaufen.

Die Tabelle sollte einen Ein- und Ausgabeteil wie unten abgebildet haben.
Die Lösung ist auch graphisch mit Hilfe eines Liniendiagramms aufzubereiten.

Analyse für Petras DVD-Handel

Eingabeteil

fixe Kosten	
Variable Kosten	
Verkaufserlös	

Ausgabeteil:

Menge	Fixe Kosten	Var. Kosten	Ges. Kosten	Erlöse	Gew./Verl.	Stück-	Stück-	Stückver-
X	K_f	K_v	K_g			kosten	preis	lust/-gew.
10								
20								
30								
40								
50								
60								
70								
80								
90								
100								
110								

5 Einen Lagerraum neu planen

Ein Bekannter von Petra Meyer, Frank Heister, ist in einem Getränkemarkt beschäftigt und schildert ihr seine Arbeit in den letzten Wochen. Aufgrund der hohen Personalkosten und des schlechten Flächennutzungsgrades hat sich der Betriebsleiter des Getränkemarktes, Herr Grünewald, entschlossen, die Getränkekisten nur noch auf Europaletten zu lagern. Bisher standen die Kisten direkt auf dem Betonboden. Diese Lagerung ist mit sehr hohem Personalaufwand verbunden, der Vorteil ist jedoch, dass man dem Kunden ein sehr großes Sortiment anbieten kann. Zwischen Frank und seinem Chef ergibt sich am nächsten Tag folgender Dialog:

Herr Grünewald: „Herr Heister, ich brauche Sie."

Frank Heister: „Was kann ich tun?"

Herr Grünewald: „Sie wissen, dass ich unser Getränkelager neu organisieren will. Die Kosten für das Personal stehen in keinem Verhältnis zu dem schlechten Flächennutzungsgrad. Ich gehe davon aus, dass Sie wissen, was der Flächennutzungsgrad ist?"

Frank Heister: „Ich denke, dass ist eine Kennzahl, die mit der Ausnutzung der Lagerfläche zu tun hat."

Herr Grünewald: „Genau. Also, für unsere Branche ist ein Flächennutzungsgrad von 51 % üblich. Durch die Neuorganisation verspreche ich mir, dass wir diesen Wert erreichen können. Ich möchte, dass Sie die Neuorganisation des Lagers übernehmen."

Frank Heister: „Diese Herausforderung nehme ich gerne an. Ich hatte auch schon darüber nachgedacht, ob wir die Blocklagerung nicht aufgeben sollten, da sie für uns sehr aufwendig ist."

Herr Grünewald: „Ich sehe, Sie sind genau der richtige Mann für diese Sache. Bei Fragen melden Sie sich. Ich bin gespannt auf Ihren Vorschlag. Gutes Gelingen."

Bevor Frank an die Arbeit geht, nimmt er sich die Zeit und denkt darüber nach, ob es nicht weitere Anforderungen gibt, die es zu beachten gilt. Der Kassen- und der Leergutbereich sollten bleiben wie gehabt. Hier können keine Paletten aufgestellt werden. Der Platz ist reserviert für Einkaufswagen, Rücknahme von Verpackungsmaterial u. Ä. Von dieser Fläche aus ist der Zugriff auf die Paletten im Verkaufsbereich möglich. Die restliche Fläche soll so ausgenutzt werden, dass möglichst viele Paletten Platz finden. Dabei müssen die Paletten mindestens von einer Seite direkt erreichbar sein.

Da die Kunden sich die Getränkekisten direkt von der Palette herunternehmen, ist eine Stapelung von Paletten nicht zulässig. Die Maße der Getränkekisten betragen 40 x 30 x 30 cm. Es dürfen nur vier Kisten übereinander gestapelt werden, da der Kunde die Kisten sonst nicht gut greifen kann und Verletzungsgefahr besteht.

Die leeren Paletten werden mit einem Hubwagen abtransportiert. Damit der Kunde gefahrlos an dem Hubwagen im Gang vorbeikommen kann, plant Frank Heister eine Gangbreite von 2 m ein. Auf dem Grundriss sind die Maße des Raumes eingetragen.

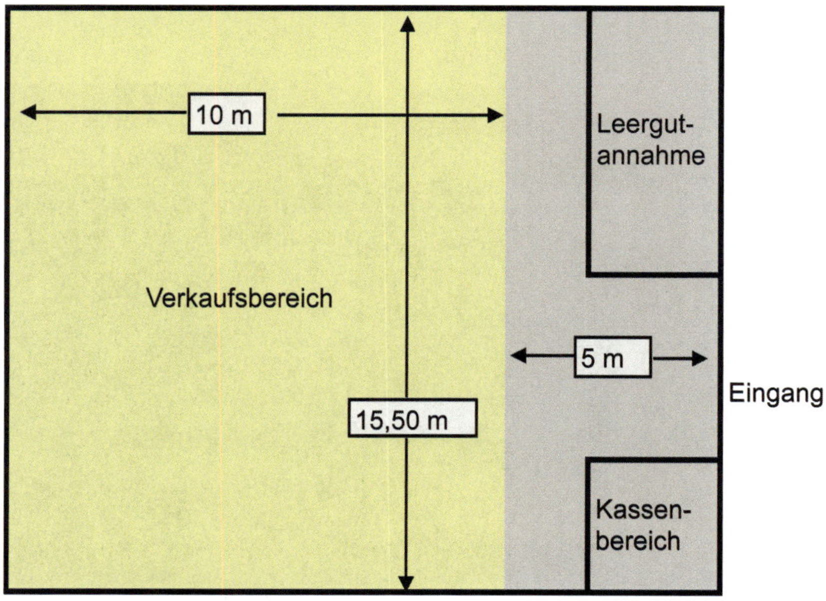

Arbeitsauftrag

Versetzen Sie sich in die Lage von Frank Heister. Planen Sie den neuen Lagerraum und bewerten Sie die Neuorganisation anhand der erlangten Vorteile und des neuen Flächennutzungsgrades. Gehen Sie wie folgt vor:

1. Fertigen Sie eine Zeichnung für den Verkaufsraum an, in der die geforderten Aspekte berücksichtigt werden. Ermitteln Sie die maximale Menge an Verkaufspaletten, die im Getränkemarkt aufgestellt werden können und die maximale Anzahl der gelagerten Getränkekisten.
2. Entscheiden Sie begründet, welche Form der Lagerung mit der neuen Platzorganisation im Getränkelager gewählt wurde. Zeigen Sie auf, welche Vorzüge diese Form für den Getränkemarkt gegenüber der alten (= reinen) Blocklagerung hat.
3. Erklären Sie, was man unter dem Flächennutzungsgrad versteht und überprüfen Sie, wie hoch der Flächennutzungsgrad im Lager (ohne Kassenbereich und Leergutannahme) jetzt ist.

Aufgabe 1

Erklären Sie die Vorteile für den Getränkehandel, wenn Getränkekisten auf dem Boden bzw. auf Paletten gelagert werden.

Aufgabe 2

Tragen Sie die Unterscheidungsmerkmale von Block- und Reihenlagerung in folgende Tabelle ein:

	Blocklagerung	Reihenlagerung
Palettenanordnung		
Zugriffsart		
Flächennutzungsgrad		
Kosten für Lagereinrichtung		

Aufgabe 3

Bestimmte Artikelgruppen sind für die Bodenlagerung ohne Lagergerät sehr gut geeignet. Nennen Sie dazu Beispiele.

Aufgabe 4

Berechnen Sie folgende Kennziffern für das Lager aus der Lernsituation:

a) Gesamtfläche des Getränkemarktes

b) Gesamtfläche des Verkaufsbereiches

c) Höhennutzungsgrad. Gehen Sie davon aus, dass die Höhe des Verkaufsbereiches 3,50 m beträgt.

d) Raumnutzungsgrad (Kennzahl 1). Gehen Sie davon aus, dass 2.816 Kisten im Verkaufsbereich gelagert sind.

Aufgabe 5

Sicherheit beim Lagern und Stapeln

a) Petra Meyer hat die Aufgabe, verschiedene Güter auf eine Palette zu stapeln. Sie achtet vor allem darauf, dass sie die Paletten nicht über die Außenseiten bepackt. Geben Sie Petra Meyer weitere Hinweise, welche Punkte beim Stapeln zu beachten sind.

b) Kurz vor Feierabend hat Petra Meyer noch mehrere Kartons im Verbund auf 4 m im Freilager gestapelt. Als sie am nächsten Morgen wieder zur Arbeit kommt, liegen die Kisten kreuz und quer auf dem Boden. Ermitteln Sie, was Petra Meyer nicht beachtet hat.

Aufgabe 6

Für eine Lagerhalle mit 4.340 m² Nutzfläche soll die Kapazität an Euroflachpaletten-Stellplätzen (1,20 m x 0,80 m) ermittelt werden. 10 % der Nutzfläche sind als Puffer- bzw. Bereitstellungszone freizuhalten und stehen für Lagerzwecke nicht zur Verfügung. Von der verbleibenden Fläche sind 20 % für Gänge und Staplerwege zu berücksichtigen.

a) Ermitteln Sie, wie viel m² Fläche für die eigentliche Lagerung zur Verfügung stehen.

b) Stellen Sie fest, wie viel m² Fläche je Euroflachpalette zu berücksichtigen sind, wenn auf jeder der vier Seiten 2 cm Abstand hinzugerechnet werden, um ein problemloses Ein- und Auslagern der Paletten zu gewährleisten.

c) Geben Sie auch an, wie viele Euroflachpaletten auf der eigentlichen Lagerfläche, auf dem Boden abgestellt werden können.

Aufgabe 7

Die Spedition Meier baut ein neues Lager, weil die Auslastung des bestehenden Lagers (8.200 m²) erreicht ist. Folgende Außenmaße des neuen Lagers liegen vor:

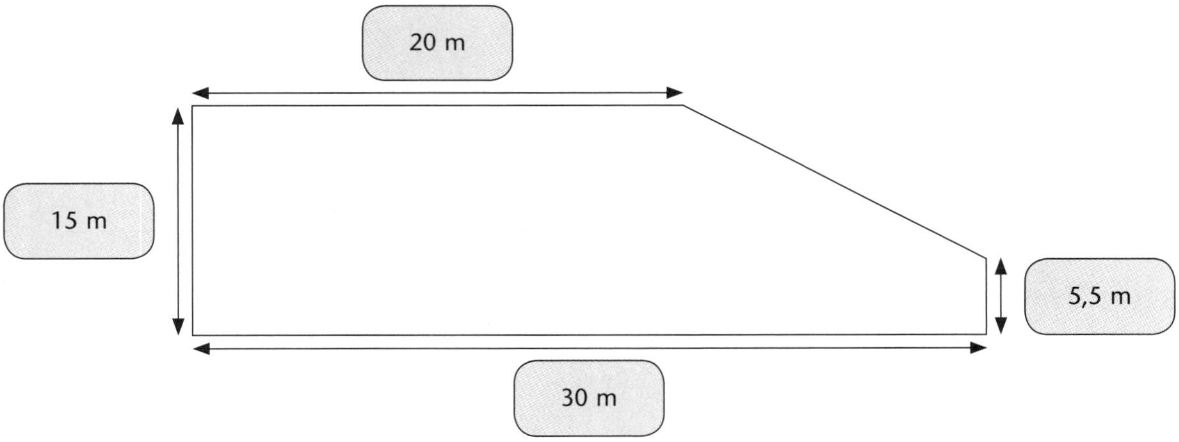

a) Ermitteln Sie, wie viel m² neue Lagerfläche für die Spedition hinzukommen.

b) Berechnen Sie die prozentuale Zunahme der Lagerfläche.

Aufgabe 8

Lösen Sie mit einem Tabellenkalkulationsprogramm folgende Aufgabe:

In dem abgebildeten Raum werden Güter für die Produktion vorbehandelt. Die Güter sind unterschiedlich groß, deswegen muss die Gangbreite den Gütern angepasst werden. Maximal ist eine Gangbreite von 3 m zulässig, minimal 1 m. Ihr Lagermeister möchte genau wissen, wie groß die Güterbearbeitungsfläche ist, da er danach den Personalbedarf festlegen kann. Pro Mitarbeiter sind rechnerisch 6,2 m^2 Bearbeitungsfläche nötig, damit die ordnungsgemäße Vorbehandlung der Güter sichergestellt ist.

Berechnen Sie die Gangfläche, die zur Verfügung stehende Güterbearbeitungsfläche, den Flächennutzungsgrad und die Anzahl der Mitarbeiter, die in dem Raum arbeiten können. Die Gangbreite ist unter Verwendung einer Bildlaufleiste einzustellen (10 cm-Schritte).

	A	B	C	D
1				
2	Gangbreite:	200 cm		
3	Gangfläche:	7,80 qm		
4	Güterbearbeitungsfläche:	23,40 qm		
5	Flächennutzunggrad in %:	75 %		
6	Anzahl der Mitarbeiter:	3		

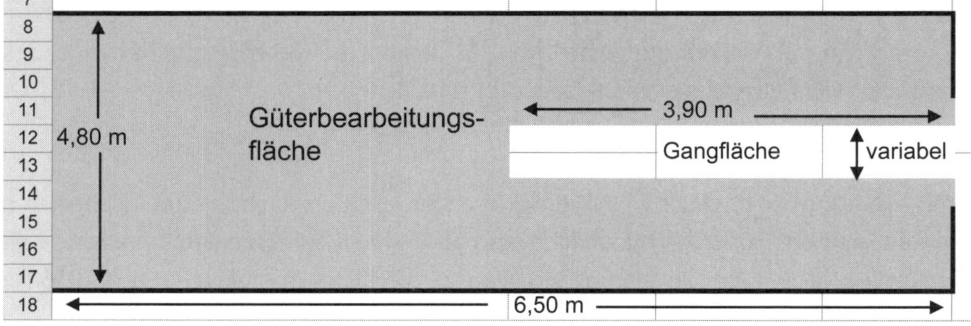

Aufgabe 9

Der Parkplatz der Interlogistik GmbH muss neu asphaltiert werden. Der Quadratmeterpreis beträgt 25,60 €.

a) Bestimmen Sie die Asphaltierkosten.

b) Auf dem Parkplatz sind für Anfahrtswege 35 % der Gesamtfläche nicht für Stellplätze nutzbar. Ermitteln Sie den Flächennutzungsgrad.

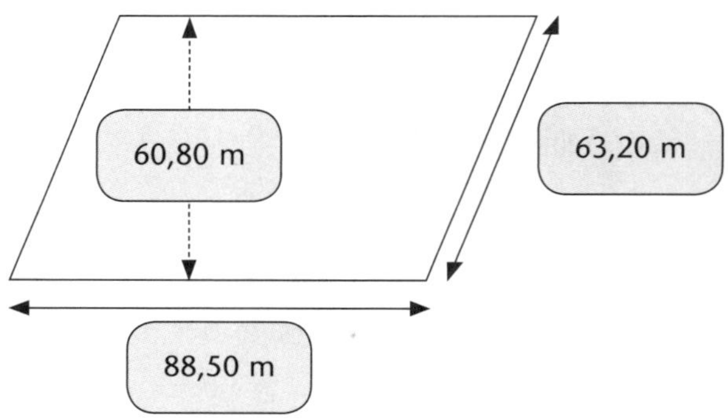

Aufgabe 10

Die Interlogistik GmbH braucht für den Zugang zu einer Lagerhalle eine Betonauffahrt. Folgende Maße der Rampe liegen vor:

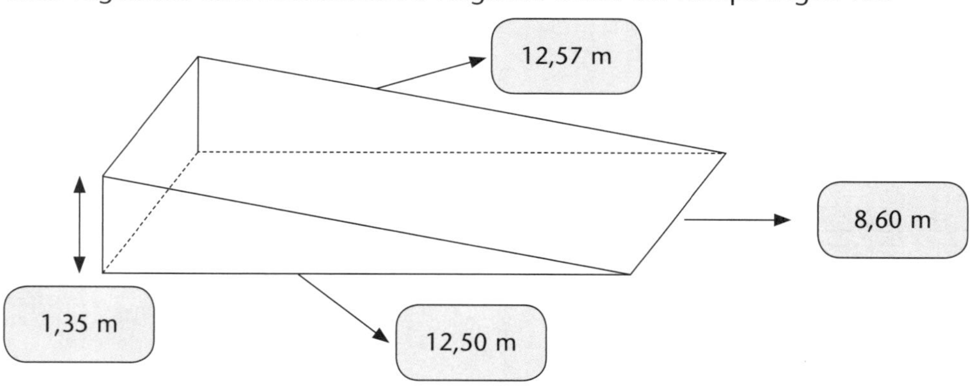

a) Die Rampe wird an den drei Seiten und an der Auffahrfläche mit einer Schutzglasur versiegelt. Ermitteln Sie die Kosten, wenn 1 m^2 Glasur 15,60 € kosten.

b) Die Seitenflächen müssen für die Schalung mit Holz versehen werden. Geben Sie an, wie viel Quadratmeter Holz verarbeitet werden müssen.

c) Bestimmen Sie auch die Betonkosten, wenn man für 1 m^3 Beton 980,00 € kalkulieren muss.

6 Regale als Lagereinrichtung nutzen

Die Kunden des Getränkemarktes Grünewald sind mit der Neuorganisation sehr zufrieden, was Herr Grünewald an den wachsenden Umsätzen feststellt. Heute kommt Herr Grünewald mit einem Stammkunden ins Gespräch.

Herr Meyering: „Guten Morgen, Herr Grünewald, mein kleiner Sohn schickt mich schon wieder her. Ich soll unbedingt nachschauen, ob es zu den Wasserkästen immer noch diesen Spielzeugtruck dazugibt. Sie wissen schon, der mit dem Anhänger."

Herr Grünewald: „Da haben Sie Glück, zwei Kästen habe ich noch von dem Wasser. Dann sind die Trucks auch weg und die neuen Wasserkästen gibt es dann nur noch ohne Zugabe."

Herr Meyering: „Das trifft sich gut, ich brauche zwei Kästen."

Herr Grünewald: „Und sonst? Kann ich Ihnen weiter behilflich sein?"

Herr Meyering: „Leider nein. Was ich brauche, haben Sie nicht im Sortiment. Zwei Flaschen Bordeauxwein, drei Flaschen ISO-Drink und 32 Fläschchen Orangensaft à 0,2 l. Für diese Artikel muss ich jetzt extra in einen anderen Laden. Eigentlich schade, wo ich schon mal hier bin."

Herr Grünewald: „Da haben Sie recht, das würde ich Ihnen gerne verkaufen. Andere Kunden haben mich auch schon darauf angesprochen. Neben Einzelflaschen wollten Kunden auch Knabbereien kaufen. Ich denke wieder über eine Umgestaltung des Verkaufsraums nach. Ich hoffe, Ihnen schon bald die gewünschten Artikel anbieten zu können."

Herr Meyering: „Aber tun Sie mir dabei bitte einen Gefallen: Wechseln Sie nicht ständig die Artikelstandorte."

Herr Grünewald: „Danke für Ihre Anregung. Wir tun unser Bestes."

Kurz darauf treffen sich Herr Grünewald und Frank Heister zur Besprechung.

Frank Heister: „Die Sortimentserweiterung ist wirklich nötig. Mich haben auch schon viele Kunden angesprochen, warum wir nicht Einzelflaschen und Knabberzeug anbieten."

Herr Grünewald: „Dass wir das Sortiment erweitern sollten, darüber bin ich mir schon im Klaren. Über das Wie mache ich mir noch Gedanken, da wir nicht einfach Salzstangen auf einer Palette anbieten können."

Frank Heister: „Ich denke, die Artikel müssen auf Augenhöhe präsentiert werden, damit sie dem Kunden direkt ins Auge springen."

Herr Grünewald: „Ganz genau. Daher habe ich mir schon mal ein paar Regale angesehen. Ich schwanke noch zwischen Fachboden-, Paletten- oder auch Paternosterregal. Ich will natürlich möglichst viel in den Regalen lagern und gleichzeitig den Getränkeverkauf von der Palette beibehalten."

Frank Heister: „Dabei sollten wir darauf achten, nicht zu viel Platz zu opfern, sonst wird das Angebot an Getränken eingeschränkt. Ich denke, wir sollten im Verkaufsraum die rechte Wandseite umgestalten, da alle Kunden bisher zwangsläufig daran vorbeilaufen."

Herr Grünewald: „Sehr gute Idee! Am besten, wir machen gleich mal eine Skizze. Allerdings hängt die Skizze von der Auswahl des Regals ab. Wir müssen auch darüber nachdenken, wie wir die Ware in das Regal einräumen, damit sich der Kunde zum Kauf animiert fühlt."

Frank Heister: „Dabei sollten wir beachten, dass die Artikel möglichst am gleichen Standort bleiben, wie Herr Meyering angeregt hat."

Herr Grünewald: „Darum sollten wir uns bemühen, aber dennoch individuell entscheiden. Es hängt ja auch von den Artikeln ab. Ist es nicht schön, wenn der Kunde beim Durchstöbern der Gänge auf Sonderposten und Sonderangebote hingewiesen wird? Schauen Sie z. B. hier, das ist ein Flyer von einem Wasserlieferanten, der einem das Produkt auf einem Display anbietet. Das fällt doch ins Auge oder nicht?"

Frank Heister: „Auf jeden Fall. Das Einkaufen soll ja Spaß machen. Wenn man dabei auf Schnäppchen aufmerksam wird, ist das auch für das Portemonnaie besser. Ich mache mich gleich an die Arbeit und präsentiere Ihnen schnellstmöglich meine Ergebnisse."

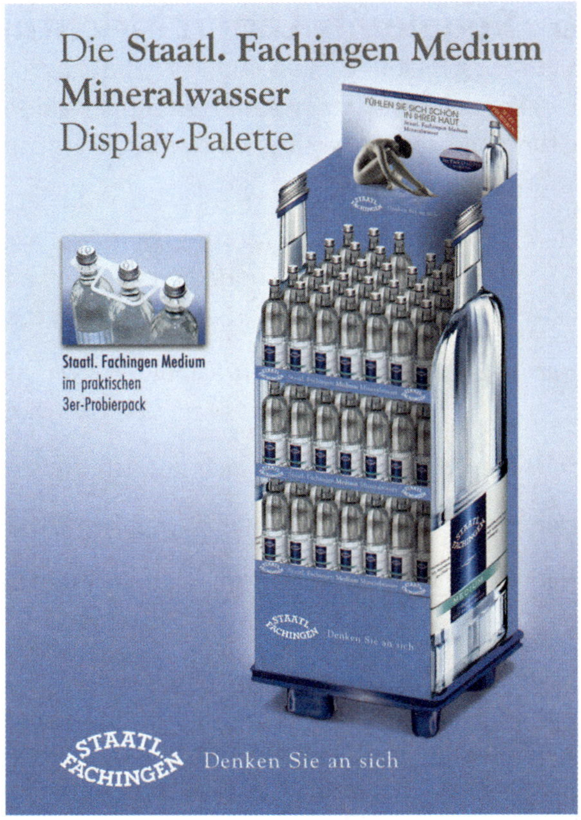

Arbeitsauftrag

Planen Sie die Erweiterung des Sortiments. Folgende Arbeitsschritte sollten Sie dabei berücksichtigen:

1. Analysieren Sie die von Herrn Grünewald in die engere Auswahl genommenen Regalsysteme (Fachboden-, Paletten- und Paternosterregal). Entscheiden Sie sich dann begründet für eines der drei Regalsysteme, indem Sie die Eignung für das neue Sortiment sowie Vor- und Nachteile gegeneinander abwägen.
2. Fertigen Sie eine Skizze des neuen Regalsystems an, aus der die Positionierung des neuen Sortiments deutlich wird (Wandseite, maximal 10 m, Seitenansicht). Nennen Sie Kriterien, die Sie bei der Positionierung der Artikel im Regal berücksichtigt haben. Erwähnen Sie dabei, ob Sie den Artikeln feste oder wechselnde Plätze zuordnen. Begründen Sie Ihre Entscheidung.

Aufgabe 1

Der Kunde Meyering möchte eine feste Anordnung der Artikel haben. Herr Grünewald findet, dass man das im Einzelfall von den Artikeln abhängig machen muss.
Erklären Sie in diesem Zusammenhang, was man unter starrer und flexibler Einlagerung versteht.

Aufgabe 2

Beschreiben Sie den Aufbau von mehrgeschossigen Fachbodenregalen und begründen Sie, warum diese nicht in Getränkemärkten zu finden sind.

Aufgabe 3

In der Beschreibung eines Anbieters für Fachbodenregale findet Herr Grünewald folgende Konstruktionsmerkmale und eine Abbildung:

Verzinkte Oberfläche
Verstellbarkeit der Fachböden 125 mm (62,5 mm mit Adapter)
Steckverbindung der Systemteile
Fachlasten bis 210 kg

a) Stellen Sie fest, wie viele Fachbodenregale Herr Grünewald benötigt, und ermitteln Sie, wie viel ihn das ganze System kosten würde.
b) Entscheiden Sie, wie viele Fachböden maximal in ein Regal eingebaut werden können.
c) Berechnen Sie die Feldlast, wenn die Fachlast 80 kg beträgt.

Fachbodenregal H200 L100 T60 cm
mit 4 Stahl-Fachböden

Preis Anbaueinheit: *99,74 €*
Preis Endständer: *33,10 €*
Preis Diagonalverband: *6,80 €*

Alle Preise verstehen sich ab Werk, zzgl. der gesetzlichen MwSt.

Aufgabe 4

Erläutern Sie anhand des Bildes aus Aufgabe 8 die Vorteile eines Palettenregals.

Aufgabe 5

Erklären Sie den Unterschied zwischen Palettenregalen mit Quertraversen und Längstraversen.

Aufgabe 6

In der folgenden Abbildung sehen Sie ein Fachbodenregal mit Zubehör. Ordnen Sie den folgenden Begriffen die in der Abbildung nummerierten Teile zu.

Nr.	Zubehörteil	Nr.	Zubehörteil	Nr.	Zubehörteil
	Steitenwand		Fachboden		Seitenwand-Gitter
	Gitterkorb		Trennbügel		Traverse Für Aufsteckhalterung
	Trenngitter für Gitterkorb		Hängemappenset		Aufsteckhalterung für Langgut
	Stützrahmen		Schüttgutlagerung mit Fachtrennblechen		Fachtrennblech
	Diagonalverband		Pendelhefterset		Reifentraversen

Aufgabe 7

a) Benennen Sie das nebenstehende Regalsystem.

b) Stellen Sie fest, welche Nachteile sich gegenüber einem normalen Palettenregal ergeben.

c) Beschreiben Sie Produkte, die für die Einlagerung in dem abgebildeten Regal geeignet sind.

Aufgabe 8

Ordnen Sie folgende Begriffe mithilfe der unten stehenden Grafik in die Liste ein:
Fußplatte, Anfahrschutz für Pfosten, Lastverteiler, Palettendurchschubsicherung, Gitterboxauflage

1	
2	Stahlpaneel H25/H29 mit abgekanteten Enden
3	Balken mit einheitlichem Design für Palettenregale und Fachböden (für nicht palettierte Waren)
4	
5	Interner Pfosten-Rammschutz
6	Doppelregalverbinder
7	Anfahrschutz Rahmen
8	Führungsschiene am Boden
9	
10	
11	Anfahrschutz Doppelrahmen
12	
13	Fassauflagen
14	Erhöhter Tiefensteg
15	Kombinierte Tiefenstege

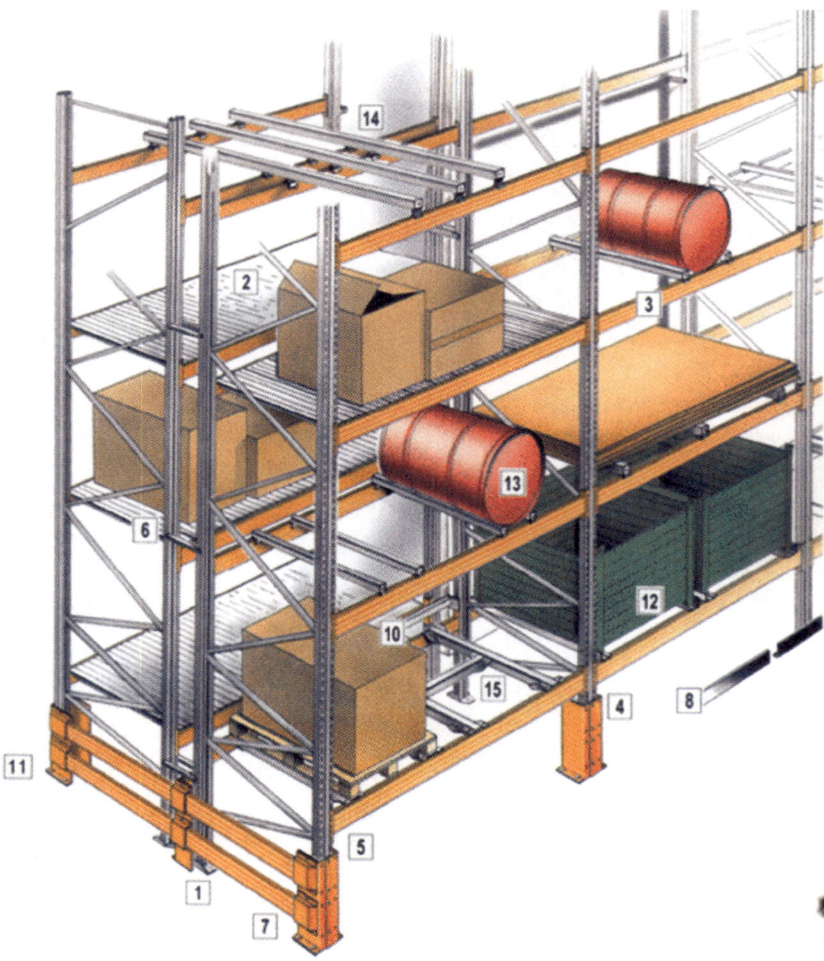

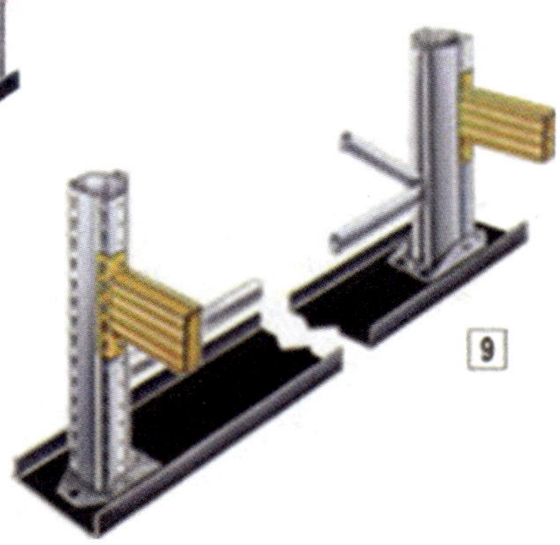

Aufgabe 9

Ein Hersteller von Umlaufregalen wirbt mit folgender Textzeile: „Hier wächst Ihr Lager auch bei geringer Stellfläche."

a) Erklären Sie anhand dieser Aussage die drei Formen der Umlaufregale.
b) Bestimmen Sie Produkte, die für Umlaufregale geeignet sind.
c) Erläutern Sie, was man unter einem wegoptimierten Teilezugriff bei Umlaufregalen versteht.
d) Laut einer durch die Berufsgenossenschaft erstellten Unfallstatistik gehören Umlaufregale zu den Regalen mit den wenigsten Unfällen. Analysieren Sie, woran das liegen könnte.

Situation zu den Aufgaben 10 bis 11

Verschiedene Lieferanten haben für heute, 07:00 Uhr, den Eingang ihrer Lieferung bei der Eltron GmbH angekündigt. Dabei handelt es sich um folgende Güter:

- 20 t Fisch, tiefgefroren, in speziellen Kühlbehältern, frei Haus per Lkw
- 300 kg Schrauben, M4 x 60 mm, 200 000 Stück, geliefert durch einen Kurierdienst
- 1 200 t Steinkohle, Lieferung frei Hafen Nürnberg per Binnenschiff
- 50 Fässer Schwefelsäure, frei Haus per Lkw

Aufgabe 10

Als Mitarbeiter/-in der Lagerverwaltung sind Sie verantwortlich für eine sinnvolle und gütergerechte Einlagerung. Ordnen Sie die Güter den Lagerbauformen zu, indem Sie die Kennziffern von vier der insgesamt sieben zur Verfügung stehenden Lagerbauformen in die Kästchen neben den einzulagernden Gütern eintragen.

	Lagerbauformen
1	Traglufthallenlager
2	Hochregallager
3	Freilager
4	Silolager
5	Tanklager
6	Gefahrgutlager
7	Kühllager

Einzulagernde Güter	Lösungs-nummer
1 200 t Steinkohle	
200 000 Stück Schrauben M4 x 60 mm	
50 Fässer Schwefelsäure	
20 t Fisch	

Aufgabe 11

Die heute gelieferten Schrauben sollen in einem Fachbodenregal gelagert werden, auf dem folgendes Typenschild angebracht ist.

Hersteller: FaBoLog AG, Duisburg
Typ Nr.: 27/19/92/2004
Baujahr: 2004
maximal zulässige Fachlast: 240 kg
maximal zulässige Feldlast: 1 200 kg

Entscheiden Sie begründet, wie viele Schrauben aus der heutigen Lieferung Sie nach den Angaben des Herstellers in einem Fach maximal einlagern können.

Aufgabe 12

In Ihrem Hochregallager wird Ware angeliefert und auf Förderbändern zum I-Punkt (Identifikations-Punkt) gebracht. Kreuzen Sie an, welche Tätigkeit Sie dort durchführen.

- ☐ Es werden Stichproben zur Qualitätsprüfung entnommen.
- ☐ Es wird die Wareneingangsmeldung erstellt.
- ☐ Es werden Größe, Gewicht und Form der angelieferten Stücke überprüft.
- ☐ Es wird die Anzahl der gelieferten Stücke mit den Angaben auf dem Lieferschein verglichen.
- ☐ Es werden Güte und Beschaffenheit aller angelieferten Waren laut HGB sofort überprüft.

Aufgabe 13

Ihr Kollege stellt Ihnen den neuen Lagerplan für das zentrale Lager vor. Entscheiden Sie durch Ankreuzen, welche Information Sie diesem Plan entnehmen können.

- ☐ Der Lagerplan gibt Auskunft über die jeweiligen wertmäßigen Bestände.
- ☐ Mit dem Lagerplan werden die Zuständigkeiten der Mitarbeiter im Lager geregelt.
- ☐ Der Lagerplan gibt Auskunft über die mengenmäßigen Bestände und Fehlmengen.
- ☐ Der Lagerplan gibt einen Überblick über die Funktion und Bezeichnung der Lagerorte.
- ☐ Aus dem Lagerplan ergeben sich die für die permanente Inventur erforderlichen aktuellen Bestände der einzelnen Artikel.

Aufgabe 14

Erstellen Sie mit Excel eine Tabelle, um die maximale Einlagerungskapazität eines Lagers zu berechnen. Dabei sollen sich die Palettenmaße und die Raummaße ändern lassen. Die grau hinterlegten Zellen sind durch Formeln zu berechnen. Dabei beziehen sich die Formeln auf die veränderbaren Zellen. Die Zeichnung der Lagerfläche können Sie mit dem Zeichentool umsetzen.

	A	B	C	D	E	F	G	H
1	**Palettenkapazität ermitteln**							
2					Paletten quer gepackt			
3	Palettenmaße:	1,20 m	0,80 m					
4	Lagergröße:							
5	Länge:	6,30 m						
6	Breite:	2,50 m						
7								
8	Die Paletten sind entweder alle längs							
9	oder alle quer zu stellen.							
10								
11	Palette quer:		Abgerundet:	ohne Rundung		Berechnen Sie als Erstes die Zelle D12.		
12	Anzahl der P. in der Länge:		7	7,875		Danach berechnen Sie C12. Sie können sich		
13	Anzahl der P. in der Breite:		2	2,08		dabei auf das Ergebnis in D12 beziehen.		
14	maximale Kapazität:		14	16,41		Es geht dann weiter mit D13, wie gerade		
15						beschrieben.		
16	Paletten längs:							
17	Anzahl der P. in der Länge:		5	5,25				
18	Anzahl der P. in der Breite:		3	3,13				
19	maximale Kapazität:		15	16,41				
20								
21	Berechnung der Palettenkapazität über die Fläche							
22	Max. an Fläche	15,75		Länge x Breite				
23	Palette	0,96		Palettenlänge x Palettenbreite				
24	Kapazität	16,41						

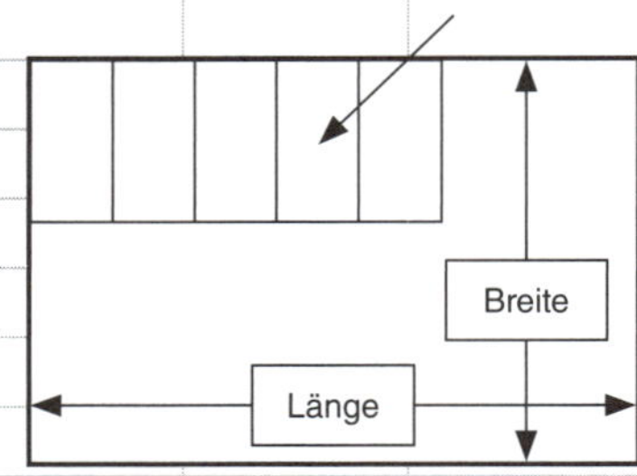

Nutzen Sie für die Zellen C12, C13, C17 und C18 die Funktion „Abrunden". Sie finden die Funktion im Funktionsassistenten unter:

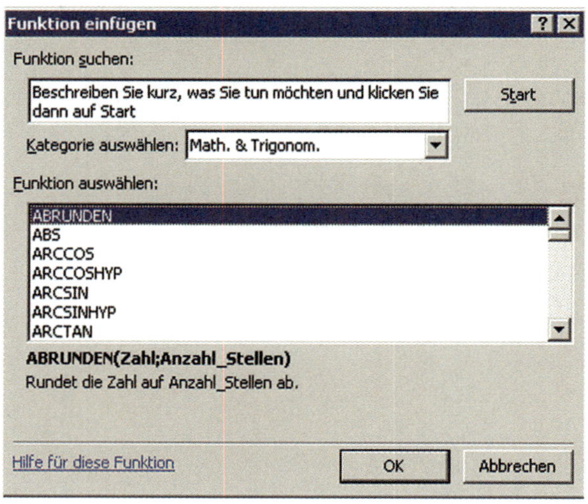

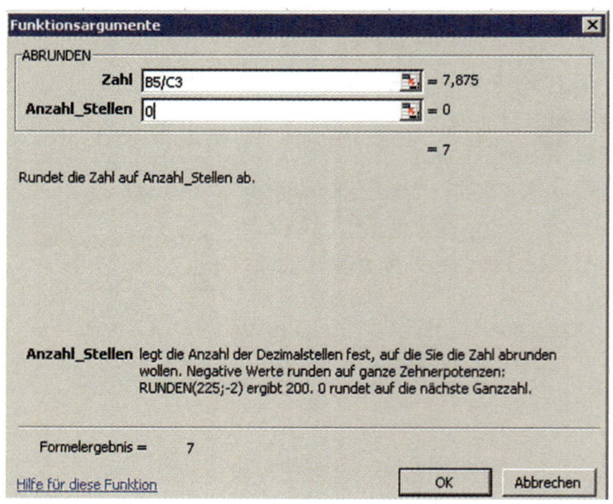

Hier der Hinweis, wie Sie mit der Meterangabe rechnen können:

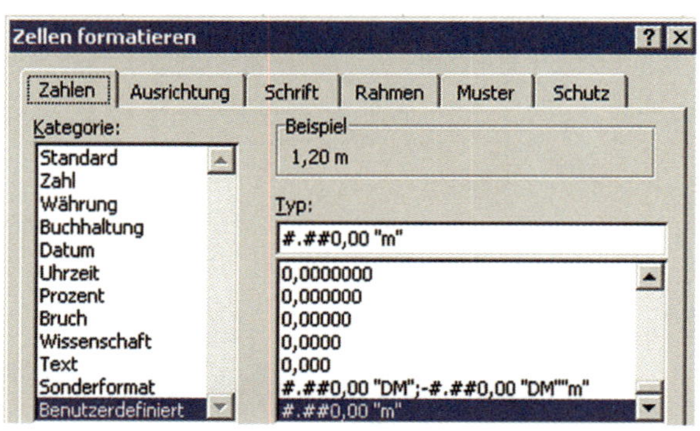

7 Das Lager sauber, geräumig und übersichtlich gestalten

Petra Meyer ist am Abend völlig erschöpft. Die Füße schmerzen vom vielen Laufen im Lager. Den Weg kennt sie jetzt schon im Schlaf: Immer wieder über die Gänge 1, 7 und 9 und immer wieder Artikel in dieselben Fächer einsortieren müssen. Ärgerlich war nicht nur, dass ein Stapler vor Gang 7 im Eingangsbereich etwas Hydrauliköl verloren hatte und sie deshalb jeweils mit ein paar Schritten die Öllache umgehen musste, sondern auch, dass sie, bevor sie die Artikel überhaupt einlagern konnte, zunächst die Fächer reinigen musste, weil derartig viel Staub dort lag. In Gang 9 war ein Kollege mit einem Kommissionierwagen mit einer Auslagerung beschäftigt. Weil sie aber nicht vorbeikam, musste sie Gang 10 hinaufgehen und über das andere Ende von 9 einlagern. In Gang 1 hat sie zusätzlich Zeit damit verbracht, das richtige Fach zu suchen, weil in diesem Gang die aufgeklebten Lagerplatznummern am Fach verdreckt oder auf den Boden gefallen waren.

Besonders ärgerlich waren die Teekannen aus Porzellan, die in großen Holzkisten angeliefert, aber einzeln in das Fachbodenregal hineingelegt werden. 250 Teekannen waren in einer Holzkiste, schön eingelagert in Holzwolle.

Petra Meyer: „Herr Heuser, wer hat denn Interesse an diesen Teekännchen? Mit einer einzelnen Kanne kann man doch nichts anfangen! Dazu brauche ich doch zumindest Tassen und Untersetzer!"

Herr Heuser: „Es handelt sich dabei um recht wertvolle Einzelteile, die von Kunden nachbestellt werden, wenn die Kännchen im Gebrauch kaputtgegangen sind. Wir hatten das Teeservice als Set im Sortiment. Mittlerweile gibt es neue Produkte. Aber es gibt viele Kunden, die nichts Neues möchten und daher lieber Ersatzteile nachkaufen."

Petra Meyer: „O. k., das verstehe ich. Warum stellen wir denn die Kannen einzeln in unser Fachbodenregal? Mir ist beim Einlagern schon an einer Kanne eine Porzellanecke abgesprungen."

Herr Heuser: „Das ist auch anderen schon passiert. Verbesserungsvorschläge sind willkommen, überlegen Sie sich doch mal was."

Petra fängt an zu grübeln. Ob es eine gute Idee wäre, die Fächer mit der Holzwolle auszufüllen und dann die Porzellanteile darauf zu legen? Aber dann liegt jede Menge Holzwolle offen herum, das fördert nicht gerade die Sauberkeit im Lager. „Nein, da muss mir noch was anderes einfallen."

Schließlich kommt sie zu dem Ergebnis, dass sie viel schneller fertig gewesen wäre, wenn alles ordnungsgemäß an seinem Platz stehen würde und im Lager Sauberkeit herrschen würde. Sie überlegt sich, ob man die Einlagerung optimieren könnte und geht noch mal durch, ob irgendwelche Gemeinsamkeiten bei den Artikeln festzustellen sind. Dazu stellt sie die folgende Liste zusammen:

Einlage-rung	Art.-Nr.	Artikelbezeich-nung	Produktbild	Lagerplatz	Anzahl
1	4729	Spezialkleber 50 g	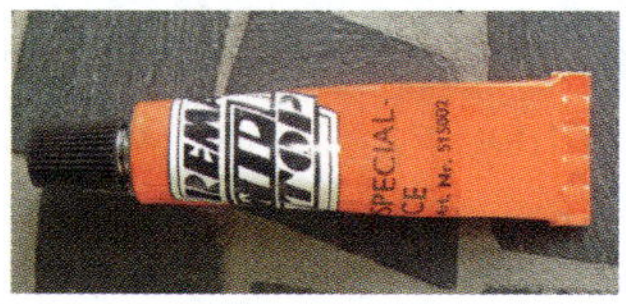	01-08-03	25
2	4838	Flicken Größe A		07-02-01	100
3	4956	Flicken Größe B		07-03-01	80
4	4729	Spezialkleber 50 g		01-08-03	35
5	4838	Flicken Größe A		07-02-01	100
6	4838	Flicken Größe A		07-02-01	160
7	4729	Spezialkleber 50 g	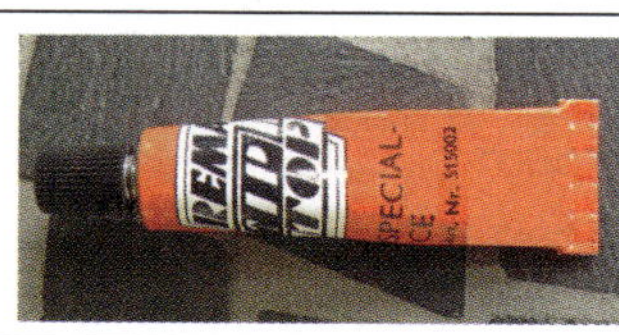	01-08-03	30
8	4351	Mantelheber	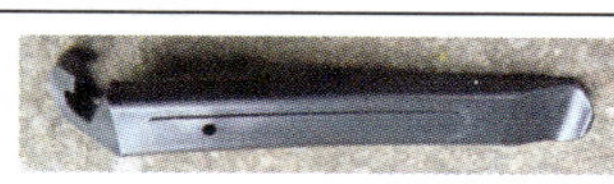	09-04-02	270

Einlage-rung	Art.-Nr.	Artikelbezeich-nung	Produktbild	Lagerplatz	Anzahl
9	4956	Flicken Größe B	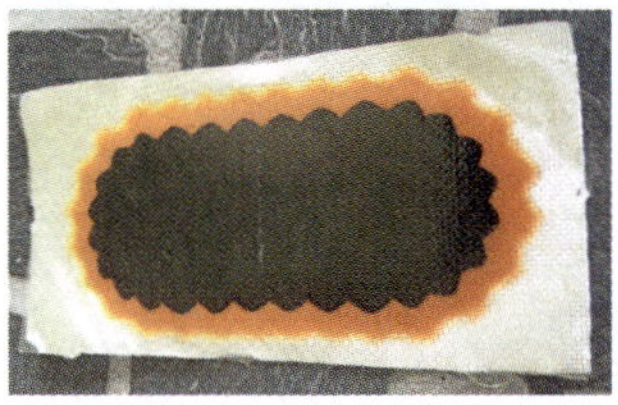	07-03-01	200
10	6459	Zeitschaltuhr MT1002	04-149-03 6459 Zeitschaltuhr MT1002	08-14-02	75
11	4956	Flicken Größe B	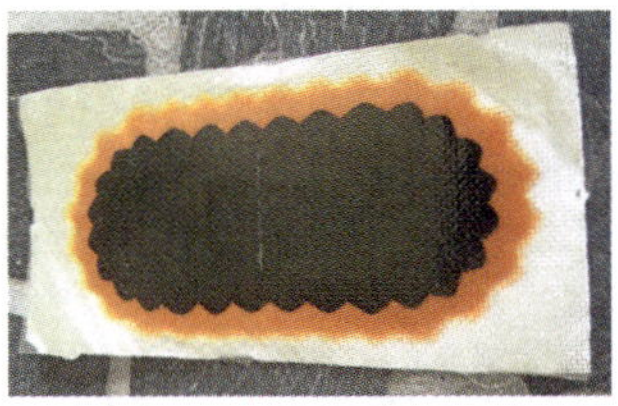	07-03-01	80
12	4898	Dose 100 x 20 x 10 mm		09-04-03	180
13	4351	Mantelheber		09-04-02	90

Bei den Artikelnummern wundert sie sich, dass nur jeweils vier Zahlen vorhanden sind. Dabei hat ihr doch Herr Heuser erklärt, dass im Betrieb alle Artikelnummern fünfstellig sind. Jetzt fällt ihr auch wieder ein, dass er sie ja beauftragt hat, die fünfte Stelle mit dem Modulo-10-Verfahren zu ermitteln. Das hatte sie ganz vergessen. Außerdem kann sie sich nun erinnern, dass er sagte, wenn sich bei der Subtraktion als Restwert 10 ergibt, soll sie eine 0 als fünfte Ziffer nehmen. Verstanden hatte sie das nicht, aber sie konnte nicht nachfragen, da Herr Heuser zu einer Teamsitzung musste. Auch der Begriff Modulo-10-Verfahren ist ihr fremd.

Beim Einlagern der Zeitschaltuhr fällt ihr auf, dass sich der Lagerplatz geändert hat. Vorher lag der Artikel direkt in der ersten Regalreihe unten rechts. Sie weiß das so genau, weil sie die Woche davor an allen Verpackungen der Zeitschaltuhr das Preisschild überkleben musste. Statt 12,90 € kostet der Artikel jetzt 14,99 €. Da es sich um 120 Verpackungen handelte, war sie damit länger beschäftigt. Sie fragt sich, ob man die Umetikettierung nicht hätte vermeiden können und welchen Sinn es hat, dauernd die Regalfächer zu wechseln. „Wie soll man sich denn dann die Lagerplätze merken?", fragt sie sich.

Arbeitsauftrag

Optimieren Sie das Lager so, dass die verschiedenen Probleme bei den Einlagerungen behoben werden.

1. Analysieren Sie dazu erst die Probleme und schlagen Sie dann einen Lösungsansatz vor.
2. Ermitteln Sie die fünfte, fehlende Ziffer und zeigen Sie auf, welchen Sinn diese Zahl hat.
3. Die Umetikettierung ist sehr zeitaufwendig. Schlagen Sie ein Konzept vor, mit dem solche Arbeiten vermieden werden können.
4. Der Lagerplatz für die Artikel wechselt. Erläutern Sie Vor- und Nachteile dieses Einlagerungssystems.

Aufgabe 1

Holzwolle gehört zu den Packhilfsmitteln. Zeigen Sie die Vorteile der Holzwolle gegenüber einem Formteil aus Styropor auf. Beziehen Sie sich dabei auf die Behandlung der Teekannen bei der Wareneinlagerung.

Aufgabe 2
In der Interlogistik GmbH werden die Lagerzonen nach den Kriterien
- Größe,
- Gängigkeit oder
- Gewicht

eingeteilt.

Petra Meyer meint, es wäre sinnvoller, die Einteilung nach aufsteigender Artikelnummer vorzunehmen. Stellen Sie Ihre Meinung zu diesem Vorschlag dar.

Aufgabe 3
Erklären Sie das Lagerplatznummernsystem in Ihrem Unternehmen anhand einer Skizze.

Aufgabe 4
Beschreiben Sie, welche Maßnahmen Sie im Lager ergreifen würden, damit es immer sauber und ordentlich ist.

Aufgabe 5
Um Artikelnummern zu vergeben, gibt es verschiedene Kriterien. Unterscheiden Sie bei der Nummerierung zwischen den Kriterien Identifizieren und Klassifizieren.

Aufgabe 6
Die Internationale Standardbuchnummer (International Standard Book Number), abgekürzt ISBN, ist eine eindeutige 13-stellige Nummer zur Kennzeichnung von Büchern und anderen selbstständigen Veröffentlichungen wie beispielsweise Multimedia-Produkten und Software. Sie wird überwiegend in Warenwirtschaftssystemen des Buchhandels eingesetzt, doch auch viele Bibliotheken verwenden sie für Bestellsysteme und bibliotheksübergreifende Kataloge.

a) Erklären Sie den Aufbau der Nummer und zeigen Sie, welche Informationen man der ISBN entnehmen kann.

b) Berechnen Sie für folgende ISBN die Prüfziffer:

ISBN	9	7	8	3	4	4	1	0	0	3	6	0
Gewichtung	1	3	1	3	1	3	1	3	1	3	1	3

Hinweis

1. Zur Berechnung der Prüfziffer bei der ISBN-13 werden alle zwölf Ziffern der noch unvollständigen ISBN mit der Gewichtung multipliziert, wobei die Ziffern mit gerader Position (also die zweite, vierte usw.) dreifachen Wert haben. Die erste Stelle ist eine Null, hier wird mit 3 gewichtet; die zweite Stelle ist eine sechs, hier wird mit 1 gewichtet usw.
2. Die Summe der gewichteten Multiplikationsergebnisse wird durch 10 dividiert, um den Restwert zu erhalten (Modulo-10-Verfahren).
3. Der errechnete Restwert wird von 10 subtrahiert. Die Differenz ist der Wert der Prüfziffer. Ausnahme: Ist der Restwert 0, so ist die Prüfziffer gleich 0.

Aufgabe 7
a) Entscheiden Sie begründet, ob bei der Lagerfachkarte aus Aufgabe 8 eine starre oder eine flexible Einlagerung vorliegt.

b) Zeigen Sie die Vor- und Nachteile dieser Art der Einlagerung auf.

Aufgabe 8

Schreiben Sie aus folgender Lagerfachkarte die gewünschten Informationen heraus:

Was bedeutet der Vermerk „Ü" am 18.01.?	
In welchem Fach wird der Artikel eingelagert?	
Wie hoch ist der gesamte Ausgang vom 18.01. bis 26.02.?	
Wie hoch ist die normale Anforderungsmenge?	
Wie hoch ist der Mindestbestand?	
Wie hoch ist der Bestand am 26.02.?	

Lagerfachkarte

		Fach-Nr.	874
Art. Bez.	Garmin 405	Einheit	Stück
Art. Nr.	457895748		

Mindestbestand	ausreichend für	Normale Anforderungsmenge
40	4 Wo	50

Tag	Materialentnahmeschein-Nr.	Ausgabe	Bestand und Eingang
18.1.	Ü		60
25.1.	254	10	
1.02.	629	10	
04.02.	Liefers. 12 / 848		E 50
11.02	101	15	
18.2.	215	10	
22.2.	54	15	
26.2	Liefers. 08 / 74		E 50
26.2.	609	5	

Mindestbestand 40
Beschaffungszeit 10 Tage

Aufgabe 9

Die Artikelnummer enthält wesentliche Informationen zum jeweiligen Artikel.

Beispiel:

Ein Weinhändler hat verschiedene Sorten Wein, die sich durch Bezeichnung, Art, Herkunft und Jahrgang unterscheiden. All diese Informationen sollen in der Artikelnummer enthalten sein, ebenso Daten zum Lieferanten und Lieferungseingang. Den gewünschten Informationen wird ein Code zugeordnet. Bilden Sie aufgrund der vorgenannten Codierung eine Artikelnummer.

Bezeichnung	
01	Bardolino
02	Bischoffinger
03	Eselsberg
04	Chateau Roustey
05	Heppinger Berg
↓	
20	Alsheimer Reisblick

Art	
01	Burgunder
02	Spätburgunder
03	Rotwein
04	Weißwein
05	Sekt
↓	
20	Perlwein

Herkunft	
01	Ahr
02	Baden
03	Franken
04	Italien
05	Spanien
↓	
20	Kroatien

Jahrgang	
01	1991
02	1992
03	1993
04	1994
05	1995
↓	
20	2010

Liefermonat und Jahr			
01	Januar	01	1991
02	Februar	02	1992
03	März	03	1993
04	April	04	1994
05	Mai	05	1995
↓		↓	
12	Dezember	20	2010

Lieferant	
01	Bischoffinger Winzergenossenschaft
02	Bourdin, Gaston
03	Catina Della Torro
04	Mosel-Genossenschaft
05	Rhein AG
↓	
20	Sebastian, Jakob

Aufgabe 10

Erklären Sie anhand folgender EAN die Klassifizierungsfunktion der Artikelnummer:

ISBN 978-3-441-00363-2

9 783441 003632

Aufgabe 11

a) Erklären Sie, was man unter Komplettierung versteht.

b) Nennen Sie fünf Beispiele für Komplettierungen.

Aufgabe 12

Ein Leitspruch unter Kaufleuten lautet „Keine Buchung ohne Beleg!". Erläutern Sie, welche Bedeutung dies bei der Einlagerung hat.

Aufgabe 13

Beim Einlagern müssen verschiedene Gesichtspunkte beachtet werden. Tragen Sie die Kennziffern vor die in der Tabelle genannten Beispiele ein:

1. für die Einlagerung nach wirtschaftlichen Gesichtspunkten
2. für die Einlagerung nach technischen Gesichtspunkten
3. für die Einlagerung nach Sicherheitsgesichtspunkten

☐ Coils (Stahl in Rollenform) in Läger mit Kränen

☐ Diebstahlgefährdete Güter in Verschlusslager

☐ Geringe Stückzahlen bei hochwertigen Gütern lagern, um die Kapitalbindungskosten zu senken

☐ Güter in kundengerechten Größen und Mengen lagern, um Abzähl-, Abfüll-, Wiegevorgänge beim Warenausgang zu vermeiden

☐ Güter mit gleicher Brandgefahrenklasse, explosive Stoffe usw. artgemäß lagern

☐ Korrosionsgefährdete Teile in klimatisierte Läger

☐ Teile in Standardbehältern (Paletten) in Läger unter Verwendung von Regalförderzeugen

☐ Umschlagsstarke Güter in der Nähe des Warenausgangs lagern, um Wegezeiten zu sparen

☐ Umschlagsstarke Güter in Griffhöhe lagern, um Greifzeiten zu sparen

☐ Verderbliche Güter in Kühllager

Aufgabe 14

Anhand der folgenden Tabelle sind die Einlagerungsgrundsätze wertmäßig durchzurechnen.

Auslagerungskriterien				
	Menge in kg		Einstandspreis je kg in €	
Anfangsbestand	300		10,00	
Zugänge 15. Jan.	400		15,00	
Zugänge 15. Feb.	170		17,50	
Zugänge 15. März	280		20,00	
Zugänge 15. April	320		16,00	

Auslagerung nach dem FIFO-Prinzip

		Auslagerungs-menge	Auslagerungs-preis	Auslagerungs-summe
Abgänge 27. Jan.	650			
Abgänge 27. Feb.	200			
Abgänge 27. März	225			
Abgänge 27. April	40			
Summe				
Restbestand				
Summe				

Auslagerung nach dem LIFO-Prinzip

		Auslagerungs-menge	Auslagerungs-preis	Auslagerungs-summe
Abgänge 27. Jan.	650			
Abgänge 27. Feb.	200			
Abgänge 27. März	225			
Abgänge 27. April	40			
Summe				
Restbestand				
Summe				

Auslagerung nach dem HIFO-Prinzip

		Auslagerungs-menge	Auslagerungs-preis	Auslagerungs-summe
Abgänge 27. Jan.	650			
Abgänge 27. Feb.	200			
Abgänge 27. März	225			
Abgänge 27. April	40			
Summe				
Restbestand				
Summe				

Aufgabe 15

Für folgende Artikelnummern muss noch die Prüfziffer nach dem Modulo-10-Verfahren ermittelt werden.

Artikelnummer	Prüfziffer	Neue Artikelnummer
7866		
45287		
336		
7565658		
478250		
875311769		

Aufgabe 16

Gestalten Sie eine Tabelle zur Bestimmung der Prüfziffer. Als Prüfzifferverfahren verwenden Sie das Modulo-11-Verfahren. Dabei wird jeweils die letzte, hier die vierte, Ziffer der Artikelnummer mit einer 2 gewichtet; die übrigen Ziffern werden aufsteigend gewichtet, d. h., die dritte Ziffer wird mit 3, die zweite mit 4 multipliziert usw. Danach werden die gewichteten Ziffern summiert. Diese Summe wird durch 11 geteilt. Der Rest wird von 11 subtrahiert. Das Ergebnis ist die Prüfziffer.

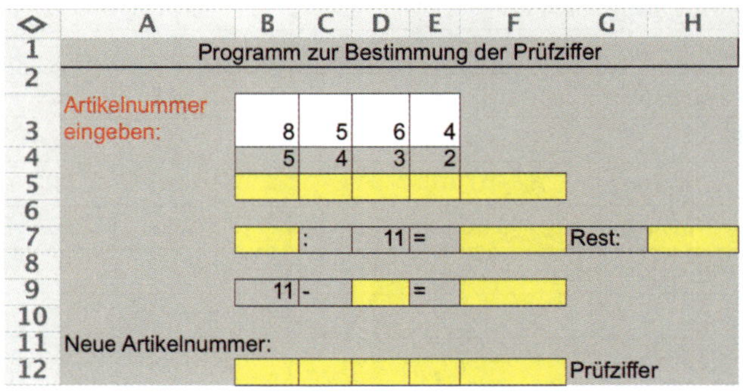

In der Regel ist das Ergebnis aus der Zelle F9 die Prüfziffer und somit ist die Darstellung in F12 gleich F9. Ist die Summe selbst schon eine Elferzahl (in F9 ergibt sich der Wert 11), so ist die Prüfziffer 0. Wenn sich in F10 der Wert 10 ergibt, wird statt der 10 (die ja zweistellig ist) ein X gesetzt, da X im römischen Zahlensystem der 10 entspricht.

Berechnen Sie zu folgenden Artikelnummern die Prüfziffer:

Artikelnummer				Prüfziffer
1	5	4	7	
6	5	4	1	
8	4	7	7	
3	3	3	8	
4	5	8	7	
5	8	1	3	

8 Gefährliche Stoffe ordnungsgemäß handhaben

Herr Heuser: „Frau Meyer, kommen Sie mal bitte."

Petra: „Ja, ich muss nur noch eben den Karton hier zukleben."

Herr Heuser: „Frau Meyer, Herr Schmidt kommt die ganze Woche nicht. Er ist krank. Deshalb müssen wir seine Aufgaben mit übernehmen. Ich habe Sie dafür vorgesehen, die 1-l-Flaschen mit Fackelöl abzufüllen. Sie können unseren Abfüllraum im Lager benutzen, da sind die entsprechenden technischen Geräte und Hilfsmittel. Lassen Sie aber die Tür während der Arbeit offen, damit frische Luft zirkulieren kann. Nur dann liegen die Arbeitsplatzgrenzwerte im zulässigen Bereich. Wie Sie sehen, haben wir in den Fässern große Mengen von Öl. Unsere Kunden können aber mit diesen haushaltsunüblichen Mengen nichts anfangen. Außerdem ist die Konzentration des Öls viel zu hoch. Deswegen müssen Sie in jede Flasche vorab 0,33 l Wasser geben und den Rest dann mit Fackelöl auffüllen. Aber seien Sie vorsichtig beim Umfüllen, denn das Öl ist gesundheitsschädlich."

Petra: „Was soll das denn heißen? Heißt das, dass meine Gesundheit darunter leidet?"

Herr Heuser: „Nun mal langsam, das will hier natürlich keiner. Sie brauchen sich keine Sorgen zu machen. Sie müssen ja nicht vorher schon zum Arzt rennen. Mir wäre es natürlich lieber, wenn wir eine Flüssigkeit nutzen könnten, die nicht zu den Gefahrstoffen gehört. Aber es gibt für Fackelöl keinen Ersatz."

Petra: „Das kann ich mir nicht vorstellen. Es gibt doch umweltfreundliche Öle für Fackeln!"

Herr Heuser: „Wir hatten mal einen Brennstoff auf Ökobasis im Sortiment, der war qualitativ allerdings wesentlich schlechter und teurer. Ich habe das alles mit unserer Fachkraft für Arbeitssicherheit besprochen und dokumentiert. Wir haben uns entschlossen, das Fackelöl im Sortiment zu lassen und haben Schutzmaßnahmen entsprechend der Einstufung in die Schutzstufe erlassen. Ferner haben wir geeignete Arbeitsmittel bereitgestellt. Nicht zu vergessen, haben wir auch ein Arbeitsverfahren nach dem aktuellen Stand der Technik in den Arbeitsablauf integriert. So gefährlich ist der Stoff nun auch nicht. In jedem Haushalt gibt es schließlich Fackelöl."

Petra: „Und woher soll ich wissen, wie ich mich schützen kann?"

Herr Heuser: „Dort hinten hängt die entsprechende Betriebsanweisung, in der Sie alles Wichtige nachlesen können. Wir sind als Betrieb verpflichtet, Betriebsanweisungen aufzuhängen. Und Sie können sich darauf verlassen, wir haben unsere Hausaufgaben gemacht."

Petra: „Gut. Gibt es sonst noch etwas zu beachten?"

Herr Heuser: „Ja. Die abgefüllten Flaschen müssen jeweils in 6er-Kartons gepackt werden. Außerdem müssen Sie die Kennzeichnung für die Flaschen noch herstellen und anbringen. Das können Sie mit dem Computer erledigen. Klebeetiketten gibt es im Büro."

Petra: „Das habe ich noch nie gemacht. Woher soll ich denn wissen, was auf einem Etikett alles drauf stehen muss, gerade weil das Fackelöl gesundheitsschädlich ist?"

Herr Heuser: „Frau Meyer, nun denken Sie doch mal nach. Das können Sie in Ihrem Fachbuch nachlesen bzw. die Informationen im Internet nachschauen. Ich kann Ihnen nicht alles abnehmen, sonst könnte ich es ja auch selbst machen. Also los! Ich muss Sie nun verlassen, weil ich noch einen wichtigen Termin beim Arbeitsgericht habe. Ich werde um 17:00 Uhr spätestens wieder zurück sein."

Petra: „Sie können mich doch jetzt nicht alleine lassen! Ich fühle mich ziemlich unsicher bei dieser Arbeit."

Herr Heuser: „Ich muss jetzt wirklich los. Sie schaffen das schon."

Petra denkt: „Erst sagt er, ich soll schön vorsichtig arbeiten, es sei ja schließlich ein Gefahrstoff. Aber jetzt ist alles nicht so schlimm und ich schaffe das schon. Ob das mal alles so richtig ist?"

Etwas mulmig beginnt Petra mit der Arbeit. Sie schnappt sich eine Sackkarre und holt ein Fass von draußen, wo die Fässer auf einer überdachten Lagerfläche gestapelt sind. Zunächst muss sie die Fässer von der Palette holen. Beim Auspacken rollt ihr ein Fass zur Seite weg und kullert über den Boden. Dabei hat sich der Verschluss geöffnet und das Fass zieht eine dicke Spur Flüssigkeit hinter sich her. Die Spur verläuft bis zum Gullideckel.

„Verdammt", denkt sie, „das fängt ja gut an." Schnell sprintet sie zu dem Fass und drückt den Verschluss wieder zu, was ihr erst beim zweiten Versuch gelingt. Durch das ausgelaufene Öl ist alles sehr glitschig.

Diesmal setzt sie die Sackkarre richtig an und konzentriert sich beim Anheben. Jetzt klappt es. Sie fährt zur Umfüllanlage und stellt das Fass auf den vorgesehenen Platz. „Gefahr gebannt!", denkt sie. Als Belohnung setzt sie sich hinter das Fass, damit sie nicht gesehen wird, und raucht eine Zigarette. „Gut, dass das keiner gesehen hat. Ich habe mich auch wirklich zu dämlich angestellt!"

Der Abfüllraum befindet sich in einer hinteren Ecke des Lagers. In dem nur durch eine Tür zugängigen Raum gibt es kein Fenster. Als Petra die Tür öffnet und Licht anschaltet, sieht sie noch, wie eine Maus aus dem Raum flitzt. „Besonders einladend ist es hier ja nicht", denkt sie. Eine Birne sorgt für helles Licht, andere Lampen sind nicht vorhanden. Petra bemerkt sofort, wie kalt es in dem Raum ist. Sie schaut auf das Thermometer. Die Temperatur beträgt 16 Grad Celsius. Sie schließt die Tür, damit die kalte Luft aus dem Lager nicht noch zusätzlich in den Raum zieht. Unter der Decke ist eine Sprinkleranlage installiert. „Dann mal los", sagt sie sich und fängt an, die 1-l-Flaschen zu füllen. „Der Vorteil bei dieser Arbeit", denkt sie, „ist das Radio in diesem Raum. Da kann ich mal endlich laut Musik hören." Für Petra sind 100 Dezibel das Minimum für gute Musik. Nach zehn Minuten reckt sie sich. Fünf Flaschen hat sie abgefüllt. Aber besonders angenehm ist die Arbeit trotz der Abfüllanlage nicht.

Arbeitsschutzgesetz und Gefahrstoffverordnung beachten

Arbeitsauftrag

Beschreiben Sie das ordnungsgemäße Abfüllen des Fackelöls. Gehen Sie dabei wie folgt vor:

1. Überprüfen Sie, ob Petra Meyer ausreichend von Herrn Heuser über ihre Tätigkeit informiert worden ist. Berücksichtigen Sie dabei folgende Aspekte:
   - Gefährdungsbeurteilung
   - Schutzmaßnahmen
   - Unterrichtung und Unterweisung der Beschäftigten
   - Arbeitsmedizinische Vorsorge
2. Petra bemerkt selbst, wie ungeschickt sie sich beim Verladen des Fasses angestellt hat. Fertigen Sie eine Liste mit den Fehlern von Petra Meyer an und schlagen Sie jeweils eine Möglichkeit zur Fehlervermeidung vor.
3. Prüfen Sie, ob der Arbeitsraum, in dem Petra die Flaschen abfüllt, den Anforderungen der Arbeitsstättenverordnung entspricht.

Hinweis

1. Betriebsanweisung beachten
2. Für Arbeitsauftrag 1 am unten stehenden Muster orientieren.

Betriebsanweisung der Interlogistik GmbH

Nummer: 0005 ASZ
Stand: 25.01.20(00)

Betrieb: Interlogistik GmbH

Betriebsanweisung

gem. § 14 GefStoffV

Fackelöl klar - Umgang im Schadensfall

Verwendungszweck: Lampenöl paraffinisches Kohlenwasserstoffgemisch Form: flüssig Farbe: farblos Geruch: mild

Gefahren für Mensch und Umwelt

Zu vermeidende Bedingungen: Zündquellen, Hitzeeinwirkung. Zu vermeidende Stoffe: Bei Kontakt des Produktes mit sauerstoffreichem (brandförderndem) Material kann heftige Reaktion eintreten. Gefährliche Reaktionen: Kann bei erhöhter Temp. mit Luft explosionsfähiges (Dampf-/Luft-) Gemisch bilden.

Gesundheitsschädlich: Kann beim Verschlucken Lungenschäden verursachen. Wiederholter Kontakt kann zu spröder oder rissiger Haut führen. Bei Kleinkindern kann das Produkt beim Trinken oder auch schon beim Saugen am Docht von Öl und Petroleumlampen (nichtbestimmungsgemäßer Gebrauch!) gefährliche Lungenschäden hervorrufen. Dämpfe in höheren Konz. reizen Augen, Atemwege und Haut und wirken narkotisch.

Wassergefährdend

Schutzmaßnahmen und Verhaltensregeln

Nur in geschlossenen Gebinden aufbewahren. Von brennbaren Stoffen und Zündquellen fernhalten Direkten Kontakt mit Augen, Haut und Kleidung vermeiden. Verspritzen vermeiden. Flüssigkeit nicht ins offene Feuer geben. Nur in geeigneten Petroleum- und Öllampen verwenden. Brennende Lampen nicht unbeaufsichtigt lassen. Raum gut lüften. Zündquellen entfernen - nicht rauchen. Maßnahmen gegen elektrostatische Aufladungen treffen. Putzlappen, Papier bzw. jedes andere Material, das zur Absorption verwendet wurde, muß getrennt gesammelt werden. Leere Behälter niemals schneiden, schweißen, löten oder hartlöten. Zusätzliche Hinweise zur Gestaltung techn. Anlagen: Raumlüftung. **Unter Verschluss und für Kinder unzugänglich aufbewahren.**

Atemschutz:	Für gute Belüftung sorgen. Filter Halbmasken des Typs A (brauner Filter) anlegen
Augenschutz:	Beim Umfüllen Schutzbrille erforderlich.
Handschutz:	Chemikalienschutzhandschuh aus Nitril
Hautschutz:	Arbeitskleidung, die den Körper schützt

Dämpfe nicht einatmen. Haut- u. Augenkontakt vermeiden. Bei der Arbeit nicht essen, trinken oder rauchen. Vor den Pausen und bei Arbeitsende Hände waschen. Von Nahrungsmitteln und Getränken fernhalten. Die persönliche Schutzsausrüstung befindet sich in einem Behältnis an der Regalseite, diese ist im Schadensfall zu benutzen.

Verhalten im Gefahrfall (Unfalltelefon: (0) 112)

Schutzkleidung tragen. Personen fernhalten. Für gute Belüftung sorgen. Kontakt vermeiden. Dämpfe nicht einatmen. Rutschgefahr! Nicht in die Kanalisation, Gewässer, Gruben, Keller oder Erdreich gelangen lassen. Behörden informieren. Verschüttete Mengen mit Universalbinder (Blähglimmer, Kieselgur) aufnehmen und ebenso wie Restmengen in einer geeigneten Verbrennungsanlage vernichten oder als Sondermüll beseitigen. Zusätzliche Hinweise zur Brandbekämpfung: Gefährdete Behälter mit Sprühwasser kühlen. Berstgefahr! Kontaminiertes Löschwasser getrennt sammeln und sachgerecht entsorgen. Zusätzliche Hinweise bei Freisetzung: Explosionsfähige Gas-Luft-Gemische mit Sprühwasser niederschlagen. Dämpfe sind schwerer als Luft.

Löschmittel: Geeignet: Größere Brände mit Schaum, Wasser oder Sprühstrahl bekämpfen. Kleinbrände mit Wasser, Pulver, Halon oder CO2 bekämpfen.

Besondere Gefährdung: Rückzündung möglich. Besondere Schutzausrüstung: Atemschutzgerät anlegen.

Fluchtweg: Ausgeschilderte Fluchtwege benutzen.

Erste Hilfe (Ersthelfer:)

Nach Hautkontakt:	Mit Wasser und Seife gründlich abwaschen.
Nach Augenkontakt:	Kontaktlinsen entfernen. Bei geöffn. Lid mind. 15 Minuten unter fließendem Wasser spülen. Bei Schmerzen oder Rötungen Arzt aufsuchen.
Nach Verschlucken:	Bei Verschlucken kein Erbrechen herbeiführen. Sofort ärztlichen Rat einholen und Verpackung oder dieses Etikett vorzeigen.
Nach Einatmen:	Frischluft, Ruhe, Arzthilfe.
Nach Kleidungskontakt:	Beschmutzte, getränkte Kleidung sofort ausziehen.
Weitere Hinweise:	In Zweifelsfällen oder bei Symptomen Arzt aufsuchen.
Hinweise für den Arzt:	Aspirationsgefahr!

Sachgerechte Entsorgung

Originalprodukt: Verschüttete Mengen mit Universalbinder (Blähglimmer, Kieselgur) aufnehmen und ebenso wie Restmengen in einer geeigneten Verbrennungsanlage vernichten oder als Sondermüll beseitigen.Entsorgungsunternehmen. Leere Gebinde können Restmengen enthalten!
Abfall-Nr.: 07 01 04

Gefährdungsbeurteilung als zentrale Aufgabe des Betriebs	**Soll:** Der Arbeitgeber muss beim Umgang mit Gefahrstoffen im Betrieb eine Gefährdungsbeurteilung erstellen und dokumentieren. **Ist:** …
Schutzmaßnahmen	**Soll:** Suche von weniger gefährlichen Stoffen **Ist:** … **Soll:** Verwendung geeigneter Arbeitsmittel und -verfahren nach dem Stand der Technik **Ist:** … **Soll:** Getrennte Aufbewahrung von Schutzkleidung und Arbeitskleidung **Ist:** …
Unterrichtung und Unterweisung der Beschäftigten	**Soll:** Erstellen einer Betriebsanweisung **Ist:** … **Soll:** Unterweisung **Ist:** …
Arbeitsmedizinische Vorsorge	**Soll:** Arbeitsmedizinische Vorsorge: Gesundheitliche Überwachung **Hier:** Erstuntersuchung vor Aufnahme der Tätigkeit **Ist:** … **Soll:** Arbeitsmedizinische Vorsorge: Vorsorgedatei Der Arzt hat eine Bescheinigung über die gesundheitliche Eignung zu erstellen. **Ist:** … **Soll:** Arbeitsmedizinische Vorsorge: Beschäftigungsbeschränkungen Jugendliche dürfen nur unter bestimmten Voraussetzungen Tätigkeiten mit Gefahrstoffen ausführen. (Mindestalter, Ausbildungsziel, Aufsicht) **Ist:** …

Aufgabe 1

Die Betriebsanweisung über das Fackelöl enthält Informationen über die erste Hilfe. Geben Sie an, was unternommen werden soll, wenn Fackelöl auf die Kleidung kommt und ein paar Tropfen geschluckt werden.

Aufgabe 2

Entwerfen Sie das Etikett für die 1-l-Flaschen Fackelöl, wenn möglich mit einem Textverarbeitungsprogramm. Informieren Sie sich dazu, ob es Vorschriften zur Erstellung des Etiketts gibt.

Aufgabe 3

Nebenstehende Schutzausrüstungsgegenstände befinden sich beim Artikel Fackelöl am Regal. Überprüfen Sie die Gegenstände auf Vollständigkeit.

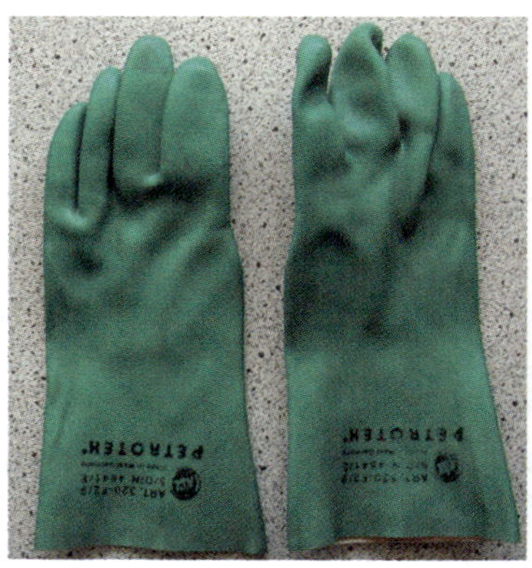

Aufgabe 4

Bereits nach zehn Minuten empfindet Petra die Arbeit mit der Abfüllstation als unangenehm.

Begutachten Sie die Abfüllanlage aus ergonomischer Sicht und machen Sie einen Verbesserungsvorschlag.

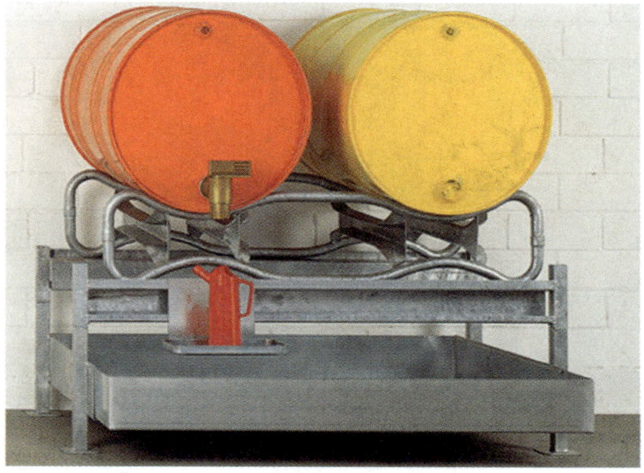

Aufgabe 5

Das Wasserhaushaltsgesetz bezweckt, Verunreinigungen des Wassers zu vermeiden.

a) Erläutern Sie, wie im Sinne dieses Gesetzes mit Abwasser umzugehen ist und welche Anforderungen an Anlagen gestellt werden, die für das Lagern, Abfüllen, Herstellen und Behandeln wassergefährdender Stoffe verwendet werden.

b) Ermitteln Sie, wofür WGK 1-3 stehen.

Aufgabe 6

An der Abfüllanlage findet Petra nebenstehende Zeichen.

a) Ermitteln Sie die Bedeutung und den Zweck dieser Symbole.

b) Petra fragt sich, ob nicht eine Kennzeichnung ausreicht. Zeigen Sie die Unterschiede in Bezug auf die durchgeführte Sicherheitsprüfung.

Aufgabe 7

Jeder Hersteller muss seinem Produkt, sofern es ein Gefahrstoff ist, ein Sicherheitsdatenblatt beilegen. Darin ist eine Vielzahl von Informationen enthalten.

a) Ermitteln Sie, wozu ein Sicherheitsdatenblatt genau dient.

b) Listen Sie die Informationen auf, die ein Sicherheitsdatenblatt enthalten muss.

Aufgabe 8

Erklären Sie die Bedeutung folgender Gefahrensymbole.

Symbol	Bedeutung

Symbol	Bedeutung

Aufgabe 9

Das Arbeitsschutzgesetz wird als Grundgesetz des deutschen Arbeitsschutzes bezeichnet.

a) Ermitteln Sie, worin der Zweck des Arbeitsschutzgesetzes genau besteht.

b) Geben Sie an, wer grundsätzlich für den betrieblichen Arbeitsschutz verantwortlich ist.

c) Bei der Bestimmung von Maßnahmen im Sinne des Gesetzes gilt folgender Grundsatz: „Die Gefahren sind an ihrer Quelle zu bekämpfen." Erläutern Sie diesen Grundsatz.

d) Erklären Sie, was man unter Gefahrenbeurteilung versteht.

e) Bestimmen Sie, wann eine Unterweisung durchzuführen ist und welche Inhalte dabei zu vermitteln sind.

f) Zählen Sie auch die Rechte und Pflichten der Arbeitnehmer beim Arbeitsschutz auf.

Aufgabe 10

In einem Referat über das Problem der Luftverunreinigung berichtet ein Schüler über den Ausstoß von Industrieschloten und den Versuch, die Schadstoffe zu reduzieren. Dabei fallen öfter die Begriffe Emissionen und Immissionen, sodass ein Teil der Zuhörer verwirrt ist. Erklären Sie den Unterschied zwischen den beiden Begriffen.

Aufgabe 11

Erklären Sie drei Bedingungen, die zusammenkommen müssen, damit ein Brand bzw. eine Explosion eintritt.

Aufgabe 12

Nennen Sie zehn Verhaltensmaßnahmen im Lager, wenn ein Brand ausgebrochen ist.

Aufgabe 13

Damit es nicht erst zum Brand kommt, gibt es Anlagen, die einen Brand frühzeitig erkennen. Erklären Sie folgende Anlagen:

- Feuermelder
- Rauchmelder
- Thermomelder
- Flammen- und Strahlenmelder

Aufgabe 14

Eine Sprinkleranlage gehört zu den Brandbekämpfungsgeräten. Zählen Sie weitere auf.

Aufgabe 15

In einer Spedition soll ein Tanklager für Dieselstoff errichtet werden. Stellen Sie fest, wofür die Spedition nach gesetzlichen Vorschriften zu sorgen hat, indem Sie die entsprechenden Lösungsvorschläge ankreuzen.

- [ ] Dass das Tanklager gegen Einbruch geschützt wird
- [ ] Dass das Tanklager luftdicht abgeschlossen ist
- [ ] Dass ein Sicherheitsdienst das Tanklager in der Nacht bewacht
- [ ] Dass das Erdreich gegen eine Verunreinigung durch das Tanklager geschützt ist
- [ ] Dass das Tanklager nur mit entsprechender Sicherheitsausstattung betreten wird

Aufgabe 16

In einem Lager für brennbare Flüssigkeiten muss noch eine Feuerlöscheinrichtung installiert werden. Geben Sie durch Ankreuzen an, welche Einrichtung sich am besten eignet.

- [ ] Eine Sprinkleranlage
- [ ] Eine CO_2-Anlage
- [ ] Ein Hydrant mit Schläuchen
- [ ] Eine feuerhemmende Lösch-Decke
- [ ] Eine Tonne mit Graugussspänen

Aufgabe 17

Die Interlogistik GmbH hatte Besuch: Ein Vertreter des Gewerbeaufsichtsamtes hatte sich kurzfristig angemeldet und eine Begehung des gesamten Betriebes durchgeführt. In dem nun vorliegenden ausführlichen Bericht muss der Geschäftsführer u. a. folgende Anmerkungen lesen:

- **Sanitärräume:** Toilettenräume sind in genügender Anzahl für Männer und Frauen getrennt vorhanden. Im Waschraum sind ausreichend Waschbecken und Duschen vorhanden, die Benutzung durch männliche und weibliche Mitarbeiter ist zeitlich genau geregelt.
- **Erste-Hilfe-Raum:** Der Erste-Hilfe-Raum ist deutlich gekennzeichnet und über eine schmale Wendeltreppe gut zu erreichen.
- **Lärm:** Lärmmessungen ergaben in den Büros einen Lärmpegel von maximal 78 dB, im Lager zu den Spitzenzeiten maximale Werte von 89,5 dB.
- **Fluchtwege:** Die Fluchtwege führen auf kurzem Weg ins Freie, die Notausgänge sind deutlich gekennzeichnet, die zugehörigen Schlüssel hängen in einem Kasten neben der Stempeluhr.
- **Laderampen:** Die zwei Laderampen sind mit Schutzausrüstungen gegen Absturz versehen und durch jeweils zwei Türen sowie die Verladetore vom Lager aus zu erreichen.
- **Arbeitsräume:** Das auf einer Empore befindliche Lagerbüro bietet ausreichende Sicht auf alle Bereiche des Lagers, es weist eine Fläche von 40 m^2 und eine Höhe von 2,05 m auf. Da die vorhandene Klimaanlage nicht funktioniert, sind meist beide Türen geöffnet, um für ausreichende Lüftung zu sorgen.

Erläutern Sie dem Geschäftsführer, inwiefern die Interlogistik GmbH gegen die Vorschriften der Arbeitsstättenverordnung verstößt. Unterbreiten Sie Verbesserungsvorschläge.

Aufgabe 18

Rätsel zum Thema „Feuergefahr im Lager"

1 Brennbarer Stoff, nicht flüssig und nicht fest
2 Maßnahme zur Schulung des Verhaltens im Brandfall
3 Leitet Kohlenstoffdioxid in den Brandraum, um Sauerstoff zu entziehen
4 Gerät über Flüssigkeiten in Brand
5 Temperatur, bei der sich brennbare Gase entwickeln können
6 Brandschutzeinrichtung, die auf Wärme reagiert
7 Eine von drei Bedingungen, damit ein Feuer auftreten kann
8 Kann durch Herumfliegen einen Brand auslösen
9 Fluchtmöglichkeit, darf nie verschlossen sein
10 Einrichtung, die auf Rauchbildung bereits vor Flammenbildung reagiert
11 Brauchen sowohl der Mensch als auch das Feuer zum Atmen
12 Gerät, welches alle zwei Jahre durch fachkundiges Personal zu überprüfen ist
13 Gewähren Versicherungsgesellschaften beim Einbau von Brandschutzanlagen
14 Besprüht einen Raum von der Decke aus mit Wasser
15 Brandschutzeinrichtung, die auf Strahlung im Infrarotbereich reagiert
16 Ist hochgradig brennbar, besteht z. B. aus Holz, Mehl, Schwefel
17 Eine wesentliche Verhaltensmaßnahme zur Brandverhinderung
18 Richtet manchmal mehr Schaden an, als das Feuer selbst

Das Lösungswort bezeichnet eine unter Umständen tödliche Gefahr im Lager.

Aufgabe 19

Neben der Unfall- und Brandgefahr im Lager besteht je nach Art des Lagergutes auch Diebstahlgefahr. Dabei erleidet der Betrieb aufgrund des Diebstahls nicht nur den Verlust der Ware, sondern im Extremfall auch von Kunden. Machen Sie Vorschläge für Vorsorge- und Sicherungsmaßnahmen, sodass Ihr Lager bestmöglich vor Dieben geschützt ist.

Aufgabe 20

Petra Meyer muss sicherstellen, dass die Waren nach den Lagerungsprinzipien Lifo und Fifo gelagert werden. Folgende Artikel werden neu in das Sortiment aufgenommen: Computer, Kopierpapier und Kleber. Entscheiden Sie durch Ankreuzen, wie Petra verfahren sollte.

- ☐ Sie lagert alle Artikel nach dem Lifo-Prinzip.
- ☐ Sie lagert Computer nach Lifo, Kopierpapier und Kleber nach Fifo.
- ☐ Sie lagert Computer, Kopierpapier und Kleber nach Fifo.
- ☐ Sie lagert Computer nach Fifo, Kopierpapier und Kleber nach Lifo.
- ☐ Sie lagert Computer und Kleber nach Lifo, Kopierpapier nach Fifo.

Aufgabe 21

In einem Lager werden Waren wie nebenstehend abgebildet gelagert.

a) Beschreiben Sie Kriterien, die Güter erfüllen müssen, damit diese Art der Lagerung als effizient bezeichnet werden kann.

b) Erläutern Sie auch, von welchen Kriterien die Lagerart Stapelsäule abhängig ist.

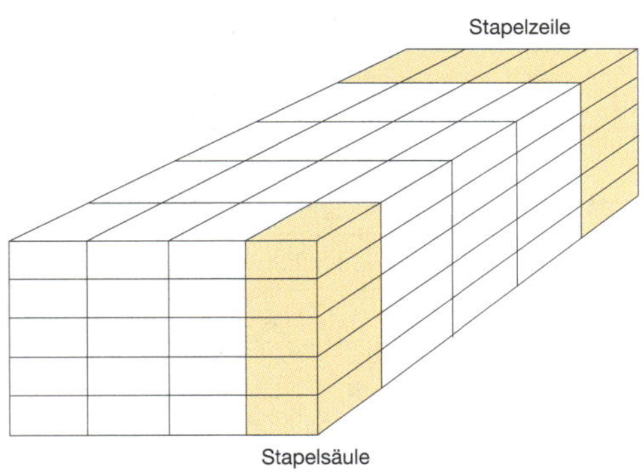

Aufgabe 22

Im Lager der Spedition Hesseling steht unter anderem ein Fachbodenregal. Die Fachlast eines 2 m hohen Regals beträgt 200 kg. Die maximale Feldlast ist auf 800 kg festgesetzt. Vier der fünf Regalböden sind mit je 180 kg beladen.

a) Bestimmen Sie, wie viel kg auf dem fünften Regalboden noch gepackt werden können.

b) Erklären Sie den Unterschied zwischen Feldlast und Fachlast.

Aufgabe 23

Das Schema zur Gefährdungsbeurteilung nach dem Arbeitsschutzgesetz legt eine bestimmte Reihenfolge der Maßnahmen fest. Bringen Sie folgende Maßnahmen in die richtige Reihenfolge:

- ☐ Durchführung und Überprüfung der Wirksamkeit der festgelegten Maßnahmen (Wer? Wann? Ergebnis?)
- ☐ Ermittlung und Beurteilung der Gefährdung in den Betrachtungsbereichen (Mängel?)
- ☐ Festlegung der erforderlichen Arbeitsschutzmaßnahmen (Schutzziel/Vorschrift)
- ☐ Systematische Untergliederung des Betriebes, Festlegung von Betrachtungsbereichen (Arbeitsplatz, Tätigkeit, Person)

Lernfeld 3: Güter bearbeiten

1 Arbeitsmittel im Lager nutzen

Immer beliebter sind bei der Kundschaft Warensets. Ein Renner ist das Handwerkerset. Herr Heuser stellt sich darauf ein und lässt viele Teile, die er sonst in den einzelnen Fachböden gelagert hat, auslagern und dann in neuen Varianten zusammenstellen. Dabei fällt ihm auf, dass das Zusammenführen der Artikel viel Zeit in Anspruch nimmt. Vor allem die Abfüllarbeiten beim Handwerkerset sind aufwendig. Daher untersucht er die Zusammensetzung des Handwerkersets und macht sich folgende Liste.

Inhalt Handwerkerset	Originalverpackung
Hammer, 500 g	Holzkiste mit 50 Hämmern
Kabelbinder, 3,6 x 150 mm, 20 x, schwarz	Schachtel mit 1 000 Stück
Kabelbinder, 3,6 x 150 mm, 25 x, weiß	Schachtel mit 1 500 Stück
Kabelbinder, 3,6 x 150 mm, 20 x, grün	Schachtel mit 1 000 Stück
Kabelbinder, 3,6 x 150 mm, 20 x, rot	Schachtel mit 1 000 Stück
Kneifzange	Einzelware
Phasenprüfer 220 V	Pappkarton mit 100 Stück
1 l Verdünnung	Fass mit 50 Liter
Kreuzschrauben, 20 x 3,5 cm	Pappkarton mit 500 Stück
Gehörschutz-Stöpsel, 5 Paar, gemischt	200er-Karton mit abgepackten 5 Paar-Boxen
200 g Nägel, verschiedene Größen	Eisenkiste, 50 kg

Danach geht er zu Petra Meyer, die gerade mit dem Zusammenstellen des Handwerkersets beschäftigt ist. Er beobachtet, dass jeder der Artikel des Handwerkersets, soweit nötig, separat eingepackt, etikettiert und dann in einen Karton gepackt wird. Dann erhält das gesamte Set auch ein Etikett. Abschließend wird das Paket mit einer Blindheftung verschlossen.

Petra Meyer: „Herr Heuser, gut, dass Sie da sind. Ich könnte eine Waage gebrauchen, finde aber nirgends eine."

Herr Heuser: „Wozu brauchen Sie eine Waage?"

Petra Meyer: „Wissen Sie, wie mühsam es ist, 200 g Nägel in verschiedenen Größen zusammenzupacken? Eine Waage würde mir die Arbeit extrem erleichtern."

Herr Heuser: „Stimmt. Ich beobachte Sie ja schon etwas länger und ich denke, es gibt bestimmt noch weitere Arbeitsmittel, die Ihre Arbeit erleichtern könnten."

Petra Meyer: „Die gibt es sicher. Ich stelle Ihnen mal eine Liste zusammen, was ich gut brauchen könnte."

Herr Heuser: „Gute Idee, schreiben Sie aber dazu, warum das jeweilige Arbeitsmittel nützlich sein könnte."

Petra Meyer: „Das mache ich."

Petra bemerkt, dass die Verpackungen der Gehörschutz-Stöpsel unterschiedlich sind. Beim Herausnehmen aus dem großen Karton stellt sie fest, dass die vorderen Verpackungen durchweicht sind. Die

hinteren sind in Ordnung, was dazu führt, dass die durchweichten Verpackungen schnell durch die anderen Artikel im Set eingedrückt werden. Beim ersten Karton ist die Verpackung aufgerissen und die Stöpsel sind herausgefallen. „Komisch. Woran kann das denn liegen? Da muss sich dringend etwas ändern! Und zu feucht ist es hier auch", denkt Petra.

Nachdem Petra die ersten 20 Sets fertig gepackt hat, will sie erst mal an die frische Luft. Das Abfüllen der Verdünnung klappte nicht richtig. Ein paar Spritzer gelangten dabei immer auf den Boden. Der Geruch ist sehr intensiv. Ärgerlich war auch, dass der Hahn an dem 50-l-Fass leckte, sodass sie regelmäßig die Schale, die sie unter das Fass gestellt hatte, im Waschbecken ausschütten musste. Als ein Lagermitarbeiter sieht, dass Petra Meyer eine Pause macht und sich auf dem Vorplatz aufhält, weist er sie zurecht.

Herr Alefs: „Frau Meyer, Ihre Pause ist erst in zwei Stunden und Sie wissen, erst dann dürfen Sie Ihren Arbeitsplatz verlassen. Das Zusammenstellen dauert ohne Ihre Pausen schon lang genug. Außerdem müssen wir sonst alle Überstunden machen."

Petra Meyer: „Ich habe aber Kopfschmerzen bekommen."

Herr Alefs: „Stellen Sie sich doch nicht so an. Arbeiten Sie einfach schneller, körperliche Anstrengungen sind gut gegen Kopfschmerzen. Sonst melde ich das Herrn Heuser."

Arbeitsauftrag

Stellen Sie das Handwerkerset zusammen. Beachten Sie folgende Arbeitsschritte:

1. Listen Sie die Arbeitsmittel auf, die Ihnen die Arbeit erleichtern und geben Sie je einen Vorteil an.
2. Analysieren Sie, warum die Gehörschutzpackungen aufgeweicht sein könnten.
3. Prüfen Sie dann, ob Petra Meyer ihren Arbeitsplatz verlassen darf, weil sie Kopfschmerzen bekommen hat (§ 9 ArbSchG).
4. Abschließend beurteilen Sie, ob Herr Alefs durch seine Anweisungen und Kommentare die Sicherheit und den Gesundheitsschutz von Petra Meyer im Sinne des Arbeitsschutzgesetzes gewährleistet (§ 3 ArbSchG).

Zusatzinformationen:

ArbSchG § 3 Grundpflichten des Arbeitgebers

(1) Der Arbeitgeber ist verpflichtet, die erforderlichen Maßnahmen des Arbeitsschutzes unter Berücksichtigung der Umstände zu treffen, die Sicherheit und Gesundheit der Beschäftigten bei der Arbeit beeinflussen. Er hat die Maßnahmen auf ihre Wirksamkeit zu überprüfen und erforderlichenfalls sich ändernden Gegebenheiten anzupassen. Dabei hat er eine Verbesserung von Sicherheit und Gesundheitsschutz der Beschäftigten anzustreben.

(2) Zur Planung und Durchführung der Maßnahmen nach Absatz 1 hat der Arbeitgeber unter Berücksichtigung der Art der Tätigkeiten und der Zahl der Beschäftigten

1. für eine geeignete Organisation zu sorgen und die erforderlichen Mittel bereitzustellen sowie
2. Vorkehrungen zu treffen, dass die Maßnahmen erforderlichenfalls bei allen Tätigkeiten und eingebunden in die betrieblichen Führungsstrukturen beachtet werden und die Beschäftigten ihren Mitwirkungspflichten nachkommen können.

(3) Kosten für Maßnahmen nach diesem Gesetz darf der Arbeitgeber nicht den Beschäftigten auferlegen.

ArbSchG § 9 Besondere Gefahren
(1) (...)
(2) Der Arbeitgeber hat Vorkehrungen zu treffen, dass alle Beschäftigten, die einer unmittelbaren erheblichen Gefahr ausgesetzt sind oder sein können, möglichst frühzeitig über diese Gefahr und die getroffenen oder zu treffenden Schutzmaßnahmen unterrichtet sind. Bei unmittelbarer erheblicher Gefahr für die eigene Sicherheit oder die Sicherheit anderer Personen müssen die Beschäftigten die geeigneten Maßnahmen zur Gefahrenabwehr und Schadensbegrenzung selbst treffen können, wenn der zuständige Vorgesetzte nicht erreichbar ist; dabei sind die Kenntnisse der Beschäftigten und die vorhandenen technischen Mittel zu berücksichtigen. Den Beschäftigten dürfen aus ihrem Handeln keine Nachteile entstehen, es sei denn, sie haben vorsätzlich oder grob fahrlässig ungeeignete Maßnahmen getroffen.
(3) Der Arbeitgeber hat Maßnahmen zu treffen, die es den Beschäftigten bei unmittelbarer erheblicher Gefahr ermöglichen, sich durch sofortiges Verlassen der Arbeitsplätze in Sicherheit zu bringen. Den Beschäftigten dürfen hierdurch keine Nachteile entstehen. Hält die unmittelbare erhebliche Gefahr an, darf der Arbeitgeber die Beschäftigten nur in besonders begründeten Ausnahmefällen auffordern, ihre Tätigkeit wieder aufzunehmen. (...)

Aufgabe 1

Das Abfüllen der Verdünnung ist für Petra Meyer schwierig. Machen Sie Vorschläge, inwiefern man das Abfüllen der Verdünnung aus dem Fass ergonomischer gestalten könnte.

Aufgabe 2

Erstellen Sie, wenn möglich mit einem Textverarbeitungsprogramm, ein Etikett für das Handwerkerset aus der oben stehenden Lernsituation.

Aufgabe 3

Kreuzen Sie an, um welche Aufgabe der Lagerhaltung es sich handelt, wenn Waren als Sets für Kunden zusammengestellt werden:

- ☐ Sicherungsaufgabe
- ☐ Überbrückungsaufgabe
- ☐ Spekulationsaufgabe
- ☐ Umformungsaufgabe
- ☐ Veredelungsaufgabe

Aufgabe 4

Welches Arbeitsmittel gehört in die Gruppe der Flurförderzeuge?

- ☐ Röllchenbahn
- ☐ Brückenkran
- ☐ Kettenförderer
- ☐ Power-and-Free-Förderer
- ☐ Gabelstapler

Aufgabe 5

Petra Meyer: „Herr Heuser, mir ist aufgefallen, dass es zu meiner neuen Tätigkeit Abfüllen der Verdünnung keine Gefährdungsbeurteilung gibt."

Herr Heuser: „Sie haben ja recht. Dann erstellen Sie eben eine!"

Petra Meyer: „Herr Heuser, Sie haben mir selbst erklärt, dass ich die Gefährdungsbeurteilung gar nicht selbst durchführen darf, sondern nur eine fachkundige Person wie unser Betriebsarzt oder die Fachkraft für Arbeitssicherheit."

Herr Heuser: „Gut. Bitte erstellen Sie trotzdem eine und wir legen sie dann der fachkundigen Person zur Prüfung vor."

Erstellen Sie die Gefährdungsbeurteilung für das Abfüllen der Verdünnung. Es handelt sich um folgendes Produkt: UN Nr. 1263, Herbol-Verdünnung AF 70.

Beispiel für eine Gefährdungsbeurteilung:

Dokumentation der Gefährdungen, der Gefährdungsbeurteilung, der Gefahrenbeurteilung und der Maßnahmendurchführung und deren Kontrolle

Beispiel

Firma:	Maschinenfabrik K. Walter
Erstellt durch:	Herr Brand (Sicherheitsfachkraft)
Datum:	16.04.20..
Betriebsbereich:	Lackiererei

Tätigkeit Arbeitsplatz Arbeitsstätte	Gefährdungen	Beurteilungskriterien*	Gefährdungsbeurteilung	Gefahrenbeurteilung unmittelbare Gefahr/mittelbare Gefahr	Maßnahmen**	Verantwortlicher: bis wann:	Erfolgskontrolle durch: am: Ergebnis:
Lackierarbeiten	Einatmen von Lack- und Lösemitteldämpfen Benzolhomologe (Ergebnisse der Bereichsmessung nach TRGS 402 s. Anlage)	TRGS 900 APG-Werte Liste	Gefahr gegeben, da Überschreitung des Grenzwertes nach TRGS 900	mittelbare Gefahr, da Einhaltung des Grenzwertes nicht dauerhaft sicher gewährleistet ist, jedoch unter dem 1,5-fachen Wert des Grenzwertes	Filterwechsel der Absauganlage vornehmen	Herr Maier bis: 23.04.20..	Herr Brand 24.04.20.. o.k.
Gabelstapler (Fahrzeug)	abgenutzte Bereifung	UVV VBG 36 § 9	Gefahr gegeben, da Sicherheit des Fahrzeugs beeinträchtigt	unmittelbare Gefahr	sofortiger Reifenwechsel	Herr Schnell sofort	Herr Brand 10.11.20.. o.k.

* Sind ausnahmsweise keine Beurteilungskriterien vorhanden (z.B. Verordnungen, Richtlinien, Normen, Unfallverhütungsvorschriften, Belastungsbewertungskataloge), ist eine eigene Risikoanalyse mit Festlegung des Grenzrisikos erforderlich.

** Die Inhalte dieser Spalte sind nach § 6 Arbeitsschutzgesetz dokumentationspflichtig. Die übrigen Spalten dienen der Vorbereitung und Arbeitserleichterung.

Aufgabe 6

Herr Heuser erstellt für die Abfüllstation eine Betriebsanweisung. Bearbeiten Sie für ihn die Punkte

- Erste Hilfe und
- Löschmittel.

Informationen dazu finden Sie z.B. im Sicherheitsdatenblatt des Artikels Herbol-Verdünnung AF 70.

Aufgabe 7

Für einen speziellen Kunden aus Straubing müssen die Warensendungen in Holzkisten versendet werden. Da der Kunde recht sperrige Teile bekommt, hat sich der Lagermeister entschlossen, die Kisten selbst herzustellen und nicht auf Einwegkisten zurückzugreifen. Listen Sie die Arbeitsmittel, die der Lagermeister benötigt, um selbst die Versandkisten anzufertigen.

Aufgabe 8

Wiegeeinrichtungen sind im Lager wichtig.

a) Nennen Sie Arbeitsbereiche, in denen man Waagen im Materialfluss nutzt und zeigen Sie den jeweiligen Zweck des Wiegens.

b) Jede Waage muss auf Genauigkeit geprüft und somit für einen bestimmten Zeitraum zugelassen sein. Geben Sie an, woran Sie erkennen können, dass eine Waage zugelassen ist.

c) Entscheiden Sie, in welchen Zeitabständen Waagen geprüft werden müssen.

Aufgabe 9

Das Stretchen von Waren auf Paletten ist in vielen Bereichen des Materialflusses zu finden.

a) Beschreiben Sie anhand der folgenden Abbildung die Tätigkeiten des Stretchens mit einer Stretchrolle.

b) Beschreiben Sie anhand der folgenden Abbildung die Tätigkeiten des Stretchens mit einer Stretchanlage.

Aufgabe 10

Die nebenstehende Abbildung zeigt eine Umreifungsmaschine. Beschreiben Sie die Anwendungsmöglichkeiten und die Funktionsweise dieser Maschine.

Aufgabe 11

Schäden bei der Lagerung müssen vermieden werden. Dafür ist es notwendig, genau zu wissen, wie Produkte auf verschiedene Gefahren reagieren. Beschreiben Sie zu den folgenden Gefahrenquellen mögliche Folgeschäden:

Gefahrenquellen	Folgeschäden
Druck, Stoß, Erschütterung	
Hitze	
Kälte	
Feuchtigkeit	
Trockenheit	

Gefahrenquellen	Folgeschäden
Lichteinwirkung	
Staub	
Lebewesen	

Aufgabe 12

Nebenstehende Kanten sind mit einem speziellen Arbeitsmittel verpackt worden. Nennen Sie den Namen des Arbeitsmittels und beschreiben Sie den entsprechenden Arbeitsvorgang.

Aufgabe 13

Erklären Sie den Unterschied folgender Hinweise auf Waren.

Aufgabe 14

Die Interlogistik GmbH verkauft ausrangierte Arbeitsmittel. Bei welchem dieser Arbeitsmittel handelt es sich um ein Fördermittel?

- ☐ Rollenbahn
- ☐ Fahrbare Leiter
- ☐ Bändermaschine
- ☐ Palettenkipper
- ☐ Abfüllstation

Aufgabe 15

Die Interlogistik GmbH erhält täglich vom Getränkehersteller „Mineralwasser con Gas". Geben Sie an, welche der gelieferten Paletten Sie als erste für die Auslagerung bestellen.
Antwort wählen:

	Lieferung vom: 27. April 2010; MHD: 04/11
	Lieferung vom: 28. April 2010; MHD: 01/11
	Lieferung vom: 27. April 2010; MHD: 02/11
	Lieferung vom: 29. April 2010; MHD: 05/11
	Lieferung vom: 26. April 2010; MHD: 03/11

Aufgabe 16

Für die Lagerung elektronischer Bauteile im Lager der Interlogistik GmbH gilt die Lagerbedingung: „Vor Licht und Wärme schützen". Wie können Sie dieses Gut bei der Einlagerung handhaben, um einen möglichst hohen Qualitätsstandard zu erhalten?

- ☐ Die elektronischen Bauteile werden in einer geschlossenen Lagerhalle gelagert und mit schwarzer Folie umhüllt.
- ☐ Die elektronischen Bauteile werden in einem offenen Lager gelagert und mit einer Folie vor Verschmutzung geschützt.
- ☐ Die elektronischen Bauteile werden in einer hellen, nicht klimatisierten Lagerhalle gelagert.
- ☐ Die elektronischen Bauteile werden in einem halb offenen Lager gelagert, in dem die Lagertemperatur überwacht werden kann.
- ☐ Die elektronischen Bauteile werden ohne besondere Maßnahmen in einer Lagerhalle gelagert.

2 Die Wirtschaftlichkeit eines Lagers beurteilen

Die Interlogistik GmbH hat seit über einem Jahr auch Fahrräder des Herstellers ATLAS-Bikes im Sortiment. Bezüglich der Wirtschaftlichkeit dieses Bereiches herrschen bei der Geschäftsführung einige Zweifel. Daher erhält Herr Heuser den Auftrag, einige wichtige Lagerkennziffern genau zu untersuchen und zu bewerten.

Aus den unterschiedlichen Lagerkennziffern wählt er zunächst den durchschnittlichen Lagerbestand aus, da dieser Wert die Grundlage für die Ermittlung weiterer wesentlicher Kennziffern bildet. Seinen Unterlagen entnimmt Herr Heuser zunächst folgende Werte:

Interlogistik GmbH – Großhandel mit Kompetenz				
Inventurdaten 20..	**Rennräder**	**Tourenräder**	**Mountainbikes**	**Kinderräder**
Anfangsbest. 01.01.	**32**	**22**	**5**	**19**
Endbestand 31.01.	35	23	10	33
Endbestand 28.02.	39	21	8	39
Endbestand 31.03.	**29**	**19**	**6**	**22**
Endbestand 30.04.	15	14	10	42
Endbestand 31.05.	9	11	8	27
Endbestand 30.06.	**7**	**14**	**12**	**14**
Endbestand 31.07.	7	10	15	18
Endbestand 31.08.	16	18	10	25
Endbestand 30.09.	**20**	**17**	**9**	**12**
Endbestand 31.10.	24	20	7	19
Endbestand 30.11.	39	24	11	33
Endbestand 31.12.	**21**	**16**	**170**	**10**

Herr Heuser gibt Petra Meyer den Auftrag, den durchschnittlichen Lagerbestand zu ermitteln. Als ihm Petra nach zehn Minuten die Zahlen vorlegt, staunt Herr Heuser nicht schlecht. Bei näherem Hinsehen wird er allerdings stutzig.

Herr Heuser: „Frau Meyer, Sie haben ja nur die Werte der Jahresinventur verwendet."

Frau Meyer: „Wieso? Sie wollten den durchschnittlichen Lagerbestand wissen und den habe ich mit dem Zahlenmaterial doch berechnet."

Herr Heuser: „Ja schon, aber eher oberflächlich, wir haben doch mit unseren anderen Inventurdaten die Möglichkeit, viel genauere Werte zu ermitteln. Die möchte ich jetzt von Ihnen haben. Ich möchte ja mithilfe der Auswertungen Entscheidungen treffen, die letztendlich den Gewinn der Unternehmung steigern sollen. Und Sie werden wohl verstehen, dass ich mit den Zahlen der Jahresinventur kurzfristig keine Entscheidungen treffen kann, dazu müssen Sie Tages- bzw. Monatsauswertungen errechnen. Erst auf dieser Grundlage kann ich in absehbarer Zeit betriebliche Abläufe optimieren."

Petra Meyer: „Das leuchtet mir ein."

Herr Heuser: „Ich gebe Ihnen eine Übersicht über alle weiteren zu ermittelnden Werte. Damit können Sie direkt weiterrechnen."

$$\text{Umschlagshäufigkeit} = \frac{\text{Wareneinsatz}}{\text{durchschnittlicher Lagerbestand}}$$

Wobei der Wareneinsatz wie folgt berechnet wird:

	Anfangsbestand
+	Zugänge
–	Endbestand
=	Wareneinsatz

$$\text{Durchschnittliche Lagerdauer} = \frac{\text{Beobachtungszeitraum in Tagen}}{\text{Umschlagshäufigkeit}}$$

Als mögliche Betrachtungsräume gelten:

1 Jahr (360 Tage)
$^1/_2$ Jahr (180 Tage)
1 Quartal (90 Tage)
1 Monat (30 Tage)

$$\text{Lagerzinssatz} = \frac{\text{Jahreszinssatz x Ø-Lagerdauer}}{360}$$

$$\text{Lagerzinsen} = \frac{\text{Ø-Lagerbestand (Wert) x Lagerzinssatz}}{100}$$

$$\text{Lagerreichweite in Perioden} = \frac{\text{Ø-Lagerbestand}}{\text{Bedarf pro Zeiteinheit (hier: Woche)}}$$

Zur Berechnung hat Petra noch folgende Informationen von Herrn Heuser bekommen:

- Zugänge im vergangenen Jahr:

Rennräder	259 Stück
Tourenräder	258 Stück
Mountainbikes	219 Stück
Kinderräder	232 Stück

- Als Ø-Lagerbestand sind die auf Monatsbasis errechneten Werte zu wählen.
- Als Betrachtungszeitraum für die Ø-Lagerdauer wird ein Jahr herangezogen.
- banküblicher Zinssatz (Jahreszinsfuß) zzt. 6%
- Einkaufspreise pro Stück:

Rennräder	300,00€
Tourenräder	220,00€
Mountainbikes	275,00€
Kinderräder	150,00€

- Absatz pro Woche:

Rennräder	5,19 Stück
Tourenräder	5,08 Stück
Mountainbikes	1,04 Stück
Kinderräder	4,63 Stück

Petra Meyer: „Herr Heuser, ich bin fertig."

Herr Heuser: „Sehr schön, Frau Meyer. Ich danke Ihnen! Was haben Sie denn nun festgestellt?"

Petra Meyer: „Dass Büroarbeit zwischendurch mal ganz nett ist, aber ich jetzt wieder froh bin, etwas mit meinen Händen arbeiten zu können."

Herr Heuser: „Das meine ich nicht. Nachdem Sie nun die Kennziffern ermittelt haben, was bedeuten sie für unser Lager?"

Petra Meyer: „Wie bedeuten? Ich weiß jetzt, wie lange durchschnittlich ein Artikel bei uns gelagert ist, wie oft er umgeschlagen wird, dass es Lagerzinsen gibt und eine Lagerreichweite."

Herr Heuser: „Sehr gut. Und was sagen uns die Zahlen jetzt? Was müssen wir verbessern? Lohnt sich der Fahrradhandel?"

Petra Meyer: „Herr Heuser, woher soll ich das wissen? Ist das nicht Ihre Aufgabe?"

Herr Heuser: „Und Ihre! Sie haben doch die Zahlen gestern und heute berechnet!"

Petra Meyer: „Aber die Zahlen reden doch nicht mit mir!"

Herr Heuser: „In gewisser Weise schon. Wir berechnen doch nicht zum Zeitvertreib die ganzen Kennzahlen! Ich brauche sie zur Beurteilung, ob es wirtschaftlich ist, mit Fahrrädern zu handeln. Das muss ich gleich der Geschäftsführung berichten. Die Zahlen sind die Grundlage für meine Einschätzung."

Petra Meyer: „Ach so, ich hatte mich auch schon gewundert, warum ich das alles berechnen soll."

Herr Heuser: „Ich schlage vor, wir machen uns gemeinsam an die Beurteilung der Wirtschaftlichkeit unseres Fahrradhandels."

Petra Meyer: „Das ist mir auch lieber. So eine wichtige Entscheidung möchte ich nicht alleine treffen."

Herr Heuser: „Das kann ich auch nicht. Wir liefern nur die Kennziffern und die Auswertung. Diese dienen dann der Geschäftsleitung als Entscheidungsgrundlage."

Arbeitsauftrag

Ermitteln Sie die geforderten Kennzahlen und werten Sie die Ergebnisse aus. Folgende Arbeitsschritte sollten Sie erledigen:

1. a) Ermitteln Sie den durchschnittlichen Lagerbestand, indem Sie für die Fahrräder die unterschiedlichen Berechnungsmethoden anwenden (Jahres-, Quartals- und Monatsinventur).
   b) Analysieren und bewerten Sie die unterschiedlichen Ergebnisse.
2. a) Berechnen Sie die Umschlagshäufigkeit und die durchschnittliche Lagerdauer für die Fahrräder.
   b) Interpretieren Sie die Kennziffern für den Artikel Rennräder.
   c) Stellen Sie den Zusammenhang der beiden Kennzahlen dar.
3. a) Berechnen Sie den Lagerzinssatz und die Lagerzinsen.
   b) Begründen Sie für den Artikel Tourenräder, warum diese Werte überhaupt ermittelt werden.
4. a) Berechnen Sie die Lagerreichweite.
   b) Erläutern Sie für den Artikel Kinderräder die Aussagekraft dieser Kennziffer.
5. Betrachten Sie alle Artikel, indem Sie die Werte der Artikel einander gegenüberstellen und falls möglich mit dem Branchendurchschnitt vergleichen. Schreiben Sie dann eine Handlungsempfehlung für die Geschäftsleitung, wie aus Ihrer Sicht mit den vier Artikelgruppen verfahren werden sollte.

Branchendurchschnitt für den Zweiradbereich: Durchschnittliche Lagerdauer: 31 Tage; Lagerreichweite: 30 Tage

Aufgabe 1

Die beiden Formeln zur Berechnung der Lagerzinsen lassen sich zu einer Formel zusammenfassen. Ermitteln Sie diese einheitliche Formel.

Aufgabe 2

Neben den Lagerzinsen werden durch den Betrieb eines Lagers weitere Kosten verursacht. Nennen Sie Beispiele.

Aufgabe 3

a) In einem Lager gibt es u.a. Schnellläufer und Langsamdreher. Erläutern Sie diese beiden Begriffe.
b) Begründen Sie, mit welchen Mitteln Sie versuchen können, einen Langsamdreher in einen Schnellläufer zu verwandeln. Erläutern Sie auch, welche Vorteile dadurch entstehen.

Aufgabe 4

Entwickeln Sie anhand der nachfolgenden Begriffe und Zahlen die Formeln für die Berechnung der Umschlagshäufigkeit und der durchschnittlichen Lagerdauer:
Durchschnittlicher Lagerbestand, 360 Tage, Umschlagshäufigkeit, Wareneinsatz

Aufgabe 5

Entscheiden Sie durch Ankreuzen, welche Folgen sich aus Abweichungen der Umschlagshäufigkeit und der durchschnittlichen Lagerdauer vom Branchendurchschnitt ergeben.

- ☐ Eine höhere Umschlagshäufigkeit zeigt, dass man mehr verkauft als die Konkurrenten und deshalb einen höheren Gewinn macht.
- ☐ Eine höhere Umschlagshäufigkeit zeigt, dass die eingekaufte Ware schneller verkauft wird als im Branchendurchschnitt. Das deutet auf eine unzureichende Auswahl für den Kunden hin, weil nur „Schnelldreher" im Sortiment sind. Es kann aber auch Ergebnis einer gelungenen Einkaufspolitik des Einzelhändlers sein.
- ☐ Ist die Umschlagshäufigkeit niedriger, liegt ein deutlicher Hinweis auf zu große Einkaufsmengen und auf die Gefahr des Veraltens der Ware vor.
- ☐ Eine kürzere durchschnittliche Lagerdauer ist für den Einzelhändler eher zu verkraften als ein Abweichen nach oben, denn es ist leichter, den Wareneinkauf zu erhöhen als überhöhte Lagerbestände abzubauen.

Aufgabe 6

a) Erklären Sie, warum in der Schmuckbranche eine Umschlagshäufigkeit von 2, im Bereich Blumen aber von 30 üblich ist.
b) Berechnen Sie für diese beiden Branchen die durchschnittliche Lagerdauer.

Aufgabe 7

Berechnen Sie die Umschlagshäufigkeit und die durchschnittliche Lagerdauer aus folgenden Zahlen.
a) Verkäufe zu Einstands-(EK)Preisen pro Jahr (Wareneinsatz): 810 000,00 €, durchschnittlicher Lagerbestand (zu EK-Preisen bewertet): 135 000,00 €
b) Warenabsatz pro Jahr: 5 400 Stück, durchschnittlicher Lagerbestand: 900 Stück

Aufgabe 8

a) Die Lagerkosten betragen in einem Lebensmittelgeschäft 93 600,00 € pro Jahr. Berechnen Sie die Lagerkosten je Umschlag, wenn der durchschnittliche Lagerbestand im Jahr 15-mal umgeschlagen wurde (Umschlagshäufigkeit = 15).
b) In einem Haushaltswarengeschäft haben die Lagerkosten mit 93 000,00 € annähernd die gleiche Höhe wie im Lebensmittelgeschäft. Allerdings beträgt die Umschlagshäufigkeit im Haushaltswarengeschäft 2,5. Stellen Sie nun fest, wie hoch die Lagerkosten je Umschlag sind.

c) Nehmen Sie an, in der Einkaufsabteilung der Interlogistik GmbH sei es durch eine bessere Einkaufsplanung gelungen, die Umschlagshäufigkeit für Hartwaren von 1,5 auf den Branchendurchschnitt von 3 anzuheben. Ermitteln Sie die Höhe der Lagerkosten je Umschlag, wenn die Lagerkosten pro Jahr jeweils mit 30 000,00 € anzusetzen sind.

Aufgabe 9

Der Jahresanfangsbestand eines Warenlagers betrug 60 000,00 €, der Jahresendbestand 30 000,00 € und der Wareneinsatz 360 000,00 €. Berechnen Sie die durchschnittliche Lagerdauer.

Aufgabe 10

Ein Sanitärhändler verbesserte seine Lagerumschlagshäufigkeit von 3,0 (Vorjahr) auf 3,2 im laufenden Jahr. Der durchschnittliche Lagerbestand betrug im Vorjahr 150 000,00 €.

a) Ermitteln Sie, um wie viel Euro sich der durchschnittliche Lagerbestand bei gleichbleibendem Wareneinsatz verringerte.

b) Stellen Sie auch die Höhe des Wareneinsatzes in EUR fest, für den Fall, dass der durchschnittliche Lagerbestand von 150 000,00 € auch im laufenden Jahr erreicht wird.

Aufgabe 11

a) Erklären Sie den Begriff Wareneinsatz.

b) Berechnen Sie den Wareneinsatz: Zugänge im Laufe des Jahres 85 700,00 €. Der Endbestand beträgt am 31.12. 254 166,00 €. Am Anfang des Jahres lag ein Bestand von 323 110,00 € vor.

c) Zeigen Sie auf, dass der Wareneinsatz nicht nur mithilfe der Befundrechnung ermittelt werden kann.

Aufgabe 12

a) Erklären Sie folgende Begriffe:
- Absatz • Umsatz

b) Ergänzen Sie die fehlenden Stellen in der Tabelle und ermitteln Sie den Gesamtumsatz.

c) Berechnen Sie
- den Jahresabsatz,
- den durchschnittlichen Lagerbestand, mit der Formel, die bei der Monatsinventur verwendet wird,
- den durchschnittlichen Lagerbestand mit der Formel, die bei der Jahresinventur verwendet wird.

Monat	Monatsanfangsbestand	Zugänge	Absatz in Stück	Monatsendbestand	Verkaufspreis je Stück in €	Umsatz
Januar	180	20	160		1,20	
Februar	40	30	10		1,25	
März	60	15	45		1,30	
April		14	16	28	1,35	
Mai		88	40	76	1,40	
Juni	76	26	50	52	1,45	
Juli	52		27	50	1,50	
August	50		54	76	1,23	
September	76	7		82	1,26	
Oktober	82	15		43	1,29	
November	43	5	38	10	1,32	
Dezember		3	7	6	1,35	
					Summe:	

Aufgabe 13

Die Geschäftsführung der Motorenwerke Weinheim GmbH lässt den Lagerumschlag des Handelswarenlagers für das 4. Quartal überprüfen. Dem Sachbearbeiter Müller stehen folgende Daten zur Verfügung:

Endbestände der Warengruppe 7:

30.09.20..	13 000,00 €
31.10.20..	12 500,00 €
30.11.20..	13 300,00 €
31.12.20..	11 200,00 €
Einkäufe im 4. Quartal:	85 700,00 €

a) Berechnen Sie den durchschnittlichen Lagerbestand.

b) Ermitteln Sie die Umschlagshäufigkeit des Warenlagers.

c) Geben Sie die Höhe der durchschnittlichen Lagerdauer an.

Aufgabe 14

Wie ist Ihrer Meinung nach die Bindung von Kapital im Lager zu beurteilen? Kreuzen Sie an.

- ☐ Hohe Lagerbestände bedeuten einen hohen Kapitalbestand, auf den der Betrieb in Krisenzeiten zurückgreifen kann.
- ☐ Hohe Lagerbestände können für ein Unternehmen gefährlich werden, weil sie Geldmittel binden, die z. B. für die Begleichung von Lieferantenrechnungen benötigt werden.
- ☐ Da eingekaufte Ware ohnehin nicht sofort bezahlt wird, ist die Höhe des Lagerbestandes ohne Bedeutung. Sobald die Ware verkauft ist, kann die Lieferantenrechnung bezahlt werden.
- ☐ Viele Händler finanzieren ihre Wareneinkäufe mit Bankkrediten. Da in diesen Fällen die Bank die Zinskosten für das eingesetzte Kapital trägt, braucht sich der Händler um die Höhe des Lagerbestandes nicht zu kümmern.
- ☐ Geld, das nicht in Form von Ware gebunden ist, könnte der Betrieb z. B. bei einer Bank zinsbringend anlegen oder in sein Geschäft investieren, um den Gewinn zu erhöhen.

Aufgabe 15

Petra Meyer geht des Öfteren mit ihren Arbeitskollegen mittags im Schnellimbiss essen. Die Mahlzeiten sind günstig, da die Interlogistik GmbH einen Zuschuss gibt. Aber für den Betreiber des Imbiss läuft es nicht so gut, Herr Scholz hat Sorgen. In letzter Zeit hat er immer größere Einnahmerückgänge zu verzeichnen. Auch die Küchenchefin hat festgestellt, dass von den ursprünglich 1 200 täglich gekochten Mahlzeiten öfter größere Mengen nicht verkauft werden konnten. Deshalb wurde die Anzahl der Mahlzeiten in den letzten Wochen immer weiter verringert. Alles wird frisch gekocht und die Reste werden am nächsten Tag vernichtet. Der Imbiss bietet täglich zwei Gerichte an. Außerdem werden Getränke und Quarkspeisen sowie frisches Obst verkauft. Herr Scholz hat nun einen Termin bei Frau Kurz, der Leiterin des Imbiss, um mit ihr über die Situation zu beraten. Zur Verdeutlichung hat er einige Zahlen aus dem Rechnungswesen zusammengetragen.

	Umsatz (Essen)	Absatz (Essen) in Stück	Gesamtkosten
Januar	43 000,00 €	22 000	40 000,00 €
Februar	40 000,00 €	20 000	38 000,00 €
März	37 500,00 €	18 500	37 000,00 €
April	32 000,00 €	17 000	35 000,00 €

a) Stellen Sie die Daten aus der Tabelle sowohl in einem Säulendiagramm als auch in einem Balkendiagramm dar.

Säulendiagramm

Tipps

- Die waagerechte Achse (die x-Achse) wird gewöhnlich für die Darstellung der Zeit benutzt.
- Man muss sich um einen geeigneten Maßstab für die x- und y-Achse bemühen. Dazu prüft man, ob der höchste Wert beim gewählten Maßstab noch auf das Blatt passt und ob die Unterschiede deutlich erkennbar sind.
- Auch Säulendiagramme können gruppiert oder unterteilt werden.

(Vgl. auch Tipps zum Balkendiagramm)

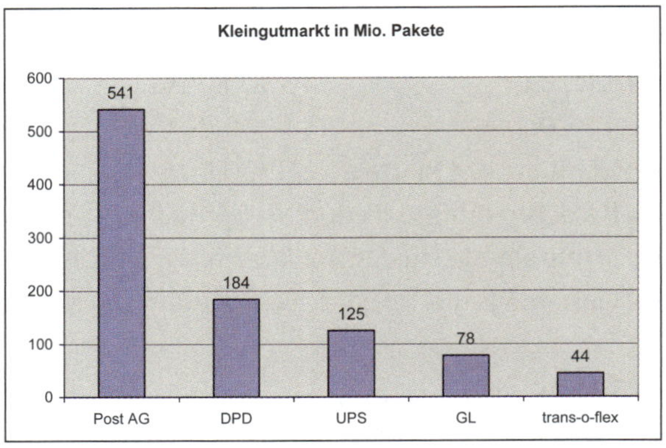

Balkendiagramm

Statistische Zahlen werden in Balken unterschiedlicher Länge, aber mit gemeinsamer Grundlinie dargestellt.

Tipps

- Wenn die Reihenfolge unwichtig ist: die Balken der Größe nach ordnen
- Achseneinteilung sorgfältig wählen
- Balken in gleicher Breite darstellen
- Balken beschriften
- Überschrift/Quellenangabe hinzufügen
- Balkendiagramme können weiter variiert werden:

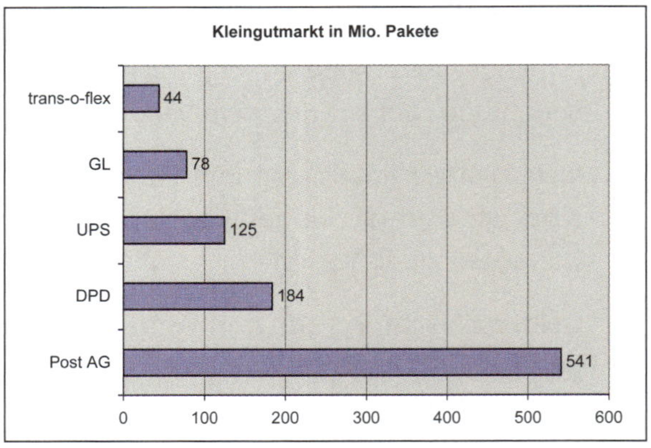

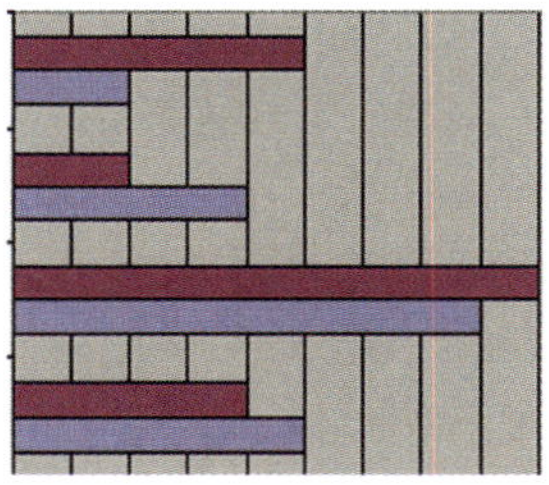

Gruppiertes Balkendiagramm

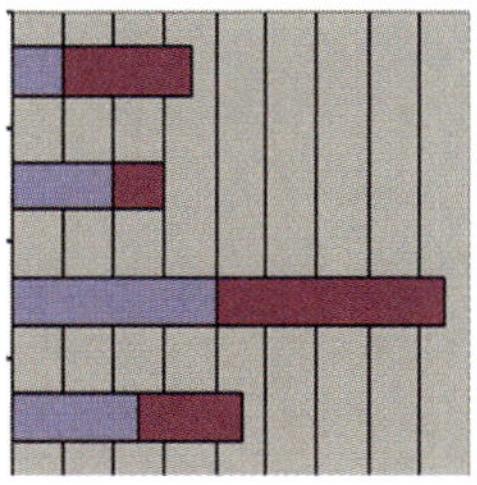

Gleitendes Balkendiagramm

Der Umsatz errechnet sich aus der Menge der verkauften Waren innerhalb eines bestimmten Zeitraums (z. B. eines Monats) zum jeweiligen Verkaufspreis. Im Gegensatz dazu bezeichnet man die innerhalb des Zeitraums verkaufte Warenmenge in Stück (z. B. Mittagessen) als Absatz. Will man den Stückpreis (Verkaufspreis einer einzelnen Ware) errechnen, so teilt man den Gesamtumsatz durch die verkaufte Menge (= Absatz). Um den Gewinn des Geschäftsbetriebes berechnen zu können, müssen vom erzielten Umsatz sämtliche Kosten abgezogen werden.

b) Vervollständigen Sie die folgende Übersicht, indem Sie die Kennzahlen des Imbisses tabellarisch darstellen. Übernehmen Sie dazu die Zahlen aus der oben stehenden Tabelle und berechnen Sie die fehlenden Daten.

	Januar	Februar	März	April
Umsatz				
Preis pro Essen				
Kosten gesamt				
Kosten pro Essen				
Gewinn gesamt				
Gewinn pro Essen				

c) Stellen Sie die Ergebnisse der Tabelle in einem Kurvendiagramm dar. Berücksichtigen Sie in der Darstellung die folgenden Werte: Umsatz, Kosten gesamt und Gewinn gesamt.

Kurvendiagramm

- Der Ausgangspunkt ist der Nullpunkt des Koordinatensystems.
- Auch beim Kurvendiagramm dient die waagerechte Achse gewöhnlich für die Darstellung des Zeitablaufs.
- Die senkrechte Achse nimmt die Mengenangaben auf. Entsprechende Benennung der Kurve.
- In einem Diagramm können mehrere Kurven dargestellt werden, mehr als fünf Kurven sind jedoch nicht zu empfehlen. Durch unterschiedliche Farbgebung oder Schraffierung wird das Kurvendiagramm zum Flächendiagramm.
- Überschriften/Quellenangaben

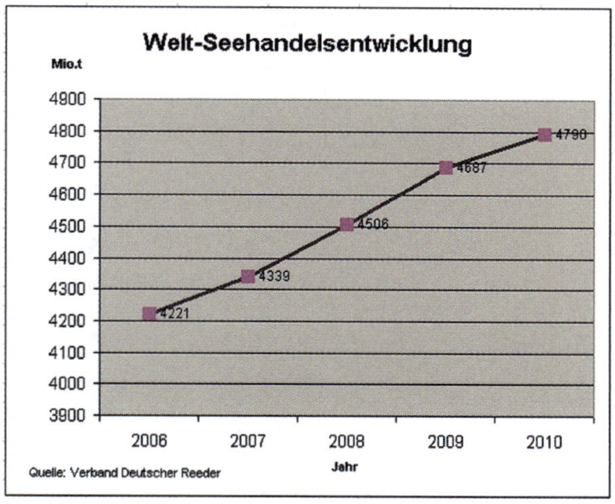

3 Den Bezugspreis ermitteln

Im Wareneingang ist eine Sendung mit Blumentöpfen eingetroffen. Petra Meyer führt wie gewohnt die äußere Prüfung und auch eine Kontrolle des Inhalts durch und stellt keinerlei Mängel fest. Da die Lieferung unfrei befördert wurde, verlangte der Fahrer der Spedition direkt die Frachtkosten. Im Lager zurück wartet Herr Heuser schon auf Petra.

Herr Heuser: „Hallo Frau Meyer, ich brauche Ihre Hilfe."

Petra Meyer: „Es geht bestimmt um die Blumentöpfe, die gerade angeliefert worden sind."

Herr Heuser: „Richtig, das sind laut Lieferschein 85 Stück. Sie sind aus Terrakotta, also handelt es sich um zerbrechliches Material. Die Töpfe sind noch verpackt.

Die Aufgabe für Sie besteht nun darin, möglichst viele Töpfe in unserem Gartenlager für die Kundschaft bereitzustellen. Den Rest müssen Sie dann im Palettenregal unterbringen. "

Petra Meyer: „Sie meinen das Lager mit dem Deko-Podest?"

Herr Heuser: „Ja, die Länge des Raums beträgt 7,80 m und die Breite 4,12 m. Der Gang, der bis auf 75 cm an die Stirnwand geht, muss frei bleiben. Bevor Sie alle Blumentöpfe auspacken, rechnen Sie die Menge aus, die in das Lager passt. Dann stellen Sie die restlichen, noch verpackten Töpfe auf Euros und lagern Sie in das Hochregallager ein."

Petra Meyer: „Was ist mit der Sonderfläche für die Kleinvasen?"

Herr Heuser: „Die bleibt unverändert bestehen. Sie können deshalb auf der Fläche der rechten Gangseite nur die obere Hälfte des Raumes nutzen. Denken Sie auch daran, dass das Deko-Podest nicht zur Lagerung der Terrakotta-Töpfe genutzt werden kann. Die Fläche steht zur Dekoration und zur Präsentation der Artikel zur Verfügung und wird von unserer Marketingabteilung gestaltet.

Am besten fertigen Sie erst mal eine Skizze an, damit wir im Anschluss gemeinsam das Gartenlager befüllen und den Rest der Blumentöpfe einlagern können. Bestimmen Sie dazu auch die benötigte Menge an Europaletten, dann bringe ich die gleich mit dem Stapler vorbei."

Petra Meyer: „Gut. Der Sendung lag diese Rechnung bei. Könnten Sie die bitte mit ins Büro nehmen?"

Herr Heuser: „Machen Sie das selbst und lassen Sie sich erklären, wie man den Verkaufspreis bzw. den Bezugspreis für die Blumentöpfe ermittelt. Ich möchte, dass Sie ein Gefühl für die Preiskalkulation entwickeln und das geht nur, wenn Sie ab und an mal selber die Preise berechnen. Außerdem kann jeder einmal krank werden und dann wissen Sie, wie das geht."

Petra geht direkt ins Büro. „Wenn ich den Verkaufspreis schon weiß, könnte ich beim Auspacken direkt die Artikel auszeichnen", denkt sie.

Herr Bauer: „Hallo, Frau Meyer. Herr Heuser hat Ihren Besuch schon angekündigt. Sie wollen den Bezugspreis bestimmen."

Petra Meyer: „Na ja, so ähnlich. Ich weiß eigentlich gar nicht so genau, was das ist. Mir ist klar, dass Sie hier im Büro irgendwie den Verkaufspreis festlegen, aber was ein Bezugspreis ist, weiß ich nicht."

Herr Bauer: „Das ist unser Einkaufspreis."

Petra Meyer: „Warum sagen Sie das nicht gleich? Das ist ja dann einfach: 15,00 € pro Stück minus 5 % Rabatt. Dann bin ich auch schon wieder weg, die Blumentöpfe einlagern."

Herr Bauer: „Wenn das so einfach wäre, dann hätte Herr Heuser Sie sicher nicht geschickt. Also: Als erstes vergleiche ich die Rechnung mit meiner Bestellung. Das nennt man auf ‚sachliche und rechnerische Richtigkeit prüfen'. Als zweites frage ich im Lager nach Mängeln oder Fehlmengen."

Petra Meyer: „Es gab keine. Alles in Ordnung."

Herr Bauer: „Sehr gut. Um es nicht zu spannend zu machen: Der Bezugspreis berücksichtigt nicht nur den Rabatt, sondern auch Skonto und Transportkosten, und darauf schlage ich dann unsere Lager- und sonstigen Kosten plus einen Gewinnaufschlag. Dann haben wir den Verkaufspreis. Also, auf der Rechnung steht unfrei?"

Petra Meyer: „Die Transportkosten betrugen 4,90 € (netto) pro Topf. Die Quittung erhalten Sie noch."

Herr Bauer: „Sehr gut. So, jetzt sind Sie dran. Zur Berechnung des Bezugspreises nehmen Sie am besten das Bezugspreisschema. Den Verkaufspreis dürfen Sie nicht berechnen, das ist ein Betriebsgeheimnis."

Keramikwarenfabrik Müller KG **MKG**

Keramikwarenfabrik Müller KG, Fritz-Walter-Weg 34, 70372 Stuttgart

Interlogistik GmbH
Luisenstraße 93
47119 Duisburg

Fritz-Walter-Weg 34
70372 Stuttgart

Telefon: 0711 533876
Fax: 0711 533843

Rechnungs-Nr.: 4234/0 Kunden-Nr.: 45400 Datum: 20(0)-05-14

Menge	Artikel-Nr.	Artikelbezeichnung	Einzelpreis/€	Gesamtpreis/€
85	1286	Blumentöpfe aus Terrakotta Höhe 88 cm, Radius 29 cm oben und 19 cm unten	15,00 – 5 % Rabatt	1 275,00 63,75
			Nettobetrag 19 % USt.	1 211,25 230,14
			Bruttobetrag	1 441,39

Zahlungsziel: 30 Tage ab Rechnungsdatum; innerhalb 10 Tagen mit 2 % Skonto.
Unsere Bankverbindung: Raiffeisenbank Stuttgart (BLZ 600 605 99) Konto-Nr. 3 420 300 200

Interlogistik GmbH

Fax Deckblatt

Luisenstraße 93
47119 Duisburg
Telefon: 0203 2724-300
Fax: 0203 2724-360
E-Mail: info@interlogistik.de

DATUM: 20..-05-10 **ZEIT:** 14:45

AN: Keramikwarenfabrik Müller KG
Fritz-Walter-Weg 34
70372 Stuttgart

FAX: 0711 533843

Bestellung

Liefern Sie bitte zum nächstmöglichen Termin

85 Blumentöpfe aus Terrakotta, Höhe 88 cm, Radius 29 cm oben und 19 cm unten, Artikel-Nr. 1186

zum Listenpreis von 15,00€ pro Stück, abzüglich 5% Rabatt und 2% Skonto bei Zahlung innerhalb von 10 Tagen. Lieferbedingung: Unfrei.

Mit freundlichen Grüßen

Bauer

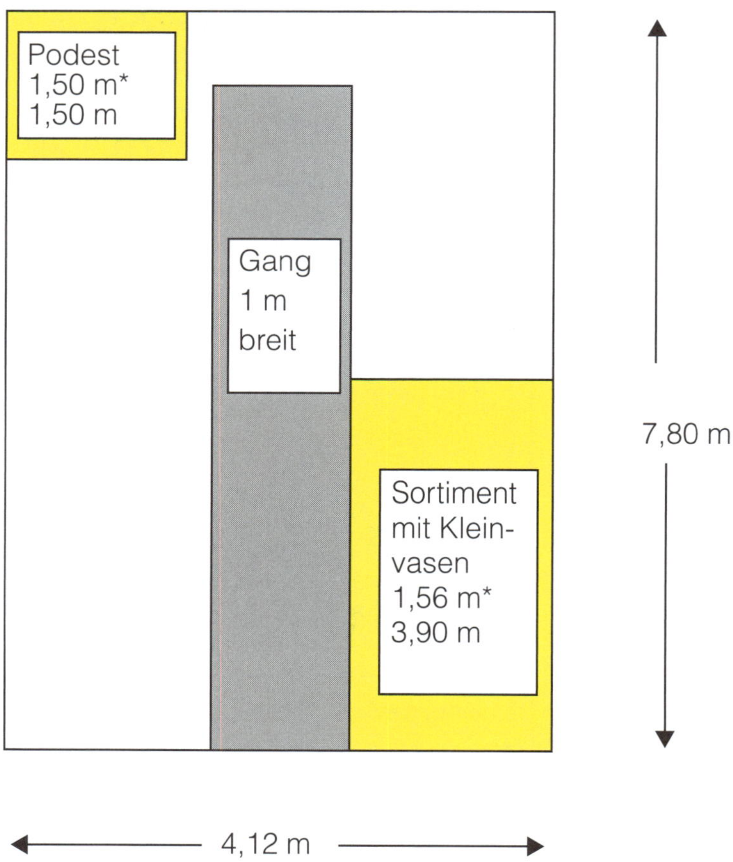

Skizze des Gartenlagers, nicht maßstabsgetreu

Arbeitsauftrag

Lagern Sie die Blumentöpfe wie gefordert ein und bestimmen Sie den Bezugspreis der Töpfe. Gehen Sie wie folgt vor:

1. Berechnen Sie die Anzahl der Blumentöpfe, die in das Gartenlager hineingestellt werden können und fertigen Sie dazu eine Skizze an.
2. Bestimmen Sie die Anzahl der Europaletten, auf die die Restmenge eingelagert werden soll. (Die Töpfe sind nicht stapelbar.)
3. Prüfen Sie die Rechnung auf ihre sachliche und rechnerische Richtigkeit und errechnen Sie den Bezugspreis für einen Blumentopf. Gehen Sie davon aus, dass die Rechnung wie angekündigt innerhalb von zehn Tagen bezahlt wird.

Aufgabe 1

Ermitteln Sie den Flächennutzungsgrad im Gartenlager für die Terrakotta-Blumentöpfe und für das Sortiment mit Kleinvasen. Die Flächen für das Podest und für den Gang bleiben unberücksichtigt.

Aufgabe 2

Betrachten Sie noch einmal das Schema zur Kalkulation des Bezugspreises.

a) Geben Sie die Unterschiede zwischen Listeneinkaufspreis und Zieleinkaufspreis an.

b) Beschreiben Sie die Auswirkung der Umsatzsteuer in Höhe von 230,14€ auf den Bezugspreis.

Aufgabe 3

Berechnen Sie aus den folgenden Angaben die unten stehende Tabelle:

Der Listeneinkaufspreis für eine Kiste Orangensaft beträgt 12,80€. Der Lieferer gewährt einen Rabatt von 8% und Skonto von 2%. Die Bezugskosten betragen 7,00€ pro Anlieferung. Bestimmen Sie den Bezugspreis für zwölf Kisten Orangensaft.

Ein Fernsehgerät kostet im Einkauf 850,00€. An Rabatt erhalten Sie 5% und bei sofortiger Bezahlung noch 3% Skonto. Transportkosten fallen nicht an. Ermitteln Sie den Einkaufspreis des Fernsehgeräts.

Für 20 Paletten Zement sind laut Liste 671,04€ ausgewiesen. Der Lieferer gewährt 10% Rabatt und 2% Skonto. Die Frachtkosten pro Palette betragen 6,00€. Geben Sie die Kosten des Zementeinkaufs an.

	%	O-Saft	%	Fernseher	%	Zement
Listeneinkaufspreis						
– Liefererrabatt						
Zieleinkaufspreis						
– Liefererskonto						
Bareinkaufspreis						
+ Bezugskosten						
= Bezugspreis						

Aufgabe 4

a) Berechnen Sie anhand der nachfolgenden Belege (Rechnung der Alpin-Milchprodukte GmbH und Quittung vom Paketdienst Schmitting) den Bezugspreis für ein Stück Kräuterkäse. Achten Sie auf die korrekte Berücksichtigung der Umsatzsteuer (Vorsteuer) in der Bezugskalkulation.

b) Bestimmen Sie auch, welche Beträge an die Alpin-Milchprodukte GmbH und an den Schmitting-Paketdienst zu zahlen sind.

Spedition Schmitting Heilbronn
Fontanestraße 74
74074 Heilbronn

Quittung

Von *Lebensmittelmarkt Georg Schenk*

Für *Hausfracht*

	€
Nettobetrag	*25,00*
+ 19 % Umsatzsteuer	*4,75*
Bruttobetrag	*29,75*

erhalten.

Heilbronn, *28.03.20..* *Schober*

(Unterschrift)

Alpin-Milchprodukte GmbH
Singen

Alpin-Milchprodukte GmbH, Wieselstraße 16, 78224 Singen

Lebensmittelmarkt
Georg Schenk
Carl-Zeiss-Straße 8
74078 Heilbronn

Wieselstraße 16
78224 Singen

Telefon: 07731 24556
Fax: 07731 24558

Rechnungs-Nr.: 22457 Kunden-Nr.: 433 Datum: 20..-03-27

Menge	Artikel-Nr.	Artikelbezeichnung	Einzelpreis/€	Gesamtpreis/€
320	234	Kräuterkäse	1,50	480,00
		– 5 % Rabatt		24,00
			Nettobetrag	456,00
			7 % USt.	31,92
			Bruttobetrag	487,92

Zahlungsziel: 30 Tage ab Rechnungsdatum; innerhalb 10 Tagen mit 3 % Skonto.
Unsere Bankverbindung: Südwestbank (BLZ 69 260 211) Konto-Nr. 2 439 120 312

Lebensmittel: 7 % Umsatzsteuer

Aufgabe 5

Berechnen Sie die Bezugspreise für eine 200-Blatt-Packung aus den folgenden Angebotsangaben. Gehen Sie davon aus, dass die Skontofrist ausgenutzt wird und insgesamt 500 Packungen bestellt werden.

Angebot 1:
Ringbucheinlage „Saturn", DIN A4, 200 Blatt, 80-g-Papier, Preis pro Packung 1,30 €, ab 500 Stück 10 % Rabatt, zahlbar innerhalb von 30 Tagen ohne Abzug, bei Zahlung innerhalb von 10 Tagen 2 % Skonto. Bezugskosten für 500 Stück 30,00 €

Angebot 2:
Ringbucheinlage „Planet", DIN A4, 200 Blatt, 80-g-Papier, Preis pro Packung 1,35 €, ab 300 Stück 5 % Rabatt, ab 500 Stück 8 % Rabatt, zahlbar innerhalb von 30 Tagen netto Kasse, 3 % Skonto bei Zahlung innerhalb von 10 Tagen, Frei-Haus-Lieferung

Aufgabe 6

Die Interlogistik GmbH bezieht Fermacell-Platten von einem Hersteller aus Süddeutschland. Verpackt sind auf einer Palette 52 Stück. Für den Transport von Süddeutschland nach Duisburg zahlt die Interlogistik GmbH 32,76 € (netto) pro Palette an den Spediteur. Vom Lieferanten erhält die Interlogistik GmbH 6 % Mengenrabatt und 4 % Skonto, wenn innerhalb von zehn Tagen die Rechnungssumme beglichen wird. Der Bezugspreis beträgt unter Inanspruchnahme der Rabatte 144,56 € für eine Palette. Gesucht wird der Listeneinkaufspreis für eine Platte Fermacell.

Aufgabe 7

Der Bezugspreis für den Artikel 5489 liegt bei 63,20 €. In der Abrechnungsperiode wurden 650 Stück verkauft zu einem Verkaufspreis von 99,90 €. Berechnen Sie den Wareneinsatz und den Umsatz.

Aufgabe 8

Der Interlogistik GmbH gelingt es, durch Sonderverkäufe den Lagerumschlag bei Fermacell-Platten von fünf auf acht zu erhöhen. Nennen Sie vier Vorteile, die sich daraus ergeben.

Aufgabe 9

Im Lager sind die Schraubstöcke aus Schmiedestahl, Gewicht 4 kg, nicht mehr vorhanden. Auf Anfrage gehen vier Angebote von den Lieferanten ein. Petra Meyer erhält die Aufgabe, die Angebote miteinander zu vergleichen und 100 Stück zu bestellen.

Angebot 1:
Nr. 186/19 vom 10.11.20.., Werkzeugfabrik Mantel KG, Postfach 1776, 56500 Solingen
Schraubstock Typ G 24, Gewicht 2 kg, Gusseisen, Schneckengewinde; Stückpreis 10,50 €, Rabatt ab 100 Stück 10 % zahlbar innerhalb von 10 Tagen mit 2 % Skonto oder 30 Tagen netto; Versandart: Zustellung durch eigenen Lkw frei Haus, Lieferzeit: sofort

Angebot 2:
Nr. 2478/5 vom 12.11.20.., Straube GmbH, Eisenwaren, Lindenstraße 16, 68005 Mannheim
Schraubstock Nr. 211.422, Gewicht 4 kg; Schmiedestahl; Stückpreis 24,80 €, ab 50 Stück 5 % Rabatt, ab 100 Stück 10 %. Versandart: unfrei, Lieferzeit: ca. 14 Tage, die Frachtkosten belaufen sich auf 1,80 € pro Stück.

Angebot 3:
Nr. 415-89 vom 19.11.20.., Werner Maurer, Metallwarenfabrik, Postfach 8679, 48800 Bielefeld
Schraubstock Nr. 428 S, Gewicht 4 kg, Schmiedestahl, Zweifachschneckengewinde; Stückpreis 25,20 €, ab 100 Stück 15 % Rabatt; Zahlungsbedingungen: 14 Tage mit 2 % Skonto, 30 Tage netto Kasse, Verpackungskosten zum Selbstkostenpreis von 10,00 € je 100 Stück, Frachtkosten 1,80 € pro Stück

Angebot 4:
Nr. 27509 vom 03.11.20(0), Ludwig & Sohn, Eisenwarengroßhandel, Postfach 221, 40500 Düsseldorf
Schraubstock Nr. 12.488, Gewicht 4 kg, Schmiedestahl, Zweifachschneckengewinde; Stückpreis 23,70 €, Zahlung: 3 % Skonto in 10 Tagen, in 30 Tagen netto Kasse. Verpackungskosten 4,00 € pro Karton (25 Stück); Beförderungskosten 1,50 € pro Stück

a) Angebot 1 unterscheidet sich von den übrigen Angeboten in der Produktbeschreibung. Stellen Sie mögliche Konsequenzen für den Angebotsvergleich dar.
b) Vergleichen Sie die Daten pro Schraubstock und ermitteln Sie den günstigsten Lieferanten.

c) In der kaufmännischen Praxis entscheidet man sich nicht grundsätzlich für den günstigsten Preis, wenn es um die Entscheidung geht, welches Angebot angenommen wird. Erläutern Sie zwei weitere Kriterien.

Aufgabe 10

In der Einkaufsabteilung entschließt man sich, mit einem Tabellenkalkulationsprogramm ein Bezugskalkulationsschema zu entwickeln. Der jeweilige Mitarbeiter soll dann in einem Eingabeteil die Daten eingeben und im Ausgabeteil soll der Bezugspreis erscheinen. Erstellen Sie das Kalkulationsschema für die

a) Berechnung vom Listeneinkaufspreis zum Bezugspreis.

Eingabeteil

Preisliche Kriterien	Lieferer	
Menge	500	
Stückpreis	25,30 €	
Rabatt in %	4 %	
Skonto in %	2 %	
Verpackungs- und Bezugskosten	55,00 €	

Ausgabeteil

Listeneinkaufspreis		12 650,00 €
– Liefererrabatt	4 %	506,00 €
= Zieleinkaufspreis		12 144,00 €
– Liefererskonto	2 %	242,88 €
= Bareinkaufspreis		11 901,12 €
+ Verpackungs- und Bezugskosten	55,00 €	55,00 €
= Bezugspreis		**11 956,12 €**

b) Berechnung vom Bezugspreis zum Listeneinkaufspreis.

Eingabeteil

Preisliche Kriterien	Lieferer	
Rabatt in %	5 %	
Skonto in %	3 %	
Verpackungs- und Bezugskosten	22,00 €	
Bezugspreis	520,00 €	

Ausgabeteil

Listeneinkaufspreis		540,42 €
– Liefererrabatt	5 %	27,02 €
= Zieleinkaufspreis		513,40 €
– Liefererskonto	3 %	15,40 €
= Bareinkaufspreis		498,00 €
+ Verpackungs- und Bezugskosten	22,00 €	22,00 €
= Bezugspreis		**520,00 €**

4 Eine Lagerbewegungskurve erstellen

„Oh nein, schon wieder eine Palette angefahren." Petra ärgert sich. Das ist jetzt schon das zweite Mal in dieser Woche. Und immer sind es die großen Paletten mit den Fermacell-Platten. Auch dieses Mal ist ein Teil der Gipsplatte abgebrochen. Das heißt, komplett umpacken und die defekte Platte austauschen. Von dem Ärger ganz zu schweigen. Man muss äußerst vorsichtig mit dem Hubwagen umgehen, um nicht dauernd anzustoßen.

„Warum haben wir denn immer so viele Paletten in den Gängen herumstehen? Egal ob Monatsanfang, -mitte oder -ende, das kann doch nicht sein! Ich glaube, wir haben zu viele auf Lager", denkt sie.

Petra glaubt also, dass der Bestand an Fermacell-Platten zu hoch ist und einfach zu viel Platz im Lager einnimmt. Gerade dann, wenn der Lieferer mal wieder 70 Paletten anliefert, wird es richtig eng. „Den Platz kann man doch für andere Artikel besser verwenden", denkt sie. Nur, wie soll sie das Herrn Heuser klarmachen? Sie versucht es mithilfe einer einfachen Skizze. Sie möchte die Lagerbewegungen nachvollziehen. Gleichzeitig möchte sie feststellen, wie hoch der maximale Platzbedarf der Paletten ist, um so zu ermitteln, wie viel Platz noch bleibt, z. B. für den Hubwagen.

Sie beginnt mit dem Vormonat. Im Lagerverwaltungsprogramm findet sie den Anfangsbestand Fermacell-Platten, nämlich 65 Paletten. Petra Meyer weiß aus Erfahrung, dass sie täglich fünf Paletten versandfertig machen muss. Bisher gab es auch keine größeren Schwankungen in der Nachfrage, sodass der Eiserne Bestand von zehn Paletten nicht angegriffen werden musste. Mit den Lieferanten sind gute Preise ausgehandelt worden, ein Mengenrabatt wurde gewährt. Die Lieferzeit beträgt vier Tage. Der Lieferant liefert regelmäßig 70 Paletten. Das ist die Bestellmenge, die laut Herrn Heuser die geringsten Kosten verursacht.

Unter Verwendung eines Koordinatensystems trägt sie auf der x-Achse die Tage ein. Aus Vereinfachungsgründen zählt sie die Tage unabhängig von Sonn- und Feiertagen durch. Auf der y-Achse trägt sie die Anzahl der Paletten ein. Dann hält sie fest, wann und wie viel angeliefert, wie viel ausgelagert wird und so fort, sodass alle Lagerbewegungen des Vormonats abgebildet werden. Sie betrachtet diese Grafik als Darstellung der Ist-Situation.

Inzwischen ist Herr Heuser dazugekommen und beobachtet aufmerksam ihr Tun.

Herr Heuser: „Frau Meyer, was machen Sie da? Wollten Sie nicht die beschädigte Platte austauschen?"

Petra Meyer: „Habe ich schon erledigt. Dabei kam mir die Idee, wie ich Sie davon überzeugen könnte, dass unser Lagerbestand bei den Fermacell-Platten zu hoch ist."

Herr Heuser: „Wieso sollte der zu hoch sein? Nur weil Sie nicht in der Lage sind, ordentlich mit dem Hubwagen umzugehen? Entschuldigung, das war nicht so gemeint."

Petra Meyer: „Herr Heuser, es ist wirklich zu voll im Lager, und zwar am Monatsanfang, zur Mitte und sogar zum Monatsende. Das kann einfach nicht sein. Daher kam ich auf die Idee, die Warenbewegungen durch eine Kurve zu veranschaulichen."

Herr Heuser: „Sie meinen, Sie wollen eine Lagerbewegungskurve zeichnen?"

Petra Meyer: „Genau. Ich habe aber ein paar Fragen."

Herr Heuser: „Sehr gute Idee. Was wollen Sie wissen?"

Petra Meyer: „Wir gehen von einem Eisernen Bestand von zehn Paletten aus. Kann der auch niedriger sein?"

Herr Heuser: „Könnte, macht aber keinen Sinn. An zwei Tagen im Monat müssen wir den Eisernen Bestand aufgrund starker Nachfrage angreifen. Damit wir weiterhin zufriedene Kunden haben, sollten wir den nicht reduzieren."

Petra Meyer: „Verstehe. Warum beträgt die Bestellmenge 70 Paletten?"

Herr Heuser: „Das habe ich mal ausgerechnet. Allerdings ergab sich die gleiche Kostenstruktur bei einer Bestellmenge von 45. Also darauf könnten wir umstellen, wenn es Ihnen sinnvoll erscheint."

Petra Meyer: „Das kann ich noch nicht sagen. Was ist mit der Lieferzeit?"

Herr Heuser: „Die sollten wir bei vier Tagen belassen, weil der Lieferant diesen Vorlauf braucht, um andere Artikel für uns mit anliefern zu können."

Petra Meyer: „Dann habe ich alle Daten. Ich gebe Ihnen nachher Bescheid."

Herr Heuser: „Denken Sie bei Ihren Bemühungen daran, dass das Ergebnis sich wirtschaftlich und/ oder logistisch niederschlagen sollte. Sonst können Sie sich die Zeit sparen."

Petra Meyer: „Was meinen Sie mit ‚logistisch'?"

Herr Heuser: „Die logistischen Prozesse im Lager sollten optimiert bzw. die Kosten verringert werden. Ihr Ergebnis sollte sich also für die Interlogistik GmbH positiv auswirken, um einen Sinn zu ergeben."

Petra Meyer: „Was verstehen Sie denn unter ‚Optimierung der logistischen Prozesse'?"

Herr Heuser: „Damit meine ich, dass sich etwa die Durchlaufzeiten verkürzen sollten oder im Lager mehr Platz für andere Artikel zur Verfügung steht."

Petra Meyer: „Herr Heuser, da sind wir uns einig. Ich will auch mehr Platz im Lager."

Nun versucht Petra die Lagerbewegungskurve zu optimieren, indem sie die Ausgangswerte ändert.

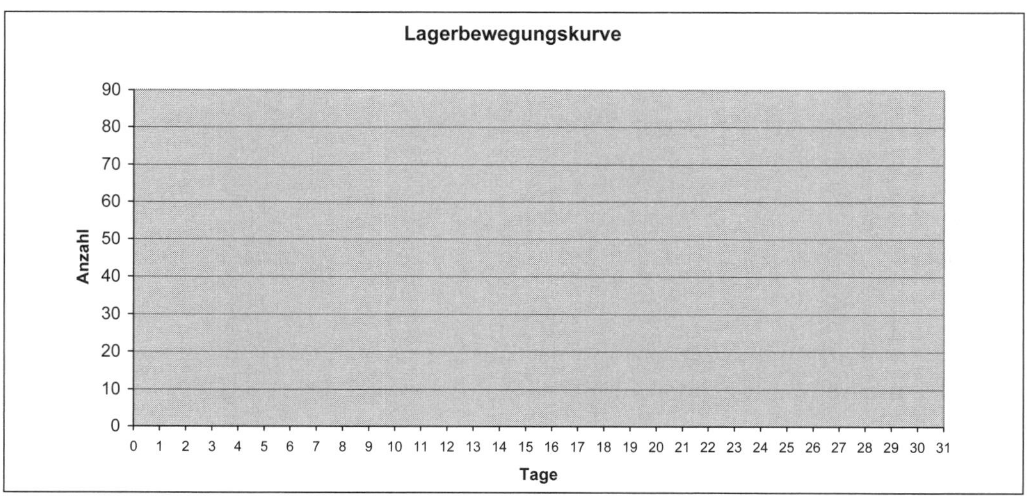

Arbeitsauftrag

Optimieren Sie den Bestand an Fermacell-Platten, sodass wieder mehr Platz im Lager ist. Dazu erledigen Sie folgende Arbeiten:

1. Fertigen Sie die Lagerbewegungskurve der alten Situation an (Ist-Situation).
2. Erstellen Sie die Lagerbewegungskurve der neuen Situation (Soll-Situation). Kennzeichnen Sie in dieser Grafik folgende Bestände: Höchstbestand, Meldebestand, Mindestbestand. Tragen Sie die Bestellzeitpunkte ein.
3. Vergleichen und bewerten Sie die Ergebnisse. Gehen Sie auch darauf ein, ob sich die durch die Soll-Situation möglichen wirtschaftlichen und/oder logistischen Verbesserungen ergeben.

Aufgabe 1

Bestimmen Sie die Zinsbelastung des gebundenen Kapitals in der Ist- und der Soll-Situation aus der Lernsituation, indem Sie die Lagerzinsen auf Monatsbasis berechnen. Mithilfe folgender Tabellen können Sie den durchschnittlichen Lagerbestand berechnen. Der Einkaufspreis einer Palette Fermacell-Gipsplatten liegt bei 221,00 €. Der bankübliche Zinssatz beträgt 6 %.

Ist-Situation				
Tag	Anfangsbestand	Zugang	Abgang	Ist-Bestand
0				
1				
2				
3				
4				
5				
6				
7				
8				
9				
10				
11				
12				
13				
14				
15				
16				
17				
18				
19				
20				
21				
22				
23				
24				
25				
26				
27				
28				
29				
30				

Soll-Situation				
Tag	Anfangsbestand	Zugang	Abgang	Ist-Bestand
0				
1				
2				
3				
4				
5				
6				
7				
8				
9				
10				
11				
12				
13				
14				
15				
16				
17				
18				
19				
20				
21				
22				
23				
24				
25				
26				
27				
28				
29				
30				

Aufgabe 2

Bei einem Artikel liegen der Interlogistik folgende Daten vor: Der Tagesverbrauch liegt bei 50 Stück. Die Lieferzeit für die Bestellmenge von 600 Stück liegt bei acht Tagen. Der Anfangsbestand liegt bei 800 Stück. Im Lager müssen immer mindestens 150 Stück als Notreserve vorrätig sein. Zeichnen Sie hierzu eine Lagerbewegungskurve, tragen Sie den Höchstbestand, den Meldebestand und den Eisernen Bestand ein und kennzeichnen Sie die Bestellzeitpunkte.

Hinweis

x-Achse: pro Kästchen ein Tag, y-Achse: pro Kästchen 50 Stück

Aufgabe 3

Bei einem weiteren Artikel liegt der Eiserne Bestand bei 545 Stück. Die Bestellmenge beträgt 2 950 Stück. Die Lieferzeit beträgt fünf Tage. Durchschnittlich liegt der Tagesabsatz bei 140 Stück.

a) Ermitteln Sie den Höchstbestand im Lager.

b) Berechnen Sie den Meldebestand.

Aufgabe 4

Stellen Sie fest, bei welcher Menge das Lager die Einkaufsabteilung über die Beschaffung neuer Waren informieren muss, wenn folgende Größen gegeben sind:

Anfangsbestand:	850 Stück	Täglicher Verbrauch:	100 Stück
Lieferzeit:	3 Tage	Mindestbestand:	200 Stück

Aufgabe 5

Petra Meyer bekommt im Lager einen Telefonanruf vom Stammkunden Herrn Klotz. Aufgrund einer Sonderverkaufsaktion braucht er dringend 800 Fermacell-Platten. Nach einem kurzen Blick auf den entsprechenden Lagerplatz sieht sie, dass noch 1 200 Platten vorrätig sind. Sie sichert Herrn Klotz die Lieferung der Paletten für übermorgen zu. Für solche dringenden Fälle kann Petra Meyer selbstständig am PC die Kommissionierbelege erstellen. Doch sie kann die Abbuchung nicht eingeben, da der PC einen Warnhinweis gibt: *Abbuchung nicht möglich, verfügbarer Bestand wird unterschritten.* Das kann doch nicht sein, denkt sie. Ich habe doch gerade noch 1 200 Stück gezählt. Als sie sich im PC die Details zu den Fermacell-Platten anschaut, bekommt sie folgende Informationen: offene Bestellungen 500, Reservierung für den Kunden Hoffmann 320, für den Kunden Hillinger 680. Rückstände an den Kunden Richter 400.

a) Ermitteln Sie den verfügbaren Bestand.

b) Machen Sie Vorschläge, wie Petra Meyer sich gegenüber dem Kunden Herrn Klotz nun verhalten könnte.

Aufgabe 6

Ermitteln Sie aus der Lagerbestandsdatei der Firma Meier & Co. den durchschnittlichen Lagerbestand für Faxgeräte auf der Basis von

a) Jahresanfangsbestand und Jahresendbestand (Jahresinventur),

b) den Monatsbeständen (Monatsinventur).

Lagerbestände

Datum	Bestand	Datum	Bestand
Anfangsbestand	36	31.07.	62
31.01.	59	31.08.	56
28.02.	42	30.09.	30
31.03.	56	31.10.	47
30.04.	39	30.11.	34
31.05.	47	31.12.	42
30.06.	35		

Aufgabe 7

Herr Heuser sorgt sich um die Lieferfähigkeit beim Artikel Bosch-Schlagbohrmaschinen. Die Belegschaft der Firma Bosch streikt in den nächsten vierzehn Tagen. Die offenen Bestellungen von 420 Stück sind bereits per Spedition unterwegs zum Lager der Interlogistik GmbH. Der derzeitige Lagerbestand liegt bei 1 250 Stück. Im Durchschnitt werden bei der Interlogistik GmbH 150 Schlagbohrmaschinen kommissioniert. Stellen Sie fest, ob die Interlogistik GmbH in der Lage ist, ihre Kunden in den nächsten zehn Werktagen zu beliefern.

Aufgabe 8

Herr Heuser teilt Petra Meyer mit, dass sich die Lieferzeit für die Schlagbohrmaschinen um drei Tage verkürzt. Weiterhin sollen das Sortiment erweitert und die Menge der einzulagernden Waren erhöht werden. Des Weiteren gibt Herr Heuser Petra diese Informationen:

- Zum Verkaufsbeginn gibt es einen Anfangsbestand von 140 Stück.
- Die Lieferzeit beträgt normalerweise sechs Tage.
- Der Höchstbestand liegt bei 200 Stück.
- Elf Tage nach Verkaufsbeginn ist der Mindestbestand (Eiserner Bestand) von 30 Stück erreicht.
- Der Verbrauch erfolgt gleichbleibend.

a) Kennzeichnen Sie die bereits vorgegebenen vier Kästchen in der folgenden Grafik mit den entsprechenden Fachbegriffen.

b) Ermitteln Sie den Meldebestand vor der Verkürzung der Lieferzeit, indem Sie den Verbrauch und die Lieferzeit in die abgebildete Grafik eintragen und entsprechend beschriften.

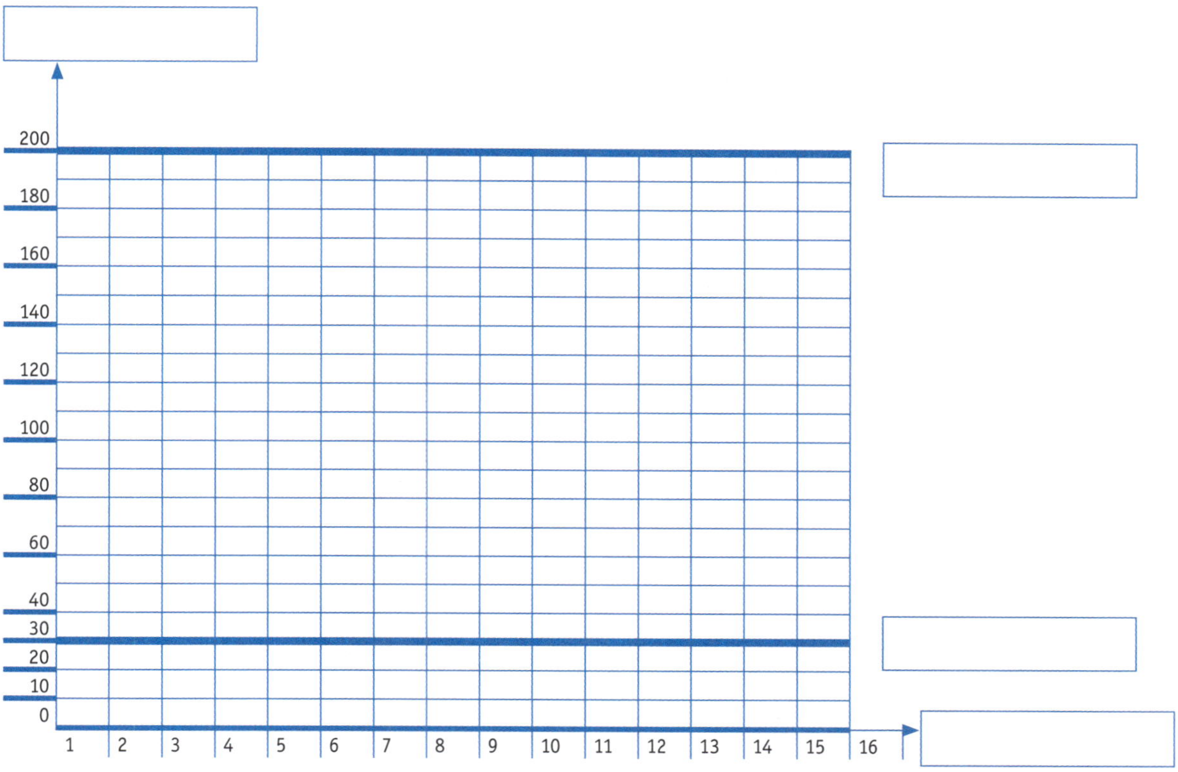

c) Stellen Sie fest, wie viel Stück beim ermittelten Meldebestand maximal bestellt werden dürfen, um den Höchstbestand bei Lieferung nicht zu überschreiten.

d) Die Lieferzeit reduziert sich nunmehr um den in der Ausgangssituation genannten Zeitraum. Ermitteln Sie rechnerisch den neuen Meldebestand.

e) Die Sortimentserweiterung der Interlogistik GmbH führt zu größeren Lagerbeständen. Geben Sie drei negative Folgen an, die sich daraus für die Interlogistik GmbH ergeben könnten.

Aufgabe 9

Von einer Ware sind am 30.09. 130 Stück im Lager vorhanden. Im Monat September waren nacheinander 35 Stück, 25 Stück, 19 Stück und 28 Stück verkauft und außerdem sieben Stück wegen Verderbs vernichtet worden. Im gleichen Monat war eine Lieferung von zwölf Kartons zu je zwölf Stück eingegangen. Bestimmen Sie den Lagerbestand am 1. September des Jahres.

Aufgabe 10

In Verhandlungen mit den Einkäufern der Interlogistik GmbH berichtet der Lieferant, er werde demnächst infolge einiger Umstellungen schneller liefern können.

a) Nennen Sie Faktoren, welche die Länge der Lieferzeit vom Lieferanten zur Interlogistik GmbH beeinflussen.

b) Schlagen Sie Maßnahmen vor, die es dem Lieferanten ermöglichen könnten, die Lieferzeit der Fermacell-Gipsplatten auf zwei Tage zu reduzieren.

Aufgabe 11

Der Mindestbestand einer Ware beträgt 256 Stück. 64 Stück werden täglich durchschnittlich verkauft, die Lieferzeit beträgt 15 Verkaufstage. Ermitteln Sie den Meldebestand.

Aufgabe 12

Der Meldebestand eines Artikels beträgt 350 Stück. Der Einzelhändler verkauft von dieser Ware täglich im Durchschnitt 25 Stück. Die Lieferzeit beträgt zwei Wochen (eine Woche = sechs Verkaufstage). Berechnen Sie den Mindestbestand für diesen Artikel.

5 Inventurarbeiten durchführen

In der Abteilung Elektrotechnik werden überwiegend Handwerkermaschinen geführt. Besonders groß ist das Sortiment noch nicht, aber alles sind gute Markenartikel. Heute, am 31. Dezember 20.., ist in der Interlogistik GmbH Inventur. Herr Alefs und Petra Meyer machen das gemeinsam. Herr Alefs steht vor den Fächern mit den Maschinen, während Petra nach den Angaben von Herr Alefs einen vorbereiteten Bogen ausfüllt.

Herr Alefs: „Hanseat-Stichsäge, 10, 11, 12 Stück, 1 bis 3 Monate alt; Hanseat-Stichsäge, 6 Stück, 3 bis 6 Monate alt; Hanseat-Stichsäge, 3 Stück, 6 bis 12 Monate; Hanseat-Stichsäge, 2 Stück, 12 bis 24 Monate alt. Durch das Vorsortieren läuft die Inventur recht flott. Nun müssen wir nur noch die Bestände im Reservelager aufnehmen. Das müsste ja schnell gehen, also los."

Im Reservelager angekommen:

Herr Alefs: „Bosch-Schlagbohrmaschine, 12 Stück, ganz neu hereingekommen, also bis 1 Monat alt ... Was ist das denn?"

Petra Meyer: „Die Hanseat-Stichsäge ist gestern oben aus dem Regal gefallen. Frau Ebel meint, dass man sie nach der Reparatur vielleicht noch zum halben Preis verkaufen kann."

Herr Alefs: „Hanseat-Stichsäge, 1 Stück, 3 bis 6 Monate alt, stark beschädigt."

Petra Meyer: „Müssen wir nicht den halben Preis ansetzen?"

Herr Alefs: „Wir sollen die Waren zu den Preisen laut Sortimentsliste erfassen. Auf dem Etikett steht 119,00 €. Und dieser Bohr-/Meißelhammer lag gestern noch nicht hier."

Petra Meyer: „Den Bohr-/Meißelhammer hat ein Kunde gekauft und bereits angezahlt."

Herr Alefs: „Also: Bohr-/Meißelhammer, 1 Stück ..."

Petra Meyer: „Moment, der Bohr-/Meißelhammer ist doch verkauft!"

Herr Alefs: „Aber er ist noch hier, und wir erfassen alles, was im Geschäft ist. 299,00 €, bis zu 1 Monat ..."

Petra Meyer: „Wir können doch nur festhalten, was zum Geschäft gehört. Soll ich etwa auch die fünf Kreissägen dort aufschreiben, die wir an den Lieferanten zurückschicken, weil wir sie nicht bestellt haben, oder diese Bosch-Schlagbohrmaschine, die wir für einen Kunden reparieren lassen?"

Herr Alefs: „Sie machen das reichlich kompliziert, Frau Meyer. Heute ist Silvester."

Petra Meyer: „Und Sie machen es sich zu einfach. Heute Morgen hat Frau Ebel einem Kunden eine Stichsäge für eine Woche überlassen, damit er sie ausprobieren kann. Gehört diese Stichsäge denn in meinen Inventurbogen oder nicht?"

	A	B	C	D	E	F	G	H	I	J	K	L
1	Inventur-Liste											
2	Warengruppe:										Blatt-Nr.	*14*
3	Warenaufnahme							Bewertung				
4–6	Nr.	Warenbezeichnung	Artikel-nummer	Stück	Verkaufs-preis €/Stück	Einkaufs-preis €/Stück	Alter (Monate)	Zustand der Ware	Gesamt-Verkaufs-preis €	Gesamt-Einkaufs-preis €	Teilwert-Abschlag %	Wertansatz für die Inventur €
7	*341*	*Variotec-Kreisssäge*		*2*	*499,00€*		*6-12*					
8												
9												
10												
11												
12												
13												
14												
15												
16												
17												
18												
19												
20	Summe											
21	angesagt					geschrieben					geprüft	

Arbeitsauftrag

Führen Sie die Inventurliste weiter. Übernehmen Sie die erforderlichen Angaben aus dem Gespräch, damit man die Liste im Büro ordnungsgemäß fortführen kann. Beachten Sie dabei:

1. Tragen Sie diejenigen Artikel in den Bogen ein, die tatsächlich bei der Inventur erfasst werden müssen (Spalten 1–7).
2. Führen Sie die Inventurliste fort, indem Sie die Preise aus der Sortimentsliste übernehmen (Spalten 8–10).
3. Bewerten Sie beschädigte oder veraltete Waren so, dass sie mit ihrem tatsächlichen Wert erfasst werden (Spalten 11 und 12).
4. Von den Hanseat-Stichsägen, die 1 bis 3 Monate alt sind, müssten laut Artikeldatei 14 Stück vorhanden sein (Sollbestand). Entscheiden Sie, mit welcher Stückzahl der Bestand in das Inventurblatt aufgenommen wird (Soll- oder Ist-Wert).

Hinweise

- Eine Zusatzinformation zur ausgeliehenen Hanseat-Stichsäge: 1 Stück, 3 bis 6 Monate alt.
- Die Geschäftsleitung der Interlogistik GmbH hat sich mit dem Finanzamt geeinigt, dass Waren im Alter zwischen
  - 6 und 12 Monaten um 5 %,
  - 12 und 24 Monaten um 10 %

  im Wert vermindert werden können (Teilwertabschläge).

  Die beschädigte Hanseat-Stichsäge wird mit 50 % ihres Einkaufswertes angesetzt.

Aufgabe 1

Im oben stehenden Fall wurde eine Differenz zwischen dem Soll- und dem Istbestand an Hanseat-Stichsägen festgestellt. Entscheiden Sie, welche der nachfolgenden Ereignisse diese Inventurdifferenz verursacht haben könnten.

1. Kundendiebstahl
2. Personaldiebstahl
3. Falsche Erfassung der Hanseat-Stichsägen beim Wareneingang
4. Die Vernichtung von zwei wegen Beschädigung unverkäuflicher Hanseat-Stichsägen wurde nicht in der Artikeldatei vermerkt.
5. Zählfehler bei der Inventur

Aufgabe 2

Ergänzen Sie folgende Sätze zur Inventur:

Feststellung des tatsächlichen Bestands an ______________ und ______________ durch

- ______________________________
- ______________________________
- ______________________________

______________________ Bestandsaufnahme

Forderungen, Verbindlichkeiten und Bankguthaben werden ______________________ erfasst.

Die Erfassung der Bestände muss zu ______________________________________ erfolgen.

Aufgabe 3

Bestimmen Sie, welche Ereignisse Teilwertabschläge beim Warenbestand rechtfertigen.

1. Lange Lagerdauer
2. Modewechsel
3. Technische Überholung

4. Sinkende Verkaufspreise von Waren
5. Beschädigungen
6. Steigende Einkaufspreise gleichartiger Produkte

Aufgabe 4

In Ihrem Ausbildungsbetrieb steht die Jahresinventur bevor. Der Inventurtermin ist von der Geschäftsleitung für den 15.02. festgelegt worden, obwohl das Geschäftsjahr am 01.01. eines jeden Jahres beginnt und am 31.12. endet.

a) Bestimmen Sie, um welche Inventurart es sich in diesem Fall handelt und beschreiben Sie diese.

b) Ermitteln Sie den Inventurbestand zum 31.12.
Inventur am 30.09.

Bestand am 30.09.:	190 000,00 €
Einkäufe bis Ende Dez.:	320 000,00 €
Verkäufe bis Ende Dez.:	180 000,00 €

c) Bestimmen Sie den Inventurbestand zum 31.12., Inventur am 28.02.

Bestand am 28.02.:	180 000,00 €
Einkäufe bis Ende Feb.:	390 000,00 €
Verkäufe bis Ende Feb.:	220 000,00 €

Aufgabe 5

Nach § 241 HGB erlaubt der Gesetzgeber, „den Bestand der Vermögensgegenstände nach Art, Menge und Wert auch mithilfe anerkannter mathematisch-statistischer Methoden" zu ermitteln.

a) Erklären Sie, welche Inventurart der Gesetzgeber damit meint.

b) Nennen Sie die drei Voraussetzungen, die den Einsatz dieser Inventurart rechtfertigen.

c) Beschreiben Sie die Vorteile, die sich durch Anwendung dieser Inventur insbesondere in Großunternehmen ergeben.

d) Bestimmen Sie den Bestand an Schrauben: Gesamtgewicht: 125,8 kg; Stichprobe: 10 Schrauben wiegen 52 g.

Aufgabe 6

Üblich ist es, dass Betriebe zum Ende des Geschäftsjahres, meistens zum 31. Dezember, den Bestand ihrer Waren ermitteln. Beschreiben Sie in einem zusammenhängenden Text den Ablauf dieser Inventurart. Gehen Sie dabei auch auf die Begriffe Anschaffungs- bzw. Herstellungskosten und Niederstwertprinzip ein.

Aufgabe 7

Bei dieser Inventurart wird die körperliche Bestandsaufnahme auf das Geschäftsjahr verteilt, sodass jeder Artikel mindestens einmal gezählt wird.

a) Erklären Sie diese Inventurart.

b) Petra Meyer ist der Meinung, dass man nach dieser Art der Inventur nicht zusätzlich noch einmal im Jahr eine körperliche Inventur machen muss. Prüfen Sie dazu die Rechtslage.

c) Erklären Sie Vorteile dieser Inventurart.

Aufgabe 8

Nehmen Sie kritisch Stellung zu den folgenden Kommentaren von Frau Meyer.

Kommentar 1: „Kaufleute, die weniger als sechs Mitarbeiter haben, brauchen nur alle drei Jahre eine Inventur durchzuführen, da der Aufwand für die Bestandsaufnahme für kleinere Firmen viel zu hoch ist."

Kommentar 2: „Eine Differenz zwischen Soll- und Ist-Beständen kommt bei uns nicht vor, da wir alle Fachkräfte sind und unser Handwerk verstehen."

Kommentar 3: „Eisdielen sollten die Inventur im Sommer durchführen, da dann genügend Personal zur Verfügung steht".

Kommentar 4: „Bei der Ermittlung des Inventurwertes wird immer der Verkaufspreis inkl. der USt. angesetzt."

Aufgabe 9

In den zwei Beispielen handelt es sich um eine zeitnahe Inventur. Berechnen Sie die Bestände zum 31.12.20..

Bestand am 22.12.20..		56 000 €
Entnahme	27. Dez.	2 000 €
Zugang	27. Dez.	5 000 €
Entnahme	27. Dez.	6 000 €
Zugang	28. Dez.	12 000 €
Zugang	29. Dez.	800 €
Zugang	30. Dez.	15 000 €
Entnahme	31. Dez.	9 900 €
Bestand am 31.12.20..		

Bestand am 09.01.20..		56 000 €
Entnahme	2. Jan.	2 000 €
Zugang	2. Jan.	5 000 €
Entnahme	2. Jan.	6 000 €
Zugang	3. Jan.	12 000 €
Zugang	4. Jan.	800 €
Zugang	5. Jan.	15 000 €
Entnahme	6. Jan.	9 900 €
Bestand am 31.12.20..		

Aufgabe 10

Der Artikel Hanseat-Stichsäge wurde eingelagert. Versehentlich wurde die Einlagerung zweimal gebucht. Kreuzen Sie an, welche Folgen dies für die Interlogistik GmbH hat.

1. Der Sollbestand ist höher als der Istbestand, so kommt es evt. zu Lieferengpässen.
2. Der Istbestand ist höher als der Sollbestand, daher muss nachbestellt werden.
3. Der Istbestand ist niedriger als der Sollbestand, daher muss nachbestellt werden.
4. Der Sollbestand ist höher als der Istbestand. Liegen Bestandsdifferenzen vor, müssen diese folglich nicht mehr ausgeglichen werden.
5. Der Istbestand ist höher als der Sollbestand. Liegen Bestandsdifferenzen vor, müssen diese nicht ausgeglichen werden.

Aufgabe 11

Petra Meyer ist beauftragt worden, die Inventur zum Jahresende durchzuführen. Sie fertigt sich einen Arbeitsplan an. Als Erstes stimmt sie mit der Verwaltung einen genauen Termin ab. Bringen Sie nun die weiteren Arbeitsschritte in die richtige Reihenfolge.

	Inventurdifferenzen feststellen
	Istwerte mit den Sollwerten vergleichen
	Inventurdifferenzen müssen ausgebucht werden
	Artikellisten für die Inventur ausdrucken
	Termin mit der Verwaltung abstimmen
	Weitere Mitarbeiter für die Inventur suchen
	Inventurabschluss Herrn Heuser melden
	Nachzählung bei den Artikeln veranlassen, die Bestandsdifferenzen aufweisen

Lernfeld 4: Güter im Betrieb transportieren

1 Den Materialfluss im Lager optimieren

Es ist Montag früh. Alle Lagermitarbeiter treffen sich mit Herrn Alefs, dem Lagermeister, und Herrn Heuser, dem Leiter der Abteilung Lager und Versand der Interlogistik GmbH, zur wöchentlichen Besprechung.

Herr Alefs: „Diese Woche müssen Sie sich besonders auf die Kommissionierung des Handwerkersets konzentrieren, Frau Meyer. Die Bestellungen sind fast um ein Viertel höher als vergangene Woche."

Petra Meyer: „Das ist unmöglich. Ich habe es letzte Woche gerade so geschafft, alles rechtzeitig zu kommissionieren."

Herr Alefs: „Frau Meyer, es muss! Ich habe Ihnen erst letzte Woche gesagt, die Geschäftsleitung wünscht keine Verzögerung bei der Auslieferung der Handwerkersets. Wir sind gerade erst in den Onlinehandel mit den Handwerkersets eingestiegen und die wachsenden Verkaufszahlen zeigen, dass wir damit auf dem richtigen Weg sind. Also müssen wir auch ausliefern."

Herr Ökta: „Frau Meyer hat vollkommen recht. Das ist nicht zu schaffen. Ich soll ihr immer neue Kartons beschaffen, in denen sie die Sets kommissionieren kann, und die vollen für den Kurier bereitstellen. Aber ich schaffe es nicht, ihr rechtzeitig die Leerkartons zu liefern und die vollen abzuholen. Ich muss ja auch noch die anderen Lkw be- und entladen. Teilen kann ich mich schließlich auch nicht."

Frau Paulis: „Mir geht es genauso. Ich soll ihr die Schrauben und Kneifzangen bereitstellen. Aber ich muss immer auf Klaus warten, bis er mit den Kabelbindern und mit der Verdünnung fertig ist."

Klaus: „Ich kann auch nichts dafür, dass für uns beide kein Platz im Gang ist. Und ich nun mal länger brauche, bis ich an die Kartons mit den Kabelbindern komme. Alle vier Sorten stehen auf einer Palette. Außerdem bin ich noch für die Suchmeldungen verantwortlich. Und in letzter Zeit habe ich immer öfter nach vermissten Sendungen suchen müssen."

Herr Alefs: „Ja, die Zahl der verlorengegangenen Sendungen ist rapide angestiegen. Und noch was: Der Kurier hat sich beschwert, dass er immer so lange an der Rampe steht und es deshalb nicht schafft, die Handwerkersets pünktlich auszuliefern."

Herr Ökta: „Ich sag' doch, ich kann mich nicht teilen. Zügig fahren kann ich hier nicht, weil ich dauernd aufpassen muss, dass ich mit dem Stapler nichts beschädige. Und fast jeder freie Platz steht voll, sodass ich die Kartons immer wieder umpacken muss."

Herr Heuser: „Alles, was ich eben gehört habe, bestätigt nur meinen Verdacht. Sie behindern sich gegenseitig bei der Arbeit und stören den Materialfluss insgesamt. Dann wundert mich auch die hohe Verlust- und Schadensquote nicht mehr! Ich habe eine Skizze angefertigt, auf der ich die verschiedenen Lagerplätze für alle Artikel des Handwerkersets sowie die Bereiche für den Warenein- und -ausgang und die Kommissionierzone eingetragen habe. Was fällt Ihnen auf?"

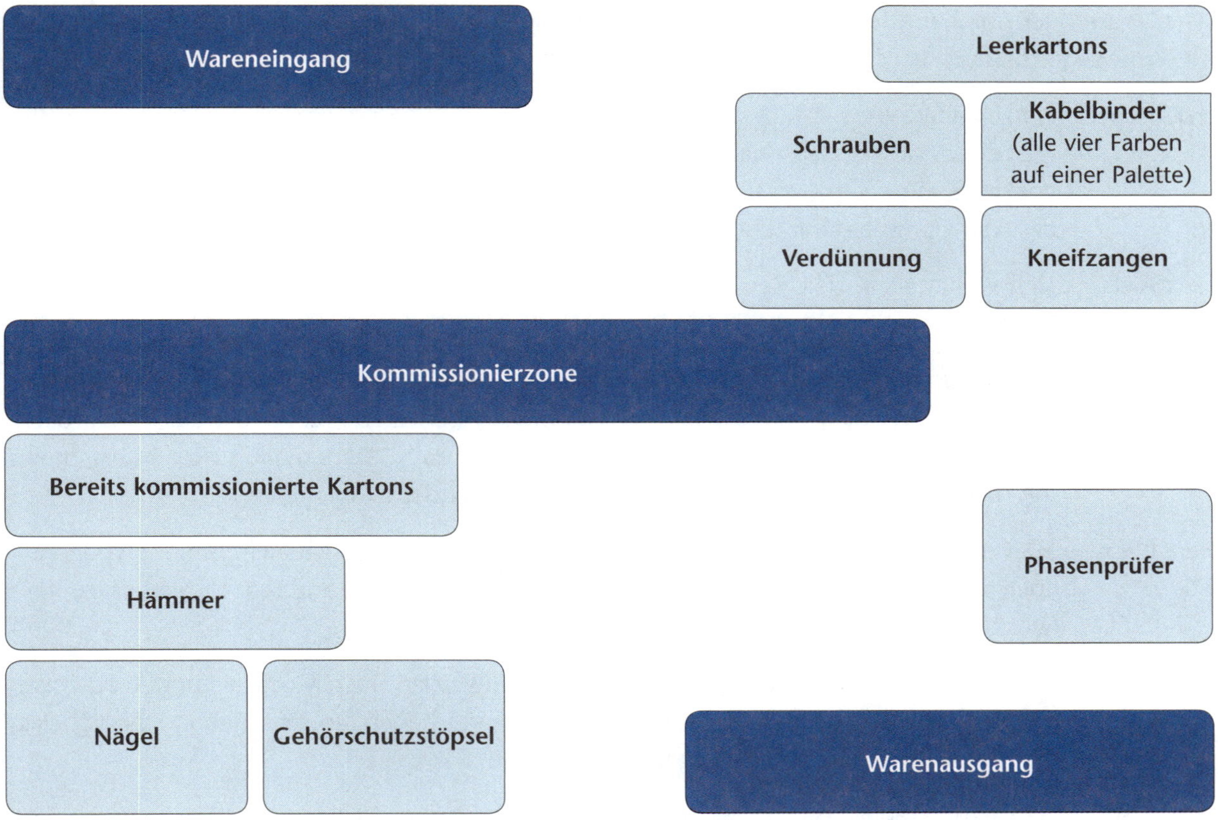

Arbeitsauftrag

Verbessern Sie den Materialfluss im Lager der Interlogistik GmbH. Erledigen Sie dazu:

1. Beschreiben Sie, was Ihnen bei der Lageranordnung der Interlogistik GmbH auffällt.
2. Erläutern Sie das Problem, mit dem die Interlogistik zu kämpfen hat.
3. Machen Sie Verbesserungsvorschläge für die Interlogistik, indem Sie eine Lagerskizze z. B. auf einem Wandplakat anfertigen und die einzelnen Lagerpositionen neu anordnen. Begründen Sie Ihr Vorgehen.

Aufgabe 1

Herr Alefs ist skeptisch, ob die vorgenommene Neugestaltung des Materialflusses der Interlogistik GmbH Vorteile bringt. Erläutern Sie ihm, welche Vorteile mit der Neugestaltung verbunden sind.

Aufgabe 2

a) Erklären Sie, wie Sie bei der Neugestaltung bzw. Optimierung des Materialflusses vorgegangen sind.

b) Vergleichen Sie Ihre Vorgehensweise mit der „idealtypischen" Vorgehensweise (Fachbuch) und erläutern Sie die Abweichungen.

Aufgabe 3

a) Beschreiben Sie den Materialfluss in Ihrem Betrieb, indem Sie die einzelnen Stationen und ihre Funktion erläutern.

b) Vergleichen Sie Ihre Notizen mit denen Ihres Nachbarn und beschreiben Sie die Unterschiede im Lageraufbau.

c) Nennen Sie die Vorteile, die mit dem jeweiligen Lageraufbau verbunden sind.

Aufgabe 4

Beschreiben und erläutern Sie, von welchen Faktoren die Gestaltung des Materialflusses abhängt.

2 Eine Onlinebestellung in den betrieblichen Informationsfluss integrieren

Herr Heuser, der Abteilungsleiter Lager und Versand der Interlogistik GmbH, kommt wutentbrannt ins Büro des Lagermeisters Siegfried Alefs.

Herr Heuser: „Jetzt haben wir seit knapp einem Monat eine Online-Bestellmöglichkeit für das Handwerkerset und alles läuft bestens. Ich bin gerade eine Stunde im Büro und mich ruft schon der dritte Kunde an, um sich zu beschweren, dass sein Set nicht geliefert worden ist oder dass der Hammer fehlt, dafür aber mehr Schrauben drin sind als auf dem Etikett stehen."

Herr Alefs: „Ich wollte auch gleich zu Ihnen kommen, um von den Problemen der letzten Tage zu berichten."

Herr Heuser: „Der letzten Tage? Das geht schon länger so? Warum sind Sie nicht sofort gekommen? Wir dürfen uns keine Fehler erlauben, wenn wir im Onlinehandel erfolgreich sein wollen. Endlich läuft der Materialfluss reibungslos und jetzt das ... Warum läuft Herr Peters immer mit dem Handhubwagen herum und benutzt nicht den Stapler?"

Herr Alefs: „Der Stapler ist kaputt und ich habe gestern den ganzen Tag versucht, ihn zu reparieren, aber ohne Erfolg. Ich muss jetzt erst mal den Kundendienst anrufen. Es bleiben zu viele Sendungen stehen."

Herr Heuser: „Muss ich mich jetzt auf noch mehr Kundenbeschwerden einstellen? Die Kunden beschweren sich, seit wir mit dem Onlinehandel begonnen haben, sowieso schon ständig, dass die Lieferzeit zu lang ist. Was ist nun mit den Sets?"

Herr Alefs: „Ja ... Also Frau Meyer, die für die Sets verantwortlich ist, ist die ganze Woche krank, und wir haben es nur nebenher geschafft, die Sets zu kommissionieren."

Herr Heuser: „Das erklärt, dass nicht alle angekommen sind, aber nicht, warum der Hammer fehlt und warum zu viele Schrauben drin sind."

Herr Alefs: „Bei den Hämmern hatte der Lieferant Lieferschwierigkeiten und wir hatten nicht mehr genügend vorrätig. Ja, und die Schrauben ... Die Kommissionierwaage ist irgendwie weg und ... die andere ist kaputt. Dann haben wir immer so nach Gefühl eine Handvoll genommen ..."

Herr Heuser: „So, Herr Alefs, jetzt sehen Sie mal zu, dass Sie das Chaos hier im Lager bis heute Mittag in den Griff bekommen! Und heute Nachmittag erwarte ich Sie in meinem Büro, um mit Ihnen ein neues Konzept für einen reibungslosen Informationsfluss und eine schnellere Auftragsabwicklung zu entwickeln."

Arbeitsauftrag

Optimieren Sie den Informationsfluss bei den Onlinebestellungen.

1. Erstellen Sie dazu eine Liste in Tabellenform, in der Sie auf der linken Seite die Probleme des Informationsflusses notieren, die im Gespräch angesprochen wurden. Auf der rechten Seite notieren Sie zu dem entsprechenden Problem Lösungsvorschläge, die diese Engpässe beheben können.
2. Beschreiben Sie zunächst die einzelnen Stationen des Informationsflusses, indem Sie mit der Onlinebestellung des Kunden anfangen und mit der Rechnung für den Kunden aufhören.
3. Erläutern Sie dann an einem Beispiel, was Herr Heuser meint, wenn er von einem „reibungslosen Informationsfluss" spricht.

Definition Informationsfluss

Unter Informationsfluss versteht man den Weg mündlicher oder schriftlicher Daten zu dem oder den Empfänger/n. Er begleitet den Materialfluss, folgt diesem oder geht diesem voran. Hierbei ist zu beachten, dass die Empfänger die Information zeitgerecht erhalten. Bei Störungen im Informationsfluss kann es zu Fehlentscheidungen und Missverständnissen kommen. Besonders folgenreich ist es, wenn die Information eine Person erreicht, die für die Weiterleitung verantwortlich ist, dies jedoch nicht oder nicht rechtzeitig tut. Dadurch kann der komplette Materialfluss zum Erliegen kommen.

Beispiel:
Ein Mitarbeiter kann nicht kommissionieren, weil die Kommissionierbelege nicht an ihn weitergeleitet wurden.

Aufgabe 1

In der Praxis wird zwischen dem außerbetrieblichen und innerbetrieblichen Materialfluss unterschieden. Unterscheiden Sie die beiden Materialflussarten und machen Sie Ihre Ausführungen am Modellunternehmen der Interlogistik GmbH deutlich.

Aufgabe 2

Erläutern Sie, warum ein optimaler Informationsfluss so wichtig ist.

Aufgabe 3

Erklären Sie mit eigenen Worten den Zusammenhang von Material- und Informationsfluss gemäß folgender Skizze.

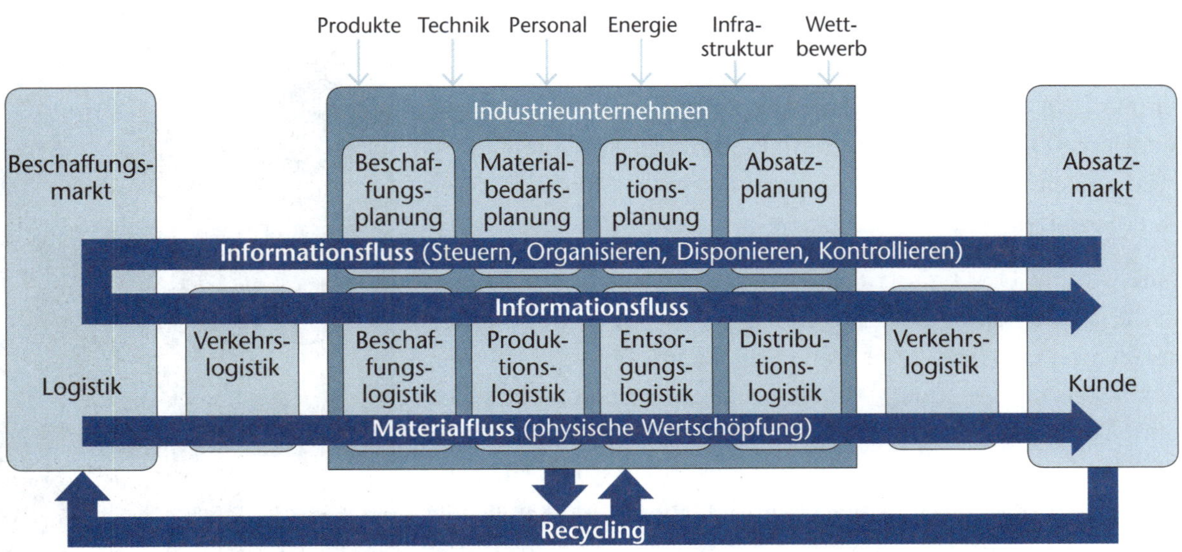

3 Die richtigen Fördermittel aussuchen

Petra Meyer ist am Ende. Heute hat sie drei 40-Fuß-Überseecontainer ausgeladen. Als die drei Lkw da standen, dachte sie noch, das ist ja schnell gemacht. Die Maße der Container kannte sie aus dem Berufsschulunterricht, denn dort musste sie schon einmal ausrechnen, wie viele Paletten in einen Container passen. In Erinnerung hatte sie einen Wert von 24 Paletten pro Container. Und 24 Paletten lassen sich mit dem Stapler einfach so rausziehen.

Sie wies dem ersten Lkw-Fahrer eine der beiden vorhandenen Rampen zu. Doch Herr Heuser sagte, dass die Rampen in den nächsten Stunden belegt wären, weil der Versand Vorrang hat. Petra sollte die Kisten auf Paletten bündeln und im Freilager zwischenlagern. Und wenn der Versand fertig wäre, könnten die Paletten mit dem Stapler auf die Rampe gestellt und dann mit dem Hubwagen weitertransportiert werden.

Ihr wurde es ganz mulmig. Was meinte Herr Heuser denn, als er ihr auftrug, die Paletten zu packen? „Stehen die Artikel denn nicht auf Paletten?“, überlegte sie. Erst mal dirigierte Petra die Lkw-Fahrer auf den Hof, wo sie die Container abstellen, damit keine Wartezeiten anfielen.

MOD. BOX 40"		
Maßangabe in	**Zoll**	**Meter**
Länge intern	39'5"	12,01
Breite intern	7'8"	2,33
Höhe intern	7'10"	2,38
Türbreite	7'8"	2,33
Türhöhe	7'6"	2,28
Länge extern	**Breite extern**	**Höhe extern**
1 219,80 cm	243,00 cm	238,00 cm
Kapazität	2,390 ft	67,67 m³
Tara	8,160 lb	3,701 kg
Maximale Last	59,040 lb	26,780 kg

Als Nächstes organisierte sie sich eine Leiter. Als sie dann die Tür des ersten Containers öffnete, um an den Griff heranzukommen, verschwand ihr Optimismus schlagartig: Der Container war bis zur Decke mit Kartons unterschiedlichster Größen vollgepackt. „Das kann ja heiter werden“, dachte sie. Gut, dass der Praktikant Frank (17 Jahre) da war. Allein würde sie das nie schaffen. Aus dem Büro hatte sie die Information, dass es sich um acht verschiedene Artikel bzw. Kartongrößen handelte. Unter anderem sollten sich in den Kisten Kabelbinder, Hämmer, Nägel usw. befinden, die für die Komplettierung der Handwerkersets gebraucht wurden. Die Kisten sollten zwischen 3 und 15 kg wiegen und höchstens 80 x 40 x 50 cm messen. Sie beschloss, die Kartons sofort artikelrein auf Paletten zu stapeln, selbst wenn das Stunden dauern würde.

Frank war mit Eifer bei der Sache. Endlich konnte er mal zeigen, dass er schnell und zuverlässig arbeiten kann. Er hob die Kisten ruckartig an und richtet sich dann schnell auf. Teilweise nahm er zwei Kisten übereinander, wodurch er nicht mehr so gut sehen konnte und deshalb die Kisten seitlich vom Körper hielt. Innerhalb des Containers verzichtete er angesichts der kurzen Wege auf ein Transportmittel. In der ersten halben Stunde kamen die beiden mit der Arbeit gut voran, aber dann schmerzte Franks

Rücken und am Oberschenkel hatte er einen blauen Flecken, weil er zweimal mit den Kisten hingefallen war. Als die Arbeit nach fünf Stunden endlich beendet war, konnten sich beide kaum noch bewegen. Petra beschloss, beim nächsten Mal erst einen „Schlachtplan" zu erstellen, damit sie es sich nicht schwerer macht als nötig.

Arbeitsauftrag

Erstellen Sie einen möglichen „Schlachtplan" für die Entladung des Containers. Gehen Sie wie folgt vor:

1. Beschreiben Sie anhand der verwendeten Arbeits- und Fördermittel einen möglichen Ablauf, um die Entladung zu vereinfachen. Beachten Sie dabei alle Arbeitsschritte vom Entladen des Containers bis zum Abstellen der Palette im Lager.
2. Gehen Sie davon aus, dass die oben genannten Arbeiten täglich ausgeführt werden müssen. Machen Sie Vorschläge für innerbetriebliche Fördermittel, die den Ablauf vereinfachen. Entscheiden Sie sich dann für ein zusätzliches Fördermittel und füllen Sie dazu den unten stehenden Anforderungsschein aus.
3. Nennen Sie Gründe, warum die Ware im Container meist nicht auf Paletten gepackt ist. Überprüfen Sie auch, ob Petra mit ihrer Vermutung recht hat, dass 24 Paletten in den Container passen.
4. Informieren Sie Frank über das richtige Heben und Tragen. Erstellen Sie dazu eine betriebliche Anweisung für alle Mitarbeiter.

Formular zum Arbeitsauftrag, Punkt 2

INTER LOGISTIK

Interlogistik GmbH

Anforderungsschein

Abt.: ____________________ Besteller: ____________________

Stück	Bezeichnung	Preis

	Begründung	

____________________ ____________________

Datum Unterschrift

Aufgabe 1
Überprüfen Sie, ob Frank in seinem Alter diese Tätigkeiten laut Empfehlung des Bundesministeriums für Arbeit und Soziales ausüben sollte.

Aufgabe 2
Petra Meyer überlegt sich, ob es sinnvoll wäre, einen Elektro-Deichsel-Gabelhubwagen im Container einzusetzen, um die Kisten zu transportieren. Erklären Sie die Besonderheiten des Elektro-Deichsel-Gabelhubwagens und prüfen Sie dessen Tauglichkeit für den Einsatz in einem Container.

Aufgabe 3
In der Tabelle sind die freien Felder mit den richtigen Begriffen zu füllen:

Bezeichnung			
Transportart			
Antriebsart			
Radzahl			
Unterfahrbarkeit			
Bedienerposition			
Hubhöhe			
Bereifung			

Aufgabe 4
Erklären Sie bei folgendem Fördermittel den Anwendungsbereich und die Vorteile.

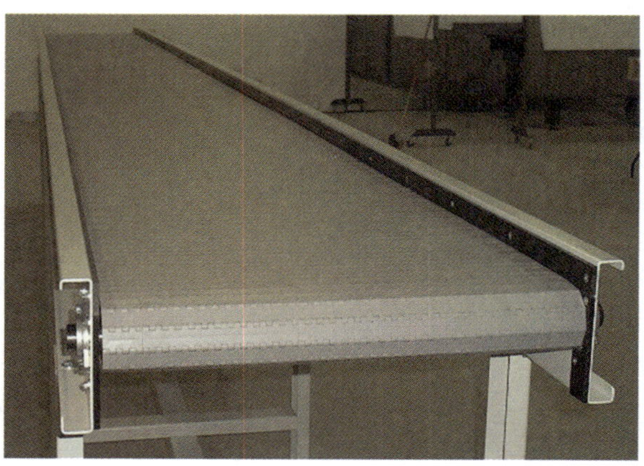

Aufgabe 5
Entscheiden Sie, für welche Güter folgendes Hebezeug besonders geeignet ist. Zeigen Sie mögliche Standorte dieser Geräte auf.

Aufgabe 6

Der Stapelkran als unstetiges Fördermittel.

a) Erklären Sie den besonderen Nutzen des abgebildeten Stapelkrans.

b) Stellen Sie dar, inwiefern der Stapelkran sowohl den Hebezeugen als auch den Regalförderzeugen zugerechnet werden kann.

Aufgabe 7

Ordnen Sie den folgenden Definitionen die unten stehenden Fachbegriffe zu.

Definitionen

1. Packmittel, die das Fördergut lager-, lade- und transportfähig machen
2. Oberbegriff für Transportmittel für den innerbetrieblichen Transport
3. Fördermittel mit fester Transportstrecke und kontinuierlichem Materialfluss
4. Fördermittel, die hauptsächlich dem Transport in vertikaler Richtung dienen
5. Fördermittel, die durch Induktionsschleifen am Boden oder über Lasermarkierungen ihren Weg finden
6. Fördermittel, die Lasten auf dem Boden auf unterschiedlichen Transportstrecken bewegen
7. Fördermittel, das sich nur innerhalb des Regalbereichs bewegt und häufig mit der Regalanlage fest verbunden ist

Fachbegriffe

☐ Flurförderzeuge

☐ Förderhilfsmittel

☐ Stetigförderer

☐ Hebezeuge

☐ Regalbediengerät

☐ Fahrerloses Transportsystem

☐ Fördermittel

Aufgabe 8

Nachfolgend sind zwölf verschiedene Fördermittel für den innerbetrieblichen Transport aufgerührt. Ordnen Sie die Fördermittel den Oberbegriffen in der darunter stehenden Tabelle zu.

Gabelstapler, Brückenkran, Becherwerk, Gabelhubwagen, Portalkran, fahrerloses Transportsystem, Rollenbahn, Drehkran, Schlepper, Kettenförderer, Aufzug, Röllchenbahn

Fördermittel		
Stetigförderer	Unstetigförderer	
	Hebezeuge	Flurförderzeuge

Aufgabe 9

Manuelle Flurförderzeuge sind Transporthelfer, für deren Nutzung Menschenkraft erforderlich ist. Zeigen Sie an zwei Beispielen deren Vorteile gegenüber den motorbetriebenen Flurförderzeugen auf.

Aufgabe 10

Gabelstapler werden am Markt für den jeweiligen Verwendungszweck in unterschiedlichen Ausführungen und Ausstattungen angeboten. Ordnen Sie den verschiedenen Verwendungszwecken die entsprechende Ausführungen/Ausstattungen zu.

Verwendungszweck

1. Einsatz nur in geschlossenen Lägern
2. Transport auf kurzen Strecken ohne Einlagerungen in Regalen
3. Hohe Wendigkeit in den Regalgängen
4. Häufige Rückwärtsfahrten
5. Einsatz in Lägern mit brennbaren Gasen
6. Staplereinsatz zum Be- und Entladen von Paletten von Lkw und an Rampen
7. Einlagerung von Paletten in sechs Metern Höhe
8. Manuelle Einlagerung und Entnahme von Teilen in bzw. aus Regalfächern in vier Metern Höhe
9. Staplereinsatz in einem Lager mit geringer Bodenbelastbarkeit

Ausführung

☐ Vierfachmaststapler

☐ Freitragender Stapler

☐ Kommissionierstapler

☐ Gabelhubwagen

☐ Dreirädriger Stapler

☐ Ex-geschützter Stapler

☐ Radunterstützter Stapler

☐ Elektrostapler

☐ Seitsitzstapler

Aufgabe 11

a) Zeigen Sie bei dem folgenden Beispiel die Vor- und Nachteile eines fahrerlosen Transportsystems auf.

Fahrerloses Transportsystem: Automatische Übernahme beladener Paletten von einem angetriebenen Stellplatz

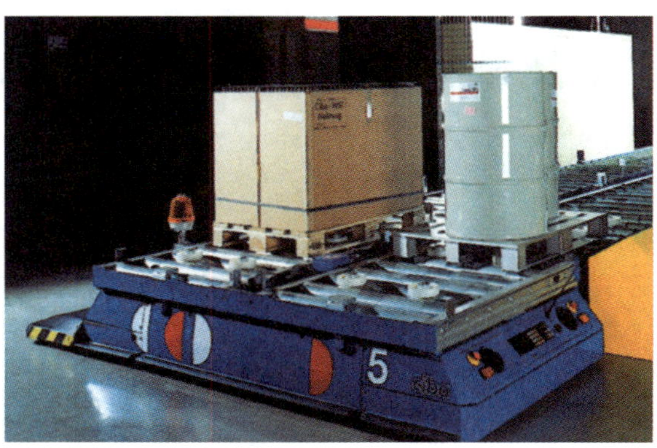

Die Paletten werden von den fahrerlosen Transportfahrzeugen automatisch an die Verladerzone weitergeleitet. Dort erfolgt eine Zuordnung zu der zugehörigen Relation für die Fernverkehrsfahrzeuge.

b) Zeigen Sie auf, wie die Steuerung eines fahrerlosen Transportsystems erfolgen kann.
c) In der Unfallstatistik der Berufsgenossenschaft kann man lesen, dass die wenigsten Unfälle in Verbindung mit fahrerlosen Transportsystemen geschehen. Begründen Sie diese Aussage.

Aufgabe 12

Fördermittel können nach verschiedenen Kriterien eingeteilt werden. Füllen Sie folgende Tabelle aus und nennen Sie jeweils zwei Beispiele.

Kriterium	Beispiele
Nach der Häufigkeit der Beförderung:	
Nach der Flurbindung:	
Nach der Beweglichkeit:	
Nach dem Antrieb:	
Nach dem Automatisierungsgrad:	

Aufgabe 13

Der 17-jährige Bernd wird seit einem halben Jahr in einem Sanitärgroßhandel als Fachkraft für Lagerlogistik ausgebildet. Bisher hat er alle Lkw mit einem Handhubwagen abgeladen, heute beschließt er, den Gabelstapler zu benutzen. Er hat ja schließlich nach Feierabend fleißig geübt. Entscheiden Sie begründet, ob Bernd den Gabelstapler bedienen darf.

Aufgabe 14

Sobald Bernd volljährig geworden ist, macht er den Staplerführerschein. Dabei lernt er, dass nicht nur die Eignung des Fahrers Voraussetzung für sicheres Fahren ist, sondern auch der einwandfreie Zustand des Staplers.
Zählen Sie fünf Maßnahmen auf, die geeignet sind, ein sicheres Arbeiten mit dem Stapler zu gewährleisten.

Aufgabe 15

Falscher Umgang mit dem Gabelstapler führt immer wieder zu Unfällen. Beurteilen Sie die folgenden Situationen:
a) Weil der Weg von der Halle zum Büro so weit ist, nimmt Bernd die Sekretärin ein Stück mit.
b) Bernd hat heute viel zu tun und spart sich die Überprüfung des Staplers vor Arbeitsbeginn.
c) Jörg fragt Bernd, ob er ihn mit dem Stapler mal eben an die Hallendecke hochheben könne, weil er dort eine Lampe wechseln muss.
d) Damit das Entladen schneller geht, nimmt er die Gabeln schon wieder hoch, noch während er vom Lager zum Lkw fährt.
e) Bernd hat im Büro Papiere liegen lassen und fährt mit dem Stapler schnell hinüber. Weil er ja sofort weiter will, lässt er den Stapler so lange laufen.
f) Als Bernd eine schräge Rampe hinunterfährt, fällt die Palette von der Gabel.

Aufgabe 16

Zum Gesundheitsschutz des Arbeitnehmers gehören auch die Grundregeln für richtiges Heben und Tragen.
a) Nennen Sie fünf Grundregeln, die beim Heben und Tragen beachtet werden müssen.
b) Erklären Sie, warum es so wichtig ist, diese zu befolgen.

4 Eine Unfallanzeige erstellen

Nach der Berufsschule kommt Petra Meyer zurück ins Lager der Interlogistik GmbH.

Petra Meyer: „Was ist denn hier los? Was machen denn die Herren hier für eine Besichtigung?"

Herr Heuser: „Die sind vom Gewerbeaufsichtsamt. Wegen Ihres Unfalls. Sie wissen doch, der Betriebsrat hatte schon immer Bedenken gegen die Krananlage, die die kommissionierten Kartons von der Kommissionierzone zur Verladung transportiert. Und jetzt, da der Unfall mit dem gerissenen Stahlband passierte, haben sie sich direkt an die Genossenschaft und das Gewerbeaufsichtsamt gewendet. Und die wollen unser Lager schließen. Ich meine, das war von unseren Chefs ziemlich dämlich, den Unfall nicht zu melden. Das war eine echte Vorlage für den Betriebsrat."

Petra Meyer: „Die können unser Lager dicht machen? Und wieso hätte der Unfall gemeldet werden müssen? Mir ist doch nichts passiert! Der Karton, der herunter gefallen ist, hätte mich viel schlimmer verletzen können."

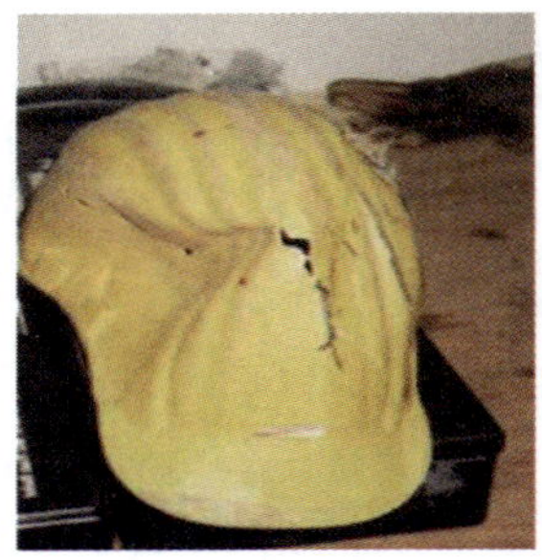

Herr Heuser: „Dass Ihnen nichts passiert ist, halte ich für ein wenig untertrieben. Wenn ich nur an Ihren zerdrückten Helm denke ... Sie waren immerhin wegen einer Gehirnerschütterung eine Woche krank geschrieben, und solch ein Unfall muss der Genossenschaft gemeldet werden. Ob es tatsächlich angemessen und möglich ist, das Lager zu schließen, weiß ich auch nicht."

Petra Meyer: „Aber unseren Betriebsrat verstehe ich trotzdem nicht. Wieso hat der sich so stark eingemischt, als es um die Neugestaltung des Lagers ging und jetzt schon wieder? Ich denke, der Betriebsrat soll unsere Belange vertreten, statt sich um die Einrichtung des Lagers zu kümmern. Damit hätte er dann schon genug zu tun. Mein Unfall geht den Betriebsrat auch nichts an. Und dass der Unfall gemeldet werden musste, wusste ich schließlich nicht. Und deswegen der ganze Aufstand?"

Herr Heuser: „Ja! Und das ist absolut gerechtfertigt. Die Gesundheit der Mitarbeiter steht an erster Stelle. Sie müssen bei allem, was Sie tun, versuchen, mögliche Unfälle von vornherein zu vermeiden. Unfälle passieren ja nicht nur durch Unachtsamkeit, sondern auch durch falsche Handhabung von Arbeitsmitteln. Ich habe hier die Tragfähigkeitstabelle für unseren Kran im Innenbereich. Die Tabelle bezieht sich auf ein- und mehrsträngige Anschlagketten bei verschiedenen Neigungswinkeln. Sie glauben gar nicht, wie viele Kettenrisse wir schon hatten, nur weil die Mitarbeiter die Tragfähigkeitstabelle nicht beachtet oder auch nicht verstanden haben."

Petra Meyer: „Was soll denn daran so schwierig sein? Ketten anschlagen und hoch damit. Die Ketten sind doch aus Stahl, die halten schon was aus."

Herr Heuser: „Auch eine Last von 1,9 t, wenn Sie mit zwei Strängen arbeiten? Gehen Sie davon aus, dass Sie eine Anschlagkette von 8 mm benutzen. Allerdings kann man bei dem Packstück mit 1,9 t die Ketten nicht gleich lang anbringen."

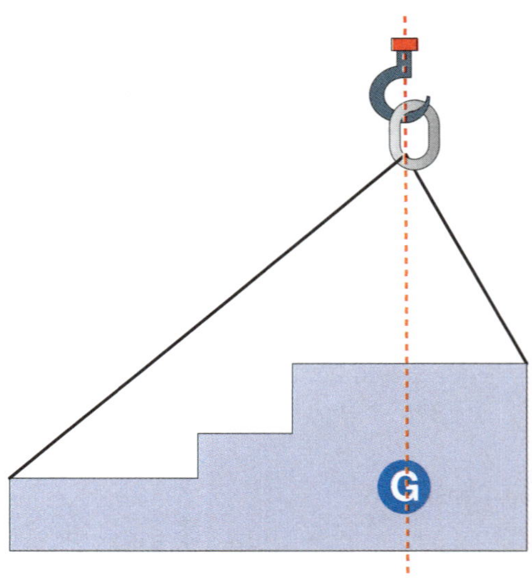

Petra Meyer: „Vom Gefühl her würde ich sagen, das klappt."

Herr Heuser: „Sie dürfen sich niemals auf Ihr Gefühl verlassen. Ihr Unfall ist ja der beste Beweis dafür. Anhand dieser Tabelle können Sie die Leistungsfähigkeit von Ketten ablesen. Überprüfen Sie Ihr Gefühl mal anhand dieser Tabelle."

Petra Meyer: „Kein Problem."

Herr Heuser: „Gut, ich bin gespannt. Wenn sich dann noch jeder an die Anweisung hält, die Sie ausarbeiten werden, dürfte es keine Unfälle mehr geben."

	1-Strang	2-Strang		3- und 4-Strang	
Nenngröße der Anschlagkette in mm	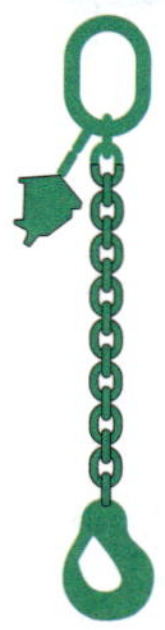	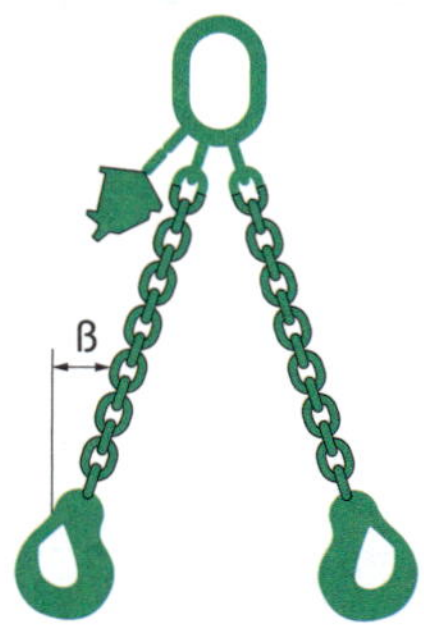		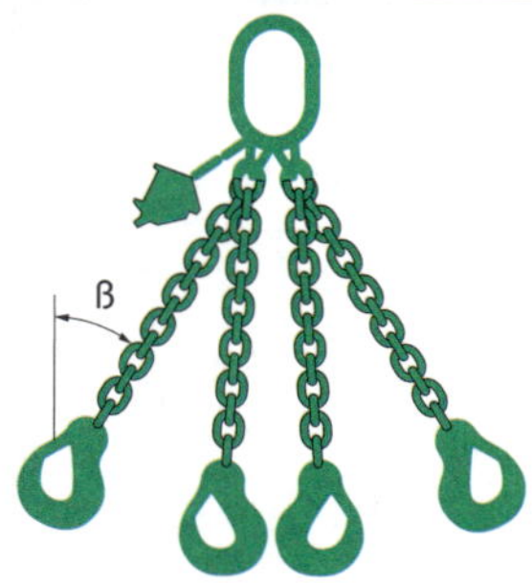	
Neigungs-∢ β	0°	0–45°	> 45–60°	0–45°	> 45–60°
Belastungsfaktor	1	1,4	1	2,1	1,5
ø 4	0,63	0,88	0,63	1,32	0,95
6	1,5	2,1	1,5	3,15	2,25
8	2,5	3,5	2,5	5,25	3,75
10	4,0	5,6	4,0	8,4	6,0
13	6,7	9,5	6,7	14	10
16	10	14	10	21	15
20	16	22,4	16	33,6	24
22	20	28	20	42	30
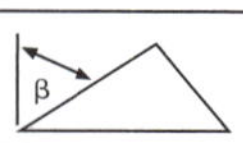	Bei unsymmetrischer Belastung sind die Tragfähigkeiten um 50 % zu reduzieren.				

Arbeitsauftrag

1. Analysieren Sie, ob der Kran die von Herrn Heuser beschriebene Last heben darf und begründen Sie Ihre Meinung.
2. Erstellen Sie die Unfallanzeige. Ein entsprechendes Formular finden Sie auf der nächsten Seite oder unter www.bghw.de (Menüpunkt Service -> Formulare).
3. Prüfen Sie, ob das Gewerbeaufsichtsamt bzw. die Berufsgenossenschaft das Recht hat, das Lager zu schließen.

Für die Unfallanzeige zusätzlich benötigte Informationen:

Unfallzeitpunkt: Montag, 10.08.20.. 10:15 Uhr – Unfallmitteilung: Freitag 10:45 Uhr; Frau Petra Meyer zog sich eine Gehirnerschütterung zu und wurde in den Städtischen Kliniken Duisburg, Zu den Rehwiesen 9, 47055 Duisburg ambulant behandelt. Sie wurde für eine Arbeitswoche krankgeschrieben. Mitgliedsnummer bei der Berufsgenossenschaft: 0754896137. Adresse Interlogistik GmbH: Luisenstraße 93, 47119 Duisburg; tägliche Arbeitszeit bei der Interlogistik GmbH 7:00 bis 15:30 Uhr; Lohnfortzahlung besteht für sechs Wochen. Aus der Personalakte von Frau Petra Meyer erhalten Sie folgende Daten: Stammnummer 38759, geboren am 25.03.1992 in Duisburg, wohnhaft in 46049 Oberhausen, Dieselstraße 7, Gefahrenklasse 17, in Ausbildung zur Fachkraft für Lagerlogistik seit September 20.., Kostenstelle 6754, krankenversichert bei der AOK Rheinland/Hamburg, Falkstr. 35–41, 47058 Duisburg.

UNFALLANZEIGE

1 Name und Anschrift

2 Unternehmensnummer des Unfallversicherungsträgers

3 Empfänger

Großhandels- und Lagerei-Berufsgenossenschaft

4 Name, Vorname des Versicherten

5 Geburtsdatum | Tag | Monat | Jahr

6 Straße, Hausnummer | Postleitzahl | Ort

7 Geschlecht ☐ männlich ☐ weiblich

8 Staatsangehörigkeit

9 Leiharbeitnehmer ☐ ja ☐ nein

10 Auszubildender ☐ ja ☐ nein

11 Ist der Versicherte ☐ Unternehmer ☐ Ehegatte des Unternehmers ☐ mit dem Unternehmer verwandt ☐ Gesellschafter/Geschäftsführer

12 Anspruch auf Entgeltfortzahlung besteht für Wochen

13 Krankenkasse des Versicherten (Name, PLZ, Ort)

14 Tödlicher Unfall ☐ ja ☐ nein

15 Unfallzeitpunkt | Tag | Monat | Jahr | Stunde | Minute

16 Unfallort (genaue Orts- und Straßenangabe mit PLZ)

17 Ausführliche Schilderung des Unfallhergangs (Verlauf, Bezeichnung des Betriebsteils, ggf. Beteiligung von Maschinen, Anlagen, Gefahrstoffen)

Die Angaben beruhen auf der Schilderung ☐ des Versicherten ☐ anderer Personen

18 Verletzte Körperteile

19 Art der Verletzung

20 Wer hat von dem Unfall zuerst Kenntnis genommen? (Name, Anschrift des Zeugen)

War diese Person Augenzeuge? ☐ ja ☐ nein

21 Name und Anschrift des erstbehandelnden Arztes/Krankenhauses

22 Beginn und Ende der Arbeitszeit des Versicherten

Beginn | Stunde | Minute | Ende | Stunde | Minute

23 Zum Unfallzeitpunkt beschäftigt als

24 Seit wann bei dieser Tätigkeit | Monat | Jahr

25 In welchem Teil des Unternehmens ist der Versicherte ständig tätig?

26 Hat der Versicherte die Arbeit eingestellt? ☐ nein ☐ sofort ☐ später | Tag | Monat | Stunde

27 Hat der Versicherte die Arbeit wieder aufgenommen? ☐ nein ☐ ja | Tag | Monat | Jahr

28 Datum | Unternehmer/Bevollmächtigter | Betriebsrat/Personalrat | Telefon-Nr. für Rückfragen (Ansprechpartner)

Aufgabe 1

Der Lagerarbeiter Jörg erhält den Auftrag zur Einlagerung eines 40 kg schweren Elektromotors in ein Regal. Er sieht, dass in 1,70 m Höhe noch ein leeres Fach ist. Da er selbst 1,80 m groß ist und sich für stark hält, verzichtet er auf ein Hilfsmittel. Bei dem Versuch, den Elektromotor nur mit Muskelkraft in das Regal zu legen, rutscht Jörg ab und der Motor fällt auf seinen Fuß.

a) Erklären Sie, was Jörg falsch gemacht hat. Beschreiben Sie, wie er sich richtig verhalten hätte.

b) Sie haben als Kollege den Unfall gesehen. Erläutern Sie, wie Sie sich verhalten.

c) Entscheiden Sie, ob, wem und in welcher Frist dieser Arbeitsunfall zu melden ist.

d) Verfassen Sie eine kurze Unfallanzeige (ohne Formular), indem Sie entscheiden, was die wichtigsten Inhalte der Unfallanzeige sind.

Aufgabe 2

a) Nennen Sie die Aufgaben eines Gewerbeaufsichtsamtes.

b) Entscheiden Sie anhand nachfolgender Sachverhalte, ob das Gewerbeaufsichtsamt dazu befugt ist,

- ☐ die Betriebsräume außerhalb der Arbeitszeiten zu besichtigen,
- ☐ sich mit der Berufsgenossenschaft auszutauschen,
- ☐ Anordnungen zu treffen, auch gegenüber Beschäftigten,
- ☐ über freiwillige betriebliche Arbeitsschutzmaßnahmen zu bestimmen,
- ☐ Betriebseinrichtungen für seine Zwecke zu benutzen,
- ☐ Arbeitsverfahren und Arbeitsabläufe zu untersuchen.

Aufgabe 3

Die Sicherheit im Lager ist für Arbeitgeber und Arbeitnehmer gleichermaßen wichtig. Damit die Organisation gelingt und alle Beteiligten wissen, welche Aufgaben und Kompetenzen sie haben, wurden verschiedene Gesetze, Verordnungen und Vorschriften erlassen.

a) Ordnen Sie die folgenden Beteiligten dem inner- bzw. überbetrieblichen Arbeitsschutz zu: Gewerbeaufsichtsamt; Betriebsrat; Betriebsarzt; Sicherheitsfachkraft; Arbeitgeber; Berufsgenossenschaft; Sicherheitsbeauftragter.

Überbetrieblicher Arbeitsschutz	Innerbetrieblicher Arbeitsschutz

b) Entscheiden Sie, ob die folgenden Aussagen wahr oder falsch sind. Korrigieren Sie die falschen Aussagen.

1. Stellt ein Mitarbeiter fest, dass eine Steckdose im Lagerbüro nicht funktioniert, muss er sie reparieren.
2. Der Betriebsarzt untersucht die minderjährigen Auszubildenden vor Aufnahme der Ausbildung auf gesundheitliche Eignung.
3. Der Arbeitgeber muss jedes Jahr alle Arbeitsplätze hinsichtlich ihrer Gefahren beurteilen.
4. Der Arbeitnehmer ist nicht verpflichtet, die Atemschutzmaske aufzusetzen; nur, wenn ihm übel werden sollte.
5. Der Arbeitgeber kann selbst die Aufgaben einer Sicherheitsfachkraft übernehmen.

6. Der Betriebsrat überwacht, ob der Arbeitgeber alle notwendigen Maßnahmen zum Gesundheitsschutz der Mitarbeiter einhält.
7. Der Arbeitsschutzausschuss, in dem alle Organe des innerbetrieblichen Arbeitsschutzes zusammen kommen, trifft sich einmal im Jahr.

Aufgabe 4

Petra Meyer meint, dass der Betriebsrat nur für die Belange der Mitarbeiter eintritt und darüber hinaus keine Aufgaben wahrnimmt. Beurteilen Sie Petras Meinung.

Aufgabe 5

a) Petra Meyer ist irritiert. Sie hat in der Schule gelernt, dass die Berufsgenossenschaften für die Vermeidung von Arbeitsunfällen zuständig sind, indem sie Unfallverhütungsvorschriften erlassen und deren Einhaltung überprüfen. Heute hat sie in der Zeitung gelesen, dass die Berufsgenossenschaften Träger der gesetzlichen Unfallversicherung sind. Erklären Sie Petra Meyer diesen Sachverhalt.
b) Nennen Sie die Aufgaben, die die Berufsgenossenschaften darüber hinaus haben, und die Leistungen, die sie erbringen.
c) Nachdem Petra Meyer darüber informiert worden ist, was die beiden Hauptaufgaben der Berufsgenossenschaften sind und welche umfassenden Leistungen sie erbringen, wundert sie sich, warum sie selbst keine Beiträge dafür bezahlen muss. Oder ist sie als Auszubildende nicht bei der Berufsgenossenschaft pflichtversichert? Erläutern Sie Petra Meyer diesen Sachverhalt.
d) Finden Sie heraus, welcher Berufsgenossenschaft Sie selbst angehören.

Aufgabe 6

Petra Meyer meint, dass bei Kranarbeiten und dem Einsatz einer Traverse der Neigungswinkel keine Rolle spielt. Nehmen Sie Stellung zu dieser Aussage.

Aufgabe 7

a) Beschreiben Sie drei Verhaltensregeln zur Unfallverhütung beim Einsatz eines Krans.
b) Die Tragfähigkeit von Anschlagmitteln bei Kranen nimmt mit zunehmendem Neigungswinkel ab. Aus sog. Tragfähigkeitstabellen können die Kranführer und Anschläger die erforderliche Kettenstärke (Ketten-Nenndichte) in mm ablesen. Die Ketten-Nenndichte ist abhängig von der Last, dem Neigungswinkel und der Zahl der Kettenstränge. Bestimmen Sie für die folgenden Beispiele die Ketten-Nenndichte anhand der vorliegenden Tabelle in Ihrem Fachbuch.

   1. Lastgewicht 7 200 kg, Neigungswinkel 30 Grad, Zahl der Kettenstränge 3
   2. Lastgewicht 900 kg, Neigungswinkel 60 Grad, Zahl der Kettenstränge 1
   3. Lastgewicht 900 kg, Neigungswinkel 60 Grad, Zahl der Kettenstränge 2

Aufgabe 8

Mithilfe der Tragfähigkeitstabelle sind folgende Fragen zu klären:
a) Wie hoch ist die Tragfähigkeit der Kette Win13 bei einer 3-Strang Anbringung, wenn der Anschlagwinkel 33 Grad beträgt?
b) Wie hoch ist die Tragfähigkeit der Kette Ni 16 G8 bei einer 1-Strang-Anbringung?
c) Wie hoch ist die höchste Tragfähigkeit bei einem Kettendurchmesser von 5 mm?
d) Wie heißt die Kette, die als 2-Strang-Kette am meisten tragen kann?
e) Eine Vierstrang-Kette (WIN 13) hat eine Nenndicke von 13 mm. Über welche Tragfähigkeit in Tonnen (t) verfügt die Anschlagkette bei unterschiedlichen Neigungswinkeln?

Sicherheitsfaktor		1-Strang-Ketten		2-Strang-Ketten				3- u. 4-Strang-Ketten	
4									
Neigungswinkel		–	–	bis 45°	45°–60°	bis 45°	45°–60°	bis 45°	45°–60°
Lastfaktor		1	0,8	1,4	1	1,12	0,8	2,1	1,5
Code	d	Tragfähigkeit in kg							
WIN 5	5	1000	800	1400	1000	1120	800	2000	1500
Ni 5 G8	5	800	640	1120	800	900	640	1600	1180
WIN 6	6	1400	1120	2000	1400	1600	1120	3000	2120
Ni 6 G8	6	1120	900	1600	1120	1250	900	2360	1700
WIN 7	7	1900	1500	2650	1900	2120	1500	4000	2800
Ni 7 G8	7	1500	1200	2120	1500	1700	1200	3150	2240
WIN 8	8	2500	2000	3550	2500	2800	2000	5300	3750
Ni 8 G8	8	2000	1600	2800	2000	2240	1600	4250	3000
WIN 10	10	4000	3150	5600	4000	4250	3150	8000	6000
Ni 10 G8	10	3150	2500	4250	3150	3550	2500	6700	4750
WIN 13	13	6700	5300	9500	6700	7500	5300	14000	10000
Ni 13 G8	13	5300	4250	7500	5300	5900	4250	11200	8000
WIN 16	16	10000	8000	14000	10000	11200	8000	21200	15000
Ni 16 G8	16	8000	6300	11200	8000	9000	6300	17000	11800

Aufgabe 9

Ordnen Sie zu, indem Sie die Kennziffern von fünf der insgesamt acht Eigenschaften der Kette eintragen!

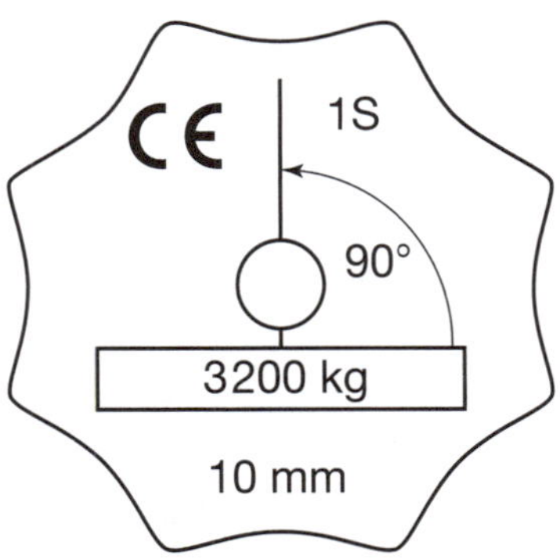

1. Neigungswinkel
2. Nenndurchmesser der Kettenglieder
3. Gewicht der Kette in kg
4. Konformitätszeichen
5. Länge der Kette
6. Höchstzulässige Tragfähigkeit
7. Maximale Temperaturgrenze
8. Anzahl der Kettenstränge

	3200 kg
	90 Grad
	10 mm
	1S
	CE

Lernfeld 5: Güter kommissionieren

1 Einen Kommissionierauftrag bearbeiten

Die Interlogistik GmbH hat seit Anfang des Monats mit der Firma Casaline eine neue Geschäftsbeziehung aufgebaut. Casaline ist ein Unternehmen, das sich u. a. mit der Produktion von Tischdecken beschäftigt. Die Tischdecken werden überwiegend aus Kunststoff hergestellt. Der Vertrieb läuft europaweit. Von der Sparte Lagerhaltung und Versand hat sich die Firma Casaline getrennt. Sie hat den kompletten Lagerbestand und den Bestand an Produkten aus der laufenden Produktion der Interlogistik GmbH übergeben.

Petra betreut den neuen Kunden und ist für die ordnungsgemäße Abwicklung des Auftrags zuständig. Der einzige Kontakt der Interlogistik GmbH zu Casaline läuft über die Verkaufsabteilung, die die Kundenbestellungen elektronisch weiterleitet. Petra überprüft dann die Verfügbarkeit der Artikel, indem sie die Bestellung mit dem verfügbaren Bestand abgleicht und aus dem System austrägt. Das macht sie sofort, wenn der Auftrag eingeht. Danach erstellt sie aus den Daten einen Kommissionierbeleg, der Auskunft über den Lagerort und die Art des Versandes gibt.

Pakete mit einem Gewicht bis 31,5 kg werden als Selbstbucher bei der Post abgewickelt, Pakete bis 40 kg mit dem Paketdienst GLS, Pakete über 40 kg werden als Stückgut mit einer Spedition versendet. Die Informationen über den Lagerplatz und den Versand bekommt Petra automatisch aus dem EDV-System, wenn sie die Daten eingibt. Der Drucker gibt anschließend die unten stehenden Belege aus. Alle weiteren Einträge erfolgen später vom Kommissionierer per Hand auf den Belegen selbst. Zum Schluss wird der Beleg unterschrieben und das aktuelle Datum wird eingesetzt. Da Petra Meyer die Artikel mittlerweile gut kennt, nimmt sie sofort zu Beginn des Kommissioniervorgangs den Versandkarton mit auf den Kommissionierwagen und packt die Artikel laut Kommissionierbeleg hinein.

Bei dem unten stehenden Auftrag erkennt sie an der Liste, dass sie mit einem Karton auskommt. Die Liste ist so aufgebaut, dass schwere Teile als erstes kommissioniert werden und die leichteren dann oben drauf gepackt werden. Die Bearbeitungszeit für die einzelnen Artikel ist ungefähr gleich, weil die Maße und Gewichte gut zu handhaben sind. Schnell hat Petra die ersten zwei Artikel kommissioniert.

Beim dritten Artikel, Nummer 600154, stutzt sie. Das Fach ist leer! Sie überprüft noch einmal die Richtigkeit des Lagerplatzes: 11-05-403-4. Aus dem Lagerverwaltungssystem bekommt sie die Information, dass der Artikel an keinem anderen Ort gelagert ist. Sie macht weiter und stellt beim Artikel 539041 fest, dass er ebenfalls nicht im vorgesehenen Fach liegt. Aber dort liegt Artikel 600291. „Na gut", denkt sie, „dann eben nicht". Dann wird der Artikel wohl nicht mehr im Sortiment geführt. Bevor sie am Ende das Paket verklebt und wiegt, legt sie die Kommissionierliste in den Karton. Den Lieferschein klebt sie mithilfe einer Lieferscheintasche an das Paket. Das Wiegen dient einerseits der Auswahl der Versandart und andererseits zur Überprüfung der kommissionierten Waren auf Vollständigkeit. Nachdem Sie das Paket auf dem Paketwagen abgestellt hat, holt sie sich einen weiteren Kommissionierauftrag und startet eine neue Runde.

Arbeitsauftrag

Führen Sie eine ordnungsgemäße Kommissionierung für Petra durch.

1. Bearbeiten Sie die Belege so, dass eine dritte Person ohne Rückfragen den Beleg interpretieren kann.
2. Beschreiben Sie die Tätigkeiten zum
   - Erfassen,
   - Aufbereiten,
   - Weitergeben,
   - Quittieren und
   - Verbuchen

   während der Kommissionierung durch Petra.

Kommissionierliste

Kunde:	139820	Seite:	1 von 1
Auftrag:	0013013	Datum:	19.01.20..
Relation:	Simulation	Systemnummer:	11213
		Sendung Nr.:	4061284
Adresse:	**Licht GmbH & Co.**	Pickliste Nr.:	22
	Bauzentrum KG	Liefertermin:	FIX 22.01.20..
	Industriestr. 87	Versand:	German Parcel
	D-61381 Friedrichsdorf	Auftragskennung:	0000
		Frankatur:	Frei Haus

Position	Stellplatz	Art.-Nr. Bezeichnung	Menge	Einheit	gepackt?
1	11-05-409-3	553054 Tischdecke Tendence 160 x 220 cm	4	Stück	○
2	11-05-407-3	553184 Tischdecke Tendence 160 x 220 cm	6	Stück	○
3	11-05-403-4	600154 Tischdecke Elegance 90 x 90 cm	50	Stück	○
4	11-05-401-4	539041 Tischdecke Classic 130 x 160 cm	10	Stück	○

Bemerkungen: ______________________________

____

____

Anzahl Karton	Datum kommissioniert:	Unterschrift Kommissionierer

Casaline

Deco-Design

Lieferschein Nr. 0013013

Absender:
Casaline Decor Vertriebs GmbH
Raiffeisenring 91
47057 Duisburg

Casaline Deco Verrieb GmbH · Postfach 1240 · 82154 Gräfelfing

Licht GmbH & Co.
Bauzentrum KG
Industriestr. 87
D-61381 Friedrichsdorf

Datum: 19.01.20.. KDNR.: 177/0002777

Ihre Referenz: 433/1/6667 Seite 1
Bitte unbedingt bei Zahlung und Schriftverkehr angeben!

Versandart: German Parcel
Frankatur: Frei Haus
Terminart: FIX 22.01.20..

Verk.-Büro: BOCHOLT 02871-23469-17
Vertreter: Paul N. Achbar
Sachbearbeiter: Frauke M. Ustermann
Ihre Bestellung vom: 18.01.20..

Position	Art.-Nr. Bezeichnung	Liefermenge	Auftragsmenge	Einheit
1	553054 Tischdecke Tendence 160 x 220 cm	4	4	Stück
2	553184 Tischdecke Tendence 160 x 220 cm	6	6	Stück
3	600154 Tischdecke Elegance 90 x 90 cm	50	50	Stück
4	539041 Tischdecke Classic 130 x 160 cm	10	10	Stück

Anzahl Packstücke:

ILN 4006765000008 – USt-IdNr. DE 812247908

Sitz der Gesellschaft
Duisburg
HRB 67999 Duisburg

Geschäftsführer
Luca Denhaerck
Franz Severing

Deutsche Bank AG
(BLZ 700 700 10)
Konto 576 200 145
S.W.I.F.T.-Code
DEUTDEMM

HypoVereinsbank AG
(BLZ 700 202 70)
Konto 48 252 010
S.W.I.F.T.-Code
HYVEDEMM

Aufgabe 1

Beurteilen Sie das Verhalten von Petra bei den Artikeln 600154 und 539041, indem Sie tabellarisch Folgendes festhalten: Spalte 1: Welches Problem liegt vor? Spalte 2: Lösungsansatz
Tragen Sie in die Tabelle zwei weitere Probleme ein, die Sie beim Kommissionieren in Ihrem Betrieb kennengelernt haben und zeigen Sie mögliche Lösungen auf.

Aufgabe 2

Nennen Sie drei Gründe, die dafür sprechen, die Waren beim Kommissionieren sofort in den Versandkarton zu packen.

Aufgabe 3

Nennen Sie fünf Gründe für Warenausgänge aus dem Lager.

Aufgabe 4

Erklären Sie folgende Begriffe:

a) Kommissionieren
b) Greifer
c) Kommission

Aufgabe 5

Unterscheiden Sie das Offline- und das Online-Verfahren beim Kommissionieren.

Aufgabe 6

Die Wege zwischen den einzelnen Entnahmeplätzen beim Kommissionieren verlaufen entweder auf einer Höhe oder auf mehreren Ebenen.

a) Erklären Sie, was man unter einer eindimensionalen Fortbewegung versteht, und nennen Sie drei Flurförderfahrzeuge, die für diese Art der Kommissionierung geeignet sind.
b) Nennen Sie vier Vorteile, die sich ergeben, wenn die zwei- oder mehrdimensionale Fortbewegung beim Kommissionieren angewendet wird.
c) Beschreiben Sie zwei Flurförderfahrzeuge, die für die mehrdimensionale Fortbewegung geeignet sind.

Aufgabe 7

a) Erläutern Sie, um welche Art von Entnahme es sich in der folgenden Abbildung handelt und beschreiben Sie die Voraussetzungen für diese Entnahme.
b) Beurteilen Sie die Ergonomie des Kommissionierwagens.

Kommissionierung im Versandzentrum
Zum Kommissionieren benutzen die Mitarbeiter spezielle, ergonomisch gestaltete Kommissionierwagen. Jeder Artikel wird nach einem genau vorgegebenen Sortierhinweis in eine der vier Wannen des Kommissionierwagens abgelegt. Jede Wanne gehört zu einer definierten Gruppe von Kundenaufträgen.

otto group

Quelle: Otto (GmbH & Co KG), Hamburg, www.ottogroup.com

Aufgabe 8

Entscheiden Sie, ob in folgenden Situationen die Menge richtig gepickt worden ist:
Auszug aus dem Lieferschein:

Pos.	Bezeichnung	Menge	ME
10	Feuerzeugset, 25-teilig	2	VE
20	Küchentücher, 4 Rollen à 51 Blatt, 3-lagig	1	VE
30	Mineralwasser, Kiste mit 12 x 1 l Mehrwegflaschen	1	VE
40	4er Set mit Weihnachtskugeln, goldfarben	4	VE
50	Katzenfamilie, dreiteilig	1	VE
60	Christbaumkugeln, 4er Set, goldfarben	8	VE

Position	Dokumentation	Korrekt kommissioniert Ja/Nein	Begründung
10			
20			
30	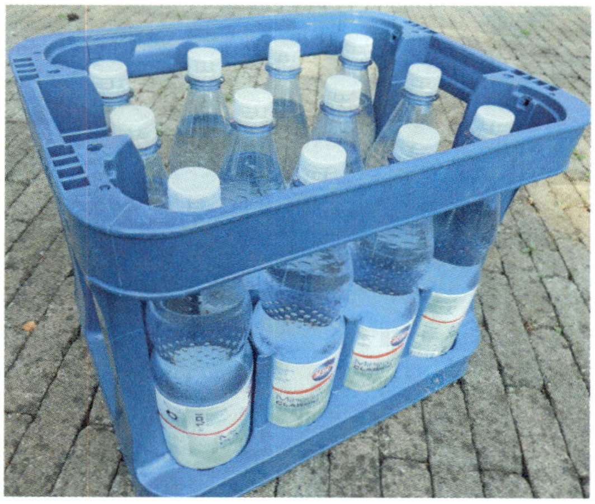		

Position	Dokumentation	Korrekt kommissioniert Ja/Nein	Begründung
40			
50			
60			

Aufgabe 9

In einem Lagerbetrieb mit einer Kommissionierabteilung werden jedes Quartal die Kosten für die benötigten Kommissionierbelege erfasst. Als Kennzahlen stehen dafür die kommissionierten Positionen des jeweiligen Quartals sowie die Einzelkosten der unterschiedlichen Kommissionierbelege zur Verfügung. Nennen Sie die Formel für

- die Errechnung der gesamten Kommissionierleistung im Januar 2006 für die Zelle **C8**;
- die Kosten der Inland-Belege für den Monat Februar 2006 in der Zelle D12; die Formel sollte so gebildet sein, dass ein Kopieren nach C12, E12 und F12 sinnvoll ist;
- die Errechnung des Kostenanteils in Prozent aller Belege für den Monat März in der Zelle **E17**; die Formel ist so zu bilden, dass keine Zellenformatierung nach Prozent erfolgt;
- die höchste Kommissionierleistung **E27**;
- die niedrigsten Kosten der jeweiligen Orderart **E28**;
- die durchschnittlichen Kosten der Kommissionierleistung pro Stück in EUR **E30**.

	A	B	C	D	E	F
1						
2	Kommissionierleistung 1. Quartal 20..					
3	**Orderart**		**Januar**	**Februar**	**März**	**Gesamt**
4	Inland		22500	18500	21600	62600
5	Export		12300	9800	10050	32150
6	Express		420	360	530	1310
7	Sonderorder		70	90	60	220
8	Gesamt			28750	32240	96280
9						
10	Gesamtkosten Kommissionierbelege					
11	**Orderart**		**Januar**	**Februar**	**März**	**Gesamt**
12	Inland		337,50 €		324,00 €	939,00 €
13	Export		270,50 €	215,60 €	221,10 €	707,30 €
14	Express		10,50 €	9,00 €	13,25 €	32,75 €
15	Sonderorder		2,17 €	2,79 €	1,86 €	6,82 €
16	Kosten		620,77 €	504,89 €	560,21 €	1685,87 €
17	Anteil in %		36,82	29,95		100,00
18						
19	Kosten Kommissionierleistung je Stück in €					
20	Inland	0,015 €				
21	Export	0,022 €				
22	Express	0,025 €				
23	Sonderorder	0,031 €				
24						
25						
26	Auswertung (Monatsbetrachtung):					
27	Bestimmen Sie die höchste Kommissionierleistung.					
28	Geben Sie die niedrigsten Kosten der Orderarten an.					
29	Berechnen Sie die durchschnittlichen Kosten.					
30	der Kommissionierleistung je Stück in €.					

2 Die Kommissionierwege verkürzen

In der Interlogistik GmbH wird ein neues Lager für die Kommissionierung von Weinen eingerichtet. In der unten stehenden Lagerskizze ist ein mehrstufiges Palettenregallager dargestellt. Für die Kommissionierung wird nur die Ebene 1 genutzt. In den darüber liegenden Ebenen befinden sich die Vorräte, die je nach Anforderung nach unten gesetzt werden. Kommissioniert wird direkt von der Palette. Es werden nur VE gepickt, Anbrüche gibt es nicht.

Die eingetragenen Artikelkürzel symbolisieren die Güter, die auf dem jeweiligen Palettenplatz stehen. Petra hat die Lagerplätze nach der Nummerierung in der vorliegenden Liste vergeben. Sie hat sofort erkannt, dass dann die Artikelgruppen zusammenstehen. „Wenn die Weinsorten immer am gleichen Platz stehen, wird man sich das schnell einprägen können", denkt sie. Da es sich um 48 verschiedene Getränkesorten handelt und die Weine grundsätzlich auf Europaletten gelagert, kommissioniert und verschickt werden, ist das Kommissionierlager ebenfalls auf Palettenbasis aufgebaut. Kommissioniert wird mit einem Hubwagen. In der Regel werden pro Auftrag 40 Kisten auf eine Palette kommissioniert. Einzelkisten werden nicht kommissioniert, da die Mindestbestellmenge sechs Kisten beträgt. Pro Auftrag ist ein Kommissionierer zuständig.

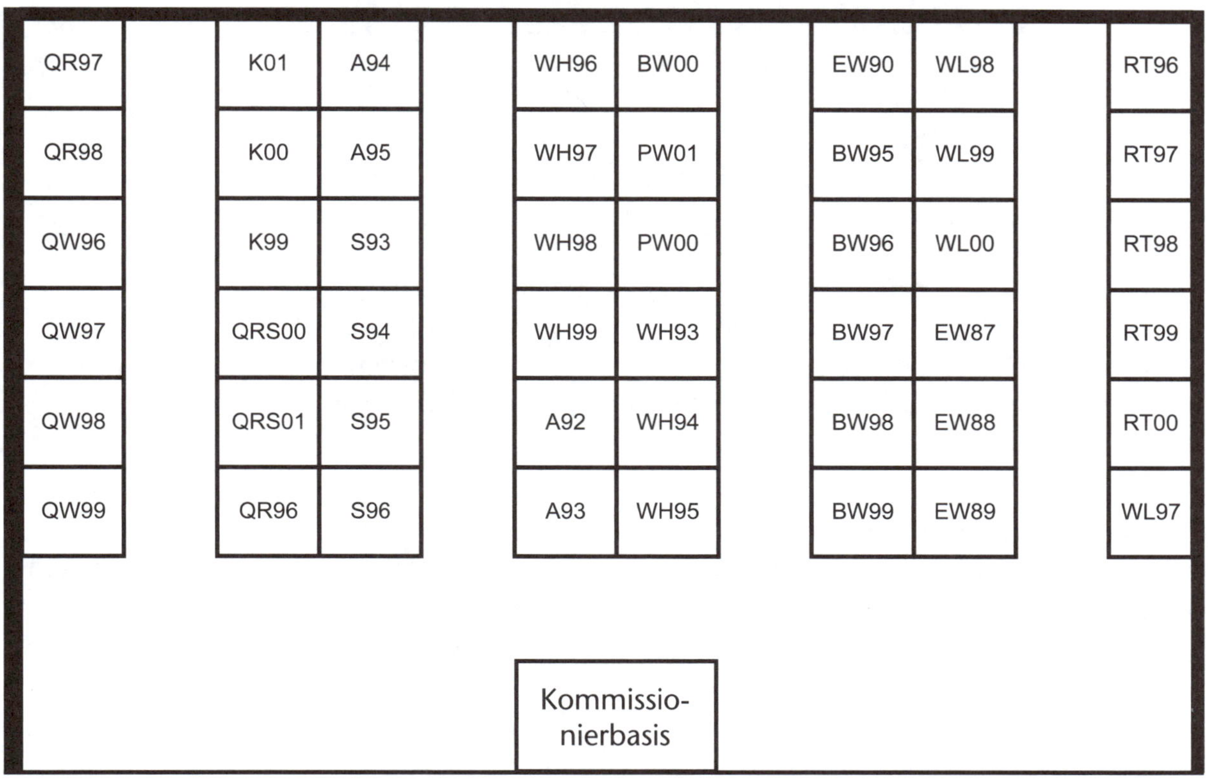

Nachdem Petra vier Wochen lang im Lager die Kundenaufträge bearbeitet hat, ist ihr aufgefallen, dass sie sehr viel Zeit braucht und oft bis in die letzte Ecke des Lagers rennen muss. Von der EDV lässt sie sich eine Auswertung der Ausgänge geben, um nach Verbesserungsvorschlägen zu suchen.

„Damit kann ich noch nicht so viel anfangen", denkt Petra. „Da muss ich erst mal die Kennziffern eintragen. Als Erstes werde ich den Lagerumschlag pro Artikel ausrechnen. Alle Artikel, deren Lagerumschlag kleiner gleich 3 ist, ordne ich die Kennziffer C zu, alle Artikel, deren Lagerumschlag größer 10 ist, bekommen die Ziffer A und der Rest, der zwischen 3 und 10 liegt, bekommt ein B zugeordnet. Dann werde ich das Lager so umstrukturieren, dass ich die Güter, die zur Gruppe A gehören, alle nach vorne packe, und die C-Gruppe kommt nach hinten. Dazwischen werden dann die B-Güter einsortiert."

Herr Heuser ist von ihrer Idee beeindruckt und ist erfreut, dass sich Petra über die Optimierung der Abläufe im Lager Gedanken macht. Die Einteilung des Lagers nach dem Lagerumschlag hält er nicht für sinnvoll. Er meint, dass der durchschnittliche Lagerbestand nicht aussagekräftig ist, da die Bestände der Artikel erst für vier Wochen vorliegen. Sie soll doch besser den tatsächlichen Ausgang an Kisten als

Basis für die Neuordnung heranziehen und danach das Lager umsortieren. Sein Vorschlag: Schnelldreher (A-Güter) sind die Artikel mit einem Verbrauch ab 900 Kisten pro Monat, ist der Verbrauch kleiner als 500 Kisten sind das Langsamdreher (C-Güter), der Rest, der im Verbrauch dazwischen liegt, sind dann B-Güter.

Außerdem soll sie nachdenken, ob es sinnvoll ist, anstatt den Kommissionierauftrag allein zu bearbeiten, es mit Herrn Alefs zusammen zu machen. Sie könnte den Auftrag für die ersten zwei Gänge abwickeln und dann den Auftrag an den Kollegen übergeben, der die Artikel aus den nächsten zwei Gängen hinzustellt.

„O. k.“, denkt sie. „Das werde ich mal aufzeichnen. Aber erst die Liste fertigstellen, damit wir das Lager umräumen können. Ich glaube, mit der Umorganisation kann man am meisten Zeit gewinnen.“

Arbeitsauftrag

Gestalten Sie das Kommissionierlager nach dem Gesichtspunkt der Wegminimierung um.

1. Ergänzen Sie die Liste, indem Sie die fehlenden Werte berechnen.

Lagerumschlag	ABC Einteilung nach LU	ABC Zonierung nach Verbrauch

2. Beurteilen Sie, welche Spalte für die Neuorganisation herangezogen werden muss, um die Arbeitsabläufe zu optimieren.
3. Tragen Sie in die Skizze die Neubelegung der Artikel ein. Die ABC-Zonen sind farbig zu kennzeichnen. Zusätzlich sollten Sie für jeden Kommissionierplatz eine feste Lagerortnummer vergeben. Die Ebenen über der Kommissionierzone bleiben bei der Nummerierung unberücksichtigt.
4. Herr Heuser möchte Herrn Alefs beim Kommissionieren zusätzlich einsetzen. Beschreiben Sie dazu die bisherige Methode, die von Petra angewendet wird, und stellen Sie die von Herrn Heuser vorgeschlagene Methode gegenüber. Treffen Sie aufgrund der Gegenüberstellung eine Entscheidung, wie in Zukunft im Lager kommissioniert werden sollte.

Auswertungsliste aus der EDV

Nr.	Artikel-kürzel	Weinbezeichnung	Ø Lager-bestand	Verbrauch in Kisten	Lager-umschlag	ABC-Einteilung nach LU	ABC-Zonie-rung nach Verbrauch
1	QW99	Qualitätswein weiß	40	160			
2	QW98	Qualitätswein weiß	50	180			
3	QW97	Qualitätswein weiß	60	200			
4	QW96	Qualitätswein weiß	70	220			
5	QR98	Qualitätswein rot	80	510			
6	QR97	Qualitätswein rot	90	260			
7	QR96	Qualitätswein rot	100	280			
8	QRS01	Qualitätswein rose	110	300			
9	QRS00	Qualitätswein rose	120	320			
10	K99	Kabinett	60	180			
11	K00	Kabinett	50	170			
12	K01	Kabinett	80	560			
13	S96	Spätlese	30	150			

Nr.	Artikel-kürzel	Weinbezeichnung	Ø Lager-bestand	Verbrauch in Kisten	Lager-umschlag	ABC-Einteilung nach LU	ABC-Zonie-rung nach Verbrauch
14	S95	Spätlese	20	140			
15	S94	Spätlese	10	130			
16	S93	Spätlese	250	1 000			
17	A95	Auslese	230	890			
18	A94	Auslese	210	900			
19	A93	Auslese	190	670			
20	A92	Auslese	170	560			
21	WH99	Weißherbst	150	850			
22	WH98	Weißherbst	130	340			
23	WH97	Weißherbst	110	700			
24	WH96	Weißherbst	90	120			
25	WH95	Weißherbst	70	90			
26	WH94	Weißherbst	120	600			
27	WH93	Weißherbst	38	96			
28	PW01	Perlwein weiß	36	92			
29	PW00	Perlwein weiß	34	88			
30	BW00	Bordeaux weiß	80	560			
31	BW99	Bordeaux weiß	30	80			
32	BW98	Bordeaux weiß	28	99			
33	BW97	Bordeaux weiß	26	72			
34	BW96	Bordeaux weiß	50	112			
35	BW95	Bordeaux weiß	550	1 150			
36	EW90	Eiswein	5	12			
37	EW89	Eiswein	4	11			
38	EW88	Eiswein	3	10			
39	EW87	Eiswein	2	9			
40	WL00	Weißwein light	900	10 090			
41	WL99	Weißwein light	880	1 000			
42	WL98	Weißwein light	860	900			
43	WL97	Weißwein light	840	800			
44	RT00	Rotwein Tafelwein	140	1 800			
45	RT99	Rotwein Tafelwein	800	600			
46	RT98	Rotwein Tafelwein	780	500			
47	RT97	Rotwein Tafelwein	760	1 400			
48	RT96	Rotwein Tafelwein	120	300			

Aufgabe 1

In der oben genannten Situation hat Petra die Artikel fortlaufend nach Gruppen sortiert. Begründen Sie, unter welchen Umständen diese Art der Lagergestaltung sinnvoll wäre.

Aufgabe 2

Kreuzen Sie zu folgenden Aussagen über die auftragsorientierte, **serielle** Kommissionierung die richtigen Antworten an.

- ☐ Die auftragsorientierte, serielle Kommissionierung eignet sich besonders für kleine Lager.
- ☐ Der Begriff „seriell" ist gleichbedeutend mit „der Reihe nach".
- ☐ Die auftragsorientierte, serielle Kommissionierung eignet sich besonders für hohe Umschlagsraten.
- ☐ Die auftragsorientierte, serielle Kommissionierung ist für Aushilfen schwierig zu verstehen.
- ☐ Die auftragsorientierte, serielle Kommissionierung braucht eine hohe organisatorische Vorbereitung.

Aufgabe 3

Die Interlogistik bietet als einen besonderen Service für das Weinsortiment eine Auftragsabwicklung innerhalb von sechs Stunden an. Gerade Restaurants stellen erst im Laufe des Vormittags Engpässe bei bestimmten Weinen fest. Herr Heuser hat jedoch festgestellt, dass die Eilaufträge durch die auftragsorientierte serielle Kommissionierung zeitaufwendig sind. Er beschließt, für diesen Service drei Kommissionierer im Weinlager einzusetzen. Skizzieren Sie den Materialfluss vom Eilauftrag bis zum Versand in der Kommissionierzone.

Aufgabe 4

Acht Kommissionierer benötigen für die Kommissionierung von 125 Aufträgen zwei Tage, wenn täglich 8,5 Stunden gearbeitet wird. Berechnen Sie, wie lange sechs Kommissionierer für 158 Aufträge benötigen, wenn täglich eine Stunde mehr gearbeitet wird.

Aufgabe 5

Ordnen Sie die nachfolgenden Abbildungen den Erklärungen zu. Tragen Sie dazu die Kennziffer der Abbildungen in das Kästchen ein.

- ☐ Der Kommissionierer erhält bei der auftragsorientierten seriellen Kommissionierung einen Kundenauftrag (Kommissionierliste). Anhand dieser Unterlagen stellt er im Lager die Artikel der Kommission (des Auftrags) der Reihe nach (seriell) zusammen.
- ☐ Der Auftrag wird bei der auftragsorientierten parallelen Kommissionierung nach Lagerbereichen intern aufgeteilt. Der Auftrag wird in allen Lagerbereichen parallel – also gleichzeitig – kommissioniert und anschließend zu einem Kundenauftrag zusammengeführt.

Abbildung 1

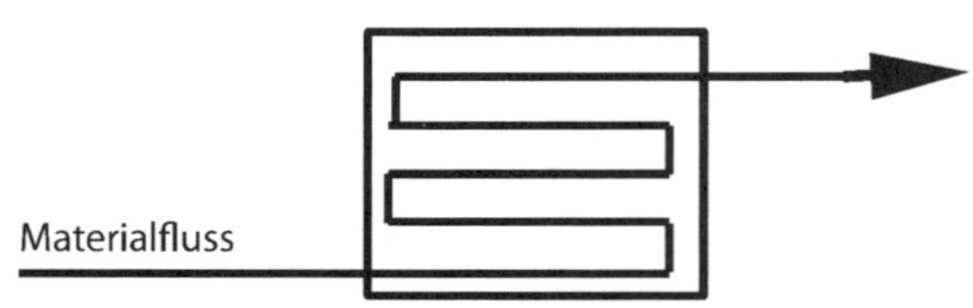

Abbildung 2

Aufgabe 6

Petra ist ins Grübeln gekommen. Beim Kommissionieren ist ihr aufgefallen, dass sie teilweise mehrere Aufträge hintereinander bearbeitet hat, die bezüglich der Artikel sehr ähnlich waren. So hat sie z. B. viermal hintereinander den gleichen Schnelldreher kommissioniert und ist deshalb viermal den gleichen Weg gegangen. Sie hat die Idee, die Aufträge mit den gleichen Artikeln zusammenzufassen. Erklären Sie Petra, wie man diese Kommissioniermethode nennt und zeigen Sie ihr die Vor- und Nachteile auf.

Aufgabe 7

Kreuzen Sie zu folgenden Aussagen über die auftragsorientierte, **parallele** Kommissionierung die richtigen Antworten an.

☐ Die auftragsorientierte, parallele Kommissionierung eignet sich besonders für große Aufträge.

☐ Der Begriff „parallel" ist gleichbedeutend mit „gleichzeitig".

☐ Die auftragsorientierte, parallele Kommissionierung führt nicht zu einer schnellen Reaktionszeit im Lager.

☐ Die auftragsorientierte, parallele Kommissionierung eignet sich für Artikel, welche eine unterschiedliche Lagerform benötigen.

☐ Die auftragsorientierte, parallele Kommissionierung verlangt umfangreiche organisatorische Vorbereitungen.

Aufgabe 8

Führen Sie eine ABC-Analyse für die Maximus GmbH mithilfe der unten stehenden Informationen durch. Die Produkte sollen in ein Fachbodenregalsystem einsortiert werden. Kriterium bei der Fächerbelegung ist der kürzeste Weg vom Kommissionierzentrum.
Folgende Daten können aus dem Rechnungswesen bezogen werden.

	A	B	C	D
1	**Produkt**	**Anfangsbestand**	**Endbestand**	**Zugänge**
2	Silber-Besteck	50	78	112
3	Edelstahl-Besteck	80	48	133
4	Edelstahl-Topf	90	45	155
5	Kaffee-Service	50	23	456
6	Einmachgläser	63	5	789
7	Schere	85	2	521
8	Weckringe	94	5	563
9	Weingläser-Set	85	99	789
10	Anti-Staub-Tuch	52	87	526
11	Wäscheklammer-Beutel	56	45	22

Folgende Anteile dienen zur Einteilung in die ABC-Gruppen:

Lagerumschlag	größer gleich 20	A Zone
Lagerumschlag	größer gleich 12 und kleiner 20	B Zone
Lagerumschlag	kleiner 12	C Zone

Ermitteln Sie anhand der Zahlen, welche Produkte in die einzelnen Zonen einsortiert werden.

	A	B	C	D	E	F	G	H
1	**Produkt**	**Anfangs-bestand**	**Endbe-stand**	**Zugänge**	**Durchschn.**	**WE**	**Lagerum-schlag**	**Gruppie-rung**
2	Silber-Besteck	50	78	112				
3	Edelstahl-Besteck	80	48	133				
4	Edelstahl-Topf	90	45	155				
5	Kaffee-Service	50	23	456				
6	Einmachgläser	63	5	789				
7	Schere	85	2	521				
8	Weckringe	94	5	563				
9	Weingläser-Set	85	99	789				
10	Anti-Staub-Tuch	52	87	526				
11	Wäscheklammer-Beutel	56	45	22				

Aufgabe 9

In der Interlogistik-GmbH wird vor dem Kommissionieren der Kommissionierwagen vorbereitet. Dafür werden die Kundenaufträge von bis zu 50 Kunden gesammelt. Dann wird anhand der Bestellung ausgerechnet, wie viel Platzbedarf die Artikel der einzelnen Kunden im Kommissionierwagen benötigen. Dementsprechend wird dann ein Fach gesetzt. Beim Kommissionieren pickt der Mitarbeiter dann aus einem Fachbodenregal z. B. 5-mal den gleichen Artikel und ordnet diesen dann den einzelnen Fächern/Kunden zu.

Kreuzen Sie an, wie diese Kommissioniermethode genannt wird.

- ☐ Auftragsorientierte serielle Kommissionierung
- ☐ Auftragsorientierte parallele Kommissionierung
- ☐ Serienorientierte serielle Kommissionierung
- ☐ Serienorientierte parallele Kommissionierung

Aufgabe 10

Im Lager der Interlogistik müssen auch Eilaufträge bearbeitet werden. Um die Kunden nicht zu lange warten zu lassen, überprüft man, ob eine Änderung der Kommissioniermethode einen wesentlichen Zeitvorteil erbringt. Die Geschäftsleitung ist nur bereit umzustellen, wenn die Zeitersparnis mehr als 60 % beträgt.

Für mehrere Kundenaufträge wurden in der untenstehenden Übersicht die durchschnittlichen Arbeitszeiten pro Lagerzone festgehalten. Pro Lagerzone wird mit einem Kommissionierer gerechnet.

a) Berechnen Sie die durchschnittliche Kommissionierzeit für die auftragsorientierte serielle Kommissionierung.

b) Ermitteln Sie die durchschnittliche Kommissionierzeit, wenn auf die auftragsorientierte parallele Kommissionierung umgestellt wird.

c) Prüfen Sie, ob die Umstellung der Kommissioniermethode der angestrebten Zeitersparnisrate der Geschäftsleitung entspricht.

Zone	Arbeitszeit in Minuten
Kabelbinderlager	4
Fahrradlager	6
Holzlager	9
Baustofflager	2
Steinlager	1

3 Die Bereitstellung bei der Kommissionierung optimieren

Im Weinlager läuft das Geschäft gut. Die Kommissionierung mit ganzen Verpackungseinheiten (VE) hat sich bewährt und die Durchlaufzeiten sind stark gesunken. Neuerdings hat die Verkaufsabteilung jedoch einen Weinpräsentkorb ins Sortiment aufgenommen. Er besteht aus sechs unterschiedlichen Flaschen Wein und ist bunt gemischt. Rot- und Weißweine sind in verschiedenen Jahrgängen vertreten. Hier besteht für die Kunden auch die Möglichkeit, aus den 48 Sorten selbst ein Sechser-Sortiment zusammenzustellen.

Außerdem müssen für potenzielle Kunden verstärkt Musterweine kommissioniert werden. Die Kunden bekommen die Weine über die Weinvertreter kostenlos zugestellt.

Im Kommissionierbereich hat die Neuerung zu chaotischen Verhältnissen geführt. Auf jeder Palette sind Anbrüche gemacht worden, um die Einzelflaschen zu kommissionieren. Drei bis vier Kommissionierer befinden sich teilweise gleichzeitig in den Gängen, sodass es zu Stockungen und Wartezeiten kommt. Auch ist der Glasbruch rapide gestiegen, da auf den Paletten Einzelflaschen stehen und schnell umkippen. Die Durchlaufzeiten sind nach oben geschnellt, die Wegezeiten sind länger geworden und die Stimmung unter den Kommissionierern ist gereizt, da die zugesicherten Prämien für gute Kommissionierleistungen nicht mehr erreicht werden können.

Herr Heuser und Petra setzen sich zusammen und versuchen, die Probleme festzuhalten.

Herr Heuser: „Petra, was ist das für ein Affentheater im Weinlager? Das ist ja nicht mehr mit anzusehen."

Petra: „Dafür kann ich auch nichts. Ich habe das Lager für die Kommissionierung von ganzen Weinkisten konzipiert. Und das klappte prima. Als mich Frau Braun von der Marketingabteilung fragte, ob denn in Ausnahmefällen die Zusammenstellung von Einzelflaschen möglich ist, habe ich zugestimmt. Frau Braun meinte, dass es sich täglich um fünf Kundenaufträge handeln würde. Aber Realität sind täglich 50 Aufträge. Das natürlich zusätzlich zu den normalen Aufträgen mit ganzen VE ..."

Herr Heuser: „Hat sich Frau Braun denn schon mal hier blicken lassen?"

Petra: „Nein, die meldet sich nur telefonisch. Gerade eben hat sie wieder angerufen und fünf neue Eilaufträge durchgegeben für ein Kundenmeeting heute um 14:00 Uhr."

Herr Heuser: „Das kann so nicht weitergehen. Wir werden die Kommissionierung für Einzelflaschen aus der vorhandenen Kommissionierzone herausnehmen. Dafür gibt es bessere Systeme. Von der Geschäftsleitung habe ich auch schon grünes Licht. Der Nachbarraum wird umgerüstet. Das ist das alte Archiv. Dort steht noch ein komplettes Verschieberegal, das wir nutzen könnten. Sie prüfen das mal. Aber wir können uns auch für eine neue Lagertechnik entscheiden. Geld ist da. Und der Geschäftsleitung ist daran gelegen, dass die Abläufe wieder funktionieren."

Petra: „Das heißt, wir könnten auch ein neues Regal kaufen?"

Herr Heuser: „Ja, wenn uns das behilflich ist. Das müssten wir aber der Geschäftsleitung begründen. Fertigen Sie mal als Diskussionsgrundlage eine Dokumentation an. Beschränken Sie sich dabei nicht nur auf das vorhandene Verschieberegal, sondern auch auf eine Umlaufregalanlage oder ein Durchlaufregal. Vielleicht können wir in diesem Zusammenhang auch einen Arbeitsplatz für Frau Gelka schaffen, die gerne von der Abteilung Verkauf/Marketing in unsere Abteilung wechseln möchte."

Petra: „Ist Frau Gelka nicht die, die im Frühjahr den Autounfall hatte und jetzt im Rollstuhl sitzt?"

Herr Heuser: „Ja, und sie hat sich intern bei uns beworben, da in ihrer jetzigen Abteilung Frau Hauck aus ihrer Elternzeit zurückkommt und ihren alten Arbeitsplatz wieder einnehmen möchte. Frau Gelka hatte nur einen befristeten Arbeitsvertrag."

Petra: „Dann soll der Chef den Vertrag doch einfach auslaufen lassen."

Herr Heuser: „Von der Geschäftsleitung habe ich aber erfahren, dass Behinderte bevorzugt eingestellt werden bzw. – wie im Fall von Frau Gelka – angestellt bleiben sollen, sonst ist ein Ausgleich zu zahlen. Außerdem können wir noch Mitarbeiter und Mitarbeiterinnen im Lager brauchen. Frau Gelka würde gut in unser Team passen."

Arbeitsauftrag

Entwerfen Sie ein Konzept zur Umgestaltung des Kommissionierlagers.

1. Erstellen Sie eine Liste, in der Sie die Probleme aufführen, die sich durch die Kommissionierung mit Einzelflaschen ergeben haben.
2. Entwerfen Sie für Petra die Dokumentation zur Neugestaltung des Lagers in Tabellenform. Verwenden Sie dafür die Vorlage auf Seite 154. Bewerten Sie anschließend die Regale auf ihre Eignung für die Kommissionierung für Einzelflaschen und entscheiden Sie sich begründet für einen Regaltyp.
3. Fertigen Sie eine Skizze Ihres Regals an und markieren Sie die ABC-Stellplätze. Beachten Sie die Ergebnisse Ihrer ABC-Analyse aus der LS 2. Die Flaschen sind 35 cm hoch und ca. 10 cm breit. Die Maße sollten aus der Skizze erkennbar sein.

Aufgabe 1

Erklären Sie mit eigenen Worten den Begriff „dynamische Bereitstellung" und zeigen Sie jeweils zwei Vor- und zwei Nachteile auf.

Aufgabe 2

Beschreiben Sie zwei Regalarten, die für das Ware-zum-Mann-System nicht geeignet sind.

Aufgabe 3

Bei der statischen Bereitstellung fallen beim Kommissionieren im Vergleich zur dynamischen Bereitstellung bestimmte Tätigkeiten an. Nennen Sie diese Tätigkeiten.

Aufgabe 4

Kommissionierroboter und Kommissionierautomaten werden der maschinellen Bereitstellung zugeordnet. Zeigen Sie die Vor- und Nachteile dieser Bereitstellung auf.

Hilfstabelle für den Arbeitsauftrag 2

	Verschieberegal	Umlaufregalanlage	Durchlaufregal
Aufbau			
Bereitstellung			
Anordnung der Weinflaschen nach ABC-Zonierung			
Antrieb			
Vorteile			
Nachteile			

Aufgabe 5

In der Abbildung ist ein Schachtkommissionierer abgebildet. Erklären Sie, was man unter einem Schachtkommissionierer versteht und beschreiben Sie seine Arbeitsweise.

Aufgabe 6

Kennzeichnen Sie folgende Regalarten mit einer
1. für das Ware-zum-Mann-System,
2. für das Mann-zur-Ware-System.

☐ Durchlaufregal mit automatischem RFZ

☐ Bodenlagerung

☐ Fachbodenregal

☐ Horizontales Umlaufregal

☐ Durchlaufregal mit manuell bedientem RFZ

☐ Hochregallager mit automatischem RFZ

☐ Verschieberegal

☐ Palettenregal

Aufgabe 7

Erklären Sie den Unterschied zwischen einstufiger Kommissionierung und der zwei- oder mehrstufigen Kommissionierung.

Aufgabe 8

Am Wochenanfang befinden sich 784 Stück der zu kommissionierenden Ware im Lagerfach. Im Laufe der Woche ergeben sich folgende Veränderungen:

Wochentag	Zugänge in Stück	Abgänge in Stück
Montag	145	133
Dienstag	157	99
Mittwoch	78	259
Donnerstag	206	304
Freitag	81	174

Bei einer Bestandsüberprüfung zum Wochenende werden 45 fehlerhafte Stücke aussortiert. 35 von Kunden zurückgeschickte Stücke sind noch einzusortieren. Außerdem werden 77 falsch einsortierte Stücke entnommen. Ermitteln Sie unter Angabe des Rechenweges den Lagerbestand am Wochenende.

Aufgabe 9

Helfen Sie Petra bei der Klärung der Personalangelegenheiten, die in der Lernsituation geschildert worden sind.

a) Prüfen Sie die gesetzliche Grundlage zur Kündigung von Mitarbeitern in Elternzeit und von Schwerbehinderten.

b) Inwiefern ist die Aussage der Geschäftsleitung zu deuten, dass es besser ist, Behinderte einzustellen als einen Ausgleich zu zahlen? Untersuchen Sie dazu die gesetzliche Grundlage und überlegen Sie, welches Ziel der Gesetzgeber mit dieser Regelung verfolgt.

4 Kommissionierzeiten und -leistungen optimieren

Es ist Monatsende. Herr Heuser sitzt grübelnd über dem Monatsbericht für die Geschäftsleitung. „Ich verstehe das nicht. Die Lagerkosten sind schon wieder gestiegen. Offensichtlich sind die Personalkosten die Ursache. Die ganzen Überstunden. Dabei hat sich unser Lagersortiment gar nicht verändert. Das einzig Neue ist die Kommissionierung von Einzelflaschen im neuen Weinlager. Ah, hier ist also die Ursache für die gestiegenen Lagerkosten: die Kommissionierkosten. Wenn ich mir die gesamten Kommissionierkosten ansehe und die ins Verhältnis zur Zahl der Kommissionieraufträge setze, dann erhalte ich die Kommissionierkosten je Auftrag. Das ist ja der Hammer! Die sind ja wahnsinnig hoch. Dabei haben die Mitarbeiter und Mitarbeiterinnen nur eine geringe Fehlerquote. Dann stimmt offensichtlich etwas mit der Kommissionierleistung nicht. Dann muss ich wohl doch mal mit der Stoppuhr ins Kommissionierlager gehen und ermitteln, wer wie viel in einer Stunde kommissioniert."

Herr Heuser: „Guten Morgen, Petra. Lassen Sie sich nicht stören, ich werde die nächste Stunde an Ihrer Seite stehen und beobachten, wie viele Kommissionieraufträge für den Wein Sie in einer Stunde schaffen. Gleichzeitig werde ich die Zeit mit der Stoppuhr messen, die Sie zum Kommissionieren dieses Auftrags brauchen. Beachten Sie mich gar nicht. Viel Erfolg!"

Petra: „Aber Herr Heuser, ich kann Ihnen auch so sagen, wie viel ich in einer Stunde schaffe."

Herr Heuser: „Ich weiß. Mir ist aber aufgefallen, dass unsere Kommissionierleistung zu gering ist und ich will wissen warum. Deshalb werde ich jeden Mitarbeiter und jede Mitarbeiterin mal beobachten. Sind Sie bereit? Dann ... los!"

Petra legt los. Sie greift nach dem Kommissionierbeleg und denkt: „Hier sollte unbedingt etwas geändert werden. Immer muss ich mir aus dem System erst mal den Stellplatz im Lager raussuchen. Nur weil der Beleg nach Artikelnummern sortiert ist! Das kann doch nicht so schwer sein, dies zu ändern!"

Nachdem sie alle Stellplätze ermittelt hat, gibt es auch schon das erste Problem: Wo ist denn der Hubwagen? Dann fällt ihr ein, dass Klaus ihn sich bestimmt wieder ausgeliehen und dann im Versand stehen gelassen hat. „Und das ausgerechnet heute!", murmelt sie.

Dann legt sie los. In kurzer Zeit hat sie schon vier Positionen des Kommissionierauftrags abgearbeitet. Sie ist stolz auf sich. Jetzt ist der Eiswein an der Reihe. Dafür braucht sie allerdings eine Leiter, auch wenn sie sie nicht gleich aufstellen kann. Vorher muss sie noch die Paletten beiseite räumen, die im Weg stehen. Dabei wird unheimlich viel Staub aufgewirbelt und sie muss niesen. Sie muss sich erst mal ein Taschentuch aus dem Pausenraum holen. „Mist, heute geht auch alles schief." Und dann ist auch noch die Lagerfachkennzeichnung ab. Sie muss das entsprechende Fach erst suchen. Schließlich findet sie endlich den Eiswein. Sie braucht nur zwei Flaschen. „Für zwei Flaschen der ganze Aufwand und einen Anbruch bilden muss ich auch noch! Das kann doch nicht wahr sein: Hier liegen ja noch die ganzen leeren Verpackungen von anderen Anbrüchen rum. Toll, der Azubi wird es schon wegräumen."

Petra ist erleichtert, sie ist endlich bei der letzten Position und sie weiß ganz genau, wo dieser Artikel steht. Am Fach angekommen: „Das kann doch nicht wahr sein! Das Fach ist leer!" Sie ruft im Büro an und erkundigt sich, was mit dem Artikel ist. Denn sie hat vor zwei Tagen schon Bescheid gesagt, dass der Artikel nachbestellt werden muss. Nach einiger Zeit erfährt sie, dass der Artikel aufgrund von Lieferschwierigkeiten erst morgen geliefert wird.

Petra: „Herr Heuser, es tut mir leid. So arbeite ich eigentlich nicht. Können Sie nicht heute Nachmittag zum Stoppen wiederkommen? Sie haben jetzt ein schlechtes Bild von mir!"

Herr Heuser: „Nein, nein, Petra, Sie haben mir sehr geholfen. Sie haben mir gezeigt, dass im Kommissionierlager einiges verbesserungswürdig ist. Bevor wir das nicht im Griff haben, mache ich gar keine Messungen mehr!
Sie haben 18 Minuten für die Zusammenstellung von fünf Positionen Wein gebraucht. Für die Kommissionierung in einem Fachbodenregal ist das eine schwache Leistung. Ich erkenne auch, dass das nicht Ihre Schuld ist. Setzen wir uns zusammen und halten die Engpässe fest."

Arbeitsauftrag

Analysieren Sie die Kommissionierprobleme und zeigen Sie praktikable Lösungsansätze auf. Halten Sie die Ergebnisse der folgenden Arbeitsaufträge in einer Tabelle fest.

1. Zeigen Sie die Probleme auf, mit denen Petra bei der Kommissionierung zu kämpfen hat.
2. Erläutern Sie, auf welche Bestandteile der Kommissionierzeit sich diese Probleme auswirken.
3. Entwickeln Sie für jedes Problem je einen Verbesserungsvorschlag, der dazu beiträgt, die Kommissionierzeit insgesamt zu verkürzen.
4. Berechnen Sie die Kennziffer für die Kommissionierleistung, indem Sie die Positionen pro Stunde berechnen. Vergleichen Sie das Ergebnis mit den Durchschnittswerten für Kommissionierleistungen (Positionen pro Mitarbeiter/-in und Stunde).

Problem	Auswirkung auf	Verbesserungsvorschlag

Aufgabe 1

Nachdem das Kommissionierlager neu organisiert wurde und die entsprechenden Probleme beseitigt worden sind, schafft Petra es, jede Position in durchschnittlich 30 Sekunden zu kommissionieren.

a) Bestimmen Sie die Kommissionierleistung.
b) Erklären Sie, was die Kommissionierleistung in diesem Fall ausdrückt.
c) Begründen Sie, welche Rolle das Betriebsklima und die persönliche Einstellung/Motivation des Kommissionierers zu seiner Arbeit im Hinblick auf die Kommissionierleistung bzw. Kommissionierzeiten spielen.

Aufgabe 2

Stellen Sie fest, wovon die Kommissionierleistung **nicht** abhängt.

- ☐ Von der Kommissioniermethode
- ☐ Von den eingesetzten Fördermitteln
- ☐ Vom Kommissioniersystem
- ☐ Vom Auftragsumfang
- ☐ Vom Wert der Güter

Aufgabe 3

Beschreiben Sie, anhand welcher Kennzahlen sich die Kommissionierleistung beurteilen lässt. Nennen Sie mindestens zwei Beispiele aus Ihrem Betrieb.

Aufgabe 4

a) Ordnen Sie zu, um welche Zeit es sich im jeweiligen Fall handelt:
Totzeit, Greifzeit, Basiszeit, Verteilzeit, Wegzeit

Zeit für das Aufnehmen und Ordnen der Kommissionierbelege	
Zeit für den Gang von einem zum anderen Lagerfach	
Zeit für den Gang zur Toilette	
Zeit für das Entnehmen des Artikels aus dem Regal	
Zeit für Beschriftungen, Vergleiche und Suchvorgänge	

b) Nennen Sie je eine Maßnahme, die geeignet ist, die jeweilige Zeitart zu verkürzen.

Basiszeit	
Wegzeit	
Greifzeit	
Totzeit	
Persönliche Verteilzeit	
Sachliche Verteilzeit	

Aufgabe 5

Die Interlogistik GmbH beschließt, auf beleglose Kommissionierung umzustellen. Erläutern Sie, welche Zeitarten dadurch verkürzt werden können.

Aufgabe 6

a) Entscheiden Sie, ob es sich um persönliche oder sachliche Verteilzeit handelt.
(1) persönliche Verteilzeit (9) sachliche Verteilzeit

- ☐ Mitarbeiter/-in liest in einer nicht einsehbaren Ecke des Lagers in einer Zeitung.
- ☐ Aufgrund eines Papierstaus beim Etikettendrucker wartet ein Mitarbeiter im Versand auf weitere Kartons.
- ☐ Weil gleich Feierabend ist und der Mitarbeiter keinen neuen Auftrag mehr anfangen will, fegt er die Halle.
- ☐ Aufgrund einer verspäteten Bestellung sind keine Leerkartons mehr vorhanden.
- ☐ Mitarbeiter/-in wartet auf eine Stellplatzinformation des Lagerbüros.

b) Überlegen Sie, durch welche Maßnahmen die persönliche und sachliche Verteilzeit minimiert werden können. Machen Sie je zwei Verbesserungsvorschläge.

Aufgabe 7

a) Herr Heuser ermittelte, dass bei 8 000 Kommissioniervorgängen 200 Kommissionierfehler gemacht wurden. Stellen Sie die Fehlerquote fest.

b) Bei der Interlogistik betragen die Kommissionierkosten in einer Rechnungsperiode 120 000,00 €. In dieser Zeit wurden 4 000 Kommissionieraufträge bearbeitet. Berechnen Sie die durchschnittlichen Kosten pro Auftrag.

c) Die Betriebskosten pro Stunde betragen 65,00 €. In einer Stunde können 260 Positionen gegriffen werden. Bestimmen Sie die Kommissionierkosten je Position.
d) In einer anderen Rechnungsperiode wurden 45 000 Positionen für 6 000 Kundenaufträge kommissioniert. Stellen Sie fest, wie viele Positionen die Kundenaufträge im Durchschnitt hatten.
e) Überlegen Sie, welche Aussagekraft die gerade ermittelten Kennzahlen haben.

Aufgabe 8

a) Ermitteln Sie die Kommissionierzeit eines Auftrags anhand folgender Angaben:
Basiszeit 3 Minuten, durchschnittliche Wegzeit 1 Minute pro Position, durchschnittliche Totzeit 1 Minute pro Position, persönliche Verteilzeit 7 Minuten, durchschnittliche Greifzeit 30 Sekunden pro Position. Für diesen Auftrag sind 14 Positionen abzuarbeiten.
b) Nennen Sie drei mögliche Gründe für die Dauer der obigen Verteilzeit.

Aufgabe 9

a) Beurteilen Sie den Einsatz von Leitern hinsichtlich der Ergonomie und der Arbeitssicherheit.
b) Kreuzen Sie an, welche Empfehlungen Sie beim Einsatz von Leitern beachten müssen.

- [ ] Bei beidseitig begehbaren Leitern muss auch die oberste Sprosse bestiegen werden.
- [ ] Bei Arbeiten auf der Leiter nicht seitlich hinauslehnen.
- [ ] Leitern nur auf rutschsicheren Böden aufstellen.
- [ ] Auf jeden Fall eine Gummimatte als Rutschhindernis verwenden.
- [ ] Von Stehleitern aus nicht auf Bühnen oder andere höher gelegene Plätze steigen.
- [ ] Erdspitzen auf gewachsenem Boden verwenden.
- [ ] 150 kg maximale Belastung beachten.

Aufgabe 10

Herr Heuser ist mit den Verbesserungsvorschlägen im Kommissionierbereich zufrieden, die Kommissionierleistung ist gestiegen. Hauptproblem ist allerdings nach wie vor der Zeitverlust im Bereich der Verteilzeit. Nach reiflicher Überlegung entschließt er sich, ein Prämiensystem einzuführen, um die Leistungen im Kommissionierbereich weiter zu steigern. Er beauftragt Petra damit, ein Konzept zur Umsetzung zu entwickeln. Ihre erste Aufgabe ist es, folgende Aspekte in einem Bericht zusammenzufassen:

- Ziele der Prämienzahlung
- Umsetzung (Wer soll die Prämie erhalten?)
- Grundlagen der Berechnung für die Prämie
- Probleme, die sich mit der Prämienzahlung ergeben könnten

Fertigen Sie für Petra den Bericht an.

Aufgabe 11

Situation aus Petras Privatleben

Freitagmittag, 12:30 Uhr: Petra Meyer hat es eilig: Sie hat genau 30 Minuten Mittagspause vor sich und möchte in dieser Zeit zum 1 km entfernten Supermarkt und zurück fahren, um dort für den monatlichen „Frauenabend" mit vier Freundinnen einzukaufen – heute ist sie die Gastgeberin. Ärgerlich dabei ist, dass Petra erst am Morgen erfahren hat, dass heute besonders viele Aufträge zu kommissionieren sind und sie daher vor 18:00 Uhr nicht aus dem Betrieb kommt, während die Damen bereits um 18:30 Uhr wie gewohnt eintreffen werden – also zeitgleich mit Petra, die täglich mit 30 Min. Fahrtzeit auf dem Heimweg von Duisburg nach Oberhausen zu rechnen hat.

Zum Glück hat sie den Einkaufszettel beim Frühstück nochmals auf Vollständigkeit überprüft; sie ist sicher, dass sie nichts vergessen hat. Nebenstehendes hatte Petra notiert:

5 Kalbsschnitzel
500 g Champignons
3 Flaschen Rotwein (Sonderangebot)
2 Becher Sahne
1 Bund Petersilie
2 x 500 g Nudeln
1 Packung Erdbeereis
1 Packung Papierservietten
1 Kiste Mineralwasser medium
2 x Salzstangen

Als Petra nach dem Einkauf abgehetzt wieder im Auto sitzt, denkt sie sich, dass sie beim Einkaufen eigentlich nichts anderes getan hat als bei ihrer neuen Tätigkeit in der Kommissionierhalle. Nur, dass sie am Ende für die eingesammelten Waren bezahlen musste! Jetzt befürchtet sie, nicht mehr rechtzeitig zurück zur Interlogistik zu kommen, denn folgende Ereignisse haben ihre Einkaufszeit unnötig in die Länge gezogen:

a) Sie hatte keinen Einkaufschip und auch keine 1-Euro-Münze dabei; also musste sie erst einmal Geld wechseln für den Einkaufswagen.
b) Dann hatte sie noch den Einkaufszettel im Auto liegen lassen, also nochmals zurück.
c) Petra ist unnötig weite Wege gelaufen, weil sie den Einkaufszettel der Reihe nach abgearbeitet hat.
d) Weil es im Bereich der Kühltheke so kalt war, musste Petra dreimal heftig niesen und erst mal in der Handtasche wühlen, um ein Taschentuch zu finden.
e) Die Packung Erdbeereis konnte sie kaum herausnehmen, sie war zwischen anderen Eissorten festgefroren.
f) Fünf Minuten musste Petra an der Fleischtheke auf die frisch eingetroffenen Kalbsschnitzel warten.
g) Zwei weitere Minuten hat es gedauert, bis sie eine ehemalige Nachbarin loswerden konnte, die sie in ein längeres Gespräch verwickeln wollte.
h) Dreimal ist Petra um das Getränkeregal gelaufen, weil sie das Sonderangebot nicht gefunden hat.
i) Um die Wasserkiste im Einkaufswagen unterzubringen, musste Petra erst alle anderen Waren umschichten.
j) An der Kasse hat sie, wie eigentlich immer, die kürzere Schlange gewählt, aber die längere Wartezeit benötigt.
k) Und schließlich fehlte der Barcode auf den Champignons, sodass die Ware neu ausgewogen werden musste.

Als Petra die Kommissionierhalle genau um 13:19 Uhr wieder betritt, schnauzt Lagerleiter Alefs sie mit einem Blick auf die Uhr an: „Sie haben Ihre Mittagspause ja ordentlich überzogen. Die Zeit können Sie heute Abend nacharbeiten!" Petra ist irritiert: „Wie konnte mir das bloß passieren! Ich hatte doch den Einkauf perfekt geplant. Ich werde mal die Begriffe aus der Kommissionierzeit auf meine Einkaufszeit übertragen. Dann werde ich ja sehen, in welchen Bereichen meine Planung nicht funktioniert hat."

Helfen Sie Petra, die oben genannten Punkte in das Schema auf der nächsten Seite einzutragen.

Die Einkaufszeit setzt sich zusammen aus ...

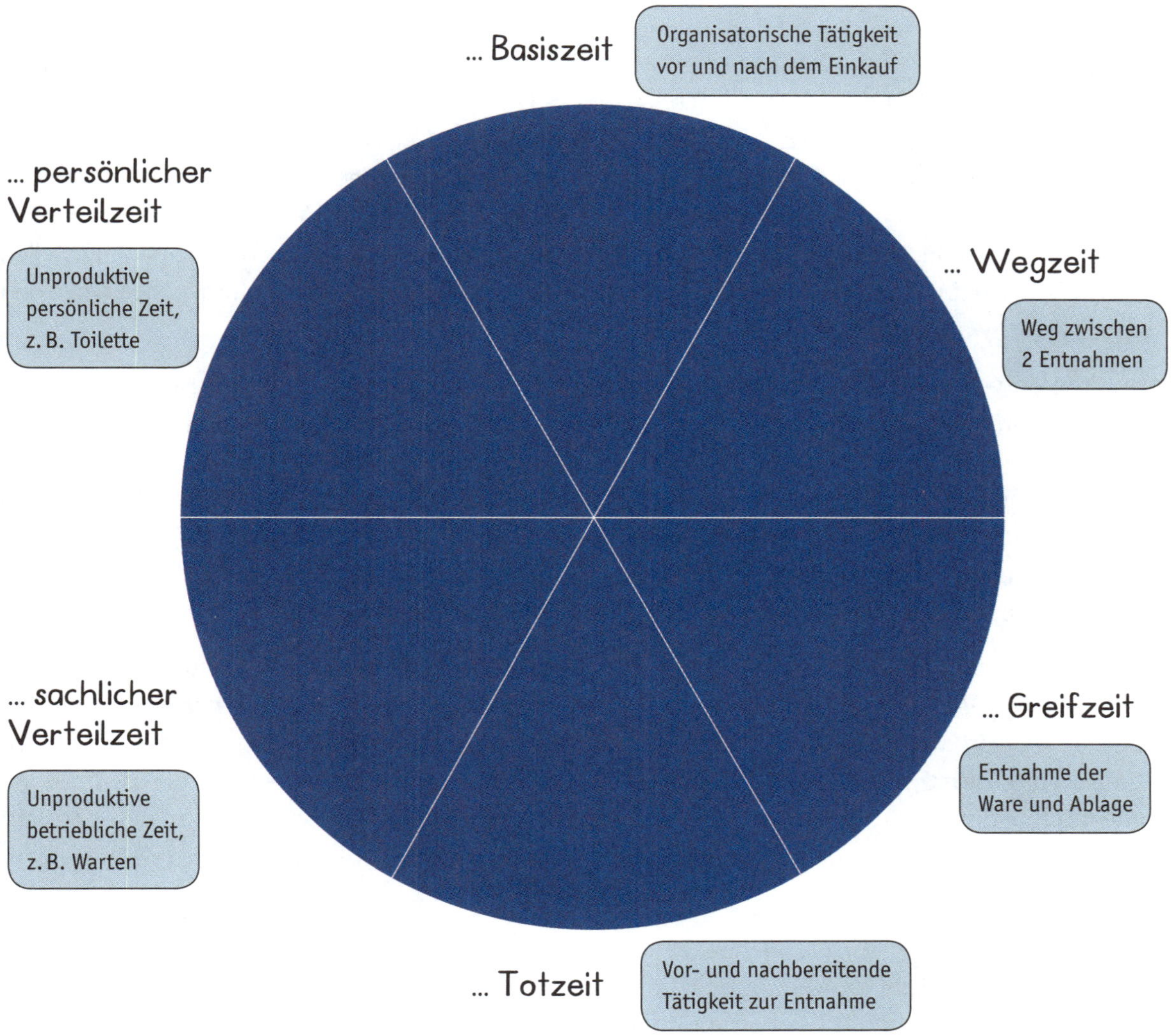

5 Über die Einführung einer beleglosen Kommissioniermethode entscheiden

Die Interlogistik GmbH kommissioniert seit etwa einem halben Jahr Lebensmittel und Spirituosen für den Tankstellen- und Kioskbedarf. Dazu gehören Produkte wie Schokolade, Weingummi, Chips und Erfrischungsgetränke wie z. B. Cola, Limonade, Wasser, Eistee, aber auch Alkoholika wie Bier, Wein, Weinbrand, Schnaps u. Ä. Je nach Kunde wird eine Flasche Cola oder der komplette Kasten kommissioniert bzw. die Tüte Weingummi oder der gesamte Karton. Sowohl die Flasche als auch der Kasten zählen als eine Position. Einige Trinkhallen bestellen nur sechs Artikel pro Woche, große Tankstellen brauchen bis zu dreimal in der Woche 90 und mehr Positionen, sodass das Volumen der einzelnen Aufträge stark schwankt.

Kommissioniert wird von Paletten unter Verwendung von Picklisten und Hubwagen. Der Kunde übermittelt seine Bestellung, und ein Kommissionierauftrag in Form einer Pickliste wird erzeugt. Die Pickliste enthält alle bestellten Artikel des Kunden mit den entsprechenden Lagerplätzen, optimiert nach Wegen. Das heißt, der Picker wird so durch das Lager geleitet, dass er immer nur den kürzesten Weg geht. Das Kriterium kürzester Weg wird allerdings nicht exakt eingehalten, denn aufgrund des Artikelsortiments ist es notwendig, dass schwere Teile, wie Bierkästen und Flaschen, vor leichten, wie Chips oder Kekse, gegriffen werden, die sonst nur als Krümel beim Kunden ankommen würden.

Das Geschäft mit der Tankstellen- und Kioskkommissionierung läuft gut. Jeden Monat werden neue Kunden dazu gewonnen. Auch das Sortiment ist aufgrund von Kundenanforderungen erweitert worden, z. B. um Katzen- und Hundefutter, Konserven mit Fertiggerichten sowie Alkopops. Die zunehmenden Kundenaufträge erfordern vom Kommissionierer immer mehr Erfahrung. Denn um die wachsenden Aufträge rasch bedienen zu können, muss er nicht nur wissen, wo die bestellten Artikel stehen, sondern er muss auch einschätzen können, welches Packmittel für den jeweiligen Auftrag benötigt wird. Andernfalls muss er den gesamten Auftrag in ein größeres Packmittel umpacken, und das kostet Zeit.

So kommt es zu immer mehr Problemen bei der Kommissionierung. Das bewährte Stammpersonal schafft die wachsende Zahl der Aufträge nicht. Zusätzliches Personal musste eingestellt werden, dem aber die nötige Erfahrung fehlt. Der Kommissioniervorgang dauert sehr lange, manchmal wird ein Auftrag erst nach zwei Wochen an den Kunden ausgeliefert. Pickfehler nehmen zu, da die Mitarbeiter/-innen aus Zeitmangel die Lagerplätze nicht sorgfältig genug kontrollieren. Entweder wird das Falsche, gar nichts, zu viel oder zu wenig geliefert. Durch das schnelle Tempo werden viele Artikel bei der Kommissionierung beschädigt. Keiner der Mitarbeiter hat mehr Zeit, das alte Verpackungsmaterial aus den Gängen zu räumen, was zu weiteren Behinderungen führt. Inzwischen kommt der Nachschub nicht mehr schnell genug nach, sodass weitere Fehlmengen die Folge sind. Aufgrund des entstandenen Chaos im Lager ist auch die Zahl der Arbeitsunfälle gestiegen. Bisher hat sich aber noch niemand ernsthaft verletzt.

Petra: „Herr Heuser, bitte drucken Sie mir noch mal eine neue Pickliste aus."

Herr Heuser: „Wo ist denn Ihre?"

Petra: „Die habe ich irgendwo im Lager liegen gelassen und kann sie nicht mehr wiederfinden."

Herr Heuser: „Sie scherzen. Wie kann das denn passieren?"

Petra: „Um einen Artikel zu nehmen, muss ich die Liste weglegen, damit ich beide Hände zum Greifen frei habe. Weil ich die Bestellung für diesen Kunden gut kenne und weiß, wo ich die nächsten Artikel finde und wie viel ich brauche, habe ich offensichtlich irgendwo die Liste liegen gelassen. Das fiel mir aber erst am Ende auf und jetzt bin ich mir nicht mehr sicher, ob ich alles richtig gemacht habe. Deshalb möchte ich es gerne noch mal mit der Liste vergleichen."

Herr Heuser: „Das heißt, Sie haben auch noch viel Zeit damit verschwendet, die Liste zu suchen? Überhaupt ist mir aufgefallen, dass Sie alle immer langsamer kommissionieren. Von den Fehlern sprechen wir lieber gar nicht erst."

Petra: „Das ist doch kein Wunder. Ziehen Sie mal den ganzen Tag den Hub hinter sich her. Wissen Sie eigentlich, wie viele Kilometer wir am Tag so zurücklegen? Und Zeit zur Kontrolle haben wir schon lange keine mehr!"

Herr Heuser: „Ja, schon gut. Sie haben recht."

Sofort sucht Herr Heuser einen der Geschäftsführer, Herrn Schulte, in seinem Büro auf.

Herr Heuser: „Wir müssen unser Kommissionierverfahren dringend der veränderten Auftragssituation anpassen. Die ersten Stammkunden springen schon ab, da es immer häufiger zu Fehlern bei der Kommissionierung kommt und wir zu lange Lieferzeiten haben. Entweder bekommen sie die Ware gar nicht, in der falschen Menge oder verspätet. Und an die wachsende Zahl der Unfälle und Schäden, darf ich gar nicht denken. Meinen Bericht dazu haben Sie sicherlich schon gelesen."

Herr Schulte: „Habe ich. Ich habe mich bereits über die beleglose Kommissionierung informiert. Haben Sie schon mal davon gehört?"

Herr Heuser: „Ja. Hierbei werden die Aufträge nicht auf Listen ausgedruckt, sondern auf ein mobiles Handdisplay überspielt. Das Display zeigt mir dann an, wo ich welchen Artikel in welcher Menge zu greifen habe. Dann wird dieser zur Bestätigung eingescannt und der nächste zu pickende Artikel erscheint im Display. Deutliche Vorteile sehe ich bei dieser Technik nicht, weil die Pickleistung nicht erheblich gesteigert werden kann. Für uns wäre es zusätzlich wichtig, wenn die Kommissionierer beide Hände zum Greifen frei hätten. Bei den schweren Artikeln geht das einfach nicht anders. Erst heute hat Frau Meyer ihre Pickliste irgendwo liegen gelassen. Stellen Sie sich vor, sie würde das Display vergessen."

Herr Schulte: „Stimmt. Schneller kommissionieren können wir mit Handdisplays auch nicht: Ob ich nun eine Liste in die Hand nehme oder das Display, das Ablesen dauert ähnlich lange."

Herr Heuser: „Praktisch wäre so ein Knopf im Ohr, der einem sagt, was man tun muss. Zusätzlich müssen wir elektrische Hubwagen anschaffen. Während ich zum nächsten Lagerplatz fahre, sagt mir eine nette Stimme, wie viel ich greifen muss. So wären in unserem großen Lager sogar die Wege optimal genutzt."

Herr Schulte: „Eine super Idee, Herr Heuser. So eine Technik gibt es, habe ich letzte Woche noch im aktuellen Sonderheft zu ‚Trends in der Kommissionierung' einer Fachzeitschrift gelesen. Moment ... ach hier. Genau: Pick by Voice heißt das Verfahren. Hier bekommen Sie die Anweisungen über ein Headset, und statt zu scannen, bestätigen sie jeden Arbeitsschritt per Sprachcode."

Herr Heuser: „Hört sich gut an. Allerdings könnte ich mir vorstellen, dass so ein Ding auf Dauer ganz schön nervt. Ich meine, nebenbei ein Späßchen unter Kollegen ist dann vorbei, weil man sich auf die Stimme konzentrieren muss. Klar, das kann uns erst mal nur recht sein, aber unmotivierte Mitarbeiter und Mitarbeiterinnen nicht."

Herr Schulte: „Ich könnte mir auch vorstellen, dass der Lärmpegel im Lager die Bestätigung per Sprachcode stört. Wir müssen diese Technik genau prüfen. Sehen Sie mal hier. Dieser Artikel berichtet über eine Kommissionierung mit optischem Signal. Die Kommissionierer stehen an einer Art Förderbandanlage mit Regalfächern darüber. Zu Beginn werden Kartons von den Mitarbeitern und Mitarbeiterinnen mit Barcodes versehen, auf das Band aufgesetzt und gescannt. Jeder Picker arbeitet innerhalb einer genau festgelegten Zone. Wenn ein Karton mit Artikeln bestückt werden soll, die in dieser Zone gelagert sind, so wird er vom System angehalten, an den betreffenden Lagerfächern leuchten Lichter auf und auf der Anzeige daneben steht die zu entnehmende Menge."

Herr Heuser: „Dieses System hört sich auch gut an. Großer Vorteil dabei ist, dass die Kommissionierer einen festen Arbeitsplatz haben, an dem ihnen die Ware und die Versandkartons bereitgestellt werden. Sie sparen Wege und damit Zeit. Die Pickgeschwindigkeit könnten wir so auch steigern. Problematisch könnte der Aufbau des Regals sein, in dem die Artikel gelagert sind. Ich sag' nur Flasche oder Kasten."

Herr Schulte: „Ich würde auch meinen, dass die Mitarbeiter und Mitarbeiterinnen bei dieser Technik schneller ermüden. Dennoch sollten wir das System zunächst gründlich prüfen, bevor wir die Idee verwerfen. Also, informieren Sie sich genauer über die Eigenschaften der beiden Systeme, sodass sich Vor- und Nachteile analysieren lassen. Vielleicht stoßen Sie auch auf Erfahrungsberichte anderer Unternehmen, die diese Techniken schon eingesetzt haben. Erstellen Sie dann als Entscheidungsgrundlage für die übrigen Mitglieder der Geschäftsführung eine Präsentation, die den Ablauf, die Eigenschaften sowie Chancen und Risiken von Pick by Voice und Pick by Light enthält. Geben Sie dann aus Ihrer Sicht eine entsprechende Empfehlung ab. In zwei Tagen ist das Meeting der Geschäftsführung. Ich möchte, dass Sie dazukommen und uns Ihre Empfehlung begründen. Und denken Sie daran, wir werden nur Geld in ein neues System stecken, wenn es uns auch nutzt!"

Arbeitsauftrag

Entwickeln Sie eine Präsentation zur Einführung der beleglosen Kommissioniermethode, die den Mitgliedern der Geschäftsführung als Entscheidungsgrundlage dient.

1. Stellen Sie dabei die Funktionsweisen, Eigenschaften und Merkmale sowie Vor- und Nachteile der beiden Systeme ansprechend und übersichtlich dar.
2. Verfassen Sie eine Empfehlung.

Artikel aus einer Fachzeitschrift

Trends in der Kommissionierung: Hören oder Sehen? – Pick by Voice und Pick by Light

Pick by Voice – Ablauf

Eine neue Form der beleglosen Kommissionierung ist die Pick by Voice-Methode. Hierbei erhält der Kommissionierer seine Kommissionieraufträge über ein Headset. Diesem Headset ist ein sehr kleiner, mobiler Computer zugeordnet, der sich die Aufträge vom Zentralrechner herunterlädt, sobald sich der Kommissionierer an dem Gerät angemeldet und das Kommando zum Herunterladen gegeben hat. Über Headset und per Computerstimme bekommt er zunächst die Information, welches Packmittel in welcher Anzahl für diesen Auftrag benötigt wird. Danach teilt ihm das System mit, zu welchem Lagerplatz er sich begeben soll.

Dort angekommen spricht er die Prüfziffer des jeweiligen Lagerplatzes in das Mikrofon des Headsets. Falls er sich am falschen Platz befindet und somit die falsche Prüfziffer nennt, wiederholt die Computerstimme solange den entsprechenden Lagerplatz bis der Kommissionierer seinen Standort mit der richtigen Prüfziffer bestätigt. Nur wenn er sich am richtigen Stellplatz befindet, teilt ihm das System die zu entnehmende Menge mit. Wiederum bestätigt der Picker durch Ansage der tatsächlich entnommenen Menge diesen Arbeitsschritt. Sofern der Auftrag nicht richtig verstanden wird, kann der Kommissionierer den aktuellen Befehl wiederholen lassen. Durch ein spezielles Sprachtraining kennt das System die unterschiedlichen Sprechgewohnheiten der jeweiligen Mitarbeiter und ermöglicht auch den Dialog in anderen Sprachen. Zudem passt es sich an den herrschenden Lärmpegel im Lager an.

Vorteile

Durch das permanente Bestätigen der jeweiligen Arbeitsschritte sind Kommissionierfehler quasi ausgeschlossen. Klarer Vorteil des Systems ist: kein Ausfüllen eines Beleges und kein Scannen unterbrechen den Arbeitsfluss. Die Pickleistung kann im Durchschnitt bis zu 30 % gesteigert werden. Die Einarbeitung ist in der Regel in 30 Minuten bis maximal einen halben Tag erledigt. Der Mitarbeiter/die Mitarbeiterin hat zudem beide Hände zum Greifen frei und kann sich auf das Handling der Produkte konzentrieren. Arbeitsunfälle nehmen ab. Weil jeder Mitarbeiter/jede Mitarbeiterin über sein/ihr eigenes Terminal und Headset verfügt, ist das gleichzeitige Kommissionieren mehrerer Picker in ein- und derselben Zone jederzeit möglich. Das ergonomisch gestaltete Gerät läuft zuverlässig und ist unempfindlich auch unter rauen Bedingungen von eiskalt, z. B. bei der Kommissionierung von Tiefkühlprodukten, bis dampfend heiß. Beobachtet wurde auch die hohe Akzeptanz der Mitarbeiter bei Arbeiten mit diesem System, die das Gerät als Arbeitserleichterung und Aufwertung ihrer Tätigkeit empfinden.

Durch die Online-Anbindung an den Zentralrechner ist eine Kontrolle der Pickleistung jedes Mitarbeiters/jeder Mitarbeiterin möglich. So bietet sich die Kopplung der Arbeitsleistung an ein leistungsfähiges Prämiensystem an. Die Investitionskosten zahlen sich, je nach Komplexität des Systems, innerhalb von 18 bis 36 Monaten aus, bei insgesamt geringen Wartungskosten.

Merkmale

Pick by Voice ist branchenunabhängig einsetzbar und eignet sich für Bereiche, in denen die Mitarbeiter/-innen für die Handhabung der Produkte beide Hände frei haben müssen. Das ist immer dann der Fall, wenn das Volumen der einzelnen Artikel im Sortiment stark unterschiedlich ist. Insbesondere für Warenlager, die ein umfangreiches Sortiment umfassen und in denen pro Auftrag eine hohe Anzahl von Positionen zu kommissionieren ist, eignet sich Pick by Voice. Denn die Wege lassen sich so optimal zur Kommunikation nutzen und stellen keine verlorene Zeit dar. Durch das hier vorliegende Mann-zur-Ware-Prinzip ist die Kommissionierleistung im Vergleich zu Pick by Light zwar geringer, gegenüber bisherigen Systeme aber um bis zu 30 % höher. Daher lässt sich in der Praxis der Einsatz dieses Systems bei der Kommissionierung von B- und C-Artikeln beobachten. Insgesamt sieht die Branche für das Pick by Voice-System einen großen, wachsenden Markt.

Pick by Light – Ablauf

Bei Pick by Light handelt es sich um eine weitere neue Form der beleglosen Kommissionierung. Hierbei steht der Kommissionierer an einer Art Förderband mit Fachbodenregal als Durchlaufregal für die Nachschubversorgung von hinten. Die Artikelfächer sind mit Signallampen, einem Display und einer Quittiertaste ausgestattet. Die Kommissionierung beginnt mit dem Aufsetzen der zu kommissionierenden Versandkartons auf das Band. Dabei ist jeder Karton mit einem Barcode versehen, der vor dem Aufsetzen gescannt wird. So ist eine eindeutige Identifikation des Kartons jederzeit an jeder Stelle des Bandes möglich. Je nach Länge des Förderbandes werden die Kommissionierbereiche in drei bis vier Zonen eingeteilt, für die jeweils ein Mitarbeiter/eine Mitarbeiterin zuständig ist. Hält ein Karton in einem vorher festgelegten Bereich an, ist der Mitarbeiter/die Mitarbeiterin gefordert, alle in seinem/ihrem Bereich leuchtenden Signallampen zu überblicken. Identifiziert er oder sie ein leuchtendes Signal, schaut er/sie auf das jeweilige Display, das ihm/ihr die zu entnehmende Menge anzeigt. Hat er/sie die geforderte Stückzahl entnommen, quittiert er/sie dies per Tastendruck. Auf diese Weise arbeitet er/sie alle blinkenden Signale ab und schickt den Karton mit einem abschließenden Drücken der Quittungstaste an dem Förderband selbst wieder auf die Reise.

Die Mitarbeiter/-innen an den anderen Zonen des Bandes übernehmen diesen Karton und verfahren in gleicher Weise. Am Ende des Förderbandes wird der Karton an einer Packstation verwogen. Durch dieses Wiegen sollen Mehr- oder Minderentnahmen entdeckt werden. Ist der Karton schwerer als er sein sollte, wird kein Lieferschein ausgedruckt. Der Mitarbeiter/die Mitarbeiterin wird aufgefordert, alle Artikel des Kartons einzeln einzuscannen. Dabei stellt er/sie fest, welcher Artikel zu viel im Karton ist. Schließlich wird er verklebt und zum Versandplatz transportiert. Bis zu zehn Pakete pro Minute können so bedient werden.

Vorteile

Klarer Vorteil dieses Systems ist die hohe Pickleistung (besonders wichtig bei der Kommissionierung von A-Gütern) bei nahezu Null-Fehlerquote. Anbieter dieser Technik argumentieren, dass die Informationsaufnahme über das Auge schneller sei als über das Ohr. Dies kann dazu führen, dass die Arbeits- und Schichtzeiten verkürzt werden. Zudem konnten Unternehmen beobachten, dass ihre Krankenquote durch den Einsatz von Pick by Light sinkt, da die Mitarbeiter/-innen bei der Kommissionierung ergonomischer arbeiten und dadurch körperlich entlastet werden. Z. B. brauchen sie sich bei dieser Tätigkeit nicht mehr zu verdrehen. Je nach Auftragslage kann das benötigte Personal flexibel angepasst werden. Bei wenigen Aufträgen ist ein Mitarbeiter/eine Mitarbeiterin in der Lage, das gesamte Förderband zu bedienen. Wegzeiten werden aufgrund des Ware-zum-Mann-Prinzips eingespart.

Auch bei diesem System ist die Einarbeitungszeit minimal, etwa eine Stunde bis maximal einen halben Tag. Ein weiterer Vorteil liegt in der Realisierung des Pick-Pack-Verfahrens. Die Ware wird direkt in den Versandkarton gepackt und muss nicht mehr umgepackt werden. Die Mitarbeiterakzeptanz ist bei diesem System ebenfalls hoch. Die Online-Verbindung zum Zentralrechner ermöglicht die Aufzeichnung der Pickleistungen, die das gesamte Team am Band betreffen. Die Investitionskosten sind im Vergleich zu Pick by Voice höher. Die laufenden Kosten sind niedrig.

Merkmale

Aus den genannten Vorteilen ergeben sich die Voraussetzungen für die Nutzung von Pick by Light. Es eignet sich insbesondere für ein großes Sortiment mit einem hohen Anteil von Schnelldrehern. Diese müssen wiederum zu einem großen Teil für den Versand in Behältern oder Kartons geeignet sein. Durch das flexibel einsetzbare Personal ist der Einsatz von Pick by Light bei Sortimenten mit stark schwankenden Auftragszahlen ideal. Insgesamt hat sich dieses System am Markt bewährt, ist aber aufgrund seiner besonderen Anforderungen nicht einer so hohen Nachfrage ausgesetzt wie das Pick by Voice-Verfahren.

Fazit

Die unterschiedlichen Bereitstellungsprinzipien bedingen, dass das Voice-System meist in Palettenregallagern mit mittel- bis langsamdrehenden Artikeln eingesetzt wird. Die Einteilung ist also klar: Während Pick by Voice in der Regel dann zum Einsatz kommt, wenn der Kommissionierer beide Hände frei haben muss, von Paletten kommissioniert und daher Wege zurücklegen muss, bietet sich Pick by Light an, wenn es um das schnelle Picken von Päckchen und Kleinartikeln geht.

Quelle: Bildungsverlag-EINS-Archiv

Aufgabe 1

Bringen Sie folgende Schritte der beleglosen Kommissionierung in die richtige Reihenfolge. Beginnen Sie mit Anmelden im System.

- ☐ Suchen einer blinkenden Anzeige
- ☐ Hinbewegen zum Bereitstellort
- ☐ Entnahme quittieren
- ☐ Entnahme des Artikels
- ☐ Anmelden im System
- ☐ Abgabe des Kommissionierbehälters

Aufgabe 2

Erklären Sie, warum bei der beleglosen Kommissionierung die Basiszeit kürzer als bei der beleghaften Kommissionierung ist.

Aufgabe 3

Zeigen Sie Gründe auf, die maßgeblich sind, dass die beleglose Kommissionierung eher in Großbetrieben anzufinden ist.

Aufgabe 4

Pick by Scan

a) Erklären Sie das Pick by Scan-Verfahren.

b) Zeigen Sie auf, warum das Pick by Scan-Verfahren sicher und fehlerfrei ist.

Aufgabe 5

a) Herr Alefs kommissioniert Sanitärzubehör, mit durchschnittlich 480 Aufträgen pro Woche bearbeitet. Aufgrund von Kommissionierfehlern ist es in dieser Woche zu sechs Kundenreklamationen gekommen. Bestimmen Sie die Fehlerquote von Herrn Alefs.

b) Frank Junker kommissioniert ebenfalls Sanitärzubehör mit Pick by Voice. Er kommissioniert in einer Woche durchschnittlich 667 Aufträge. Seine Fehlerquote liegt bei 0,3 %. Geben Sie die Zahl der Kundenreklamationen an.

Aufgabe 6

Erklären Sie die Unterschiede zwischen Pick by Light und Pick by Scan.

Aufgabe 7

a) In immer mehr Unternehmen werden beleglose Kommissionierverfahren eingesetzt. Vervollständigen Sie die nachfolgende Tabelle zu den beleglosen Kommissionierverfahren, indem Sie die benötigten Hilfsmittel eintragen.

Kommissionierverfahren	Benötigte Hilfsmittel
Kommissionierung mit mobilen Datenterminals	
Pick-by-Voice	
Pick-by-RFID	
Pick-by-Barcode/Pick-by-Scan	
Pick-by-Light	
Pick-by-Vision	

b) Entscheiden Sie, für welches der oben genannten Kommissionierverfahren die folgenden Vorteile zutreffen.

Vorteile	Kommissionierverfahren
Wenn der Kommissionierer den Barcode scannt, quittiert er online.	
Studien haben ergeben, dass die Kommissionierleistung im Vergleich zu den anderen Verfahren höher ist.	
Bei diesem Verfahren ist kein technischer Aufwand notwendig, daher ist die Organisation sehr einfach und leicht umzusetzen.	
Erfordert die Kommissionierung zwei freie Hände, lässt sich dieses Verfahren anwenden.	
Ergeben sich Änderungen in der Lagerorganisation, ermöglicht dieses Verfahren die einfachste und flexibelste Umsetzung.	

Lernfeld 6: Güter verpacken

1 Laptoptaschen auf Verpackungsfunktionen prüfen

Herr Schulte, einer der Geschäftsführer der Interlogistik GmbH, sitzt mit Herrn Heuser zusammen und betrachtet das Notebook. Dabei interessiert er sich nicht für die technischen Details des Rechners, sondern für die zwei Verpackungen, die dabei liegen.

Herr Schulte: „Guten Tag, Herr Heuser. Schauen Sie sich mal diese zwei Notebooktaschen an, die habe ich von Frau Steinbach bekommen. Frau Steinbach ist Vertriebsleiterin bei der Firma PC-Direkt und hat Probleme mit der Verpackung der Notebooks."

Herr Heuser: „Das verstehe ich nicht. Die Taschen sehen doch stabil aus. Vor allem der Hartschalenkoffer. Wie soll denn da etwas kaputtgehen? In der Werbung habe ich mal gesehen, dass Koffer so stabil sein können, dass selbst Lkw darüber fahren könnten. Da geht eher der Asphalt kaputt als der Koffer."

Herr Schulte: „Die Werbung kenne ich. Ich glaube aber dennoch, dass an dem Koffer nach der Auslieferung Kratzer, wenn nicht sogar Sprünge sein können. Das würde der Kunde bestimmt reklamieren. Fakt ist, dass Frau Steinbach den kompletten Lager- und Versandbereich für die Notebooks outsourcen wird. Sie hat festgestellt, dass bei jedem fünften Notebook eine Rücklieferung erfolgt ist. Die Gründe für die Reklamationen sind umfangreich. Sowohl Fehlfunktionen der Notebooks aufgrund von Feuchtigkeit als auch aufgerissene Verpackungen, die zu einer Verschmutzung der PC geführt haben."

Herr Heuser: „Für Verpackungen sind ja auch wir die Spezialisten. Wie sollen die Mitarbeiter und Mitarbeiterinnen der Firma PC-Direkt davon Ahnung haben? Die können besser mit dem Verkauf der Notebooks Geld verdienen als mit dem Lagern und Verpacken. Es hat ja auch keinen Sinn, die Taschen bzw. die Hartschalenkoffer neben dem Schutz des Laptops als Transport- und Lagereinheit zu nutzen. Dafür sind die Verpackungen nicht konzipiert. Außerdem verrutschen die Taschen, wenn sie übereinander gestapelt werden. Wenn die Teile dann aus dem Regal fallen, haben sie bestimmt sofort eine Funktionsstörung. Mir wäre es am liebsten, wenn ich eine Blocklagerung umsetzen könnte. Die Notebooks müssen in Pappkartons, am besten in genormte Größen, sodass ich die Teile gut einlagern kann, ohne dass sie ins Rutschen kommen. Auch beim Verladen auf einer Palette hat das Vorteile, damit ich die Packstücke stretchen kann."

Herr Schulte: „Das sieht dann aber im Verkaufsregal nicht gut aus. Ein neutraler Karton aus stabiler Pappe wird den Verkauf nicht fördern. Die Kartons müssen doch bunt und auffallend sein. Sie können doch so hochwertige Produkte nicht in einem braunen Pappkarton anbieten! Das sind keine Produkte für den Reste- oder Lagerverkauf."

Herr Heuser: „Richtig, Herr Schulte, aber im Verkauf ist es natürlich wichtig, dass ein Muster offen ist, mit dem die Kunden alles ausprobieren können. Gekauft wird dann die Originalware im Karton, die der Kunde sich selbst aus dem Regal nehmen kann. Da ist es dann nicht wichtig, eine verkaufsfördernde Verpackung zu haben. Dort steht der Zweck des sicheren Transportes im Vordergrund. Es reicht dann, die wesentlichen Informationen wie Gerätebezeichnung, technische Details, Hersteller usw. aufzudrucken. Viele Kunden legen sowieso keinen Wert auf die Verpackung und sind froh, wenn sie sie an der Kasse in die dafür vorgesehenen Behälter packen können und den Abfall los sind. Oder sie nutzen den stabilen Karton als Sammelbehälter für das Spielzeug der Kinder."

Herr Schulte: „Das soll nicht unser Problem sein. Wir sollen ja die Lagerung und den Versand übernehmen. Den überwiegenden Umsatz macht die Firma PC-Direkt sowieso über das Internet. Die Ware ist dem Kunden bekannt. Er weiß, was er kaufen will, und braucht nicht den PC auszuprobieren. Frau Steinbach will, dass der Kunde möglichst schnell sein Produkt unversehrt geliefert bekommt."

Herr Heuser: „Dann reicht als Kennzeichnung ein Barcode. Und natürlich ein Symbol, das anzeigt, dass man den Karton nicht werfen darf. Mehr kommt auf den Karton nicht drauf. Denn sonst bekommt er noch ‚Füße'".

Herr Schulte: „Gut, dann machen Sie mal die Feinausarbeitung. Ich werde Frau Steinbach dann ein Angebot unterbreiten."

Arbeitsauftrag

Überprüfen Sie die vorliegenden Verpackungen auf ihre Funktionsfähigkeit.

1. Ordnen Sie die aus dem Dialog aufgeführten Aspekte der entsprechenden Verpackungsfunktion zu. Verwenden Sie dazu folgende Tabelle:

Funktionen der Verpackung				
Schutz-funktion	Lager-funktion	Lade- und Transport-funktion	Verkaufs-funktion	Informations-funktion

2. Zeigen Sie auf, warum die oben abgebildeten Taschen nicht als Versandverpackung dienen können und den Funktionen der Verpackung nicht gerecht werden.

Aufgabe 1

Petra benutzt für das Einlagern von Teekannen ins Lager eine Umverpackung, damit die Bruchgefahr reduziert wird. Begründen Sie an diesem Beispiel, dass Verpackungen zu Kosteneinsparungen im Lager führen.

Aufgabe 2

Im Rahmen der Schutzfunktion soll nicht nur die Ware selbst vor Nässe, Licht, Verkratzen usw. geschützt werden, sondern auch die Menschen, die mit der Verpackung hantieren. Beschreiben Sie drei weitere Aspekte.

Aufgabe 3

Als Kritikpunkt an Verpackungen wird angeführt, dass der Verbraucher irregeführt wird. Man spricht von Mogelverpackungen. Zeigen Sie die Problematik an zwei Beispielen auf.

Aufgabe 4

Zeigen Sie an folgender Verpackung für Rauchmelder die Informationsfunktion auf:

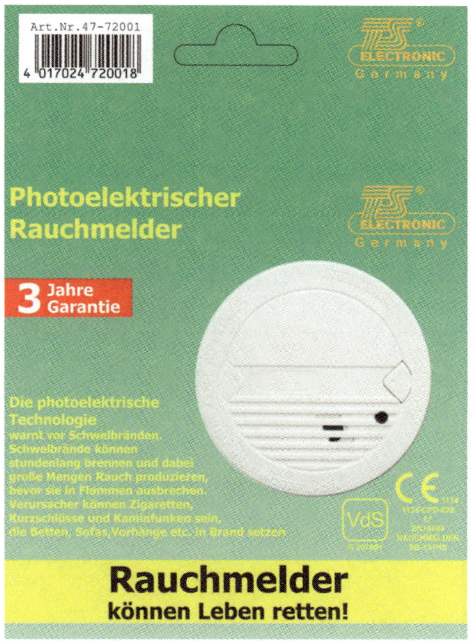

Aufgabe 5

Verpackungen dienen im Einzelhandel auch als Werbeträger. Erläutern Sie diese Aussage anhand von drei Verpackungen.

Aufgabe 6

Um die Waren durch Verpackungskosten nicht zu verteuern, verzichten viele Unternehmungen auf eine Verpackung und übergeben dem Kunden die Ware ohne Verpackung. Erläutern Sie zwei Nachteile, die sich daraus für den Kunden ergeben.

Aufgabe 7

Ordnen Sie zu: 1 = Einwegverpackung
2 = Mehrwegverpackung

- ☐ Europalette
- ☐ Farbeimer
- ☐ Kabelrollen
- ☐ Packpapier
- ☐ Betonkübel
- ☐ Silikontube
- ☐ Weinflasche
- ☐ Bierpfandflasche
- ☐ ISO-Container
- ☐ Honigglas vom Deutschen Imkerbund

Aufgabe 8

Welche Funktion der Verpackung wird in den folgenden Texten beschrieben? Tragen Sie den Namen der Funktion in die zweite Spalte ein.

	Verpackungsfunktion
Die Verpackung verhindert das Eindringen von Bakterien.	
Auf der Verpackung ist ein Gefahrgutsymbol.	
Die Verpackung kann zu Hause als Spielzeugkiste weiterverwendet werden.	
Die Verpackung lässt ausgelaufenes Öl nicht herausdringen.	
Bereits an der Verpackung kann der Kunde das Produkt erkennen.	
Verpackte Ware ermöglicht rationelle Lagereinrichtungen.	
Die genormten Verpackungen führen zu einem geringen Raumbedarf auf dem Transportmittel.	
Durch die Wahl einer neutralen Verpackung wird die Diebstahlsquote gesenkt.	

Aufgabe 9

Ordnen Sie den Aussagen folgende Fachbegriffe zu:

1. Packhilfsmittel
2. Packung
3. Packstück
4. Packmittel
5. Verpackung
6. Packgut

	Ware, die verpackt werden soll.
	Ware und Verpackung zusammen.
	Packmittel + Packhilfsmittel
	Die fertig verpackte Ware, die nun lager- und versandfähig ist.
	Oberbegriff für sämtliches Packmaterial, das zum Verpacken verwendet wird.
	Hilft beim Umschließen der Ware.

Aufgabe 10

Welches Ziel der Verpackungsordnung wird in folgender Bilderfolge angesprochen?

Aufgabe 11

Situation: Einige Mitarbeiter/-innen gaben in ihren Beurteilungsgesprächen an, dass sie nicht über ausreichende Kenntnisse im Verpackungsbereich verfügen. Deshalb sollen für die Mitarbeiter/-innen Ihrer Abteilung Weiterbildungsseminare stattfinden. Ihr Vorgesetzter möchte nun wissen, was die gesamte Maßnahme das Unternehmen kosten wird.

Hinweis

Sämtliche Eingaben werden lediglich im Eingabebereich vorgenommen. Alle Angaben im Ausgabebereich sind formelgesteuert zu ermitteln. Sämtliche Änderungen im Eingabebereich sollen automatisch zu entsprechenden Änderungen im Ausgabebereich führen.

1. Öffnen Sie die Mappe AB Verpackungsseminar.xls.
2. Übernehmen Sie im Ausgabebereich die Namen und die Vergütungsgruppen aus dem Eingabebereich.
3. Wurde im Eingabebereich ein **x** für die Teilnahme an dem entsprechenden Kurs eingegeben, so erscheint im Ausgabebereich ein **Ja**, andernfalls ein **Nein**.
4. Berechnen Sie die Schulungstage der einzelnen Mitarbeiter/-innen und die daraus resultierenden Seminarkosten.

5. Neben den direkten Seminarkosten entstehen Kosten durch die Abwesenheit der Mitarbeiter/-innen, die abhängig sind von der Gehaltsgruppe. Berechnen Sie diese Kosten der Abwesenheit und beziehen Sie sich auf die in der Tabelle gegebene Hilfstabelle.
6. Berechnen Sie die gesamten Schulungskosten, die Summe der Seminarkosten und die Summe der Abwesenheitskosten.

	A	B	C	D	E	F	G	H
1	**Eingabebereich**							
2						Hilfstabelle		
3	Name	Gehalts-gruppe	Teilnahme Verpackungs-seminar	Teilnahme Gefahrgut-verpackungen		Gehalts-gruppe	Monatsgehalt €	
4	Barten	4	x	x		1	1 500,00	
5	Bommel	3	-	x		2	1 800,00	
6	Hussel	2	x	-		3	2 050,00	
7	Meier	4	-	-		4	2 250,00	
8	Müller	1	x	-				
9	Stevens	4	-	x				
10	Witzens	3	x	x				
11								
12	Seminarkosten je Schulungstag in €			180,00				
13	Anzahl Arbeitstage je Monat			20				
14	Dauer Verpackungs-Seminar in Tagen			3				
15	Dauer Gefahrgutverpackungs-Seminar in Tagen			5				
16								
17	**Ausgabebereich**							
18								
19	Name	Gehalts-Gruppe	Teilnahme Verpackungs-seminar	Teilnahme Gefahrgutver-packungen	Schulungs-tage	Seminar-kosten €	Kosten der Abwesenheit vom Arbeits-platz €	Gesamte Schulungs-kosten €
20								
21								
22								
23								
24								
25								
26								

Hinweis

Sie können Wenn-Dann-Sonst-Funktionen addieren:
Syntax: =Wenn(Prüfung;wahr;falsch) + Wenn(Prüfung;wahr;falsch)

2 Beanspruchungen von Verpackungen analysieren

Petra Meyer arbeitet seit einiger Zeit im Wareneingang der Interlogistik GmbH.

Petra: „Herr Alefs, jetzt schauen Sie sich das mal an!"

Herr Alefs: „Das sieht aber nicht gut aus."

Petra: „Das sind die Artikel, die bei der ersten Lieferung fehlten. Heute sind sie nachgeliefert worden, und so habe ich sie vorhin auf der Pritsche gefunden."

Herr Alefs: „Das werde ich gleich Herrn Heuser melden. Er muss dringend unseren Lieferer darauf hinweisen, dass die Sendungen zukünftig besser verpackt werden müssen. Da hätte ja sonst was passieren können."

Petra: „Ich verstehe nicht, wieso der Karton überhaupt kaputt gegangen ist."

Herr Alefs: „Vielleicht hat unser Lieferer eine schlechte oder zu dünne Kartonage verwendet, die den Beanspruchungen einfach nicht standgehalten hat."

Petra: „Aber ich habe mir den Karton genauer angesehen. Der war ausreichend von der Dicke und vom Material her."

Herr Alefs: „Sind Sie sicher? Sie müssen bedenken, dass der Karton schon eine lange Reise hinter sich hat."

Petra: „Ja? Der kommt doch aus Düsseldorf."

Herr Alefs: „Ja, das letzte Stück. Um genau zu sein, vom Düsseldorfer Flughafen bis zu uns. Ursprünglich kommt die Lieferung aus Taiwan und ist per Luftfracht transportiert worden."

Petra: „Geflogen? Ich denke, das ist zu teuer."

Herr Alefs: „Ist es auch. Aber weil der Lieferant die Ware bei der ersten Lieferung vergessen hatte und wir sie dringend für einen Kunden brauchen, hat er sie uns per Flugzeug nachgeschickt. Offensichtlich hält die Kartonage, die er üblicherweise verwendet, die Beanspruchungen des Fluges nicht aus."

Petra: „Ob ein Karton per Seefracht oder Luftfracht verschickt wird, ist doch egal. Die Beanspruchungen sind doch die gleichen."

Herr Alefs: „Sind sie nicht. Bedenken Sie, dass die Güter und ihre Verpackung während der Beförderung im Flugzeug großen Temperatur- und Luftdruckschwankungen ausgesetzt sind. Daneben wirken noch Beschleunigungskräfte sowie Erschütterungen auf die Sendung ein, die nicht mit dem Transport per Seeschiff vergleichbar sind. Dann noch der häufige Umschlag und der Transport im Lkw. Da muss so ein Karton schon einiges aushalten. Sie sehen also, was alles bedacht werden muss beim Verpacken eines Gutes. Packen Sie jetzt bitte die Artikel so um, dass sie die letzte Transportstrecke zu unserem Kunden gut überstehen."

Arbeitsauftrag

Entwerfen Sie eine versandfertige Verpackung für die abgebildete Ware, die den Beanspruchungen auf dem gesamten Transportweg standhält.

1. Überlegen Sie, welchen Beanspruchungen der Karton auf seiner Reise von Taiwan nach Duisburg ausgesetzt war. Beschreiben Sie jeweils zwei Anschauungsbeispiele dazu und erläutern Sie dazu eine passende Gegenmaßnahme. Die Darstellung kann mithilfe folgender Tabelle wahrgenommen werden.

Beanspruchung durch	Anschauungsbeispiele	Gegenmaßnahme
den Fall		
den Schub		
den Stoß		
den Druck		
Rüttelbewegungen und Schwingungen		
das Klima		
Lebewesen		
Diebstahl		

2. Beschreiben Sie Ihre Verpackung und listen Sie alle verwendeten Packmittel und Packhilfsmittel auf.

Aufgabe 1

Benennen Sie die jeweils durch die Schutzmaßnahme angesprochene Beanspruchung.

a) Sicherung durch Holzkeile ______

b) Verstärkte Verpackung ______

c) Sauberkeit beachten ______

d) Festzurren durch Gurte ______

e) Einbau von Luftkissen ______

f) Einbau von Festlegehölzern ______

g) Ware unten oder mittig lagern ______

h) Einrichtung von Verschlusslägern ______

i) Schwere Ware unten lagern ______

j) Spezielle Schutzmittel einsetzen ______

k) Gute Federung des Transportmittels ______

l) Verpackung auf das Land abstimmen ______

Aufgabe 2

Eine ungünstige Punktbelastung führt zu Beschädigungen der Verpackungen.

a) Erklären Sie, den Begriff Punktbelastung und erläutern Sie das Problem anhand von drei Beispielen.

b) Erklären Sie anschaulich, inwiefern verschiedene Maßnahmen als Schutz vor möglichen Schäden dienen können.

Aufgabe 3

a) Beschreiben Sie, welchen Beanspruchungen 4 000 kg Maschinenteile per Seeschiff nach Asien ausgesetzt sind. Beachten Sie die gesamte Transportstrecke ab Werk Aachen bis frei Haus Kalkutta, Indien. Benennen Sie entsprechende Schutzmaßnahmen.

b) Ein hochsensibles Steuerungsaggregat, 80 kg, wird per Flugzeug nach Rio de Janeiro transportiert. Beschreiben Sie, welchen Beanspruchungen dieses Aggregat auf der gesamten Strecke ausgesetzt ist und zählen Sie adäquate Schutzmaßnahmen auf.

Aufgabe 4

Ordnen Sie die Werkstoffe Pappe, Wellpappe, Karton in der Reihenfolge ihrer Stabilität. Beginnen Sie mit dem stabilsten Material.

Aufgabe 5

Steffi ist Auszubildende zur Fachkraft für Lagerlogistik bei der Siemens AG. Sie wird mit der Verpackung eines Schaltschrankes beauftragt. Die Schaltverbindungen bestehen aus Quecksilber, durch starke Schwingungen können die Verbindungen ausgelöst werden. Geschieht dies, ist der Schrank nicht mehr zu verwenden. Entscheiden Sie, durch welche Maßnahme Sie die Wahrscheinlichkeit für das Auslösen der Schaltverbindungen verringern können.

Aufgabe 6

Ordnen Sie folgende Beschreibungen den Symbolen zu.

1. Hier klammern
2. Schwerpunkt
3. Vor Nässe schützen
4. Zulässige Stapellast

Nummer	Symbol	Nummer	Symbol

Quelle: Wiedergegeben mit Erlaubnis des DIN Deutsches Institut für Normung e. V. Maßgebend für das Anwenden der DIN-Norm ist deren Fassung mit dem neuesten Ausgabedatum, die bei der Beuth Verlag GmbH, Burggrafenstraße 6, 10787 Berlin, erhältlich ist.

Aufgabe 7

Kondenswasser im Inneren der Verpackung führt zu Beeinträchtigungen der Warenqualität. Erklären Sie, wie sich Kondenswasser bildet und wie dieses Problem durch die richtige Verpackung beseitigt werden kann.

Aufgabe 8

Die folgende Verpackung hat einen Deutschen Verpackungspreis erhalten. Beschreiben Sie die Besonderheiten.

Aufgabe 9

Pressemitteilung: Innovationspreis Goldene Welle 20..

Felgen Etui

Das Felgen-Etui bietet dem Kunden ein optimales Schutzgehäuse für Felgen. Zusammen mit einer herkömmlichen Faltkiste als Umverpackung schützt sie das Produkt hervorragend, insbesondere auch im Paketversand. Im Gegensatz zu anderen Einlagen (z. B. Styropor) ist das Felgen-Etui sehr leicht recyclebar und benötigt deutlich weniger Lagerplatz als andere Materialien. Bei der Produktion entsteht durch die clevere Konstruktion kaum Abfall, im Gegenteil: Das in der Fläche der Einlage eigentlich nicht benötigte Material wird zum Rand hin mehrfach gekrempelt, sodass das Tray an allen Punkten, an denen die Felge die Einlage berührt, 6-fache Materialstärke erreicht. Das verwendete Material wird also optimal genutzt und wird so im Handumdrehen von einem flach angeliefertem Stanzbogen zu einer extrem stabilen, leicht aufzurichtenden, platz- und kostensparenden Verpackung.

Machen Sie die Begründung der Jury für die Vergabe des ersten Preises an der Verpackung deutlich. Gehen Sie dabei auf folgende Punkte ein:

- Konstruktion
- Versandeignung für KEP-Dienste

Aufgabe 10

In den folgenden Fällen wird die Beanspruchung von Packstücken beschrieben. Von welcher Beanspruchung ist jeweils die Rede?

a) Die Ampel springt auf Rot, sodass der Kleintransporter stark bremsen muss.
b) Ein 20-kg-Getriebe wird nach Brasilien verschickt.
c) Der Praktikant Peter stapelt zehn Monitorpackungen übereinander.

d) Der Kurierdienst fährt eine Stunde über schlechte Straßen, da der Weg kürzer ist.
e) Das Paket steht 30 Minuten auf der Rampe bei strömendem Regen.
f) Der Verpacker vergisst bei elektronischen Teilen Salzbeutelchen mit einzupacken.
g) Der Staplerfahrer fährt zu schnell, sodass ein Packstück angefahren wird.

Aufgabe 11

Stellen Sie fest, was durch die folgende Bilderfolge verdeutlicht werden soll.

Aufgabe 12

Ermitteln Sie unter Verwendung von Formeln und durch Bezüge für die einzelnen Warengruppen

a) den jeweiligen durchschnittlichen Lagerbestand,
b) die jeweilige Umschlagshäufigkeit (auf zwei Stellen nach dem Komma runden),
c) die jeweilige durchschnittliche Lagerdauer (auf zwei Stellen nach dem Komma runden; 1 Jahr = 360 Tage),
d) den jeweiligen Lagerzinssatz, bezogen auf die durchschnittliche Lagerdauer (auf zwei Stellen nach dem Komma runden).

	A	B	C	D	E	F	G
1	Eingabebereich						
2							
3	Warengruppen	01.01.20..	31.03.20..	30.06.20..	30.09.20..	31.12.20..	Wareneinsatz
4	1	150 000,00 €	45 000,00 €	53 000,00 €	46 000,00 €	35 000,00 €	493 500,00 €
5	2	70 000,00 €	69 000,00 €	67 000,00 €	73 000,00 €	65 000,00 €	172 000,00 €
6	3	20 000,00 €	25 000,00 €	33 000,00 €	28 000,00 €	19 000,00 €	200 000,00 €
7	4	14 000,00 €	19 800,00 €	16 000,00 €	17 000,00 €	15 000,00 €	163 600,00 €
8							
9	Bankzinssatz	9,50					
10							
11	Rechenbereich						
12							
13	Warengruppen	Durchschnittl. Lagerbestand	Lagerumschlags-häufigkeit	Durchschnittl. Lagerdauer	Lagerzinssatz		
14	1						
15	2						
16	3						
17	4						

3 Eine Grubberwalze verpacken und die Verpackungskosten bestimmen

Petra: „Hallo, Klaus. Hast du eine Ahnung, wie ich dieses Teil verpacken kann?"

Klaus: „Was ist das überhaupt? Eine Grubberwalze vielleicht … Da kann ich dir auch nicht helfen, frag mal lieber Herrn Heuser, wie die Versandverpackung für dieses Ding aussehen soll."

Petra: „Den kann ich aber nicht finden."

Klaus: „Stimmt, der hat ja heute frei. Dann warte bis morgen."

Petra: „Die Sendung muss heute noch raus. Unverpackt wird sie wohl keiner unserer Transportunternehmer mitnehmen. Außerdem wurde sie von Degener & Lutz bestellt. Wie du weißt, sind die äußerst kleinlich, wenn die gelieferte Ware irgendwelche Kratzer hat. Die verweigern einfach die Annahme."

Klaus: „Aber als der Artikel in unser Lager genommen wurde, muss sie doch versandfertig verpackt gewesen sein?"

Petra: „Das war sie nicht. Soll ich jetzt einen Verschlag bauen?"

Klaus: „Das sollten wir nur machen, wenn es gar nicht anders geht, weil das so teuer ist. Umwickle sie doch einfach mit Lupo."

Petra: „Das bringt doch gar nichts, die zerreißt doch total schnell. Ich verstehe nicht, warum es bei den Verpackungskosten immer so ein Theater gibt. In der Schule habe ich gelernt, dass der Kunde diese Kosten tragen muss."

Klaus: „Das kann nicht stimmen, dann hätten wir deswegen ja nicht ständig Stress mit Herrn Heuser."

Petra: „Da mache ich mich noch mal schlau. Ich könnte die Walze zunächst mit Wellpappe oder Packpapier einschlagen und anschließend mit Folie auf der Palette fixieren, indem ich sie stretche."

Klaus: „Dafür ist das Ding zu schwer."

Petra: „Aber irgendwie muss ich es doch auf der Palette fixieren. Herr Heuser würde jetzt sagen: ‚Die Packung muss mit dem Ladungsträger verbunden sein, damit sie sich beim Transport nicht vom Packmittel löst.'"

Klaus: „Das stimmt. Du könntest die Walze bändern."

Petra: „Meinst du, das hält? Wird der Druck durch das Band dann nicht zu groß und verkratzt den Lack? Verschrauben vielleicht?"

Klaus: „Das könnte gehen. Aber ich muss nun echt weitermachen. Denk nur daran, es mit der Verpackung nicht zu übertreiben, sonst gibt es wieder Ärger wegen der hohen Verpackungskosten."

Arbeitsauftrag

Beschreiben Sie eine angemessene Verpackung für die Grubberwalze.

1. Zählen Sie die dafür benötigten Packmittel, Packhilfsmittel sowie die Arbeitsmittel und Geräte auf und begründen Sie Ihre Entscheidung.
2. Erklären Sie, welche Arten der Verpackungskosten bei Ihrer Verpackungsmöglichkeit entstehen, und ordnen Sie zusätzlich die in Arbeitsauftrag 1 gesammelten Punkte den Kostenarten zu.
3. Ermitteln Sie, wer die Kosten für die Verpackung nach dem Gesetz zu tragen hat. Nennen Sie die entsprechende Rechtsgrundlage und wenden Sie Ihre Ergebnisse auf die Palette mit der Grubberwalze an.

Aufgabe 1

Erklären Sie den Unterschied zwischen einem Packmittel und einem Packhilfsmittel.

Aufgabe 2

Vervollständigen Sie nachfolgende Übersicht, indem Sie zu den jeweiligen Oberbegriffen je drei Beispiele nennen.

Packmittel nach Material

Holz	Karton/Pappe/Papier	Metall/Alu	Kunststoff	Sonstige

Aufgabe 3

Entscheiden Sie, um welches Packmittel aus Holz es sich jeweils handelt.

a) Kiste mit Verstärkerleisten
b) Kiste, die in erster Linie zum Transport von Obst und Gemüse dient
c) Ladeplatte, unterfahrbar, ohne Aufbau
d) Offene Konstruktion aus Holzbrettern/-latten
e) Kiste mit Kopfkranzleisten
f) Palette, die dank dieser Konstruktion zu einer Kiste umgewandelt werden kann
g) Individuelle Anfertigung für schwere Gegenstände

Aufgabe 4

Entscheiden Sie, welches Packmittel aus Holz Sie für die folgenden Packgüter verwenden würden.

a) Zerbrechliche Ware (z. B. Glas)
b) Stapelbare Ware (z. B. Ziegelsteine)
c) Größere (sperrige), schwere Teile

Aufgabe 5

a) Man unterscheidet fünf Arten von Packhilfsmitteln: Schutzmittel, Füllmittel, Verschließmittel, Kennzeichnungsmittel, Aufteilungsmittel. Ordnen Sie diesen fünf Arten folgende Packhilfsmittel zu.

Beispiel	Zuordnung
Holzwolle	
Wellpappe	
Styropor flocken	
Ölpapier	
Draht	
Luftpolsterfolie	
Klebeband	
Kantenschutzstreifen	
Trockenmittel	
Gefache	
Kippindikatoren	
Stretchen	

b) Daneben erfüllen Packhilfsmittel eine weitere wichtige Funktion: Sie schützen das Packgut. Nennen Sie die vier Bereiche, vor denen Packhilfsmittel schützen, und machen Sie die jeweilige Schutzfunktion durch je ein entsprechendes Beispiel deutlich.

Aufgabe 6

Entscheiden Sie, welches Füll- bzw. Schutzmittel bei den folgenden Packgütern am besten geeignet ist.

Packgut	Füll- bzw. Schutzmittel
Computer	
Porzellan	
Bücher	
Textilien	
Glasscheiben	
Konservendosen	

Aufgabe 7

Entscheiden Sie, wer die Kosten für die nachstehenden Verpackungen zu tragen hat.

a) Verkaufsverpackung
b) Umverpackung
c) Versandverpackung

Aufgabe 8

Bei der Herstellung der Verpackung lassen sich die Kosten in drei Gruppen aufteilen. Nennen Sie zu jeder Gruppe zwei Kostenbeispiele.

a) Maschinenkosten
b) Materialkosten
c) Personalkosten

Aufgabe 9

Sie erhalten ein Angebot, in dem steht: „Der Preis je kg beträgt 5,40 €."

a) Bestimmen Sie, mit welchem Gewicht dieser Preis multipliziert werden muss, um den Gesamtpreis zu erhalten. Es liegen keine besonderen vertraglichen Vereinbarungen vor.

b) Beschreiben Sie, was unter vertraglichen Vereinbarungen verstanden wird. Verdeutlichen Sie Ihre Ausführungen an zwei Beispielen.

Aufgabe 10

Zeigen Sie an zwei anschaulichen Beispielen auf, dass man mit dem gezielten Einsatz von Verpackungen Verpackungskosten senken kann.

Aufgabe 11

Die Interlogistik GmbH verschickt die Weinpakete mit einer Spedition. Der Kunde bezahlt an die Interlogistik GmbH den Kaufpreis und die Frachtkosten. Berechnen Sie den Kaufpreis (ohne Mehrwertsteuer) für den Käufer bei folgenden vertraglichen Vereinbarungen:

Preis der Ware:	5,00 € je kg Nettogewicht
Gesamtgewicht des Packstücks:	150 kg
Tara:	2 kg
Kosten der Versandverpackung:	7,50 €

a) Brutto für Netto
b) Preis netto einschließlich Verpackung
c) Preis netto ausschließlich Verpackung

Aufgabe 12

Endlich ist die neue Verpackungsmaschine SM46 bei der Interlogistik eingetroffen. Petra entdeckt die beiliegende Rechnung über 7 690,00 € netto und ist entsetzt. „Wie können wir uns das nur leisten?", fragt sie sich.

Herr Heuser klärt sie auf, dass die Maschine 4 Jahre genutzt werden und am Tag 800 Pakete verpacken kann. Die entstandenen Kosten werden auf das einzelne Paket umgelegt.
Außerdem wurde noch ein Hilfsarbeiter eingestellt, der ausschließlich für die Bedienung der Maschine zuständig ist. Ihm werden 9,00 € pro Stunde, bei einer Arbeitszeit von acht Stunden am Tag und fünf Tagen in der Woche, gezahlt. Für die Berechung gehen Sie davon aus, dass der Hilfsarbeiter durchschnittlich vier Wochen im Monat arbeitet.
Petra staunt nicht schlecht. Das ist ja schon eine ganz schöne Menge an Zusatzkosten. Das wäre aber noch lange nicht alles, denn schließlich werden noch Kartons, Klebeband und Füllstoffe benötigt, um die Pakete tatsächlich verpacken zu können. Insgesamt entstehen dafür am Tag Kosten in Höhe von 448,00 €.

a) Ermitteln Sie die Maschinenkosten pro Paket.
b) Berechnen Sie die Lohnkosten pro Paket.
c) In welcher Höhe sind die Materialkosten pro Paket anzusetzen?
d) Welchen Betrag wird die Interlogistik für die Verpackung in den Verkaufspreis miteinkalkulieren?

Aufgabe 13

Welche Verpackungsfunktion wird in folgender Bilderfolge verdeutlicht?

Aufgabe 14

Um rationell verpacken zu können, werden meist Geräte und Maschinen verwendet. Nennen Sie je vier hilfreiche Geräte und je vier hilfreiche Maschinen.

Aufgabe 15

Bringen Sie die folgenden Schritte beim Verpacken in die richtige Reihenfolge, indem Sie die einzelnen Schritte von 1 bis 7 durchnummerieren.

a) Verschließen des Packmittels	
b) Auswahl des geeigneten Packmittels	
c) Anbringen der Etiketten und der Adresse	
d) Zusammenstellen des Packguts	
e) Einpacken des Packguts in das Packmittel	
f) Bereitstellung zum Abtransport	
g) Ausfüllen des Packmittels mit Füllmittel	

Aufgabe 16

Entscheiden Sie, ob es sich bei den folgenden Gütern um (1) Schwergut oder (2) Sperrgut handelt.

☐ Fußleisten aus PVC, 3 m lang

☐ Hydraulische Holzpresse

☐ Teppichrolle, 4 m breit

☐ Turbine für ein Windkraftwerk

☐ Eckbadewanne

☐ Rohre, 1 m aus Stahl, Wandstärke 4 cm, Durchmesser 80 cm

☐ Abfüllmaschine, 1 Tonne, 3 m^3

Aufgabe 17

a) Benennen Sie bei den folgenden Produktbeispielen die Verpackungsarten.

b) Erläutern Sie den Unterschied zwischen diesen Verpackungsarten.

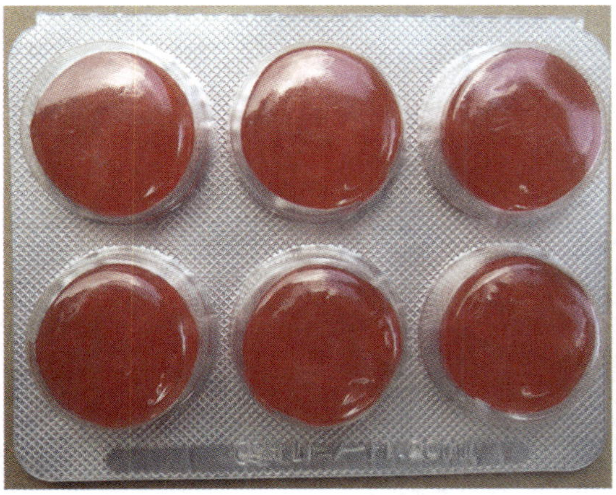

Aufgabe 18

Neben den Großbehältern (z. B. Container) befinden sich auch noch einige Kleinbehälter im Einsatz. Ordnen Sie die verschiedenen Behälter den nachfolgenden Aussagen zu.

1 Stapelbarer Behälter, 2 Eurobehälter, 3 Klappbarer Behälter, 4 Faltbarer Behälter, 5 Nestbarer Behälter, 6 Konischer Behälter, 7 Drehstapelbehälter, 8 Rollbehälter, 9 Sonstiger Behälter, 10 Big Bag

- ☐ Dieses flexible Großpackmittel besteht aus strapazierfähigem Kunststoffgewebe, das flach zusammengelegt werden kann und sehr leicht ist.
- ☐ Diese Behälter sind oben breiter und werden nach unten immer schmaler.
- ☐ Die Maße dieser Behälter sind so abgestimmt, dass sie sowohl leer als auch gefüllt übereinander gelegt werden können.
- ☐ Eine Tonne.
- ☐ Die Behälter sind als Module aufeinander abgestimmt.
- ☐ Dieser Behälter ist nur mit Deckel stapelbar und auch nur für den Einsatz leichter Güter geeignet.
- ☐ Eignet sich sowohl für feinkörniges Schüttgut als auch für grobes und schweres Material bis zu zwei Tonnen.
- ☐ Diese Behälter sind vor allem in Handelsunternehmen im Einsatz.
- ☐ Kegelförmige Behälter mit oder ohne Deckel.
- ☐ Diese Behälter können zu einer kleineren Einheit zusammengefasst werden.
- ☐ Wenn diese Behälter leer sind, können sie unter bestimmten Bedingungen ineinandergestellt werden.
- ☐ Ein Sack.
- ☐ Diese Behälter sind auf die Maße einer Europalette abgestimmt.
- ☐ Diese Behälter sind ohne Deckel, daher stapelbar und stabiler.
- ☐ Eine Tüte.

4 Verpackungen für gefährliche Stoffe analysieren

Herr Heuser macht sich Gedanken über Petras Ausbildung. In der Ausbildungsordnung hat er gelesen, dass Kenntnisse über Gefahrgutverpackungen erworben werden müssen. „Das kennt sie ja von unserem Artikel Fackelöl, den sie damals umfüllen musste – dabei hatte sie sich etwas ungeschickt angestellt, als das Fass Leck schlug. Damals ging es auch um die Kennzeichnung der Verkaufsverpackung. Die ordnungsgemäßen Bestandteile eines Etiketts nach Gefahrstoffverordnung kann sie mit Sicherheit noch aufzählen", denkt er. „Ich habe sie aber damals nicht auf die Aspekte aufmerksam gemacht, die die Verpackung für gefährliche Stoffe ausmachen. Das werden wir uns einfach mal an den Gefahrstoffverpackungen in unserem Lager ansehen." Anhand der Artikelliste sucht er alle Artikel aus, die einen Gefahrstoff enthalten, und stellt die Verpackungen in seinem Büro auf. Dann ruft er Petra zu sich.

Herr Heuser: „Hallo, Frau Meyer. Ich habe in der Ausbildungsordnung gelesen, dass Sie Kenntnisse über die Verpackung für gefährliche Stoffe haben sollen. Sind Sie darin fit?"

Petra: „Aber klar, ich bin doch mittlerweile Expertin im Umfüllen von Gefahrstoffen. Das habe ich gerade noch eine Stunde lang gemacht – und das alles ohne Kopfschmerzen. Das mit der Atemmaske ist schon wichtig. Worum geht es denn?"

Herr Heuser: „Heute wollen wir uns mal anschauen, wie die Flaschen verpackt werden müssen. Sie wissen ja, dass es sich um Gefahrstoffe handelt und der Gesetzgeber nicht nur Regelungen für die Lagerung erlassen hat, sondern auch für die Verpackungen der entsprechenden Artikel, wenn sie aus unserem Lager herausgehen. Schauen Sie sich mal die Verpackungen an, die ich hier zusammengestellt habe."

Petra: „Die kenne ich nicht. Die sind ja wohl nicht aus unserem Lager?"

Herr Heuser: „Doch, doch. Bloß stehen die nicht in den normalen Fächern, sondern im hinteren Teil, dem Gefahrgutlager. Sie sehen schon, dass dies andere Kartons sind als im normalen Kommissionierbereich. Auch die Fässer, die ich hierhin gestellt habe, finden Sie nicht in unserem Hauptlager. Sie müssen beachten, dass das Verpacken von Gefahrgütern staatlich besonders geregelt worden ist, da die Umweltverschmutzungen bei unsachgemäßer Handhabung gravierend und über Generationen hinweg zu spüren wären."

Petra: „Dass bei den Gefahrgutverpackungen besondere Dinge beachtet werden müssen, sieht man ja schon anhand der vielen Beschriftungen und Aufkleber. Von neutralen Verpackungen, die vor Diebstahl schützen sollen, kann man hier ja nicht mehr sprechen. Aber wer will auch schon diese Gifte für den privaten Bereich haben?"

Vorderseite

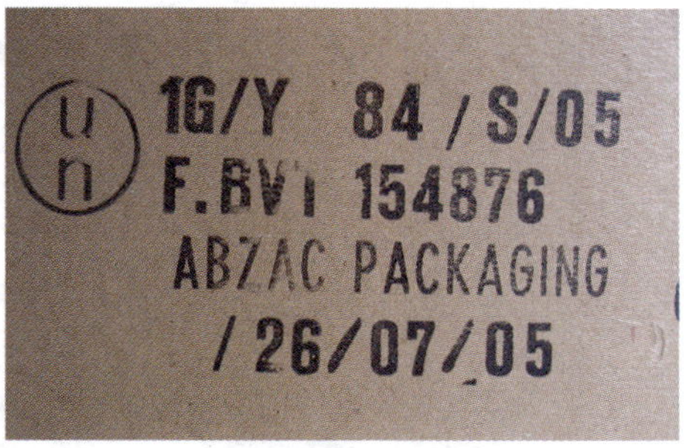

Rückseite

Herr Heuser: „Sie haben recht, das sieht ziemlich bunt aus. Das Komplizierte ist bloß, dass manche Symbole der Aufkleber gleich sind und sich nur durch den Hintergrund unterscheiden. Und je nachdem, welcher Aufkleber befestigt ist, hat er eine andere Aussagekraft. Aber lassen Sie uns jetzt erst die Besonderheiten gegenüber den normalen Paketen herausarbeiten."

Petra: „Gut, dann stelle ich mal eine Liste zusammen."

Arbeitsauftrag

Erstellen Sie eine Analyse der Gefahrgutverpackungen.

1. Erstellen Sie für Petra die Liste über die Gefahrgutverpackungen, in der Sie die Besonderheiten und die Erklärungen bzw. Bedeutungen aufzeigen.
2. Herr Heuser spricht von ähnlichen Symbolen auf den Verpackungen, die unterschiedliche Bedeutungen haben. Zeigen Sie das an einem Beispiel auf, indem Sie die rechtliche Begründung nennen und den Anwendungsbereich beschreiben.
3. Zeigen Sie anhand des obigen Pappfasses, welche besonderen Pflichten für den Verpacker beim Verpacken und Kennzeichnen von Gefahrgütern gegenüber dem normalen Verpacken von Artikeln zu beachten sind.

Aufgabe 1

Erläutern Sie die folgenden Buchstaben auf den Gefahrgutverpackungen.

Kennzeichnung	Gefährlichkeit	Verpackungsgruppe
X		
Y		
Z		

Aufgabe 2

Spezialverpackungen für gefährliche Waren

Werden gefährliche Stoffe transportiert, gelten strenge gesetzliche Bestimmungen. Dabei gilt, dass derjenige, der Gefahrstoffe auf den Weg bringt, für die Einhaltung der Vorschriften und Prüfanforderungen verantwortlich ist. Es gibt Unternehmen, die für solche Stoffe, Verpackungslösungen und passende Packmittel anbieten. Diese Spezialverpackungen entsprechen dann den nationalen und internationalen Regelungen für den Transport gefährlicher Güter auf der Straße, Schiene, See und Luft. Wenn es beim Transport von Gefahrgütern zu Beschädigungen oder Unfällen kommt, kann das weitreichende Folgen für Mensch und Umwelt haben. Hochstabile Kartons aus ein- und zweiwelliger Spezialwellpappe schützen Gefahrgüter besonders wirksam. Sie sind als 4G-Verpackung vielseitig einsetzbar und erfüllen die Bauart-Anforderungen. Darüber hinaus können Sonderanfertigungen nach individuellen Beanspruchungen gefertigt werden.

Das Verschließen der Spezialverpackungen mit Filamentband schützt vor Auslaufen und Aufreißen. Filament ist ein extrem reißfestes Spezialband mit Glasfaserverstärkung, es haftet sofort und dauerhaft. Zusätzlich sollte die Verpackung mit Kunststoffbändern aus Polypropylen umreift werden. Das verpackte Gefahrgut muss mit Gefahrenetiketten und Handhabungsanweisungen gekennzeichnet werden.

Das Innere der Verpackung sollte mit Aufsaugmitteln ausgestattet sein, die ausgelaufene Flüssigkeit binden. Darüber hinaus können die Kartons mit sog. Kastenhauben verschlossen werden, um Flüssigkeit aufzufangen. Hierbei handelt es sich um extra dicke Folien, die dank ihrer speziellen Maße exakt passend in den Karton ausgelegt werden können und von oben sicher verklebt oder verschweißt werden (BV1).

Erklären Sie folgende Begriffe aus dem Text:

a) 4G
b) Gefahrenetiketten und Handhabungsanweisungen
c) Filamentband

Aufgabe 3

Übersetzen Sie folgende Packmittelbezeichnung:

2 C 2

Aufgabe 4

Erläutern Sie die Aufgaben des Verpackers für die Verpackung und Kennzeichnung von Gütern laut Handelsgesetzbuch.

Aufgabe 5

Gefahrgüter sind in neun Klassen unterteilt. Nennen Sie die Hauptgefahr.

Gefahr der Klasse	Hauptgefahr
1	
2	
3	
4	
5	
6	
7	
8	
9	

Aufgabe 6

Geben Sie zu den folgenden Beispielen für Gefahrstoffe die Nummer der Gefahrgutklasse an und beschreiben Sie die durch den Stoff entstehende Gefahr.

Zuordnung der Gefahrenklasse: Nummer	Beispiel	Beschreibung der entstehenden Gefahr
	Asbest	
	Klinischer Abfall	
	Streichhölzer	
	Propan	
	Patronen (Schusswaffe)	
	Salpetersäure	
	Peroxan BHP-70 (Fa. Pergan)	
	Arsen	
	Kobalt 60	
	Peroxan AZDN (Fa. Pergan)	

Aufgabe 7

a) Zeichnen Sie die Gefahrenetiketten laut Gefahrstoffverordnung (GefStoffV § 4) für einen Gefahrstoff, welcher reizend ist, und einen Gefahrstoff, welcher brandfördernd ist.

b) Zeichnen Sie den Gefahrenzettel laut ADR[1] für ein Gefahrgut, welches ätzend ist.

---

[1] *ADR: Europäisches Übereinkommen über die internationale Beförderung gefährlicher Güter auf der Straße. Das ADR gilt für alle innerstaatlichen Transporte in der EU.*

Situation zur 8. bis 10. Aufgabe

Die Interlogistik GmbH hat für diverse Gefahrstoffe ein separates Lager mit verschieden ausgerüsteten Bereichen errichtet.

Aufgabe 8

Bestimmen Sie durch Ankreuzen, in welchem Fall die Zusammenlagerung verschiedener Gefahrstoffe in einem Lagerraum erlaubt ist.

☐ Wenn das Lager über eine Sprinkleranlage verfügt

☐ Wenn das Lager durch geeignete Maßnahmen gut zu sichern ist

☐ Wenn von den Stoffen die gleiche Gefahr ausgeht

☐ Wenn eine Klimaanlage eingebaut ist

☐ Wenn die Gefahrgüter mit einem Mindestabstand von einem Meter gelagert werden

Aufgabe 9

Gefahrstoffe müssen mit einer jederzeit erkennbaren und haltbaren Kennzeichnung der von ihnen ausgehenden Gefahr ausgestattet sein. Ordnen Sie zu, indem Sie die Kennziffern der fünf abgebildeten Gefahrensymbole in die Kästchen neben den fünf Gefahrenbezeichnungen eintragen.

Gefahrensymbole				

1	2	3	4	5

Gefahrenbezeichnung

☐ Ätzend

☐ Brandfördernd

☐ Giftig/Sehr giftig

☐ Explosionsgefährlich

☐ Umweltgefährlich

Aufgabe 10

Verschiedene mineralische Getriebeöle sind als Fassware ständig vorrätig. Stellen Sie fest, welche gesetzliche Auflage bei diesen Stoffen zu beachten ist.

☐ Dass die Luft durch den Geruch nicht belastet wird

☐ Dass im Brandfall genügend Löschwasser zur Verfügung steht

☐ Dass die Fässer beim Stapeln nicht beschädigt werden

☐ Dass eine Verunreinigung der Gewässer nicht möglich ist

☐ Dass die Fässer nur mit dem Spundloch nach oben gelagert werden dürfen

Aufgabe 11

Beim Transport von Gefahrgütern auf der Straße sind zwingend Gesetze und Verordnungen einzuhalten. Ordnen Sie zu, indem Sie die Kennziffern der fünf Begriffe in die Kästchen neben den fünf Erklärungen eintragen.

Begriffe

1 Gefahrklasse
2 Schriftliche Weisung
3 Gefahrgutbeauftragter
4 Sicherheitsdatenblatt
5 Gefahrzettel

Erklärungen

☐ Enthält Hinweise für Fahrer, Polizei und Feuerwehr

☐ Berät und überwacht den Unternehmer

☐ Kennzeichnet gefährliche Güter

☐ Ordnet Gefahrstoffe den Gefahren zu

☐ Enthält Gefahr-Hinweise des Herstellers

Aufgabe 12

Dokumentieren Sie die Absätze aus der Ausbildungsordnung zum Thema Gefahrstoffe und Gefahrgut und zeigen jeweils an einem Beispiel aus den bisherigen Lernsituationen, sofern die Thematik angesprochen wurde, stichpunktartig die Inhalte auf.

Aufgabe 13

Welche Verpackungsfunktion wird in folgender Bilderfolge verdeutlicht?

5 Im Lager ordnungsgemäß aufräumen im Sinne des Abfallwirtschaftsgesetzes

Petra Meyer muss freitags das Lager mit aufräumen. Dazu gehören nicht nur der Kommissionierbereich und die Versandzone, sondern auch die Aufenthaltsräume. Aufräumen heißt in der Interlogistik GmbH nicht nur fegen, sondern auch das Entleeren der Müllbehälter. Davon gibt es im Pausenraum einen und im Lager mehrere. Es befinden sich dort auch ganze Bereiche, die voll sind mit Folie, die von den Paletten im Wareneingang abgerissen wird. Außerdem liegen dort Holz von Einwegpaletten und kaputten Europaletten und Stahl- und Kunststoffbänder, die die Ware auf der Palette gesichert haben.

In der Ladezone für die Elektrostapler befindet sich auch ein Eimer voller verschmutzter Tücher, mit denen Hydraulik- und Getriebeöl aufgewischt wurde – die Stapler lecken schon mal, und letztens war eine Dichtung am Stapler kaputt, sodass das auslaufende Öl in einem Kanister aufgefangen werden musste. Viel Abfall fand sie auch im Pausenraum, von aktuellen Zeitungen und Zeitschriften bis hin zu Lebensmittelgläsern, die in den Pausen entleert wurden und dann im hohen Bogen im Müllbehälter landeten.

Da Petra kurz vorm Wochenende ist, besorgt sie sich eine Schubkarre und packt alle Sachen hinein. Sie fährt nach draußen zum Restmüllcontainer und kippt dort alles aus. „Das geht ja gut", denkt sie, „da bin ich ja schnell fertig." Nachdem sie zum dritten Mal die Schubkarre ausgeleert hat, kommt Herr Heuser vorbei, fragt sie, was sie da macht und schaut sich den Müll an.

Herr Heuser: „Wie klappt es, Petra?"

Petra: „Prima, ich bin gleich fertig, ich muss jetzt noch einmal die Pappe aus dem Wareneingang holen, dann hab ich's."

Herr Heuser: „Wollen Sie die Pappe in den Restmüllcontainer werfen?"

Petra: „Klar doch, wohin denn sonst?"

Herr Heuser: „Haben wir uns nicht letztens mit der Verpackungsverordnung beschäftigt, in der klar geregelt ist, dass die Transportverpackungen an den Hersteller zurück müssen?"

Petra: „Ja, das haben wir, aber das wird ja nachher doch alles wieder auf die Deponie gekippt! Was soll ich den Müll groß sortieren, das macht doch keinen Sinn."

Herr Heuser: „Das kann mal passieren, in der Regel hat der Gesetzgeber das aber anders organisiert. Was Sie hier gerade machen, ist nicht in Ordnung. Da werden wir vom Gewerbeaufsichtsamt kräftig einen auf den Deckel bekommen. Außerdem ist die Entsorgung von Restmüll teuer. Die Verpackungsordnung schreibt doch eine Verwertung vor, wenn man den Müll schon nicht vermeiden kann."

Petra: „Stimmt, für die Umwelt ist das natürlich nicht förderlich. Aber ich ärgere mich eben, dass eventuell doch alles auf der Deponie landet."

Herr Heuser: „Wenn alle so denken, werden wir unsere Umwelt schnell ruinieren. Wenn jedoch alle an einem Strang ziehen, könnte das klappen. Lassen Sie mal sehen, was Sie da in der Karre haben. Da wird schon ein Hinweis drauf stehen, wo der Müll hin soll. Fangen wir mal mit der kaputten Europalette an. Da fehlt ein Klotz und das mittlere Brett ist durchgebrochen. Die können wir wirklich nicht mehr gebrauchen."

Petra: „Das hier fand ich im Abfalleimer der Werkstatt, drei Plastikflaschen Spiritus. Bei einer ist noch etwas drin, allerdings verschmutzt. Die anderen sind leer."

Petra: „Und diese Wellpappe von den Dunstabzugshauben haben wir in großen Mengen gesammelt. Ich weiß aber nicht, wohin damit."

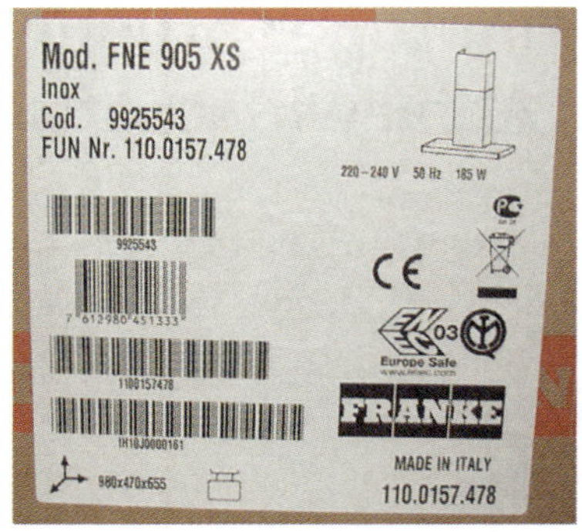

Herr Heuser: „Das steht doch drauf: RESY Recycling. Auf jeden Fall gehört das nicht in unsere Restmülltonne. Die wäre ja auch sofort voll. Das müssen wir der Organisation wieder zukommen lassen."

Petra: „Viele Abfallprodukte, vor allem aus dem Pausenraum, tragen den grünen Punkt. Aber ich kann mir nicht vorstellen, dass das alles in den gelben Sack gehört. Schauen Sie sich das doch mal an. Alles landet hier im Mülleimer: Von Suppendosen bis zum verbrauchten Büromaterial. Vor allem ekelhaft finde ich die verfaulten Bananenschalen und die Kaffeefilter. Soll ich denn hier den Müllsortierer spielen?"

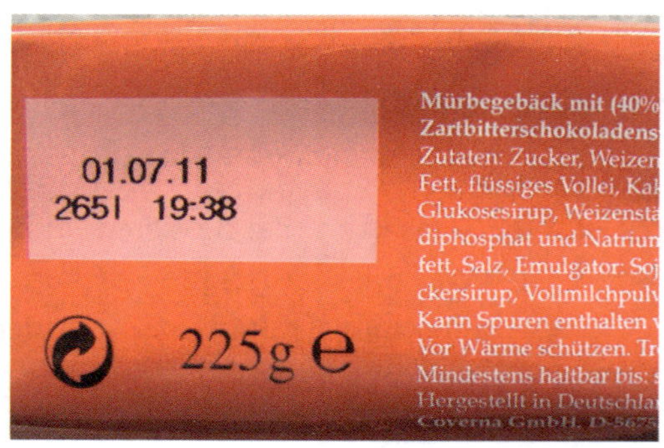

Herr Heuser: „Eigentlich nicht, aber wenn Sie mit Aufräumen dran sind, dann schon. Wir müssen die Belegschaft dahin gehend erziehen, dass jeder seinen Müll dorthin wirft, wo entsprechende Behälter stehen. Das ist doch eine schöne Aufgabe für Sie, mal einen Vorschlag zu entwickeln, wie alles ordnungsgemäß behandelt wird. Vielleicht schaffen Sie es ja sogar, die Belegschaft dazu zu bringen, keinen oder zumindest weniger Müll zu produzieren."

Petra: „Ist das nicht eine Selbstverständlichkeit, Abfälle zu vermeiden?"

Herr Heuser: „Nein, die Bequemlichkeit des Menschen widerspricht diesem Ansinnen. Auch aus wirtschaftlichen Gründen ist es manchmal günstiger, Produkte herzustellen, die nach ihrer Laufzeit als Abfall auf Deponien landen, statt in einen Recyclingkreislauf integriert zu werden."

Petra: „Dann soll der Staat das eben per Gesetz regeln, um den Menschen Druck zu machen!“

Herr Heuser: „Das ist schon alles gesetzlich geregelt. Die rechtliche Grundlage dafür ist das Kreislaufwirtschafts- und Abfallgesetz. Auch in der Verpackungsverordnung finden Sie entsprechende Regelungen.“

Petra: „Wo Sie das gerade sagen, fällt mir ein, dass wir das in der Schule auch angesprochen haben. Unser Lehrer hat im Mülleimer des Klassenzimmers, wohlgemerkt im Restmülleimer, jede Menge Verpackungen mit dem grünen Punkt gefunden. Er meinte dabei, dass das in den Fachklassen für Lagerlogistik nicht vorkommt, da diese Schüler Regelungen dazu im Rahmenlehrplan kennengelernt haben und sich entsprechend verhalten würden.“

Herr Heuser: „Und? Stimmt das?“

Petra: „Na ja ...“

Arbeitsauftrag

Organisieren Sie die ordnungsgemäße Handhabung des Abfalls.

1. Listen Sie alle Produkte auf, die im Text genannt bzw. durch Abbildungen dargestellt sind, und zeigen Sie bei jedem Produkt auf, wie es ordnungsgemäß gehandhabt werden muss.
2. Zeigen Sie den Zusammenhang zwischen der Verpackungsverordnung und dem Grünen Punkt auf. Gehen Sie dabei auch auf Vor- und Nachteile des Grünen Punktes ein.

Aufgabe 1

Zeigen Sie den Unterschied zwischen Holsystem und Bringsystem auf.

Aufgabe 2

Erläutern Sie, warum das Duale System als zweites Entsorgungssystem bezeichnet wird.

Aufgabe 3

Erklären Sie den Begriff Lizenzgebühren und zeigen Sie zwei Beispiele der Finanzierung auf.

Aufgabe 4

Das Gesetz unterscheidet bei der Vermeidung, Verwertung und Entsorgung von Verpackungen zwei rechtliche Bestimmungen. Zeigen Sie die Schwerpunkte dieser Bestimmungen auf.

Aufgabe 5

Zeigen Sie auf, inwiefern die Entsorgung von Verpackungen einen Konflikt zwischen Ökonomie und Ökologie erzeugen kann.

Aufgabe 6

Petra ist vom dualen System begeistert und begründet das damit, dass der Abfall in den gelben Säcken ja recycelt wird. Bernd, ihr Mitschüler in der Berufsschule, sieht das anders. „Aber Petra, überleg doch mal. Das Ziel der Verpackungsordnung ist doch die Vermeidung von Verpackungen. Zahlen belegen aber, dass die Mengen nicht rückläufig sind.“ Wer von den beiden argumentiert im Sinne des Kreislaufwirtschafts- und Abfallgesetzes?

Aufgabe 7

Im Rahmen der Verpackungsverordnung werden verschiedenste Begriffe zu Verpackungen festgelegt.

a) Erklären Sie, was die Verordnung unter folgenden Begriffen versteht und nennen Sie jeweils ein Beispiel.
- Verkaufsverpackungen
- Umverpackungen
- Transportverpackungen
- Verbundverpackungen
- Restentleerte Verpackungen

b) Überprüfen Sie, inwiefern und auf welcher Rechtsgrundlage Firmen verpflichtet sind, Verpackungen zurückzunehmen.

Aufgabe 8

Schreiben Sie einen Artikel für die Zeitschrift der Jugend- und Auszubildendenvertretung zum Thema „Mülltrennung ist sinnvoll!". Gehen Sie dabei auf die Zielsetzung des Kreislaufwirtschafts- und Abfallgesetzes ein.

Aufgabe 9

Analysieren Sie den Lehrplan auf Inhalte zum Kreislaufwirtschafts- und Abfallgesetz und nehmen Sie Bezug auf die Äußerung von Petras Lehrer (Lernsituation).

Aufgabe 10

Beantworten Sie die Fragen in der Tabelle, indem Sie die zutreffenden Aussagen ankreuzen.

	Was kann nicht recycelt werden?		Was kann nicht recycelt werden?		Was ist nicht kompostierbar?		Was kann nicht kompostiert werden?
	Glas		Kunststoffe		Bananenschalen		Essensreste
	Metall		Styropor		Butterbrotreste		Silberpapier
	Gemüse		PVC-Fliesen		Kaugummi		Grasschnitt
	Verbundstoffe		Kork		Orangenschalen		Haare

	Was gehört nicht in den Glascontainer?		Was gehört nicht in den Papiercontainer?		Was gehört auf den Sondermüll?		Was gehört auf den Sondermüll?
	Teller		Zeitungen		Windeln		Plastiklineale
	Fensterscheiben		Fotos		Füllfederpatronen		Lackfarbenreste
	Einwegflaschen		Pappkarton		Batterien		Glühbirnen
	Einmachgläser		Papiertüten		Zigarettenasche		Aludosen

	Was hiervon ist Bauschutt?		Was gehört in die Resttonne?		Was gehört auf den Sondermüll?		Was gehört nicht in die Resttonne?
	Nägel		Grasschnitt		Autoöl		Bleistifte
	Holzbretter		Kühlschränke		Mehrwegflaschen		Laub
	Isolierwolle		Halogen-Lampen		CHEP-Paletten		Kugelschreiber
	Bauziegel		Kunststoff-verpackungen		Uhrenarmband		Radiergummis

Aufgabe 11

Welche Verpackungsfunktion wird in folgender Bilderfolge verdeutlicht?

Aufgabe 12

Das Duale System Deutschland (Grüner Punkt) ist ein Entsorgungssystem neben der staatlichen Abfallentsorgung. Welche Hauptfunktionen übernimmt es im Rahmen seiner Aufgabenstellung?

	Erfassung, Sortieren und Verwerten von Pfandflaschen
	Umweltgerechtes Entsorgen von Sondermüll
	Thermische Verwertung von energiehaltigen Wertstoffen
	Erfassung, Sortieren und Verwerten von Altbatterien und Altölen
	Erfassung, Sortieren und Verwerten von Wertstoffen

Aufgabe 13

Frau Meyer stellt im Lager kurz vor der Mittagspause fest, dass bei einem Stapler die Hydraulikölleitung defekt ist. Es hat sich eine ca 1 m^2 große Pfütze gebildet.
Welche drei Maßnahmen sind durch Frau Meyer aus Gründen des Umweltschutzes umgehend einzuleiten?

	Das Hydrauliköl ist mit Ölbinder aufzusaugen und als Sondermüll zu entsorgen.
	Aufgefangene Öle sind in gekennzeichneten Behältern zu sammeln.
	Da es sich um Öle handelt, die biologisch abbaubar sind, kann Frau Meyer das Öl in die Kanalisation spülen.
	Das Öl wird aufgesammelt und wieder verwendet.
	Das Hydrauliköl wird mit Wasser verdünnt, damit es besser in den Beton einzieht.
	Auch die verwendeten Putzlappen werden als Sondermüll entsorgt.
	Die verwendeten Putzlappen werden als Gewerbemüll entsorgt.

Aufgabe 14

In der Interlogistik GmbH werden regelmäßig gefährliche Stoffe eingelagert und per Bahn und Lkw transportiert. In welchen beiden Rechtsgrundlagen ist der Umgang mit diesen Stoffen festgelegt?

	In der Verpackungsverordnung und im Bundesimmissionsgesetz
	In der Arbeitsstättenverordnung und der Gefahrgutverordnung
	In der Gefahrstoffverordnung und der Gefahrgutbeförderungsgesetz
	Im Betriebsverfassungsgesetz und in der Arbeitsstättenrichtlinie
	In der Gefahrstoffverordnung und im Bürgerlichen Gesetzbuch

Aufgabe 15

Neben aller Notwendigkeit der Verpackung gibt es auch negative Aspekte. Welcher der folgenden Aspekte beschäftigt sich mit der Umweltgefährdung durch Verpackungen?

	Verpackungen erhöhen das Bruttogewicht und die Frachtkosten.
	Verpackungen verteuern die Ware.
	Verpackungen belasten bei der Entsorgung Natur und Umwelt.
	Verpackungen können größere Füllmengen vortäuschen (Mogelverpackungen).
	Verpackungen beanspruchen Lagerfläche und Laderaum.

Aufgabe 16

Kreuzen Sie an, in welche Tonne folgende Abfälle entsorgt werden müssen:

	Restmülltonne	Gelbe Tonne	Papiertonne	Braune Tonne	Sonstiges

Alu-Folie					
Bücher					
CD's und DVD's					
Geschäumte Verpackung					
Gurkenglas					
Kaffeepad					
Porzellan					
Konserven					
Knopfzelle					
Kronkorken					
Margarine-verpackung					
Milchkarton					
Shampooflasche					
Batterieakku					
Teebeutel					
Tragetasche aus Folie					
Trinkglas					
Kartoffelschalen					
Zeitschriften					

Lernfeld 7: Touren planen

1 Disposition von Versandaufträgen

Herr Heuser ist begeistert. Die Handwerkersets haben sich zum Renner entwickelt. Nach wie vor werden die Sets vor der Einlagerung vorverpackt. Das direkte Einlagern der angelieferten Ware lose in den Regalen hatte sich als zeitaufwendig und unrentabel herausgestellt. Da die Vorverpackung auch als Versandverpackung genutzt werden kann, konnten die Abläufe beim Kommissionieren und in der Versandabwicklung wesentlich optimiert werden.

Durch ein Inserat in einer Fachzeitschrift zog der Verkauf noch einmal an. Aus ganz Deutschland kommen Aufträge rein. Allein für diese Woche ergeben sich folgende Bestellungen, die Herr Heuser zunächst in einer Tabelle aufgelistet hat.

Zielort	Palettenanzahl
Bremen	8
Coesfeld	1
Dorsten	4
Dortmund	6
Düsseldorf	5
Frankfurt am Main	8
Freiburg	8
Hamburg	11
Karlsruhe	7

Zielort	Palettenanzahl
Kassel	3
Köln	6
Lübeck	4
Münster	2
Nürnberg	2
Osnabrück	10
Passau	12
Würzburg	8

Für Herrn Heuser ist die Planung von Fernverkehrstransporten kein Problem. Durch gute Kontakte zum Frachtführer Degener ist die Bereitstellung von Lkw kein Problem. Ein Anruf genügt und schon weiß Herr Heuser, mit welchen Fahrzeugen er rechnen kann. Da der Frachtführer die Lkw bereits frei hat, ist er sogar bereit, die Wagen schon an die Rampen zu setzen. Die Fahrer kommen dann am nächsten Morgen um 6:00 Uhr und beginnen ihre Tour.

Drei Fahrzeuge stehen zur Verfügung:

1. Ein normaler Gliederzug

Konventioneller Lkw (Gliederzug)

Er besteht aus einem Motorwagen mit Anhänger und wird für verpackte und palettierte Waren verwendet.

2. Ein Sattelschlepper

Sattelzug

Er besteht aus einer Zugmaschine und dem Sattelauflieger. Der Auflieger hat eine durchgehende Ladefläche. Güterarten: wie oben

3. Ein Gliederzug nach BDF-Norm

Wechselbrücken-Lkw

Kombination aus Motorwagen mit einem Wechselbehälter(-brücke) als Anhänger. Wechselbrücken können gewöhnlich mit bordeigenen Mitteln für die Beladung abgesetzt und auch wieder aufgesetzt werden. Güterarten: wie oben

Zu transportieren sind Güter auf Europaletten, die nicht gestapelt werden können. Auf den Strecken wird keine neue Ware aufgenommen. Um die Rückfahrt kümmert sich die Firma Degener selbst. Das Bruttogewicht einer Palette beträgt 600 kg.

Herr Heuser: „Frau Meyer, kommen Sie doch mal bitte. Ich habe eine schöne Aufgabe für Sie."

Petra: „Ihre schönen Aufgaben sind meistens mit Arbeit verbunden."

Herr Heuser: „Richtig. Heute müssen Sie nämlich noch drei Lkw beladen, die morgen früh auf Tour gehen. Ich habe leider keine Zeit mehr, da ich noch zu einer Besprechung mit dem Chef muss. Da müssen Sie mal alleine die 105 Paletten verladen."

Petra: „O. k., kein Problem."

Herr Heuser: „Nun ja, Sie müssen vorher aber festlegen, welche Touren die Lkw fahren. Sind Sie fit im deutschen Straßennetz?"

Petra: „Das bekomme ich schon hin. Geben Sie mir einfach die Liste, das ist schnell geschafft. Sie können sich ja nach der Besprechung überzeugen!"

Herr Heuser: „Das werde ich auch machen. Ein Tipp noch: Die zur Verfügung stehenden Fahrzeuge sind durch unterschiedliche Ladekapazitäten gekennzeichnet. Achten Sie bei der Tourenplanung darauf, dass alle drei Wagen direkt durchfahren können und nicht zwischendurch wieder bei uns an der Rampe stehen, um eventuelle restliche Paletten nachzuladen."

Information zu den Lkw-Maßen

Die **höchstzulässigen Maße** von Lastkraftwagen sind in der Europäischen Union einheitlich geregelt und in Deutschland durch die Straßenverkehrs-Zulassungsordnung (StVZO) vorgeschrieben. Zurzeit dürfen Lkw 18,75 m lang (Lastzuglänge) sowie 2,55 m breit (außen) sein und ein zulässiges Gesamtgewicht von 40 t besitzen.

Arbeitsauftrag

Erstellen Sie eine Versanddisposition für die 105 Paletten, sodass die Fahrzeuge in einer Tour durchfahren können und nicht erst wieder bei der Interlogistik GmbH laden müssen.

1. Ordnen Sie die oben genannten Zielorte den drei Lkw zu. Bringen Sie die Städte unter dem Gesichtspunkt der Wegminimierung in die Reihenfolge, die die Lkw fahren werden. Nennen Sie dazu auch die Nummern der Autobahnen (zwischen den Stationen), die der Lkw nutzt.
2. Zeichnen Sie einen Verladeplan der Lkw auf, der unnötiges Rangieren der Paletten vermeidet, und begründen Sie Ihre Anordnung.
3. Berechnen Sie mit einem Tourenprogramm die Kilometer pro Lkw und drucken Sie eine Karte mit dem Streckenverlauf aus.

	Gliederzug (Beispiel)		Gliederzug nach BDF-Norm (mit Wechselbehältern)		Sattelzug	
	Motorwagen	Anhänger	Motorwagen	Anhänger	Zugeinheit	Auflieger
Länge außen (maximal)	6,25 m	8,30 m	7,45 m	7,45 m	–	–
Länge innen	**6,10 m**	**8,15 m**	**7,30 m**	**7,30 m**	–	**13,60 m**
Breite außen (maximal) Kühlfahrzeuge	2,55 m 2,60 m		2,55 m 2,60 m		2,55 m 2,60 m	
Breite innen	2,44 m		2,44 m		2,44 m	
Höhe (maximal)	4,00 m		4,00 m		4,00 m	
Zulässiges Gesamtgewicht	40 t		40 t		40 t	
Zuladung (je nach Gewicht der Zugeinheit)	22–25 t		22–25 t		22–25 t	
Lastzuglänge (maximal)	18,75 m		18,75 m		16,50 m	

Typische Lkw-Maße

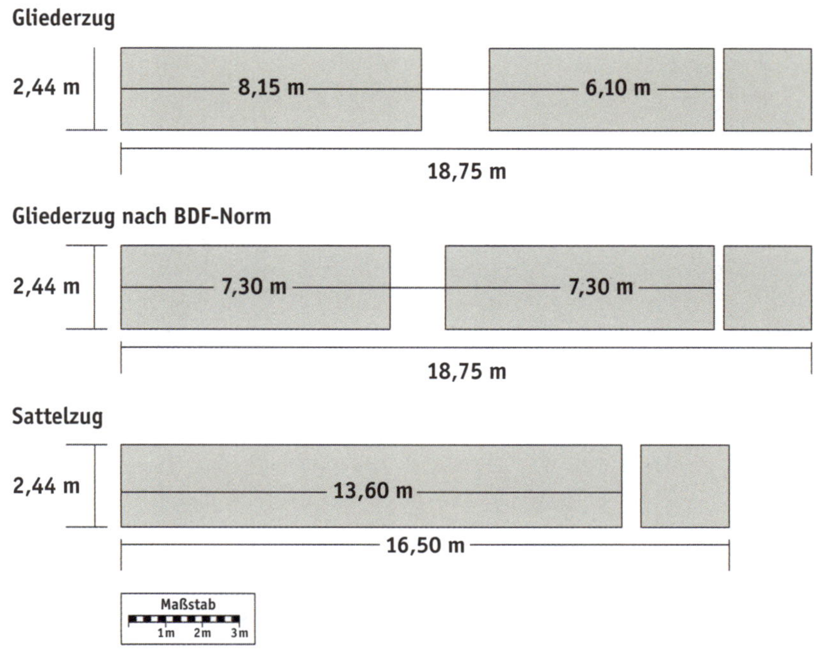

Aufgabe 1

Füllen Sie die Tabelle aus.

Zielort	Bundesland	Landeshauptstadt
Bremen		
Coesfeld		
Dorsten		
Dortmund		
Düsseldorf		
Frankfurt am Main		
Freiburg		
Hamburg		
Karlsruhe		
Kassel		
Köln		
Lübeck		
Münster		
Nürnberg		
Osnabrück		
Passau		
Würzburg		

Aufgabe 2

Ergänzen Sie in der Karte die Namen der Städte, deren Anfangsbuchstabe angegeben ist.

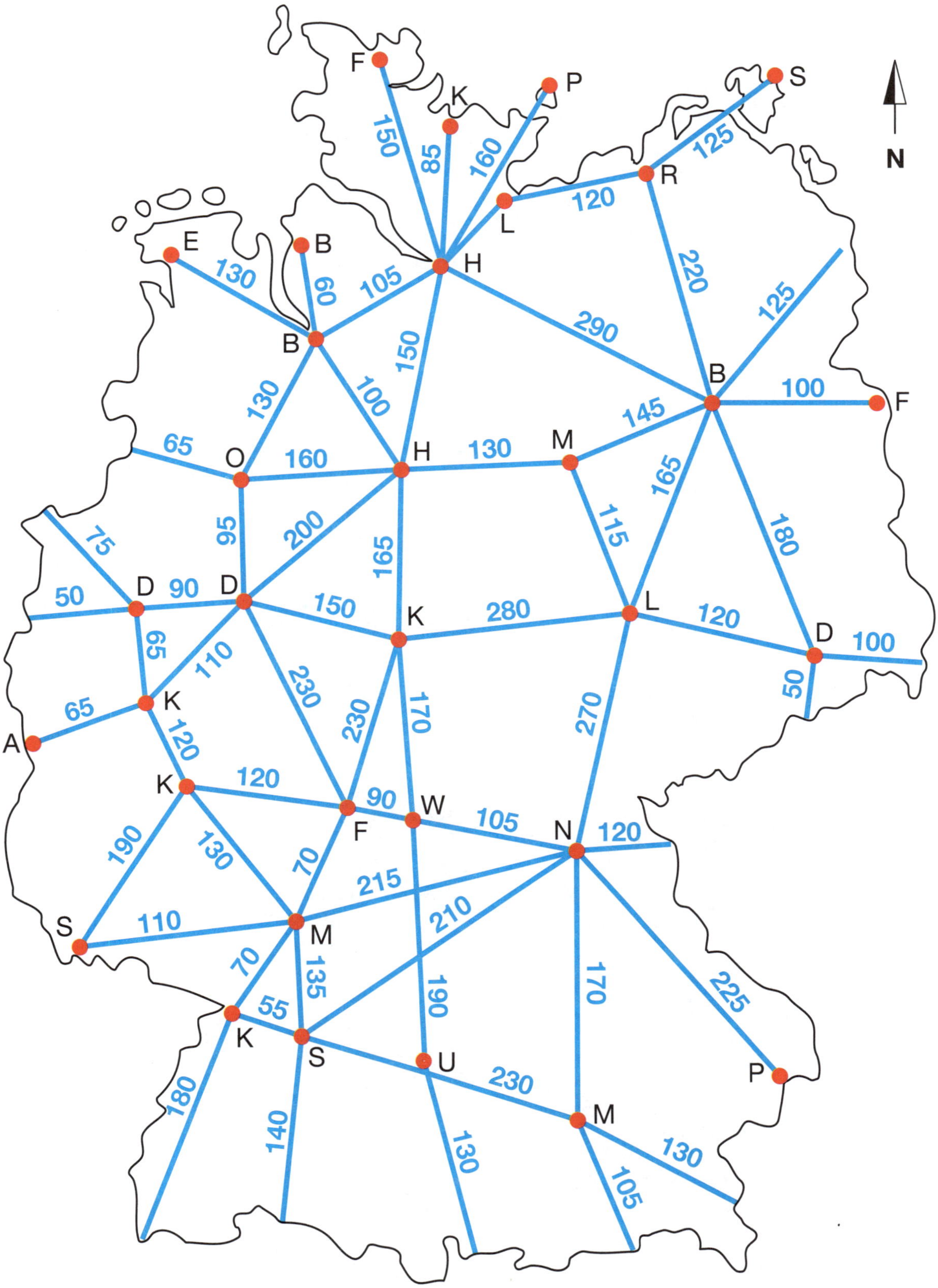

Aufgabe 3

In der folgenden Karte finden Sie
Gebirge (a bis x)
Flüsse und Seen (1 bis 25)
Inseln und Inselgruppen (A bis F)
Nachbarstaaten von Deutschland (I bis IX)
Tragen Sie die entsprechenden Namen ein.

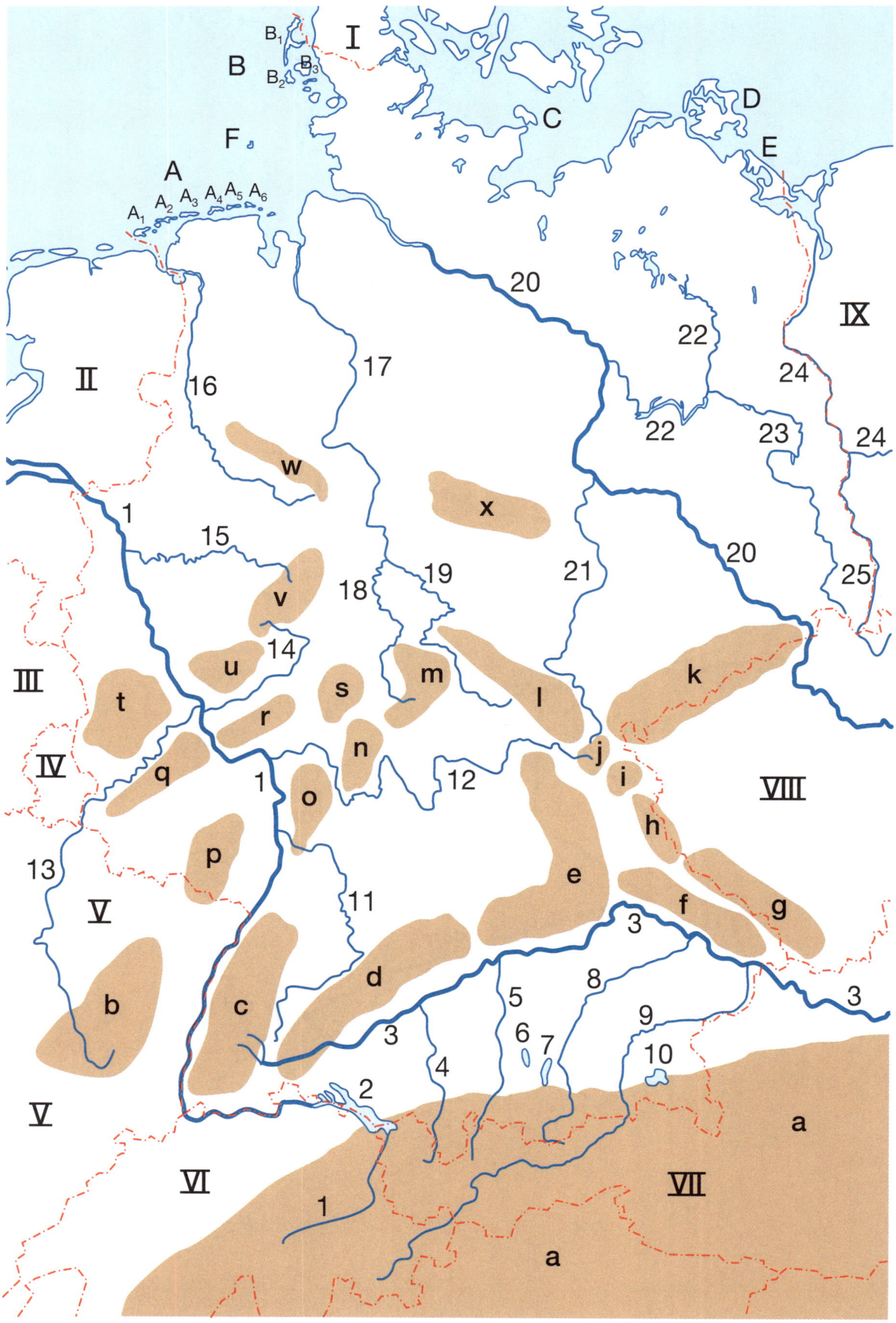

Aufgabe 4

Ergänzen Sie in der folgenden Tabelle die fehlenden Felder.

Ballungsraum	Große Städte	Wasserstraßen, Häfen	Autobahnen	Bahn	Flughafen	Besonderheiten
Hamburg und der Raum Unterelbe		Offener Tidehafen, Freihafen, Anbindung Nordsee		Rangierbahnhof Maschen		Seehafen, Verwaltungs- und Dienstleistungszentren, Hinterland Berlin und Industriegebiet Sachsen
	Oberhausen, Essen, Bochum, Dortmund, Gelsenkirchen, Bottrop, Duisburg		Gitterförmiges Autobahnnetz: West–Ost: A 2, A Emscherschnellweg; Nord-Süd: A 1, A 3, A 31	Engmaschiges Schienennetz mit den Umschlag- und Verteilerzentren in Dortmund, Essen, Duisburg, Bochum, Hagen, Oberhausen		Schwerindustrie, Dienstleistungen
Rheinschiene = Der Raum stromparallel von Wesel bis Bonn		Duisburger Hafenkomplex, Neuss, RoRo- und Containerhäfen	Transit, Drehscheibe internationaler Verkehre, A 1, 2, 3, 4, 46, 52, 57, 61, innerstädtische Autobahnringe	Internationale Bahnlinien, Köln europäischer Knotenpunkt, Container- und Huckepackverkehre Köln-Eifeltor		Dienstleistungen, moderne Industrieunternehmen, günstige Struktur- und Standortvorteile
Rhein-Main-Raum = Achsenkreuz Bingen-Aschaffenburg und Gießen-Bensheim		Mehrere Binnenhäfen an Rhein und Main	A 5 A 3 A 61 A 45 Sauerlandlinien (Aschaffenburg–Dortmund)	Schaltstelle für Ost-West- und Nord-Süd-Verkehre	Rhein-Main Flughafen, größter europäischer Frachtumschlag	Handels- und Messestadt, Verkehrs-, Banken- und Verwaltungsmetropole, Börse
Industriegasse am Mittleren Neckar	Heilbronn, Ludwigsburg, Kornwestheim, Stuttgart, Esslingen, Plochingen		A 8 A 81	Knotenpunkt, aber Kessellage		Gewerbliche Produktion, hoher Export
München Augsburg			A 8 A 9 A 92 A 93 A 95	Huckepack-Umschlaganlage, Rangierbahnhof München-Nord		Dienstleistungen, konkurrenzlose Metropole im Alpenvorland

Ballungsraum	Große Städte	Wasserstraßen, Häfen	Autobahnen	Bahn	Flughafen	Besonderheiten
Großraum Berlin		Märkisches Wasserstraßennetz, Elbe-Havel-kanal, Havel-Oder-Kanal	A 10 A 12 A 13 A 24 A 19	Eisenbahnaußenring, Knotenpunkt, mehrere Rangierbahnhöfe		Größtes deutsches Ballungsgebiet, Kreuzungspunkt zweier europäischer Achsen, Regierungssitz

Aufgabe 5

Ordnen Sie folgende Städte den folgenden einstelligen Autobahnen zu:
Nord-Süd-Autobahnen: A 1, A 3, A 5, A 7, A 9

Stadt	Autobahn
Bad Hersfeld	
Bayreuth	
Bremen	
Duisburg	
Düsseldorf	
Frankfurt/M.	
Freiburg	
Gießen	

Stadt	Autobahn
Hamburg	
Hannover	
Heidelberg	
Kassel	
Kempten (Allgäu)	
Köln	
München	
Münster	

Stadt	Autobahn
Nürnberg	
Oberhausen	
Offenburg	
Passau	
Regensburg	
Würzburg	

Aufgabe 6

Ordnen Sie folgende Städte den folgenden einstelligen Autobahnen zu:
West-Ost-Autobahnen: A 2, A 4, A 6, A 8

Stadt	Autobahn
Augsburg	
Bautzen	
Bielefeld	
Braunschweig	
Chemnitz	
Dortmund	
Duisburg	
Dresden	

Stadt	Autobahn
Eisenach	
Erfurt	
Gelsenkirchen	
Hannover	
Heilbronn	
Jena	
Kaiserslautern	
Karlsruhe	

Stadt	Autobahn
Köln	
Magdeburg	
München	
Nürnberg	
Recklinghausen	
Stuttgart	

2 Einen Touren- und Stauplan erstellen

Petra wird von Herrn Heuser beauftragt, weiter im Bereich der Tourenplanung zu arbeiten. Sie ist für die Fahrten im Nahverkehr zuständig. Täglich wird ein Teil der Kunden von der Interlogistik GmbH mit einem eigenen Fahrzeug beliefert. Es kommt auch vor, dass auf der Tour Paletten abgeholt werden, da es sich um Ware handelt, die bei der Interlogistik GmbH eingelagert wird bzw. sofort auf der aktuellen Tour wieder ausgeliefert und einem Kunden zugestellt wird.

Die Touren- und Staupläne sind unter Berücksichtigung von kundenspezifischen Daten, laut Angabe auf Lieferschein und Abholschein, zu erstellen. Es handelt sich um Kunden, die im Umkreis von 100 km ihre Geschäftsräume haben und fast täglich beliefert werden. Bis zum Abend werden alle Bestellungen bis 17:00 Uhr gesammelt und sofort auf Paletten kommissioniert. Üblich ist das Kommissionieren auf ganzen Paletten, in der Regel sind die Paletten sortenrein gepackt. Kleinstmengen werden nicht ausgeliefert, dafür wird der Service von Paketdiensten genutzt.

Je nachdem, wie weit die Verpacker kommen, ist ein Teil schon auf dem Lkw geladen. Da ab 18:00 Uhr die Mitarbeiter Feierabend haben, muss Petra morgens um 6:00 Uhr die restlichen Arbeiten erledigen. Sie muss also beachten, dass sich ein Teil der auszuliefernden Ware bereits auf dem Fahrzeug befindet. Die Abfahrzeit für den Fahrer ist auf 7:00 Uhr festgelegt. Nach 4 ½ Stunden macht der Fahrer 45 Minuten Lenkpause.

Zur Verfügung steht ein 7,5 t von Mendez mit Hebebühne. Der Lkw verfügt über zwölf Palettenplätze. Aufgrund der Beschaffenheit der Güter sind die Paletten nicht stapelbar.

Folgende Liefer- und Abholscheine liegen für die zu planende Tour vor

Firma
Praktiker
Klara-Kopp-Weg 1
45138 Essen

Lieferschein

Lieferschein: 32988
Auftrag: Sonja Diedrich
Datum: 10.04.20..

Art.-Nr.	Verpackungs-art	Menge	Bezeichnung	
260S525	EUR	4	Hänge-WC Ideal	
125E875	EUR	5	Bohr-/Meißelhammer	

Es werden keine Paletten getauscht.

Firma
Semmelmeyer
Hammer Landstr. 2
41460 Neuss

INTER LOGISTIK

Lieferschein
Fixtermin: 8:00 Uhr

Lieferschein: 52698
Auftrag: Peter Kannen
Datum: 10.04.20..

Art.-Nr.	Verpackungs-art	Menge	Bezeichnung	
313S874	EUR	3	Handwerkerset	
258E985	GB	3	Hochdruckreiniger	
260B150	EUR	2	Fliesenkleber	

Es werden keine Paletten getauscht.

Firma
Hagebaumarkt
Trankgasse 3
50667 Köln

INTER LOGISTIK

Abholschein

Abholschein: 42699
Auftrag: Peter Kannen
Datum: 10.04.20..

Art.-Nr.	Verpackungs-art	Menge	Bezeichnung	
260S525	EUR	3	Hänge-WC Ideal	
125E314	EUR	1	Variotec-Kreissäge	

Es werden keine Paletten getauscht.

Firma
Globus
Martin-Luther-Str. 4
58089 Hagen

INTER LOGISTIK

Abholschein

Abholschein: 52698
Auftrag: Paula Werner
Datum: 10.04.20..

Art.-Nr.	Verpackungs-art	Menge	Bezeichnung	
260S525	EUR	1	Hänge-WC Ideal	
125E875	EUR	3	Bohr-/Meißelhammer	

Es werden keine Paletten getauscht.

Firma
Karstadt
Nordenmauer 18
59174 Kamen

INTER LOGISTIK

Lieferschein
Anlieferung ab 12:00 Uhr

Lieferschein: 33989
Auftrag: Oliver Hahn
Datum: 10.04.20..

Art.-Nr.	Verpackungs-art	Menge	Bezeichnung	
125E315	EUR	2	Hanseat-Stichsäge	
125E314	EUR	1	Variotec-Kreissäge	

Es werden keine Paletten getauscht.

Firma
Lechtenbring
Kaarster Str. 3
41462 Neuss

INTER LOGISTIK

Abholschein

Abholschein: 43980
Auftrag: Herr Kampf
Datum: 10.04.20..

Art.-Nr.	Verpackungs-art	Menge	Bezeichnung	
260S525	EUR	4	Hänge-WC Ideal	
125E314	EUR	5	Variotec-Kreissäge	

Es werden keine Paletten getauscht.

Arbeitsauftrag

Erstellen Sie für Petra einen Stau- und Tourenplan.

1. Zeichnen Sie zu jeder Abfahrt einen neuen Stauplan.
2. Stellen Sie den Verlauf der Fahrt auf einer Karte dar.
3. Erstellen Sie einen Zeitplan der Tour. Startpunkt 7:00 Uhr. In Duisburg selbst fallen keine Be- oder Entladezeiten an. Ansonsten sind 10 Minuten einzukalkulieren. Die Durchschnittsgeschwindigkeit beträgt 47 km/h.

Abfahrt	Ankunft	Ort	Entfernung	Zeit in Minuten	Zeit in Minuten aufgerundet	Be-/ Entladen	Lenk-pause

Informationen zu den Lenk- und Ruhezeiten

- Lenkzeitunterbrechung nach 4 ½ Stunden Fahrzeit
- 45 Minuten Pause ohne Unterbrechung

Kartenausschnitt

Aufgabe 1

Für eine Tour sind folgende Berechnungen durchzuführen:

a) Berechnen Sie die Durchschnittsgeschwindigkeit einer Tour von 352 km und einem Zeitbedarf von 8:58 Stunden.

b) Berechnen Sie die gesamte Transportzeit in Stunden und Minuten, wenn der Fahrer durchschnittlich 52 km/h fährt, 60 Minuten zum Be- oder Entladen braucht und 45 Minuten Pause macht. Runden Sie auf ganze Minuten auf.

c) Ermitteln Sie die Tourkosten, wenn der Lkw mit Wegkosten von 0,75 €/km und Zeitkosten 68,50 €/Stunde kalkuliert wird.

Aufgabe 2

Zeigen Sie die Vorteile einer Tourenplanung mit einem Computerprogramm gegenüber der manuellen Planung auf.

Aufgabe 3

Folgende Gründe werden für die Notwendigkeit einer Tourenplanung angeführt. Erklären Sie die Punkte mit eigenen Worten:

- Standzeiten des eigenen Fuhrparks
- Öffnungszeiten des Kunden zur Annahme der Lieferung
- Einsatzplanung der Fahrzeuge
- Einsatzzeiten der Fahrzeugführer
- Zusammenladeverbote und Gefahrgüter

Aufgabe 4

Berechnen Sie die Gesamtkilometer der obigen Tourenplanung unter der Voraussetzung, dass keine Zeitaspekte vorliegen und Sie keine Waren zustellen müssen, die Sie vorher erst abzuholen haben. Tragen Sie die Route auf einer Karte ein.

Aufgabe 5

Folgende E-Mail erreicht Petra kurz vor Feierabend:

An: Interlogistik@freenet.de
Betreff: Reklamation

Sehr geehrte Frau Meyer,

bei der gestrigen Lieferung liegt leider ein versteckter Transportschaden vor. Bei der Artikelnummer 260B150 Fliesenkleber ist die unterste Lage feucht, sodass 6 Säcke nicht mehr zu gebrauchen sind. Da wir nun mit 6 Säcken bei unserem Kunden in Verzug gekommen sind, fordern wir Sie auf, bis morgen 5:30 Uhr in 46468 Neuss, Hagebuttenweg 4, bei der Firma Hagedorn GmbH die Säcke direkt anzuliefern. Ansonsten sehen wir uns gezwungen, Sie für den Schaden in Anspruch zu nehmen.

Mit freundlichen Grüßen
Peter Kannen
Firma Semmelmeyer in Neuss

Petra muss kurzfristig den Transport organisieren. Nehmen Sie zu folgenden Aspekten Stellung:

- Art des Transportguts
- Schnelligkeit des Transports
- Sicherheit des Transports
- Kosten des Transports
- Kosten der Transportverpackung
- Umweltbelastung

Aufgabe 6

Anhand folgender Daten soll ein Touren- und Stauplan erstellt werden. Der Touren- und Stauplan ist unter Berücksichtigung von kundenspezifischen Daten, laut Angabe auf Lieferschein und Abholschein, zu erstellen. Ihr Standort ist Bocholt. Die Ware ist bei den gekennzeichneten Firmen abzuholen bzw. auszuliefern. Ein Teil der abzuholenden Ware ist sofort auszuliefern. Bitte beachten Sie, dass sich ein Teil der auszuliefernden Ware bereits auf dem Fahrzeug befindet. Maximal zehn Paletten können geladen werden. Ihre Tour beginnt um 7:00 Uhr und muss am gleichen Tag beendet werden. Allgemeiner Hinweis: Es werden keine Paletten getauscht.

a) Kennzeichnen Sie die Standorte der bereits geladenen Paletten in einem Stauplan.
b) Bei jeder Zu- bzw. Entladung ist ein zusätzlicher Stauplan zu erstellen.
c) Nennen Sie die Fahrroute in der Reihenfolge, die der Lkw fährt.

Firma
Müller GmbH
Eisenacher Str. 15
Doetinchem

Nr. 1

Abholschein

Abholschein: 5269
Auftrag: Jörg Kalin
Datum: 10.04.20..

Art.-Nr.	Menge	Bezeichnung			
1258/45	3 Paletten	Lakritz			
		Lieferung auf Paletten		800 x 1 200 mm	

Firma
Maier
Dresdener Str. 16
Goch

Nr. 2

Lieferschein

Lieferschein: 5288
Auftrag: Cornelia Stockhausen
Datum: 10.04.20..

Art.-Nr.	Menge	Bezeichnung			
G/1499AA	2 Paletten	Grillkohle			
D/14587	4 Paletten	Dünger			
		Lieferung auf Paletten		800 x 1200 mm	

Firma
Schulze
Chemnitzer Str. 66
Stadtlohn

Nr. 3

Lieferschein

Lieferschein: 5289
Auftrag: Christina Weiss
Datum: 10.04.20..

Art.-Nr.	Menge	Bezeichnung			
G/1499AA	3 Paletten	Grillkohle			
		Lieferung auf Paletten		800 x 1200 mm	

Firma
Richter
Theodor-Heuss-Str. 6
Reken

Nr. 4

Lieferschein
Fix-Liefertermin: 10.04.20.. 08:00:00 Uhr

Lieferschein: 55441
Auftrag: Georg Richter
Datum: 10.04.20..

Art.-Nr.	Menge	Bezeichnung			
S/335511	6 Paletten	Sekt			
		Lieferung auf Paletten		800 x 1200 mm	

Firma
Hüninger
Hofer-Allee 55
Wesel

Nr. 5

Abholschein

Abholschein: 6699
Auftrag: Rita Hüninger
Datum: 10.04.20..

Art.-Nr.	Menge	Bezeichnung			
Z/552211	4 Paletten	Zement			
R/55RR44	2 Paletten	Reifen			
		Lieferung auf Paletten		800 x 1200 mm	

Firma
Mümken
Dessauer-Allee 8
NL-Berkelland

Nr. 6

Abholschein

Abholschein: 6363
Auftrag: Uwe Somsen
Datum: 10.04.20..

Art.-Nr.	**Menge**	**Bezeichnung**			
V/77	1 Gitterbox	Vasen			
D/14587	2 Paletten	Dünger			
G/1499AA	3 Paletten	Grillkohle			
		Lieferung auf Paletten		800 x 1200 mm	

Aufgabe 7

Petra hat für folgende Sendungen die Ankunftszeiten beim Kunden zu ermitteln. Sie geht davon aus, dass alle Sendungen um 11:00 Uhr vom Spediteur abgeholt werden.

Sendungs-nummer	Kunde	Staat	Haupt-stadt	Bruttotrans-portzeit in Stunden	Zeitver-schie-bung	Berech-nung	Ankunftszeit (Ortszeit)
1	Firma Kunert in Paris			5			
2	Firma Meyer in Sydney			13			
3	Firma Robinson in London			4			
4	Firma New Sport in New Orleans			8			
5	Firma Wodkav in Petersburg			4			
6	Firma Nisu in Oklahoma			11			
7	Firma Tschau in Tunis			7			
8	Firma Busch in Vancouver			13			
9	Firma Klinger in Boston			9			
10	Firma Taekon in Seoul			11			

Aufgabe 8

In der nebenstehenden Karte sind folgende Eintragungen vorzunehmen:

a) Ergänzen Sie die Städte in der Karte. Die Anfangsbuchstaben der Städte sind vorgegeben.

b) Markieren Sie mit farbigen Stiften den Verlauf der einstelligen Autobahnen.

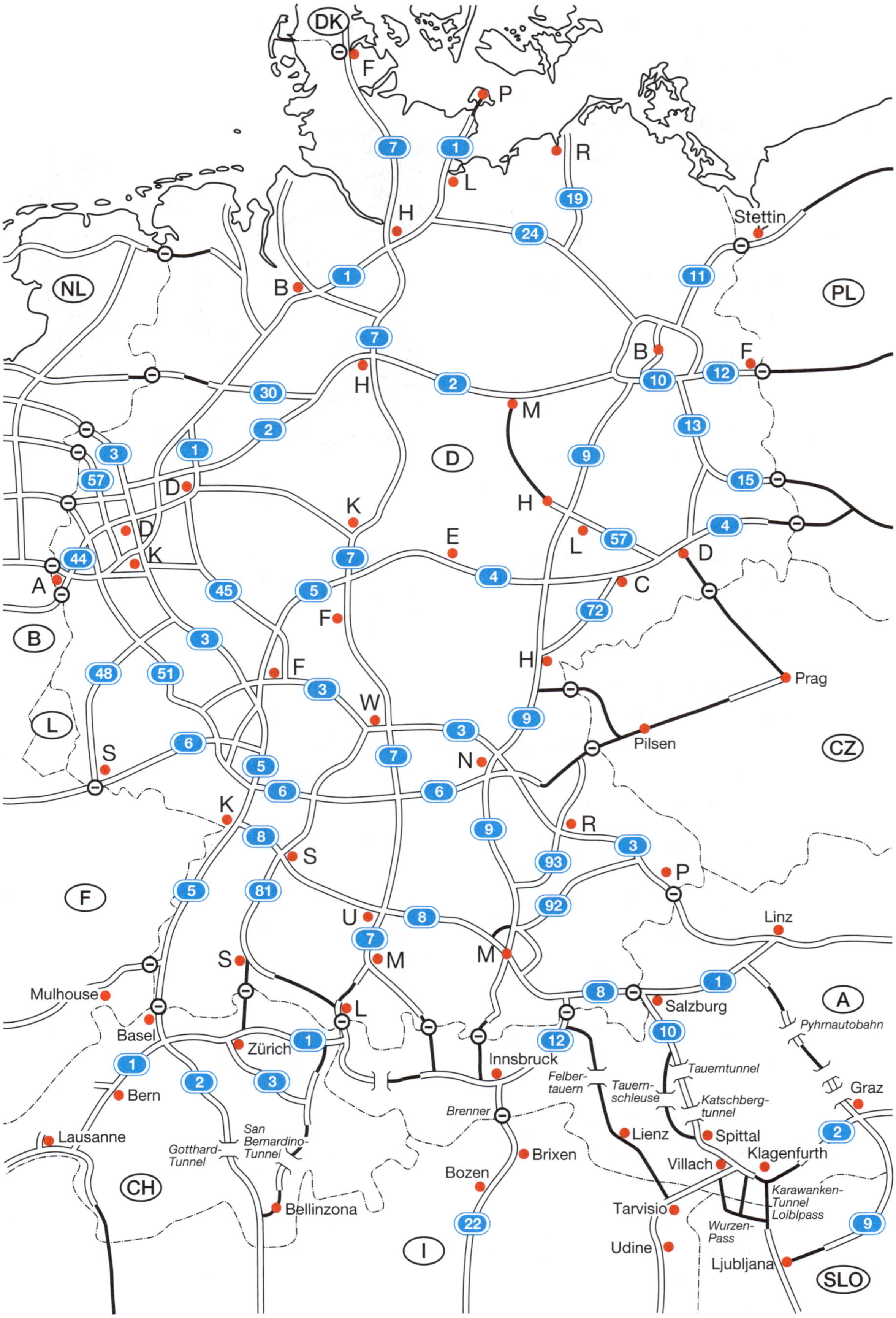

DK
NL
PL
D
B
L
F
CZ
A
CH
I
SLO
Stettin
Prag
Pilsen
Linz
Salzburg
Pyhrnautobahn
Graz
Mulhouse
Basel
Zürich
Bern
Lausanne
Gotthard-Tunnel
San Bernardino-Tunnel
Bellinzona
Innsbruck
Brenner
Brixen
Bozen
Felber-tauern
Tauern-schleuse
Tauerntunnel
Katschberg-tunnel
Lienz
Spittal
Villach
Klagenfurth
Karawanken-Tunnel
Loiblpass
Wurzen-Pass
Tarvisio
Udine
Ljubljana

3 Die Kundenzufriedenheit durch eine optimale Tourenplanung steigern

Petra Meyer ist genervt. Mehrmals am Tag rufen Kunden an, dass die zugesagte Lieferung nicht rechtzeitig eingetroffen ist. Gerade bei den Sonderverkaufsaktionen fehlt den Kunden der Interlogistik GmbH die bestellte Ware. Und schon wieder klingelt das Telefon:

Petra: „Interlogistik GmbH, Petra Meyer am Apparat, guten Tag".

Herr Kannen: „Guten Tag, Kannen hier, von der Firma Semmelmeyer aus Neuss. Uns fehlt Ware, die für 16:00 Uhr avisiert war."

Petra: „Ja richtig, das stimmt. Laut meinen Unterlagen müssten das zwei Paletten Fliesenkleber sein. Die kommen morgen, da unser Lkw auf der heutigen Tour sein zulässiges Gesamtgewicht bereits erreicht hatte."

Herr Kannen: „Letzte Woche gab es auch schon Schwierigkeiten, da Sie mit der Lieferung erst abends 19:00 Uhr bei uns waren. Durch Zufall war noch jemand im Lager, der die Sendung annehmen konnte. Wir haben Ihnen doch mitgeteilt, dass wir nur bis 18:00 Uhr Waren annehmen."

Petra: „Dummerweise ist unser Wagen an dem Tag in der Werkstatt zur Inspektion gewesen, sodass wir die Tour mit einem Leih-Lkw fahren mussten. Der war jedoch stark untermotorisiert, der Fahrer konnte die geplante Durchschnittsgeschwindigkeit von 60 km/h nicht einhalten. Außerdem hatte unser Fahrer Schwierigkeiten mit der Schaltung, da unser Lkw mit Halbautomatik läuft. Jetzt ist unser Wagen aber wieder voll einsetzbar."

Herr Kannen: „Ihr Fahrer sah auch ziemlich fertig aus, als er bei uns ankam. Er sagte uns, dass er seit 6:30 Uhr unterwegs ist. Neben dem Leihfahrzeug fehlte ihm auch das Navigationssystem, sodass er öfters anhalten musste, um nach dem Weg zu fragen. Und da wir ein Neukunde sind, musste er sich erst mal am Anfang unseres Industriegebiets auf dem Wegweiser informieren. Das kostet natürlich Zeit, aber das ist nicht unser Problem. Sie müssen die Touren einfach sorgfältiger planen."

Petra: „Ich weiß, aber an dem Tag lief einfach alles schief. Auf der Autobahn ist unser Fahrer auch noch von der Polizei kontrolliert worden. Die haben dann festgestellt, dass am Lkw ein Warntafelschild nicht aufgeklappt und dass die Gefahrgutausrüstung nicht vollständig war. Zum Glück verfügt unser Fahrer über einen Gefahrgutschein. Aber an dem Tag wäre es vielleicht besser gewesen, die Tagestour an unseren Frachtführer zu übergeben. Dem wäre das nicht passiert."

Herr Kannen: „Wahrscheinlich nicht. Für uns war auch noch ärgerlich, dass er die fünf Paletten mit Kartonage, die für Ihre Firma bestimmt waren, nicht mehr laden konnte. Auf der Pritsche waren nur noch zwei Palettenplätze frei. Dass es eventuell Schwierigkeiten geben kann mit dem Zusammenladen von verschiedenen Gefahrgütern, war uns bekannt. Aber dass Ihr Lkw voll ist, damit haben wir nicht gerechnet. Sorgen Sie doch bitte schnellstens dafür, dass die fehlenden Paletten angeliefert werden und die Paletten mit Kartonage abgeholt werden."

Petra: „Das habe ich jetzt im Griff. Morgen habe ich meinen Stammfahrer wieder vor Ort und unser Lkw steht wieder voll zur Verfügung. Sie werden morgen um 8:00 direkt angefahren. Ich werde persönlich dafür sorgen, dass die Engpässe nicht mehr auftauchen."

Herr Kannen: „O. k., dann lassen wir uns mal überraschen. Schönen Tag noch."

„Nein, so kann das nicht weitergehen", denkt Petra. „Jede Woche gibt es Probleme mit der Anlieferung. Ich werde mir jetzt mal die Liste für nächste Woche vornehmen und eine perfekte Tour planen. Dabei will ich versuchen, dass die Kunden zufrieden sind und wir gleichzeitig eine gute Kapazitätsauslastung haben." Einige Kunden möchten nur vormittags, andere nur nachmittags beliefert werden. Wieder andere geben bestimmte Zeitfenster vor, in denen angeliefert werden muss. Andererseits kann sie den Fahrer nicht vormittags und nachmittags zu bestimmten Orten schicken, da die Fahrer in der Regel acht Stunden am Lenkrad sitzen dürfen. Das lässt sich zeitlich nicht realisieren und würde außerdem die Kostenkalkulation nach oben treiben.

Aus Erfahrung weiß sie, dass der Fahrer durchschnittlich 300 bis 350 km täglich fahren kann und jeweils zehn Minuten für das Abladen braucht. Am Freitag wird nur bis 13:00 Uhr ausgeliefert. Samstags wird nicht zugestellt. Für den Versand werden Europaletten und Düsseldorfer Paletten verwendet, die Paletten werden beim Kunden direkt getauscht. Als Fahrzeug steht ein Lkw mit zwölf Palettenplätzen zur Verfügung. Die Paletten sind grundsätzlich nicht stapelbar.

	PLZ	Ort	Straße	Bemerkungen	Paletten
1	45136	Essen	Ruhrallee 101		1 €
2	46535	Dinslaken	Voerder Str. 22		10 HP
3	48301	Nottuln	Burgstr. 46		2 €
4	57072	Siegen	Grenzweg 22	Zeitfenster 10–13 Uhr, dienstags	2 €
5	42549	Velbert	Mozartstr. 6	Anlieferung ab 16:00 Uhr	2 €
6	58093	Hagen	Eppenhauser Str. 4		2 €
7	41063	Mönchengladbach	Lindenstr. 66	Anlieferung ab 10:30 Uhr	2 €
8	52062	Aachen	Saarstr. 66		2 €
9	59555	Lippstadt	Nordstr. 2		2 HP
10	53113	Bonn	Reuterstr. 14	Donnerstags Anlieferung	3 €
11	47638	Straelen	Ostwall 66		3 €
12	45879	Gelsenkirchen	Ringstr. 56	Anlieferung Montags bis 8:00 Uhr	3 €
13	48683	Ahaus	Schumacherring 77		3 HP
14	42275	Wuppertal	Feldstr. 4		3 HP
15	44629	Herne	Forellstr. 55		3 HP
16	47574	Goch	Hülmer Str. 5	Anlieferung nur freitags möglich	4 HP
17	46446	Emmerich	Gerhard-Storm-Str. 75	Anlieferung nur nachmittags	4 HP
18	53894	Mechernich	Bruchgasse 2		5 HP
19	44787	Bochum	Südring 36		5 HP
20	40764	Langenfeld	Bahnweg 14	Anlieferung nur vormittags	6 HP
21	48431	Rheine	Bastweg 23		7 HP
22	42929	Wermelskirchen	Bergstr. 2		7 HP
23	59872	Meschede	Briloner Str. 26	Anlieferung nur am Mittwoch	8 HP
24	41464	Neuss	Kölner Str. 20		9 HP

Arbeitsauftrag

Fertigen Sie den Tourenplan für Petra an. Zur Verfügung stehen der Lkw der Interlogistik GmbH und ein Fahrer.

1. Ordnen Sie die oben genannten Zielorte den Werktagen so zu, dass die Anlieferungen im Laufe der Woche realisiert werden können. Erstellen Sie dazu eine Liste, aus der die Postleitzahl, der Ort, entsprechende Bemerkungen und die Palettenanzahl deutlich werden.
2. Bringen Sie die Städte in die Reihenfolge, die der Lkw fahren wird – unter Berücksichtigung der Kundenvorgaben und dem Gesichtspunkt der Wegminimierung.
3. Berechnen Sie mit einem Tourenprogramm die täglichen Kilometer, die der Lkw fährt und drucken Sie die Strecken aus.

Aufgabe 1

Erstellen Sie eine Liste, in der die Probleme einer Tourenplanung deutlich werden. Übernehmen Sie dazu die Argumente aus dem Gespräch der Lernsituation und führen Sie vier weitere Aspekte auf.

Aufgabe 2

Herr Heuser stellt an die Tourenplanung der Interlogistik GmbH folgende Anforderung: „Der wirtschaftliche Einsatz der Fahrzeuge und Fahrer verlangt eine möglichst hohe Auslastung der Lkw und minimierten Kilometeraufwand.“ Zeigen Sie an Beispielen auf, wie die Interlogistik GmbH dieses Ziel erreichen kann.

Aufgabe 3

Der Disponent organisiert den Einsatz der Fahrzeuge und der Fahrer. Dabei sind zwei wichtige Gesichtspunkte zu beachten:

- Pünktliches, regelmäßiges und flexibles Abholen und Zustellen von Sendungen schafft zufriedene Kunden.
- Der wirtschaftliche Einsatz der Fahrzeuge und Fahrer verlangt eine möglichst hohe Auslastung der Lkw und minimierten Kilometeraufwand.

Schreiben Sie dazu einen Fachbericht, der den Zielkonflikt zwischen den zwei Gesichtspunkten deutlich macht.
Aufbau: Einleitung – Hauptteil – Schlussteil

Aufgabe 4

Es ist Freitag 18.06.20.., 8:30 Uhr. Petra hört gerade den Verkehrsservice eines lokalen Rundfunksenders: „Ich wiederhole zunächst die Warnung für die A 57 Nimwegen–Krefeld: Zwischen Sonsbeck und Goch ist ein Falschfahrer unterwegs. Fahren Sie äußerst rechts und überholen Sie nicht.“

Staus gibt es auf folgenden Strecken:
A 1 Leverkusen Richtung Dortmund zwischen Wuppertal-Ronsdorf und Wuppertal-Langerfeld, 12 km,
A 2 Hannover Richtung Dortmund zwischen Porta Westfalica Feldheim und Vlotho Exter, Baustelle, 7 km,
A 3 Oberhausen Richtung Leverkusen zwischen Mettmann und Kreuz Hilden, 5 km,
A 4 Köln Richtung Olpe zwischen Kreuz Gremberg und Dreieck Heumar, Unfall, 10 km,
A 45 Hagen Richtung Gießen zwischen Westhofener Kreuz und Autobahnkreuz Hagen, Baustelle, 3 km,
A 52 Mönchengladbach Richtung Düsseldorf zwischen Kaarst Osterath und Büderich, 6 km.

Sie haben gerade einen Nahverkehrsfahrer für Abholaufträge in Dortmund, Hagen, Olpe eingeteilt. Erarbeiten Sie eine Fahrtroute.

Aufgabe 5

Vergleichen Sie Europaletten und Düsseldorfer Paletten auf Einsetzbarkeit, Traglast, Handling usw.

Aufgabe 6

Ermitteln Sie mit einem Tourenprogramm die Entfernung zwischen folgenden Zielen:

Startpunkt	Zielpunkt	Entfernung
1. Rotterdam	Minsk	
2. Oslo	Rom	
3. Liverpool	Athen	
4. Lissabon	Berlin	

Aufgabe 7

Ergänzen Sie folgende Matrix, indem Sie die folgenden Ziffern einfügen:
1 Echterdingen, 2 Nordenham, 3 A40, 4 Pirmasens, 5 Bad Kreuznach, 6 A9, 7 Freising/Erdinger-Moos, 8 Erlangen, 9 Hunte, 10 Bautzen, 11 Mittellandkanal, 12 Bitterfeld, 13 Berlin-Brandenburg, 14 Nord-Ostsee-Kanal, 15 Rhein-Main-Donau-Kanal, 16 A3, 17 Elbe

Ballungsräume	Größere Städte	Wasserstraßen-anschluss	Bedeutende Autobahnen	Flughäfen
Hamburg/Unterelbe	Cuxhaven	Elbe, ______	A 1, A 7	Fuhlsbüttel
Bremen/Unterweser	Brake, ______	Weser, ______	A 1, A 27, A 29	Neuenland
Ruhrgebiet	Duisburg, Essen, Dortmund	Rhein-Herne-Kanal, Rhein, Wesel-Datteln-Kanal	A 2, A 42 ______	Rhein-Ruhr-Flughafen
Rheinschiene	Köln, Bonn	Rhein	______	Köln-Bonn
Saarbrücken	Völklingen ______	Saar, Mosel	A 8, A 6	Saarbrücken-Ensheim
Rhein-Main-Neckar	Frankfurt, Mainz, Ludwigshafen, Mannheim ______	Rhein, Main, Neckar	A 3, A 5, A 6 A 67, A 81	Rhein-Main
Mittlerer Neckar	Stuttgart, Heilbronn	Neckar	A 6, A 8, A 81	______
München	Augsburg	entfällt	A 8, ______	„Franz-Josef-Strauß“ ______
Nürnberg	Fürth ______	______	A 3, A 6, A 9	Nürnberg
Niedersächsisches Industriegebiet	Hannover, Braunschweig Peine, Salzgitter	______	A 2, A 7	Langenhagen
Sächsisches Industriegebiet	Dresden, Chemnitz ______	______	A 4, A 13	Dresden-Klotzsche
Halle-Leipzig	______	entfällt	A 9, A 14	Leipzig/Halle
Großraum Berlin	Potsdam, Brandenburg	Havel, Elbe-Havel-Kanal, Havelkanal, Havel-Oder-Wasserstraße, Spree-Oder-Kanal	A 10, A 12, A 24	Tegel, Schönefeld ______

Aufgabe 8

Nennen Sie die Hauptstädte der EU-Mitgliedstaaten.

Aufgabe 9

Erstellen Sie eine Liste mit den Wünschen der Kunden bzgl. einer optimalen Tourenplanung, um höchste Kundenzufriedenheit zu erreichen.

4 Möglichkeiten einer Kooperation im Stadtverkehr entwickeln

Herr Heuser: „Frau Meyer, haben Sie eine Ahnung, wo Herr Sauer bleibt?"

Petra: „Er ist sicher noch unterwegs. Sie wissen doch, der viele Verkehr."

Herr Heuser: „Nun haben wir aufgrund des hohen Bestellaufkommens innerhalb von Duisburg extra eine Tour nur für Auslieferungen im Stadtgebiet Duisburg eingerichtet. Der Lkw ist noch nicht mal halb voll, gerade mal 20 Kunden sind anzufahren und trotzdem kommt Herr Sauer jeden Tag später zurück ins Lager. Ich hätte noch eine Bestellung auszuliefern, aber so wird das nichts mehr."

Petra: „Herr Heuser, ich möchte nicht mit Herrn Sauer tauschen. Als ich neu zur Tourenplanung gekommen bin, bin ich einmal mit ihm gefahren, um mir einen Eindruck zu verschaffen. Herr Sauer wartet mehr, als dass er fährt."

Herr Heuser: „Frau Meyer, das sagen die Fahrer immer."

Petra: „Stellen Sie sich mal vor, er beliefert durchschnittlich 20 Kunden und muss bei jedem nur fünf Minuten warten, dann ist er beim letzten Kunden schon 100 Minuten zu spät. Und Sie wissen selbst, dass fünf Minuten Wartezeit schon kurz sind. Pausen macht er deshalb schon während der Wartezeit."

Gerade kommt Herr Sauer die Tür herein. Den letzten Satz des Gesprächs noch im Ohr.

Herr Sauer: „Schimpfen Sie schon wieder, Herr Heuser? Ich kann nicht schneller, die Wartezeiten bremsen mich total. Nicht nur an der Warenannahme, sondern auch im Stau, weil die Kollegen in zweiter Reihe parken, um abzuladen. Da komme ich mit unserem Transporter nicht mehr durch."

Herr Heuser: „Und warum?"

Herr Sauer: „Haben Sie in der Innenstadt schon mal Parkplätze für Lkw gesehen?"

Herr Heuser: „Deshalb fahren Sie ja auch ohne Auflieger."

Herr Sauer: „Das nächste Problem ist, dass ich nicht der einzige Lkw-Fahrer bin. Wir fahren alle zur gleichen Zeit in die Stadt rein, weil wir in den Fußgängerzonen nur innerhalb bestimmter Zeitfenster anliefern dürfen. Das kann nicht gut gehen: Die Empfänger kommen mit dem Abladen nicht nach und wir stehen uns gegenseitig im Weg. Die Anwohner und Autofahrer regen sich deshalb natürlich auf, und wenn ich zurück in die Firma komme, wartet der nächste Ärger: Sie, Herr Heuser, fragen erst mal, wo ich denn so lange gewesen bin.

Für Sie geht es immer nur darum, Termine einzuhalten, aber wie, wissen Sie auch nicht. Erst gestern war wieder eine Straße wegen Feinstaub gesperrt. Das kann man einfach nicht planen. Heute habe ich an einer Warenannahme meinen alten Kumpel Horn getroffen. Dem geht es genauso."

Herr Heuser: „In Ordnung, ich glaube, ich verstehe Sie so langsam. Na ja, und wenn ich mir die einzelnen Sendungen so angucke ... die werden immer kleiner und die Händler bestellen immer häufiger. Sie scheinen Lagerflächen abzubauen und aufzulösen."

Herr Sauer: „Bei den Mieten in den Innenstädten kann ich mir das gut vorstellen. Zu dem Ergebnis sind Horn und ich auch gekommen. Aus Jux meinte Horn zu mir, dass es super wäre, wenn ich einfach seine Sendung übernehmen könnte. Dann wartet nur einer von uns und der andere könnte schon mal weitermachen. Und so haben wir unsere Tourenpläne verglichen. Wir fahren beide überwiegend Innenstadt und zu einem großen Teil haben wir die gleichen Empfänger. Hier sehen Sie, ich habe Horns Tourenplan mal kopiert."

Petra: „Das würde bedeuten, dass Sie gut zusammenarbeiten könnten. Einer könnte z. B. die Nachmittagstermine in der Innenstadt übernehmen und der andere die am Morgen. Oder Sie fahren in die direkte Innenstadt und er zum Stadtrand. Oder Sie treffen sich hier oder an einem anderen zentralen Punkt."

Herr Heuser: „Frau Meyer, Sie sind ja Feuer und Flamme."

Herr Sauer: „Für den Handel würde sich eine solche Kooperation auch lohnen: Sie würden von weniger Zustellern ihre Waren bekommen. Und die Umwelt und Städte wären auch entlastet. Na ja, wir sind am Ende trotzdem zu dem Schluss gekommen, dass unsere Chefs sicher etwas dagegen haben."

Petra: „Aber das müsste doch in Ihrem Interesse sein, Herr Heuser. Die Fahrzeuge wären auch besser ausgelastet."

Herr Sauer: „Im Moment ist das ja so, dass wir mehr warten als fahren. Damit haben wir unsere Lenkzeiten zwar ausgeschöpft, aber der Lkw ist noch nicht seine Kilometer gefahren. Horn meinte auch, dass es sicher noch weitere Fahrer gäbe, die die gleichen Probleme haben und die gleichen Kunden. Wenn die auch noch mitmachen würden, dann ..."

Herr Heuser: „Nun mal langsam. Ich bin in der Tat skeptisch, unsere Ware mit Ware von Mitbewerbern ausliefern zu lassen. Aber ich gebe zu, so wie es im Moment ist, geht es auch nicht. Die Innenstädte sind echte Problemgebiete, insbesondere im Rahmen der aktuellen Feinstaubdiskussion, wir sollten also schon über Möglichkeiten einer Kooperation im Stadtverkehr nachdenken. Die Möglichkeiten einer solchen Kooperation zwischen Herrn Sauer und Herrn Horn aufgrund ihrer Tourenpläne müssen geprüft werden. Wir werden eine Präsentation für die Geschäftsleitung verfassen. Außerdem müssen wir auch noch unseren Mitbewerber davon überzeugen. Deshalb sollten wir die Vorteile mit aufführen. Die sind ja sicher auch skeptisch. Na ja, und trotz der augenscheinlichen Vorteile sollten wir mögliche Probleme identifizieren. Ich würde sagen, bis Montag sollten wir es geschafft haben."

Arbeitsauftrag

Erstellen Sie eine Präsentation für die Geschäftsleitung, die die Ideen einer Kooperation im Stadtverkehr zwischen Herrn Sauer und Herrn Horn beinhaltet.

1. Listen Sie zunächst alle im Text angesprochenen Probleme auf.
2. Erstellen Sie danach eine Liste mit Vorschlägen, wie so eine Kooperation konkret aussehen könnte.
3. Zeigen Sie in einer Tabelle die Vorteile einer Kooperation für folgende Interessengruppen auf:

Vorteile für Transporteure	Vorteile für Empfänger/Handel	Vorteile für Städte

4. Stellen Sie mögliche Probleme einer Kooperation dar.

Zusätzliche Informationen

Tourenplan (Zustellung)/Herr Sauer, Fahrer bei der Interlogistik GmbH, Duisburg

Beladestelle: Interlogistik GmbH, Luisenstr. 93, 47119 Duisburg-Ruhrort (Hafen, nördlich)

	Nr.	Empfänger_Ort	Empfänger_Name	Anzahl	Packstück	Gesamtgewicht
1	1	DU-Marxloh (Nord)	Euro-Shop	5	Karton	140 kg
2	2	DU-Fußgängerzone	Kaufhof	18	Karton	540 kg
3	3	DU-Fußgängerzone	Nanu Nana	2	Karton	185 kg
4	4	DU-Fußgängerzone	Buddelei Textil	1	Karton	25 kg
5	5	DU-Dellviertel (Mitte)	Zeeman Textil	1	Karton	35 kg
6	6	DU-Huckingen (Süd)	Weinland	20	Karton	480 kg
7	7	DU-Großenbaum (Süd)	Praktiker	3	€	1 800 kg
8	8	DU-Großenbaum (Süd)	Toom	2	€	900 kg
9	9	DU-Dellviertel (Mitte)	Blennemann	8	Karton	220 kg
10	10	DU-Duissern (Mitte)	Roskothen	3	Karton	110 kg
11	11	DU-Neudorf (Mitte)	Wohntrend	1	Karton	70 kg
12	12	DU-Neudorf (Mitte)	Testrut	2	Karton	80 kg
13	13	DU-Marxloh (Nord)	Stewes	6	€	8 700 kg
14	14	DU-Hamborn (Nord)	Praktiker	6	€	5 500 kg
15	15	DU-Hamborn (Nord)	Marktkauf	5	Karton	150 kg
16	16	DU-Friemersheim (West)	KIK	2	Karton	48 kg
17	17	DU-Fußgängerzone	Weinwelt	2	Karton	25 kg
18	18	DU-Fußgängerzone	Radstop	5	Karton	170 kg
19	19	DU-Fußgängerzone	Kaffee und Mehr	3	Karton	45 kg
20	20	DU-Fußgängerzone	Spaß & Spiel	1	Karton	12 kg

Bemerkungen:

- Obige Sendungen sind generell Anlieferungen, die regelmäßig montags, mittwochs und freitags zu den oben genannten Terminen erfolgen.
- DU-Fußgängerzone ist nahe am Stadtteil Dellviertel.
- Ausgeliefert wird per Motorwagen mit Wechselpritschenaufbau (ohne Anhänger!).

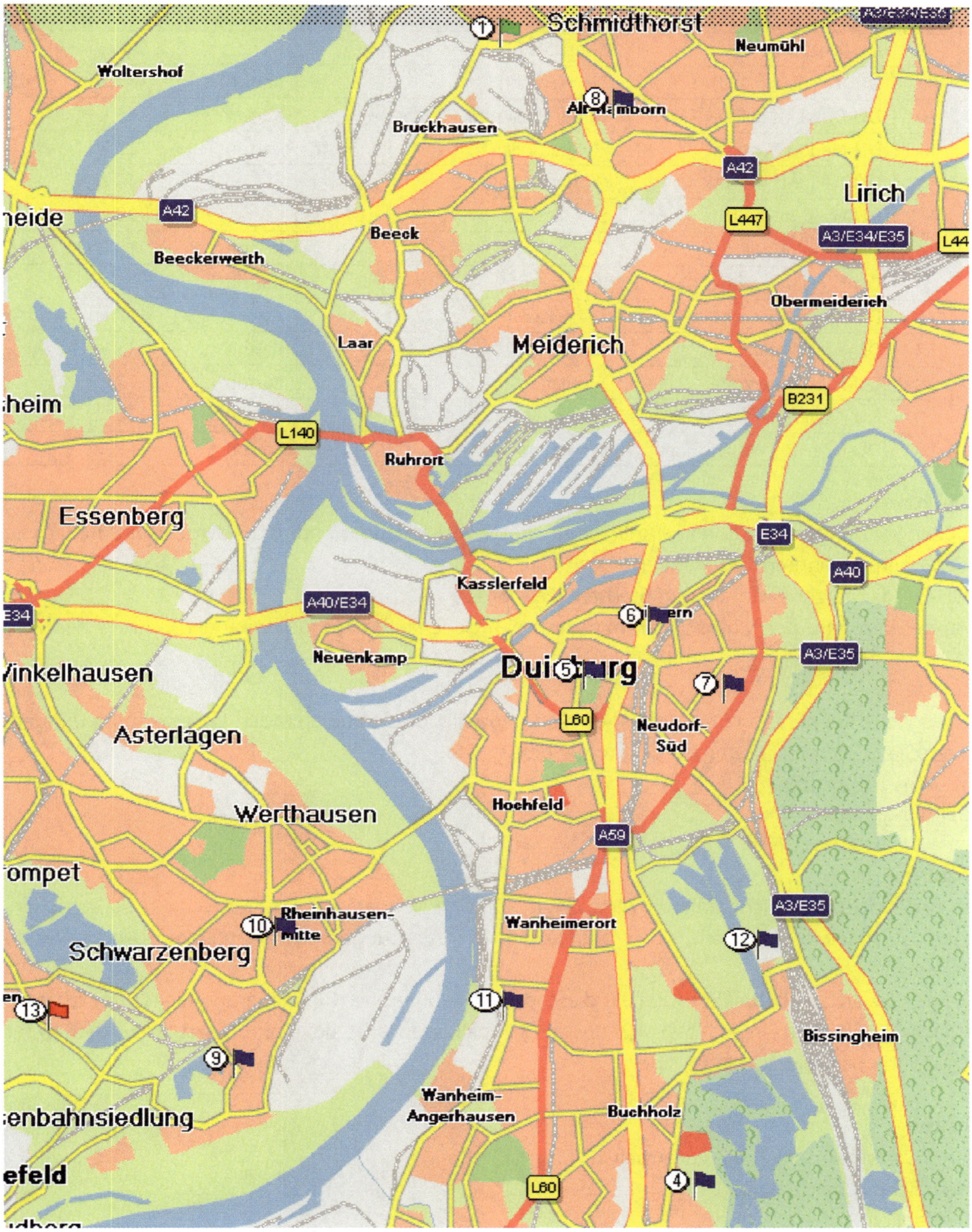

Tourenplan/Herr Horn, Baumann Spedition, Duisburg

Beladestelle: Baumann Spedition, Hamburger Str. 17, 47226 Duisburg-Rheinhausen (Logport, westlich)

	Nr.	Empfänger_Ort	Empfänger_Name	Anzahl	Packstück	Gesamtgewicht
1	1	DU-Rheinhausen (West)	Kaufhalle	9	Karton	28 kg
2	2	DU-Fußgängerzone	Kaufhof	20	Karton	95 kg
3	3	DU-Fußgängerzone	Michelbrinck	12	Karton	66 kg
4	4	DU-Fußgängerzone	Pelzer	1	Karton	19 kg
5	5	DU-Dellviertel (Mitte)	Red & Green Textil	3	Karton	4 kg
6	6	DU-Angerhausen (Süd)	Euro-Shop	3	Karton	9 kg
7	7	DU-Großenbaum (Süd)	Stewes	5	€	1 290 kg

	Nr.	Empfänger_Ort	Empfänger_Name	Anzahl	Packstück	Gesamtgewicht
8	8	DU-Wedau (Ost)	Sport Schubert	2	€	1 500 kg
9	9	DU-Dellviertel (Mitte)	Blennemann	5	Karton	145 kg
10	10	DU-Duissern (Mitte)	Elimar A. Simon	1	Karton	65 kg
11	11	DU-Neudorf (Mitte)	Hülskemper	6	Karton	27 kg
12	12	DU-Neudorf (Mitte)	Wohndesign	1	€	48 kg
13	13	DU-Walsum (Nord)	Sigma Stahl	4	Gibo	1 900 kg
14	14	DU-Marxloh (Nord)	Takko	1	Karton	15 kg
15	15	DU-Fußgängerzone	Weindepot	2	Karton	25 kg
16	16	DU-Fußgängerzone	Feine Räder	5	Karton	17 kg
17	17	DU-Fußgängerzone	Tchibo	3	Karton	45 kg
18	18	DU-Fußgängerzone	Spielland	1	Karton	12 kg
19	19	DU-Kaldenhausen (West)	Weinoase	3	Karton	38 kg
20	20	DU-Rumeln (West)	Werkzeugkiste	3	Karton	12 kg

Bemerkungen:

- Obige Sendungen sind generell Anlieferungen, die regelmäßig montags, mittwochs und freitags zu den oben genannten Terminen erfolgen.
- DU-Fußgängerzone ist nahe am Stadtteil Dellviertel.
- Ausgeliefert wird per Motorwagen mit Wechselpritschenaufbau (ohne Anhänger!).

Aufgabe 1

Eine mögliche Kooperation im Stadtverkehr kann Vorteile für die ausliefernden Unternehmen bringen. Erklären Sie in diesem Zusammenhang folgende Aspekte:

- Tourenverdichtung
- Sendungsverdichtung

Aufgabe 2

Petra überlegt, ob es nicht sinnvoll wäre, nicht nur eine Kooperation im Stadtverkehr zu erreichen, sondern auch soweit zu gehen, nur Produkte und Dienstleistungen aus der näheren Umgebung zu beziehen.

a) Zeigen Sie an drei Beispielen auf, dass diese Idee im Rahmen der Globalisierung nicht umsetzbar ist.

b) Welche Konsequenzen ergeben sich aus der Globalisierung für Sie, wenn Sie in Ihrem Betrieb für die Tourenplanung zuständig sind?

Aufgabe 3

Erklären Sie folgende Begriffe zur Arbeitsteilung:

a) Berufliche Arbeitsteilung

b) Betriebliche Arbeitsteilung

c) Volkswirtschaftliche Arbeitsteilung

d) Internationale Arbeitsteilung

Aufgabe 4

Erklären Sie, inwiefern bei der serienorientierten, parallelen Kommissionierung eine Arbeitsteilung vorliegt.

Aufgabe 5

Zeigen Sie je einen Nachteil und einen Vorteil auf, der sich aus der Globalisierung ergibt.

Aufgabe 6

Beschreiben Sie Kriterien, die eine Region als Wirtschaftszentrum identifizieren.

Lernfeld 8:
Güter verladen

1 Die Notwendigkeit der Ladungssicherung erkennen

Petra ist genervt. Seit Tagen macht sie nichts anderes mehr als Lkw beladen. Gerade kommt Herr Heuser vorbei.

Petra: „Herr Heuser, ich möchte gerne mal wieder etwas anderes tun als Lkw beladen."

Herr Heuser: „Ich kann Sie ja verstehen, aber Sie wissen, wie viele Ausgänge im Moment anfallen und dann ist auch noch Klaus krank geworden. Ich brauche Sie hier einfach."

Petra: „Aber warum?! Es ist doch nicht unsere Aufgabe, die Lkw zu beladen. Klar, wir liefern unsere Waren frei Haus an die Kunden, aber dann ist es doch Sache des Fahrers, die Artikel ordentlich zu beladen."

Herr Heuser: „Nein, auch wir als Absender sind rechtlich verpflichtet. Frau Meyer, es ist unsere Pflicht, die Waren beförderungssicher zu verladen."

Petra: „Das kann ich mir nicht vorstellen. Dass wir die Waren ordnungsgemäß verpacken und kennzeichnen müssen, weil wir als Absender natürlich besser wissen, wie die Güter aufgrund ihrer Beschaffenheit ausreichend geschützt werden müssen, leuchtet mir ja noch ein. Aber wir sind doch keine Experten in Sachen Verladung."

Herr Heuser: „Müssen wir nach dem Gesetz aber sein. Deshalb sind Sie unter anderem auch mit der Verladung betraut, damit Sie das fachgerechte Laden lernen. Also, wir müssen nach HGB ‚beförderungssicher' beladen, stauen und befestigen."

Petra: „Befestigen auch? Das habe ich bisher noch nie gemacht."

Herr Heuser: „Was?! Hat man Sie gar nicht eingewiesen?"

Petra: „Nein. Klaus hat nur gesagt, ich solle seine Aufgaben hier übernehmen und das sei einfaches Beladen und Stauen."

Herr Heuser: „Hat der Fahrer dann die Waren befestigt?"

Petra: „Nein. Sobald ich fertig war, ist er sofort losgefahren. Das hat mich schon verwundert, aber ich dachte, der kennt sich ja aus."

Herr Heuser: „Ja sicher, denn er ist nur für die ‚betriebssichere' Verladung zuständig. Sie arbeiten seit knapp einer Woche im Warenausgang und Beladen. Da können wir von Glück sagen, dass nichts passiert ist – bisher."

Petra: „Was soll denn groß passieren? Durch unsere laufende Aktion lade ich fast nur diese schweren Stahlrohre. Die verrutschen nicht so schnell wie eine Palette mit Dämmstoffen."

Herr Heuser: „Ob leicht oder schwer, ist vollkommen egal. Die Güter müssen gesichert werden. Und schwere Lasten müssen besonders gesichert werden, weil sie bei einem Unfall noch fatalere Folgen verursachen als Dämmstoffe."

Petra: „Wieso? Wenn der Lkw scharf bremsen muss, dann verrutscht das schwere Stahlrohr nicht so schnell wie der Dämmstoff, weil das Eigengewicht die Teile fest auf die Ladefläche drückt."

Herr Heuser: „Erinnern Sie sich noch an Physik? Jeder Körper verharrt so lange in einem Bewegungszustand, bis eine äußere Kraft diesen ändert. Das hat Newton mal so festgestellt. Das heißt für die Beladung, dass Ihre Aussage so lange richtig ist, bis der Lkw mal scharf bremsen muss. Dann wirkt auf die Ladung noch immer die Bewegungsenergie aus der Fahrt, die Bewegungskraft. Wenn wir uns jetzt noch erinnern, dass Kraft das Produkt aus Masse und Beschleunigung ist, dann wird deutlich, dass die Ladung beim Bremsvorgang – auch Negativbeschleunigung genannt – mit einer erheblichen Kraft nach vorn in Richtung des Fahrers gepresst wird. Das gleiche physikalische Gesetz liegt zugrunde, wenn sich Ladung in einer Kurve löst. Auf die Ladung wirkt noch immer die in die ursprüngliche Fahrtrichtung gerichtete Kraft ein, sodass sie aus der Kurve getragen wird. Dies zu verhindern, ist das Ziel der Ladungssicherung, die, wie gesagt, zu unserer Pflicht als Absender gehört."

Petra: „Okay, das heißt doch, wenn ich die Fertigteile durch Spanngurte oder Ähnliches fixiere, dann können sie nicht so schnell verrutschen."

Herr Heuser: „Richtig, und zwar, weil physikalisch gesehen die Reibung so hoch ist, dass ein Verrutschen nicht mehr möglich ist."

Petra: „Das mit der Reibung verstehe ich nicht."

Herr Heuser: „Die Reibung ist sozusagen die Kraft durch das Eigengewicht, die die Teile auf die Ladefläche drückt."

Petra: „Das habe ich doch vorhin schon gesagt. Dann habe ich doch recht!"

Herr Heuser: „Ja, zum Teil. Die Reibung wirkt der Bewegungskraft zwar entgegen, ist aber nie so groß, dass sie diese komplett bremsen kann. Deshalb muss die Sicherungskraft die zusätzlich notwendige Kraft zur Bremsung der Bewegungskraft aufwenden. Ich male Ihnen das mal hier auf."

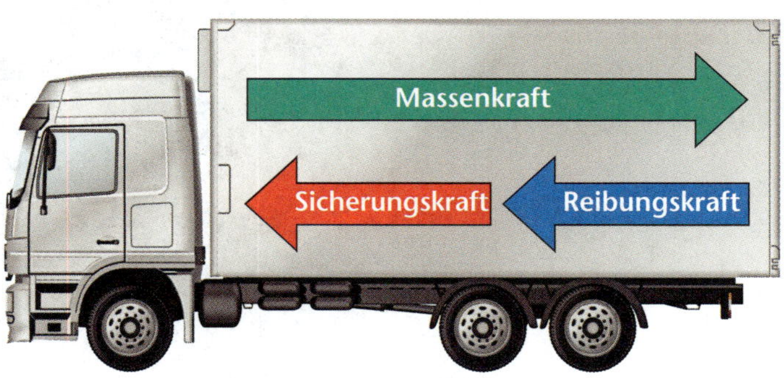

Petra: „Okay, habe ich verstanden, aber warum hat mir das keiner früher gesagt?"

Herr Heuser: „Das ist mir auch ein Rätsel. Damit so etwas nicht noch mal passiert, schlage ich vor, dass Sie, als mittlerweile echte Expertin auf diesem Gebiet, eine Präsentation zur richtigen Beladung und Befestigung erstellen."

Petra: „Nicht so schnell, Sie haben mir doch noch gar nicht alles erklärt. Ich weiß bis jetzt doch nur, dass ich die Ladung sichern muss. Aber wie denn?"

Herr Heuser: „Dafür gibt es spezielle Verladungsarten und Mittel."

Petra: „Ich kenne nur die lückenlose Stauung und das Festzurren."

Herr Heuser: „Damit kennen Sie schon die wichtigsten Maßnahmen. Vertiefen Sie Ihr Wissen, indem Sie sich bei Ihren Kollegen in der Berufsschule, im Fachbuch oder im Internet über die verschiedenen Arten und Mittel informieren. Die Erfahrung kommt dann mit der Anwendung. Noch mal zur Verdeutlichung: Wir sind zuständig für das beförderungssichere Laden, Stauen und Befestigen und der Fahrer übernimmt die betriebssichere Verladung."

Petra: „Auch das haben Sie mir nicht richtig erklärt. Außerdem stimmt Ihre Aussage nicht, denn die Bestellung für den Siebert Baumarkt lädt der Fahrer immer selbst."

Herr Heuser: „Weil Siebert das so wünscht. Dafür müssen wir ihm im Preis entgegen kommen. Also, wir halten fest, Sie erarbeiten eine Präsentation, die die rechtlichen Pflichten des Absenders und Frachtführers bei der Beladung erläutert. Stellen Sie die Arten und Mittel der Ladungssicherung kurz vor – unser Gespräch dient Ihnen als Grundlage – und veranschaulichen Sie dies durch ein konkretes Beispiel."

Arbeitsauftrag

Erarbeiten Sie die Präsentation zum Thema Ladungssicherung für Petra. Gehen Sie dabei auf folgende Punkte ein:

- Rechtliche Pflichten des Absenders
- Rechtliche Pflichten des Frachtführers
- Arten der Ladungssicherung
- Mittel zur Ladungssicherung

Aufgabe 1

Tödlicher Unfall durch schlecht gesicherte Lkw-Ladung

Dienstag 5. April 20.., 10:34 Uhr
Duisburg (bv1). Die unzureichend gesicherte Ladung eines Lkws hat auf der B8 bei Duisburg einen tödlichen Unfall verursacht. Ein 39-jähriger Berufskraftfahrer aus Polen hatte am Dienstag in einer Kurve zwei große, zehn Tonnen schwere Betonfertigteile verloren. Die Betonteile erfassten den Wagen einer 33-Jährigen. Die Frau wurde dabei so schwer verletzt, dass sie trotz der Bemühungen des Notarztes noch an der Unfallstelle starb. Ihr 62-jähriger Beifahrer ebenso wie der Lastwagenfahrer erlitten einen Schock. Die quer über der Fahrbahn liegenden Betonteile blockierten die Bundesstraße für mehrere Stunden. Die Unfallursache ist noch ungeklärt, die gerissenen Spanngurte wurden von der Polizei sichergestellt.

a) Beschreiben Sie, welche Ursachen und Fehler zu dem Unfall führten und wie dieser hätte verhindert werden können.

b) Stellen Sie jeweils zwei Folgen eines Unfalls für
- den Kunden
- den Lieferanten
- die Umwelt und
- die Gesellschaft

dar.

Aufgabe 2

Entwickeln Sie Grundregeln, die Sie vor und während der Beladung sowie Ladungssicherung beachten müssen.

Vor der Beladung	Während der Beladung	Ladungssicherung

Aufgabe 3

Bei der Beladung werden sogenannte Verladesysteme eingesetzt.

a) Beschreiben Sie die zwei dargestellten Systeme.

b) Nennen Sie Vor- und Nachteile der zwei Systeme.

Aufgabe 4

Die Reibungskraft wird in Haftreibung und Gleitreibung unterteilt. Entwickeln Sie ein Beispiel, an dem Sie diese beiden Kräfte veranschaulichen.

Aufgabe 5

Petra ist der Ansicht, sie müsse die Betonteile nicht sichern, da diese so schwer seien, dass sie nicht verrutschen können. Zeigen Sie anhand einer Formel den Zusammenhang zwischen Sicherungskraft, Reibungskraft und Massenkraft auf.

Aufgabe 6

Die Sicherung einer Ladung erfolgt grundsätzlich in zwei Schritten:

1. Die Ladeeinheit muss in sich gesichert sein.
2. Die Ladeeinheit muss auf dem Transportmittel richtig gesichert werden.

Erläutern Sie, wie Sie in der Praxis vorgehen müssen, damit Sie diesen beiden Schritten gerecht werden.

Aufgabe 7

a) Erklären Sie, was man unter kraftschlüssiger Ladungssicherung versteht.

b) Beschreiben Sie, warum die kraftschlüssige Ladungssicherung für verformbare Güter ungeeignet ist.

c) Stellen Sie dar, warum Sie beim Festzurren immer einen möglichst großen Zurrwinkel erreichen sollen.

Aufgabe 8

a) Beschreiben Sie die beiden Arten der formschlüssigen Ladungssicherung.

b) Unterscheiden Sie Niederzurren von Direktzurren.

c) Beim Direktzurren werden drei weitere Formen unterschieden. Nennen und beschreiben Sie diese.

d) Neben Zurrgurten werden weitere Ladungssicherungsmittel verwendet. Nennen Sie fünf.

Aufgabe 9

Analysieren Sie diese Ladungssicherung im Hinblick auf ihre Eignung.

Aufgabe 10

Nebenstehender Lkw hat eine Strecke von 1400 km zurückgelegt. Nehmen Sie kritisch Stellung zu der Ladungssicherung.

Aufgabe 11

Das Gewicht einer Ladung beträgt 1 600 kg. Die Ladefläche und die Oberfläche der Ladung sind aus Metall.

Beide Oberflächen sind trocken. Aus der Tabelle für Gleit-Reibwerte kann man einen Gleit-Reibwert entnehmen: 0,25 μ.

a) Berechnen Sie die Gewichtskraft in Newton.

b) Bestimmen Sie die Gewichtskraft in Deka-Newton.

c) Ermitteln Sie die Reibungskraft in Deka-Newton.

d) Bestimmen Sie die Reibungskraft in Deka-Newton, wenn eine Antirutschmatte mit dem Gleit-Reibewert $\mu = 0,7$ verwendet wird.

Aufgabe 12

Das Ladegewicht eines Kleintransporters beträgt 2,5 t. Bei einer Vollbremsung wirkt eine Massenkraft von 80 % des Ladungsgewichts. Der Gleit-Reibewert μ beträgt 0,4.

a) Berechnen Sie die Trägheit in Deka-Newton, mit der das Ladungsgut nach vorn geschoben wird.

b) Bestimmen Sie die Reibungskraft in Deka-Newton.

c) Ermitteln Sie, wie groß die Sicherungskraft FS sein muss, damit das Ladungsgut nicht verrutscht.

Aufgabe 13

Das Ladungsgewicht beträgt 1,2 t. Der Gleit-Reibwert μ beträgt 0,4. Der Sicherungsfaktor f nach vorn 0,8.

a) Berechnen Sie die Vorspannkraft F_V, damit die Ladung gesichert ist.

b) Ermitteln Sie, wie viele Zurrmittel mit einer Vorspannkraft von je 200 Deka-Newton notwendig sind, um die Ladung zu sichern.

Aufgabe 14

Ermitteln Sie die Reibungskraft: Das Ladungsgewicht beträgt 3 500 kg. Die Oberfläche des Ladungsgutes besteht aus Metall. Die Oberfläche der Ladefläche besteht aus Holz. Gehen Sie von einem fettigen Zustand aus und nehmen Sie den niedrigsten μ-Wert.

Aufgabe 15

Gesucht wird die Sicherungskraft von zwei Sendungen, die sich auf der gleichen Pritsche befinden:

Sendung 1: 2 800 kg
Sendung 2: 220 kg
Fliehkraft: 50 % des Ladungsgewichts
μ-Wert für beide Sendungen: 0,22

a) Geben Sie an, wie hoch die Gewichtskraft ist.

b) Bestimmen Sie die Massenkraft (Fliehkraft) bei beiden Sendungen.

c) Berechnen Sie die Reibungskraft bei beiden Sendungen.

d) Ermitteln Sie die Sicherungskraft für die genannten Sendungen.

Aufgabe 16

Folgender Lastverteilungsplan liegt vor:

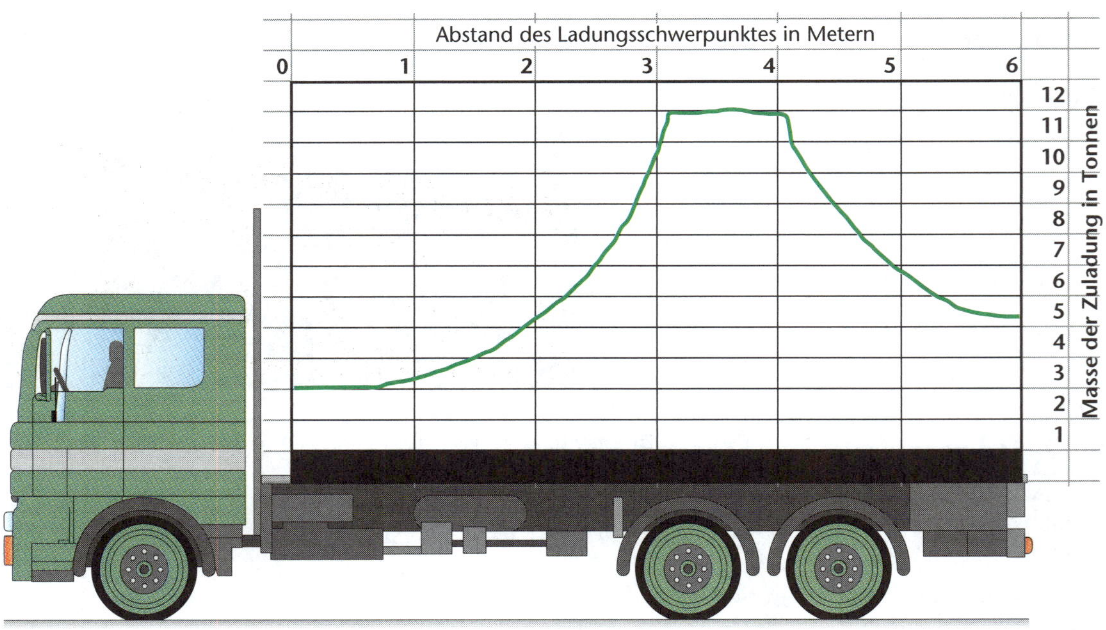

a) Bestimmen Sie den Abstand des Schwerpunkts von der Stirnwand folgender Sendungen.

Sendung	Maße in m	Gewicht	Schwerpunkt	Abstand des Schwerpunkts von der Stirnwand		Länge/Freiraum zwischen Stirnwand und Kiste (bezogen auf Minimum)
				Minimum	Maximum	
1	2,40 x 2 x 1,20	3 t				
2	2,20 x 4,20 x 2	10 t				
3	2,20 x 3,10 x 1,5	7 t				
4	2 x 2 x 2	13 t				

b) Überprüfen Sie, ob eine Ladung mit den Maßen 2 m x 2 m x 2 m mit einem mittleren Schwerpunkt von 5 t direkt an die vordere Stirnwand gestellt werden kann.

Aufgabe 17

Folgendes Etikett liegt vor.

a) Nennen Sie die Handzugkraft, die bei diesem Gurt aufzuwenden ist.

b) Berechnen Sie mithilfe der Vorspannkraft die Anzahl der Gurte, die notwendig ist, um eine Ladung von 4 t nach vorne durch Niederzurren abzusichern. Gehen Sie von einem Gleitreibwert von 0,4 μ aus.

c) Geben Sie an, inwiefern sich die Anzahl der Gurte ändert, wenn nur mit einem Winkel Alpha von 45 Grad gezurrt werden kann.

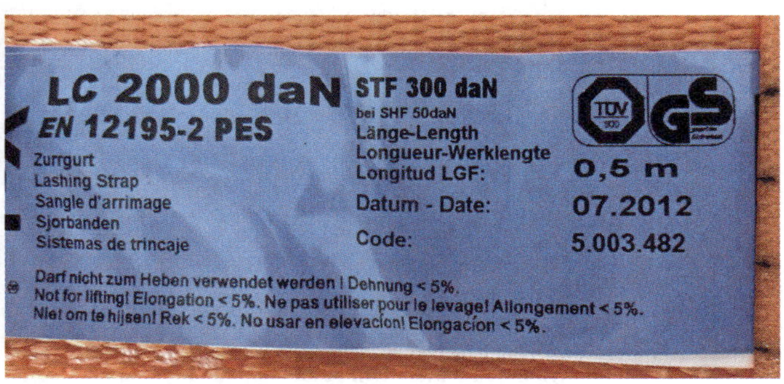

2 Eine Containerverladung durchführen

Bei der Interlogistik GmbH herrscht helle Aufregung: Die Bauunternehmung Unger hat 16,35 t Zement bestellt. Das ist an sich nichts Besonderes. Aber diesmal soll die Lieferung an eine Baustelle in Bangkok, Thailand, versendet werden. Der Zement ist in Säcken zu je 25 kg verpackt. Die Abmessungen der Säcke sind 45 cm x 30 cm x 15 cm. Auf der nebenstehenden Abbildung können Sie erkennen, wie die Säcke gelagert sind. Herr Heuser und Petra überlegen nun, wie sie die Säcke am besten verpacken können, um sie sicher nach Thailand transportieren zu lassen.

Herr Heuser: „Hallo, Petra, ich brauche mal wieder Ihre Hilfe. Die Bauunternehmung Unger braucht Spezialzement an ihrer Baustelle in Thailand. Herr Unger und ich waren uns schnell im Klaren darüber, dass wir den Versand per Seeschiff organisieren werden. Also müssen wir die Säcke in einen Container stauen."

Petra: „Ja, wobei wir die Säcke ruhig auf der Palette gestapelt lassen sollten. Dann sparen wir uns das Abpacken und die Verladung geht auch zügig von der Hand. Immerhin wiegen die Säcke 25 kg. Das möchte ich meinem Rücken nicht zumuten."

Herr Heuser: „Da haben Sie recht. Aber ich bin mir nicht sicher, ob wir die Paletten mit den Säcken, so wie sie da stehen, in den Container transportieren können. Das könnte schon an der Höhe scheitern. Außerdem dürfte die Tragfähigkeit der Paletten während des Transports problematisch werden."

Petra: „Allerdings dürfen Sie nicht vergessen, dass wir mit dem Beladen sehr schnell fertig wären. Mit dem Stapler könnten wir die zweifach gestapelten Paletten in einen Container fahren. Ladung sichern und ab geht die Post."

Herr Heuser: „Ja, aber wir sollten beachten, dass wir einen 20-Fuß-ISO-Container geordert haben mit einer Höhe von 8,5 Fuß. Das bedeutet, dass wir eine Innenhöhe von 2,38 m haben. Ich denke nicht, dass unsere Lagereinheiten für Zement als Ladeeinheit für Container geeignet sind. Vielleicht ist der 20-Fuß-Binnencontainer besser für unser Problem geeignet. Wenn ja, wäre das natürlich sehr hilfreich. Ansonsten werden Sie die Säcke umpacken müssen."

Petra: „Da packe ich die Säcke aber lieber auf Einwegpaletten, bevor ich sie einzeln im Container staple. Dann könnte man den Stapler zum Beladen verwenden."

Herr Heuser: „Sie sollten das zumindest prüfen. Den Vorteil, den wir haben, wenn wir die Säcke auf Paletten packen, haben Sie gut erkannt. Der Vorteil, den uns der Einsatz von Maschinen bringt, ist nicht von der Hand zu weisen."

Petra: „Wir dürfen auch nicht vergessen, dass das Umpacken der Paletten viel Zeit in Anspruch nimmt. Diese Kosten müssen wir ja an Herrn Unger weitergeben."

Herr Heuser: „Von daher wäre es wesentlich günstiger, wenn wir die vorhandenen Ladungsträger nutzen könnten."

Petra: „Unabhängig vom Ladungsträger sind die Säcke jedenfalls durch den Container optimal geschützt."

Herr Heuser: „Das stimmt. Herr Unger legt großen Wert darauf, dass der Zement unversehrt verschifft wird. Insbesondere vor Feuchtigkeit muss er geschützt sein. – Dann ist Ihre Aufgabe klar: Prüfen Sie die verschiedenen Möglichkeiten und teilen Sie mir heute Mittag Ihr Ergebnis mit. Erstellen Sie dazu auch eine Übersicht über die einzelnen Verpackungsarten und welche Kosten sie verursachen. Um 16:00 Uhr habe ich mit Herrn Unger einen Termin, um die Verpackungsart festzulegen. Dann kommen Sie einfach dazu und teilen ihm unsere Entscheidung mit."

Hinweise zur Präsentation

Bereiten Sie sich auf das Gespräch mit Herrn Heuser und Herrn Unger vor. In diesem Gespräch informieren Sie Herrn Unger über die Versandart, für die Sie sich entschieden haben. Machen Sie sich Stichpunkte als Gesprächsgrundlage. Bestimmen Sie den/die Gesprächsführer/-in aus Ihrer Gruppe für Herrn Heuser. Der Gesprächspartner Herr Unger wird aus einer anderen Gruppe bestimmt.

Arbeitsauftrag

Entscheiden Sie begründet, auf welche Weise Sie die Säcke mit Zement verladen. Gehen Sie dabei auf folgende Punkte ein:

1. Prüfen Sie, ob die Sendung den Anforderungen für ein ordnungsgemäßes Stauen und Verladen entspricht.
2. Stellen Sie fest, ob der Container für das Ladegut geeignet ist.
3. Fertigen Sie einen detaillierten Stauplan an.
4. Beschreiben Sie, wie Sie die Säcke im Container stauen und sichern.

Aufgabe 1

Zeigen Sie auf, welche Probleme ein 20-Fuß-Binnencontainer beim Transport verursachen würde.

Aufgabe 2

Für einen Seetransport sollen in einem Container 96 Fässer mit folgenden Maßen gestaut werden: Durchmesser 0,36 m, Höhe 0,90 m, Nettogewicht 13 440 kg, Bruttogewicht 14 560 kg.
Stellen Sie fest, ob für den Transport ein 20-Fuß-Container ausreicht oder ob ein 40-Fuß-Container benötigt wird. Fertigen Sie dazu eine Skizze an.

Aufgabe 3

Entscheiden Sie, welcher Containertyp jeweils vorliegt.

a) Eine 20′ oder 40′ lange Kiste ohne besondere Ausstattungsmerkmale.
b) Ein Container, der für flüssige Produkte eingesetzt wird.
c) Container mit eigener Temperaturregelung.
d) Er ist oben und an den Seiten offen.
e) Das Stahldach ist abnehmbar.
f) Eine abnehmbare Plane deckt den Container ab.
g) „Blinde Passagiere" sollten sich diese Containerart aussuchen.

Aufgabe 4

Die WAKA-CHEMIE ist ein Unternehmen, das eine breite Palette chemischer Grundstoffe und Fertigprodukte herstellt. Die Konsistenz der Güter ist dabei sehr unterschiedlich. Wählen Sie geeignete Container-Typen für die Beförderung der nachfolgend beschriebenen Produkte aus.

1. Methylalkohol (giftig, flüssig)
2. PVC in Pulverform
3. Geschreddertes Kunststoffmaterial, das wiederverwertet werden soll
4. Kunststoffrohre für Gasleitungen, 11 m lang
5. Spritzgussmaschine für die Produktion von Kunststoffteilen, Maße 2,5 m x 6 m
6. Geschäumtes Isoliermaterial
7. Sperrige, großflächige Kunststoffteile für den Fahrzeugbau, Maße 2,00 m x 2,20 m x 2,30 m
8. Schwere, kunststoffbeschichtete Metallplatten, die beim Be- und Entladen des Containers gekrant werden müssen
9. Organische Verbindungen für die Lebensmittelindustrie, die aus Gründen der Haltbarkeit bei + 7 °C gelagert werden müssen

Aufgabe 5

a) Bestimmen Sie, in welcher Maßeinheit Container in ihrer Größe festgelegt werden und welcher Größe in cm dies entspricht.

Maßeinheit: ______________________ entspricht ______________________ cm

b) Bestimmen Sie die Außenlänge der beiden am häufigsten gebrauchten Containergrößen. Nennen Sie auch das entsprechende Metermaß.

1. ____

2. ____

Aufgabe 6

Beschreiben Sie, woran Sie als Fachkraft für Lagerlogistik erkennen, ob Sie eine Seekiste oder eine Inlandskiste vor sich haben.

Aufgabe 7

a) Nennen Sie den Unterschied zwischen einem Binnen- und einem Überseecontainer.

b) Bestimmen Sie, wie viele Europaletten auf eine Ebene in einem Binnen- bzw. Überseecontainer passen. Beziehen Sie für die Berechnung sowohl den 20- als auch den 40-Fuß-Container mit ein.

Aufgabe 8

Die Maße einer Europalette sind genormt und ermöglichen so eine optimale Verladung in Lkw und Containern.

a) Bestimmen Sie die Länge und Breite einer Europalette.

b) Berechnen Sie das Volumen in m^3 einer Flachpalette, wenn sie 85 cm hoch beladen wird.

c) Bestimmen Sie, wie viel m^2 Lagerfläche für 48 Europaletten benötigt werden, wenn jeweils vier Paletten übereinander gestapelt werden können.

d) Berechnen Sie, wie viele Europaletten auf eine Wechselpritsche (7,30 m) bzw. auf einen Sattelzug (13,60 m) passen. Veranschaulichen Sie Ihre Berechnungen anhand einer Skizze.

e) Erklären Sie, was man unter dem Begriff Tara-Gewicht versteht.

Aufgabe 9

Nennen Sie die Bezeichnung für folgende Palettenarten:

a) Palette aus Metall mit einem Aufbau aus Baustahlgitter	
b) Palette, die von allen vier Seiten unterfahrbar ist	
c) Palette, die genormte Maße hat	
d) Palette, die bei Anlieferung gegen eine leere Palette getauscht werden muss	
e) Holzpalette ohne Aufbau	
f) Palette aus Metall, die an vier Ecken mit Ständerprofilen versehen ist	
g) Palette hat einen eigenen Pool	
h) Besondere Art einer Palette, die eine Plattform mit hochgezogenem, niedrigen Rand sein kann	

Aufgabe 10

Beim Packen einer Flachpalette hat man grundsätzlich die Wahl zwischen zwei verschiedenen Stapelmöglichkeiten.

a) Benennen Sie diese beiden Möglichkeiten.

b) Stellen Sie diese beiden Stapelarten anhand einer Skizze, in der rechteckige Schachteln auf einer Palette gepackt werden, grafisch dar.

c) Nennen Sie jeweils zwei Vorteile der beiden Stapelungsmöglichkeiten.

Aufgabe 11

Zeigen Sie auf, welche Vorteile unterfahrbare Wellpappe-Boxen bieten. Nennen Sie drei Vorteile.

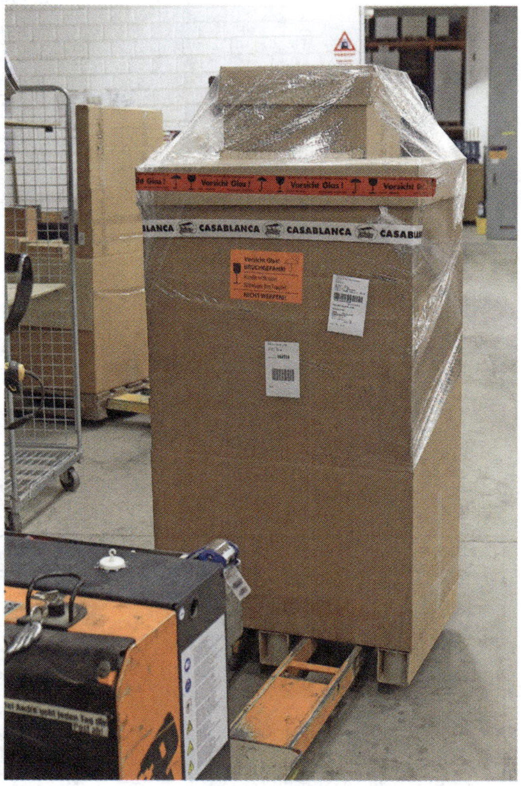

Aufgabe 12

Erläutern Sie, worin Ihrer Meinung nach das Erfolgsgeheimnis der Palette als Ladehilfsmittel bzw. als Packmittel liegt.

Aufgabe 13

a) Erläutern Sie, was man unter einem „Collico" versteht.

b) Grenzen Sie einen Collico von einer Gibo ab, indem Sie auf die wichtigsten Vorteile des Collicos gegenüber der Gibo bzw. gegenüber Paletten im Allgemeinen eingehen.

Aufgabe 14

Zählen Sie sieben Möglichkeiten auf, wie das Ladegut auf einer Palette besonders gut gesichert werden kann.

Aufgabe 15

a) Erklären Sie, was man unter einer „Gibo" versteht.

b) Bestimmen Sie die Abmessungen (L x B x H) einer Gibo.

c) Nennen Sie die maximale Tragfähigkeit einer Gibo.

d) Wie viel wiegt eine Gibo brutto bei Ausnutzung der maximalen Tragfähigkeit?

e) Petra stapelt fünf Gibos aufeinander. Alle Gibos haben Ware mit jeweils 1 500 kg gelagert. Prüfen Sie die Zulässigkeit dieser Stapelung.

Aufgabe 16

Beim Versand von Präzisionswerkzeug nach Übersee kann es zu Korrosion kommen.

a) Beschreiben Sie, wie es zu Korrosion kommen kann.

b) Nennen und beschreiben Sie drei Möglichkeiten, um dieses Präzisionswerkzeug vor Korrosion zu schützen.

c) Beim Verpacken dieses Werkzeuges sollten Sie beachten, dass die Teile nicht

______________________ angefasst werden, damit die Feuchtigkeit der ______________ nicht an das blanke Material gelangt und Korrosion fördert.

d) Erläutern Sie die Verwendung von Trockenmitteln.

Aufgabe 17

Folgende Säcke Gips sind von Petra für verschiedene Kunden in einem 20-Fuß-ISO-Container beladen worden. Nehmen Sie kritisch Stellung dazu.

Fall 1

Fall 2

Fall 3

Aufgabe 18

Welche Verpackungsfunktion wird in folgender Bilderfolge verdeutlicht?

3 Gefahrgut für den Versand vorbereiten und auf den Lkw verladen

Petra ist mit der Verladung des Gefahrguts beschäftigt. Da ihr Herr Heuser danach keine weiteren Aufgaben übertragen hat, setzt sie sich an den Computer im Lager, um mehr über den Ablauf eines Gefahrguttransportes zu erfahren. Im Internet findet sie verschiedene Fotos zu diesem Themengebiet, vor allem Bilder über Unfälle. In den Kommentaren ist dabei die Rede von Vorschriften, Gesetzen und Verordnungen wie GGVSEB, ADR, RID, IMDG-Code, IATA-DGR usw. Wären alle Vorschriften beachtet worden, wäre die Unfallbilanz wesentlich niedriger ausgefallen. Sie wundert sich, dass es so viele Aspekte gibt, die zu berücksichtigen sind.

„Also, wenn ich mir das recht überlege", denkt sie, „habe ich beim Verladen der Gefahrgüter schon sorgfältig gearbeitet. Aber all das, was ich gemacht habe, mache ich sowieso. Ich werde mal Herrn Heuser fragen."

Petra: „Herr Heuser, ich bin fertig. Die Sendung ist verladen. Weil es sich aber um Gefahrgüter handelt, bin ich ein bisschen verunsichert. Da gibt es doch noch mehr zu berücksichtigen, nicht wahr?"

Herr Heuser: „Was haben Sie denn im Unterschied zum normalen Verladen unternommen?"

Petra: „Ich habe diese zwei Fässer im Sinne der Gefahrstoffverordnung gekennzeichnet. Dazu habe ich das Etikett des Gefahrstoffs auf die Versandverpackung geklebt. Außerdem habe ich einen Teil der Güter umpacken müssen, weil es sich nicht um Gefahrgutkartons gehandelt hat."

Herr Heuser: „O. k., das ist gut so. Haben Sie auch beachtet, dass es für Versandstücke mit unterschiedlichen Gefahrzetteln ein Zusammenladeverbot gibt?"

Petra: „Nein, das muss ich noch erledigen."

Herr Heuser: „Machen Sie das. Ich werde mir inzwischen die Sendung anschauen!"

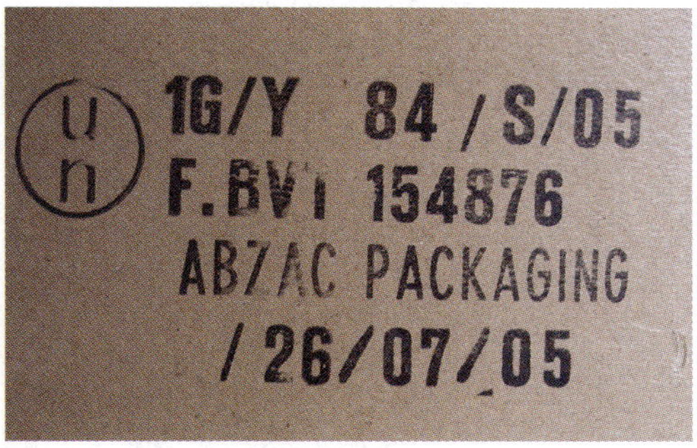

Aufdruck auf der Rückseite des Fasses

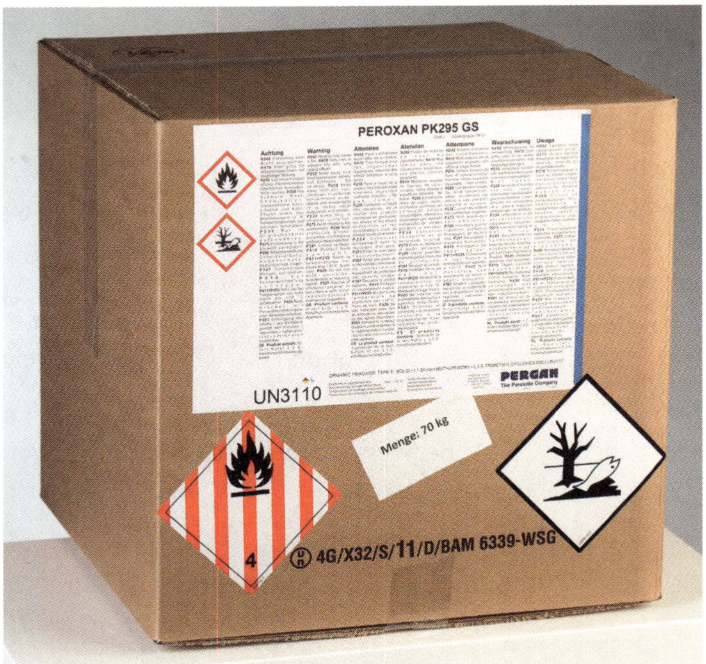

Herr Heuser: „Können Sie mir mal die Ladeliste zeigen? Ich kann sonst die Sendung nicht überprüfen."

Petra: „Natürlich, hier ist die Rollkarte."

<table>
<tr><th colspan="8">Rollkarte/Ladeliste</th></tr>
<tr><th>LFD POS</th><th>ANZ</th><th>VERP</th><th>INHALT</th><th>GEWICHT Pro Palette</th><th>Empfänger</th><th>Versender</th><th>Bemerkung</th></tr>
<tr><td>1</td><td>2
3</td><td>€
Fass (1G)</td><td>Gewebe
Gefahrgut</td><td>140</td><td>Weberei Meyer e.K.,
Frankenstraße 17
46499 Dingden</td><td>Bayer Spinnerei
Ettlingen</td><td>Anlieferung mit Hebebühne und Hubwagen, Paletten nicht stapelbar</td></tr>
<tr><td></td><td colspan="7">Gefahrgutspezifikation
Bezeichnung — Gefahrzettel
UN 3234 Selbstzersetzlicher Stoff Typ C, Fest, Temperatur kontrolliert (2,2'-Azodiisobutyronitril) — 4.1
<table><tr><th>Anzahl</th><th>Verpackung</th><th>Menge in kg</th><th>VG</th><th>Punkte</th><th>Tunnelcode</th></tr><tr><td>3</td><td>Fass (1G)</td><td>40</td><td></td><td></td><td>D</td></tr></table></td></tr>
<tr><td>2</td><td>3</td><td>Kiste (4G)</td><td>Gefahrgut</td><td></td><td>Kunze Peter,
Markt 21
47846 Kleve</td><td>Schnabel GmbH,
Bocholt-Mussum</td><td></td></tr>
<tr><td></td><td colspan="7">Gefahrgutspezifikation
Bezeichnung — Gefahrzettel
UN 3110 Organic Peroxide Type F, Solid (1,1-DI-(tert-Butylperoxyd)-3,3,5–Trimetylcyclohexane) — 5.2
<table><tr><th>Anzahl</th><th>Verpackung</th><th>Menge in kg</th><th>VG</th><th>Punkte</th><th>Tunnelcode</th></tr><tr><td>1</td><td>Kiste (4G)</td><td>70</td><td></td><td></td><td>D</td></tr></table>
umweltgefährdend

Bezeichnung — Gefahrzettel
UN 3106 Organic Peroxide Type D, Solid (Dibenzoyl Peroxide) — 5.2
<table><tr><th>Anzahl</th><th>Verpackung</th><th>Menge in kg</th><th>VG</th><th>Punkte</th><th>Tunnelcode</th></tr><tr><td>2</td><td>Kiste (4G)</td><td>80</td><td></td><td></td><td>D</td></tr></table>
umweltgefährdend</td></tr>
<tr><td>3</td><td>1</td><td>CHEP
(1,2 x 0,8)</td><td>Farben,
Lacke</td><td>120</td><td>Kolberg GmbH,
Schüttensteinstr. 33,
46419 Isselburg</td><td>Farben OHG,
Heidelberg</td><td>Paletten nicht stapelbar</td></tr>
<tr><td>4</td><td>2</td><td>HPP</td><td>Kunststoffe</td><td>500</td><td>Josef Kanten,
Im Kirchkamp 45,

46446 Emmerich</td><td>LSU Schaberle,
Böblingen</td><td>Paletten nicht stapelbar</td></tr>
</table>

Aufdruck auf dem Karton

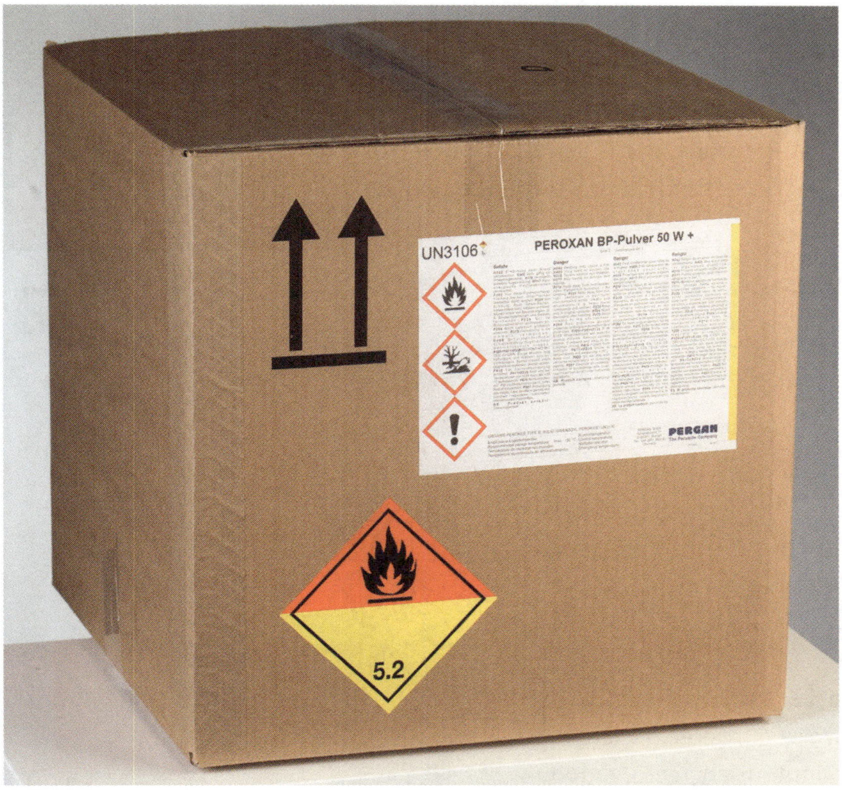

Herr Heuser schaut sich die Ladung an. Dreht und wendet die Güter, vergleicht die Sendung mit der Rollkarte.

Herr Heuser: „Nun, Frau Meyer, mir sind ein paar Fehler aufgefallen. Fehler, die Sie eigentlich nicht machen dürfen, da ich Ihnen das schon erklärt habe."

Petra: „Das ist wirklich kompliziert."

Herr Heuser: „O.k., dann gehen wir jetzt noch mal konzentriert an die Sendung. Die Begleitdokumente sind in Ordnung. Kontrollieren Sie beim Fahrer, ob er die „Schriftlichen Weisungen" in seiner Landessprache dabei hat. Desweiteren, müssen die Frachtpapiere für die Laufende Position 1 noch fertiggestellt werden. Sie können dem Fahrer ja nicht nur die Rollkarte mitgeben."

Petra: „Das weiß ich auch. Ist der Frachtführer denn informiert, dass er Gefahrgut transportieren wird?"

Herr Heuser: „Ja, ist er. Der Fahrer, Herr Pankratz, ist auch schon mit seinem Lkw an der Rampe. Kommen Sie mal mit raus. Sie können erkennen, dass die Warntafel vorne aufgeklappt ist."

Petra: „Und hinten am Lkw?"

Herr Heuser: „Gut aufgepasst. Da geben wir dem Fahrer direkt Bescheid. Herr Pankratz, kommen Sie mal bitte."

Herr Pankratz: „Was kann ich für Sie tun? Ich war gerade damit beschäftigt, meinen ADR-Schein zu holen."

Herr Heuser: „Als Erstes bitte ich Sie, die Verdeckung an der hinteren Warntafel zu entfernen. Und dann möchte ich bitte den ADR-Schein noch sehen."

Herr Pankratz: „Hier, bitte schön."

Herr Heuser: „Überprüfen Sie bitte den Schein, Frau Meyer. Danach verladen Sie die Sendung ordnungsgemäß. Und denken Sie daran, dass der Fahrer zügig weiterfahren möchte."

Petra: „Kein Problem, ich kontrolliere die Sendung nochmals und werde den Frachtbrief erstellen. Sie können sich auf mich verlassen."

Herr Pankratz: „Kann ich meinen ADR-Schein wiederhaben?"

Petra: „Na klar, hier bitte schön. Wie lief denn die Fahrt hierhin?"

Herr Pankratz: „Bis auf einen Stau am Kamener Kreuz gut. Dort brannte ein Anhänger. Aber mit meinem Feuerlöscher konnte ich helfen und den Brand löschen."

Petra: „War die Feuerwehr auch dabei?"

Herr Pankratz: „Nein, die Kapazität meines Feuerlöschers hat glücklicherweise ausgereicht. Ich habe dort nur 15 Minuten an Zeit verloren, sodass ich bei Ihnen noch pünktlich einlaufen konnte."

Petra: „Gut, dann will ich mal dafür sorgen, dass Sie auch wieder loskommen."

Arbeitsauftrag

Übernehmen Sie die Aufgabe, die Sendung für den Versand vorzubereiten, um sie auf den Lkw zu laden.

1. Stellen Sie fest, welche Aufgaben der Verpacker zu erledigen hat und überprüfen Sie für jeden einzelnen Punkt, ob Petra die Aufgaben des Verpackers beim Ablauf eines Gefahrgutversandes ordnungsgemäß erledigt hat.
2. Analysieren Sie, ob die Ausrüstung für das Fahrzeug den Anforderungen eines Gefahrguttransportes entspricht.
3. Erklären Sie die Bedeutung des ADR-Scheins und kontrollieren Sie ihn auf Gültigkeit für den vorliegenden Transport.
4. Erstellen Sie die Begleitpapiere für die Laufende Position 1.

Erläuterungen zu den Feldern des Speditionsauftrag-Formulars

Feld 1 Postanschrift des Versenders

Feld 2 Nummer zur Identifikation des Versenders (Ident-Nummer), die z. B. der Empfänger einem Versender zugeordnet

Feld 3 Interne Bezugsnummer des Spediteurs für die Auftragsabwicklung

Feld 4 Ident-Nummer, die z. B. der Versandspediteur einem Versender zuordnet

Speditionsauftrag

1 Versender/Lieferant 2 Lieferanten Nr.

3 Speditionsauftrag-Nr.

4 Nr. Versender beim Versandspediteur

5 Beladestelle

6 Datum 7 Relations-Nr.

8 Sendungs-/Ladungs-Bezug-Nr.

9 Versandspediteur 10 Spediteur-Nr.

11 Empfänger 12 Empfänger-Nr.

Gerd Berger
Spedition e.K.
Merkurstraße 14
40223 Düsseldorf

Telefon: 0211 56742-0
Fax: 0211 56733
E-Mail: gberger-spedition@t-online.de

13 Bordero-/Ladeliste-Nr.

14 Anlieferer-/Abladestelle

15 Versendervermerke für den Versandspediteur

16 Eintreff-Datum 17 Eintreff-Zeit

18 Zeichen und Nr.	19 Anzahl	20 Packstück	21 SF	22 Inhalt	23 Nettogewicht in kg	24 Bruttogewicht in kg
Summe:	25	26 Rauminhalt cdm/Lademeter Summen:			27	28

29 **Gefahrgut-Klassifikation**

UN-Nr.		Offizielle Benennung	30		
Nummer Gefahrzettelmuster		Verpackungs-gruppe		Tunnelbeschränkungs-code	

31 Frankatur	32	33 Warenwert für Güterversicherung (Ziff. 21 ADSp)	34 Versender-Nachnahme

35

Wir arbeiten ausschließlich aufgrund der Allgemeinen Deutschen Spediteurbedingungen (neueste Fassung).

Diese beschränken in Ziffer 23 ADSp die gesetzliche Haftung des Spediteurs nach § 431 HGB für Schäden an Gütern in speditionellem Gewahrsam auf 5,00 €/kg; bei multimodalen Transporten unter Einschluss einer Seebeförderung auf 2 SZR/kg; darüber hinaus je Schadensfall bzw. Schadensereignis auf 1 Mio. bzw. 2 Mio. EUR oder 2 SZR/kg, je nachdem, welcher Betrag höher ist.

Feld 5 Einzutragen sind Ort und/oder Stelle (als Straßenbezeichnung mit Hausnummer), sofern Abweichung zu Feld 1 vorliegt.
Feld 6 Datum im Format Jahr-Monat-Tag (JJJJ-MM-TT)
Feld 7 Hier wird eine interne Relationsnummer des Spediteurs (z. B. Sammelladungsrelation) eingetragen.
Feld 8 Nummer, die der Versender der Sendung zuteilt
Feld 9 Anschrift des Versandspediteurs; darunter Telefon- und Telefax-Nummer
Feld 10 Ident-Nummer, die der Versender für einen Spediteur verwendet
Feld 11 Anschrift des Empfängers
Feld 12 Ident-Nummer, die der Versender seinem Kunden (= Empfänger) zuteilt
Feld 13 Interne Nummer des Versandspediteurs für das eingesetzte Bordero oder die Ladeliste
Feld 14 Eintrag der Abladestelle (Straßenname und Nr.), sofern Abweichung zu Feld 11 besteht
Feld 15 Das Feld nimmt Vermerke des Versenders für den Spediteur auf (ebenso Feld 16 und 17).
Feld 16 Spätestes Eintreff-Datum der Sendung beim Empfänger
Feld 17 Wie Feld 16 (die Uhrzeit ist anzugeben)
Feld 18 Markierung (Zeichen und Nummer der Versandeinheit), mit der das Packstück gekennzeichnet ist
Feld 19 Anzahl der Packstücke je Positionszeile (bei bis zu 10 Positionszeilen)
Feld 20 Art der Packstücke als Packmittelbeschreibung (z. B. Karton, Palette) oder als Packmittelnummer
Feld 21 Stapelfähigkeit des Packstücks (0 = nicht stapelbar, 1 = 1x stapelbar usw.)
Feld 22 Inhalt der Packstücke
Feld 23 Nettoladegewicht je Positionszeile
Feld 24 Brutto-Gewicht je Positionszeile
Feld 25 Summe von Feld 19 (Summe der Packstücke/Lademittel)
Feld 26 Rauminhalt bzw. Lademeter der Sendung in Kubikdezimeter oder Lademeter
Feld 27 Summe aus Feld 23
Feld 28 Summe aus Feld 24
Feld 29 Klassifizierung des Gefahrgutes nach ADR (= Europäisches Übereinkommen über die internationale Beförderung gefährlicher Güter auf der Straße) oder RID (= Internationale Ordnung für die Beförderung gefährlicher Güter mit der Eisenbahn); Reihenfolge in der Gefahrgutbeschreibung: UN-Nr., Bezeichnung, Gefahrgutklasse, Verpackungsgruppe, Tunnelbeschränkungscode
Feld 30 Bezeichnung des Gefahrgutes mit seiner offiziellen Fachbezeichnung
Feld 31 Nimmt die Vereinbarung zwischen Versender und Empfänger über die Verteilung der Beförderungskosten auf (z. B. unfrei, frei Haus)
Feld 32 Angabe des Wertes der Sendung in EUR für die Speditionsversicherung
Feld 33 Ein Eintrag in dieses Feld (Wert der Ware) beauftragt den Spediteur, eine Transportversicherung abzuschließen.
Feld 34 Hier ist ein EUR-Betrag einzutragen, wenn der Versender wünscht, dass die Sendung nur gegen Nachnahme an den Empfänger ausgeliefert wird.
Feld 35 Das Feld kann nach eigener Wahl genutzt werden, z. B. für
- Empfangsquittungen
- Informationen über getauschte Paletten
- beigefügte Anlagen (Dokumente)

Feld 36 Hinweis auf die Vertragsgrundlage (ADSp)

Aufgabe 1

Nennen Sie die Bedeutung folgender Abkürzungen zu den Verordnungen zur Gefahrgutbeförderung.

GGVSEB	
ADR	
ADN	
RID	
IATA-DGR	
IMDG-Code	

Aufgabe 2

Beschreiben Sie fünf Aspekte, die in diesen Gefahrgutvorschriften geregelt sind.

Aufgabe 3

Erklären Sie den Unterschied zwischen der Gefahrstoffverordnung und dem Gesetz über die Beförderung gefährlicher Güter.

Aufgabe 4

Erläutern Sie die Aufgaben des Gefahrgutbeauftragten in einem Betrieb.

Aufgabe 5

Im Text spricht Herr Heuser darüber, dass Petra kontrollieren soll, das der Fahrer die Schriftlichen Weisungen in seiner Landessprache mit sich führt. Erklären Sie die Bedeutung der Schriftlichen Weisungen.

Aufgabe 6

Die nebenstehende Abbildung entstand nach einem Unfall auf der Autobahn A 3 kurz hinter Köln. Erklären Sie anhand des Fotos, welche Grundregeln beim Stauen der Ladung nicht beachtet worden sind.

Aufgabe 7

Geben Sie an, welche Informationen man der Beschilderung des Lkw entnehmen kann.

Aufgabe 8

Kreuzen Sie an, ob folgende Produkte aus den Gefahrgutklassen miteinander verpackt werden dürfen.

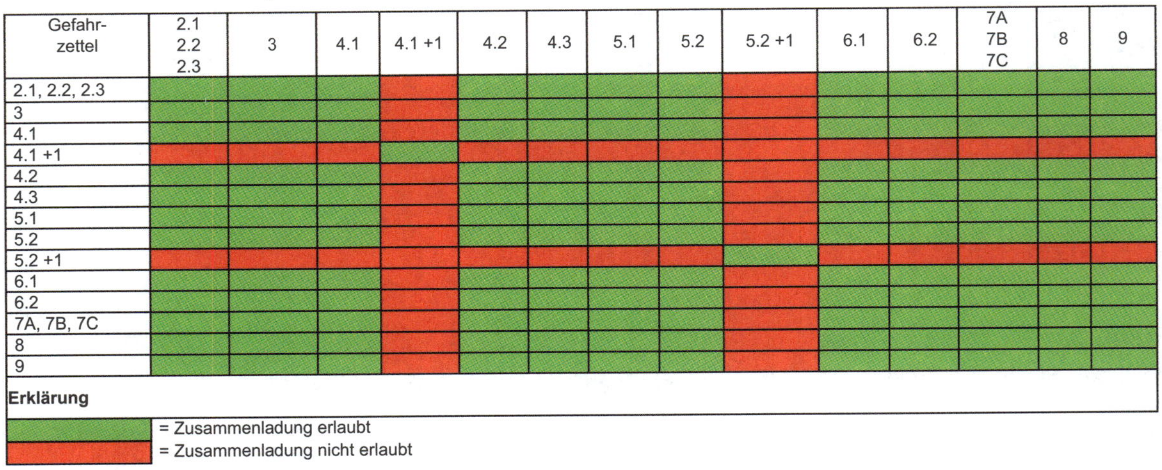

	Erlaubt	Verboten
2.1 mit 2.3		
8 mit 6.2		
6.1 mit 5.2 + 1		
9 mit 4.1 + 1		
4.1 + 1 mit 6.1		
6.2 mit 8		
2.3 mit 7c		

Aufgabe 9

Herr Müller renoviert seine Wohnung und befördert dazu in seinem Pkw 5 l Verdünnung (UN-Nr. 1263) und 10 l Lack (Gefahrgutklasse 3). Geben Sie an, wie er sein Fahrzeug zu kennzeichnen hat.

Aufgabe 10

Beim Gefahrguttransport werden nicht nur besondere Anforderungen an die Ausrüstung für das Fahrzeug gestellt. Erklären Sie, inwiefern der Frachtführer auch angehalten ist, für

- eine persönliche Schutzausrüstung und
- eine Ausrüstung zum Schutz der Umwelt

zu sorgen.

Aufgabe 11

Der Schüler Jan bestellt bei einem Internetshop Batterien, Werkzeug und 0,5 l Verdünnung. Er wundert sich, dass der Paketdienst das Paket ohne Kennzeichnung ausliefert. Wie ist die Rechtslage?

Aufgabe 12

Prüfen Sie mithilfe der Zusammenladetabelle, ob folgende Güter zusammen verladen werden dürfen.

a) Peroxan der Klasse 5.2 mit Reinigungsmittel der Klasse 8
b) Feuerwerksartikel der Klasse 1 mit Spraydosen der Klasse 2
c) Zündhölzer der Klasse 4.1 mit Spraydosen der Klasse 2
d) Kunststoffkleber der Klasse 5.2 mit Abfällen der Klasse 6.2
e) Entzündbare flüssige Stoffe der Klasse 3 mit giftigen Stoffen der Klasse 6.1

Aufgabe 13

An einem Lkw befindet sich nebenstehende Warntafeln.

a) Erklären Sie jeweils den Aufbau und den Informationsgehalt der Kennzeichnung.
b) Erläutern Sie, welche Information man erhält, wenn der oberen Zahl ein „X“ vorangestellt ist.

①

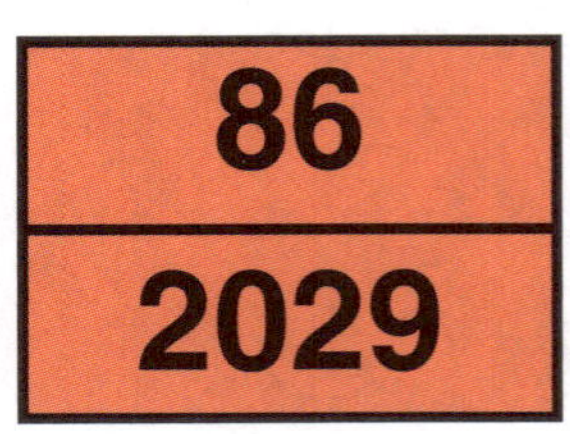

②

4 Freistellungen beim Gefahrgutversand beachten

„Das ist mal wieder ein typisch hektischer Tag im Versand“, denkt Petra. Damit alle Lieferungen rechtzeitig rausgehen, muss jeder mithelfen. Aber damit fangen auch schon die Engpässe an. Sobald zwei Stapler gleichzeitig beladen, ist der Rangierplatz viel zu gering, einer der Stapler muss immer kurz warten. Dann machen die Fahrer Druck, weil sie los müssen, andere Lkw-Fahrer drücken auf die Hupe, weil sie nicht an die Rampe können, da zu langsam beladen wird. Und dann kommen noch die Eilsendungen hinzu, die als Erstes bearbeitet werden müssen: Anlieferung am nächsten Tag um 10:00 Uhr. Wenn die Sachen nicht bis 17:00 Uhr fertig sind, drohen empfindliche Konventionalstrafen.

Dazu gehören auch verschiedene Sendungen mit gefährlichen Gütern, die noch für den Versand vorzubereiten sind.

Herr Heuser: „Hallo, Frau Meyer, machen Sie bitte diese Sendungen fertig. Der Kunde erwartet die Sendung für morgen. Dem Frachtführer Wagener habe ich schon Bescheid gegeben. Der Fahrer, Herr Kemmler, holt die Kiste in einer dreiviertel Stunde ab.“

Petra: „Der Karton muss noch zugeklebt werden. Oder gibt es noch irgendetwas zu beachten?“

Herr Heuser: „Ja, in einem der Kartons sind einzelne gefährliche Güter, ich habe den Karton noch nicht gekennzeichnet.“

Petra: „Wenn es sich um Gefahrgüter handelt, darf Herr Kemmler aber nicht als Fahrer eingesetzt werden. Ich habe letztens noch mit ihm gesprochen und da sagte er mir, dass er nicht über einen Gefahrgutschein verfügt.“

Herr Heuser: „Stimmt, ich habe auch keinen Lkw für Gefahrgut bestellt, da die Sendungen nur aus geringen Mengen an Gefahrgut besteht. Da gibt es Sonderregelungen, die zum Teil zu einer Befreiung von den Gefahrgutvorschriften führen. Deshalb benötigen wir für den Transport keinen Lkw, der für Gefahrgut zugelassen ist.“

Petra: „Jetzt mal bitte langsam, das geht mir zu schnell. Noch mal von Anfang an: Ich weiß, dass es bei Gefahrgütern 9 Klassen gibt. Diese Klassen geben Auskunft über die grundlegenden Eigenschaften des Stoffes. Es handelt sich dabei um die Hauptgefahr. Zum Beispiel alle Gefahrgüter der Klasse 8 sind ätzend. Und alle Güter innerhalb einer Klasse haben eine spezielle UN-Nummer, auch Stoffnummer genannt. Alle Nummern, die zur Klasse 8 gehören, haben ähnliche chemische und physikalische Eigenschaften.“

Herr Heuser: „Genau so ist das. Zum Beispiel die Salpetersäure, die wir vertreiben, gehört zur Klasse 8 mit der UN-Nummer 2032. Die Einteilung der Klasse zeigt jedoch nur die Hauptgefahr. Da die Stoffe so unterschiedlich sind, gibt es entsprechende Verpackungsgruppen mit den Bezeichnungen I, II und III.“

Petra: „Ja, das kenne ich. Diese Information kann ich ja dem UN-Code auf der Verpackung entnehmen. Ebenso muss ich beim Verpacken beachten, dass der richtige Gefahrzettel auf der Verpackung angebracht ist. Sie haben mich ausdrücklich darauf hingewiesen, dass man sowohl die Kennzeichnung als auch die Bezettelung vornehmen muss. Kennzeichnung heißt, die UN-Nummer anbringen, und Bezettelung heißt, den Gefahrzettel anbringen. Deshalb verstehe ich ja auch nicht, warum der Lkw-Fahrer Herr Kemmler den Transport übernehmen kann.“

Herr Heuser: „Es gibt Befreiungsmöglichkeiten von den Gefahrgutbestimmungen. Wenn Sie in Ihrem Auto einen Reservekanister mitführen, kennzeichnen Sie Ihren Pkw sicherlich nicht als Gefahrguttransporter, oder? Für uns gibt es zwei Regelungen, die uns die Abfertigung erleichtern können. Das sind erstens Begrenzte Menge sog. Limited Quantities.

Begrenzte Mengen

In diesem Karton sind vier Dosen Farbe, jeweils 1 l, UN 1263, Gefahrgutklasse 3, Verpackungsgruppe II.

Das sind die Informationen, die Sie zu Gefahrgutverpackungen kennen.

Die Regelungen zu den begrenzten Mengen, auch Limited Quantities genannt, können Sie dem ADR entnehmen. Dort gibt es in der Regel zu jeder UN-Nummer eine Zeile mit 20 Informationen, die in Spalten aufgelistet sind. Hier habe ich einen Auszug zu der UN-Nummer 1263. Für uns von Bedeutung für begrenzte Mengen ist die Spalte 7a.

Sie sehen, dass dort 5 L eingetragen ist. Daraus können wir ablesen, dass die vorliegende Farbdose maximal 5 Liter enthalten darf. Wir haben 1-Liter-Dosen zu versenden, somit ist die höchstzulässige Nettomenge je Innenverpackung eingehalten worden."

UN-Nummer	Benennung und Beschreibung	Klasse	Klassifizierungscode	Verpackungsgruppe	Gefahrzettel	Sondervorschriften	Begrenzte und freigestellte Mengen		Verpackung			ortsbewegliche Tanks und Schüttgut-Container	
									Anweisungen	Sondervorschriften	Zusammenpackung	Anweisungen	Sondervorschriften
	3.1.2	2.2	2.2	2.1.1.3	5.2.2	3.3	3.4.6/ 3.5.1.2		4.1.4	4.1.4	4.1.10	4.2.5.2 7.3.2	4.2.5.3
(1)	(2)	(3a)	(3b)	(4)	(5)	(6)	(7a)	(7b)	(8)	(9a)	(9b)	(10)	(11)
1263	FARBE (einschließlich Farbe, Lack, Emaille, Beize, Schellack, Firnis, Politur, flüssiger Füllstoff und flüssige Lackgrundlage) oder FARBZUBEHÖRSTOFFE (einschließlich Farbverdünnung und -lösemittel) (Dampfdruck bei 50 °C größer als 110 kPa)	3	F1	II	3	163 640C 650	5 L	E2	P001	PP1	MP19	T4	TP1 TP8 TP28

Petra: „O.k., das mit der Innenverpackung ist verständlich. Wie sieht es denn mit der maximalen Menge für die Versandpackung aus? Jetzt haben wir ja vier Dosen mit jeweils einem Liter. Kann ich denn jetzt auch 50 Dosen pro Versandverpackung versenden?"

Herr Heuser: „Nein, das geht nicht. Neben der maximalen Menge je Innenverpackung müssen Sie Obergrenzen je Versandstück beachten. Ich zeichne Ihnen das mal hier auf:"

Tray = Schale, Kasten

Obergrenzen je Versandstück bei Begrenzten Mengen

- **Zusammengesetzte Verpackungen (höchstzulässige Nettomenge)**
  - Je Versandverpackung 30 kg
- **Innenverpackungen, die in Trays mit Dehn- oder Schrumpffolie enthalten sind (höchstzulässige Nettomenge)**
  - Je Versandverpackung 20 kg

Petra: „Die Grenze halten wir ein. Wir haben ja nur 4 Dosen also 4 Liter bzw. ungefähr 4 kg. Ich sehe jetzt aber nicht die Vorteile gegenüber dem normalen Gefahrgutversand."

Herr Heuser: „Der liegt für uns u.a. im Bereich der Kennzeichnung und der Bezettelung. Wir brauchen keinen bauartlich zugelassenen Karton mit UN-Code und die Bezettelung ist wesentlich einfacher, da es hier nur einen Universalaufkleber gibt. Das ist ein weißer Aufkleber in Rautenform, der oben und unten in den Dreiecken schwarz ist. Der sieht so aus:

Petra: „Dann reicht es also aus, wenn ich möglichst viele kleine Pakete packe, und ich kann die Vorschriften komplett umgehen."

Herr Heuser: „Ja, das ist möglich. Sie können einen kompletten Lkw mit dem Gefahrgut UN 1263 beladen, wenn Sie die Mengeneinheiten je Innenverpackung und das Gewicht pro Versandeinheit beachten."

Petra: „Nun, wenn das so im ADR steht, wird das wohl seine Richtigkeit haben. Dennoch verstehe ich nicht ganz, wie die Natur bei einem Unfall geschützt werden kann, wenn so eine hohe Menge freigesetzt wird."

Herr Heuser: „Das stimmt. Für die Natur ist das nicht förderlich. Aber bedenken Sie, dass es in der Regel nicht üblich ist, einen ganzen Lkw mit kleinen Kartons voller Gefahrgut zu beladen. Interessant wird es dann, wenn größere Mengen transportiert werden, die nicht unter die erste Regelung fallen, aber dennoch zu einer Erleichterung im Gefahrguttransport führen. Damit kommen wir zur zweiten Regelung:

Geringe Mengen je Beförderungseinheit

Wenn Sie mehrere Versandeinheiten fertigstellen, die die gleiche Beförderungskategorie haben, gibt es eine Tabelle, die Auskunft über die **Höchstzulässige Gesamtmenge je Beförderungseinheit** gibt. Unter einer Beförderungseinheit versteht man ein Kraftfahrzeug ohne Anhänger oder eine Einheit aus Kraftfahrzeug mit Anhänger. So darf man bei der Beförderungskategorie 2 bis maximal 333 kg bzw. Liter transportieren. Hier sehen Sie die Tabelle mal stark vereinfacht."

Beförderungskategorie	Höchstzulässige Gesamtmenge je Beförderungseinheit
0	0
1	20
2	333
3	1 000
4	unbegrenzt

Petra: „Das sieht für die Umwelt schon besser aus. Das sind ja überschaubare Mengen."

Herr Heuser: „Richtig, damit sind wir dann aber bei den Sonderregelungen für geringe Mengen, wo mehr Aspekte berücksichtigt werden müssen als bei der Sonderregelung für begrenzte Mengen. Dazu später mehr."

Petra: „O.k., verstanden. Und wie sieht es aus, wenn ich unterschiedliche Gefahrgüter verschicken muss, genauer gesagt, Gefahrgüter, die unterschiedliche Beförderungsklassen besitzen?"

Herr Heuser: „Dann müssen Sie rechnen. Als Erstes überprüfen Sie, ob die höchstzulässige Gesamtmenge je Beförderungseinheit eingehalten wird. Zweitens: Werden gefährliche Güter unterschiedlicher Kategorien transportiert, darf die Punktzahl von 1 000 nicht überschritten werden. Das kann ich Ihnen an dieser Sendung verdeutlichen, die nächste Woche erst rausgeht. In diesem Paket sind 230 kg Chloraniline, fest, UN 2018, Klasse 6.1, Verpackungsgruppe II, Beförderungskategorie 2. In dem anderen Behälter befinden sich 300 kg Zirkonium, UN 2009, fest, Klasse 4.2, Verpackungsgruppe III, Beförderungskategorie 3. Zunächst müssen wir den Multiplikator ermitteln.

Beförderungskategorie	Multiplikator
1	50
2	3
3	1

Und dann können wir mit einer Hilfstabelle die Punktzahl ausrechnen.

	UN 2018	UN 2009	Summe Gesamtmenge	Summe Punktzahl
Menge	230	300	530	
Multiplikationsfaktor	3	1		
Punktzahl	690	300		990

Sie sehen, dass wir unter 1 000 bleiben. Hier handelt es sich um geringe Mengen an Gefahrgut. Jetzt sind wir aber nicht mehr im Bereich von begrenzten Mengen, sondern im Bereich ‚geringe Mengen'. Da müssen einige Aspekte mehr als bei begrenzten Mengen berücksichtigt werden."

Petra: „Nun gut, ich hoffe, dass ich jetzt die anderen Sendungen fertigstellen kann."

Herr Heuser: „Genau, das müssten Sie können. Viel Erfolg."

Folgende Sendungen müssen noch fertiggestellt werden:

Sendung 1

Es befinden sich drei Dosen à 100 ml Druckgaspackungen, UN 1950 mit der Gefahrgutklasse 2.1, höchstzulässige Nettomenge je Innenverpackung: 1 L und 3 Flaschen à 500 ml Schwefelsäure, UN 1830 mit der Gefahrgutklasse 8, Verpackungsgruppe II, höchstzulässige Nettomenge je Innenverpackung: 1 L in der Verpackung.

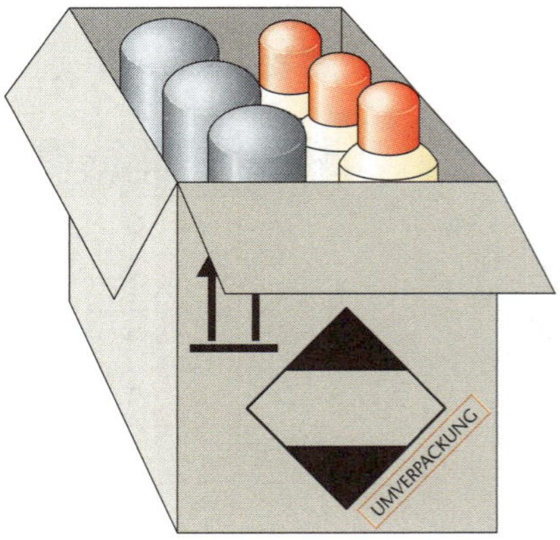

Sendung 2

2 Dosen à 1 l UN 1263 mit der Gefahrgutklasse 3 Farbe, 3, III, höchstzulässige Nettomenge je Innenverpackung: 5 L und 3 Flaschen à 500 ml UN 1133 mit der Gefahrgutklasse 3 Klebstoffe, 3, III, höchstzulässige Nettomenge je Innenverpackung: 5 L

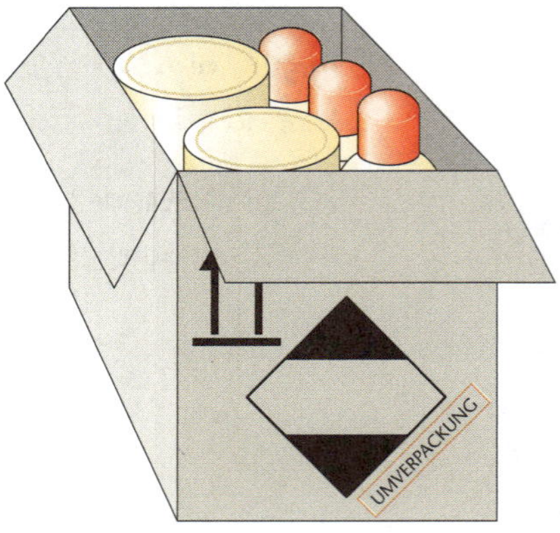

Sendung 3
8 Dosen à 1 l im Tray UN 1950 Druckgaspackungen, 2.1, höchstzulässige Nettomenge je Innenverpackung: 1 L

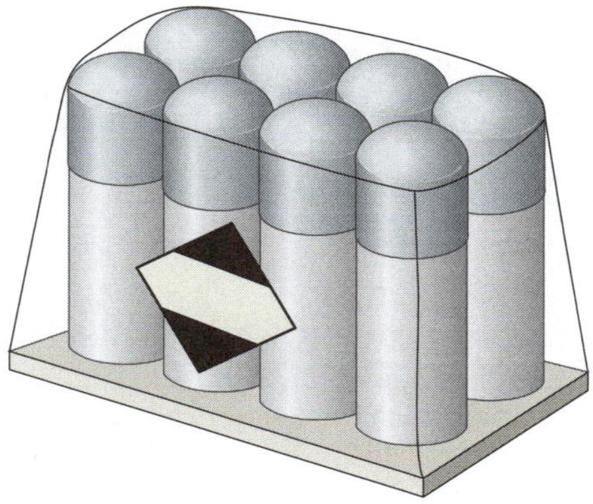

Sendung 4
20 kg, UN 3101 Organisches Peroxyd, Typ B, flüssig, Klasse 5.2, höchstzulässige Nettomenge je Innenverpackung: 25 ml

Sendung 5
200 kg UN 3010, Kupferhaltiges Pestizid, giftig, Klasse 6.1., Verpackungsgruppe II, höchstzulässige Nettomenge je Innenverpackung: 100 ml
250 kg UN 1760, Ätzender flüssiger Stoff, N.A.G., Klasse 8, Verpackungsgruppe III, höchstzulässige Nettomenge je Innenverpackung: 5 L

Sendung 6
25 kg, UN 2010, Magnesiumhydrid, Klasse 4.3, Verpackungsgruppe I, höchstzulässige Nettomenge je Innenverpackung: 0

Sendung 7
2,2 l UN 1866 mit Gefahrgutklasse 3 HARZLÖSUNG, III, entzündbar (Dampfdruck bei 50 °C größer als 110 kPa), abgepackt in jeweils 11 Kisten mit jeweils 10 Tuben à 20 ml, höchstzulässige Nettomenge je Innenverpackung: 5 L

Arbeitsauftrag

Prüfen und begründen Sie, ob die Sendungen begrenzte Menge, geringe Menge je Beförderungseinheit oder normales Gefahrgut darstellen.

Prüfreihenfolge beachten

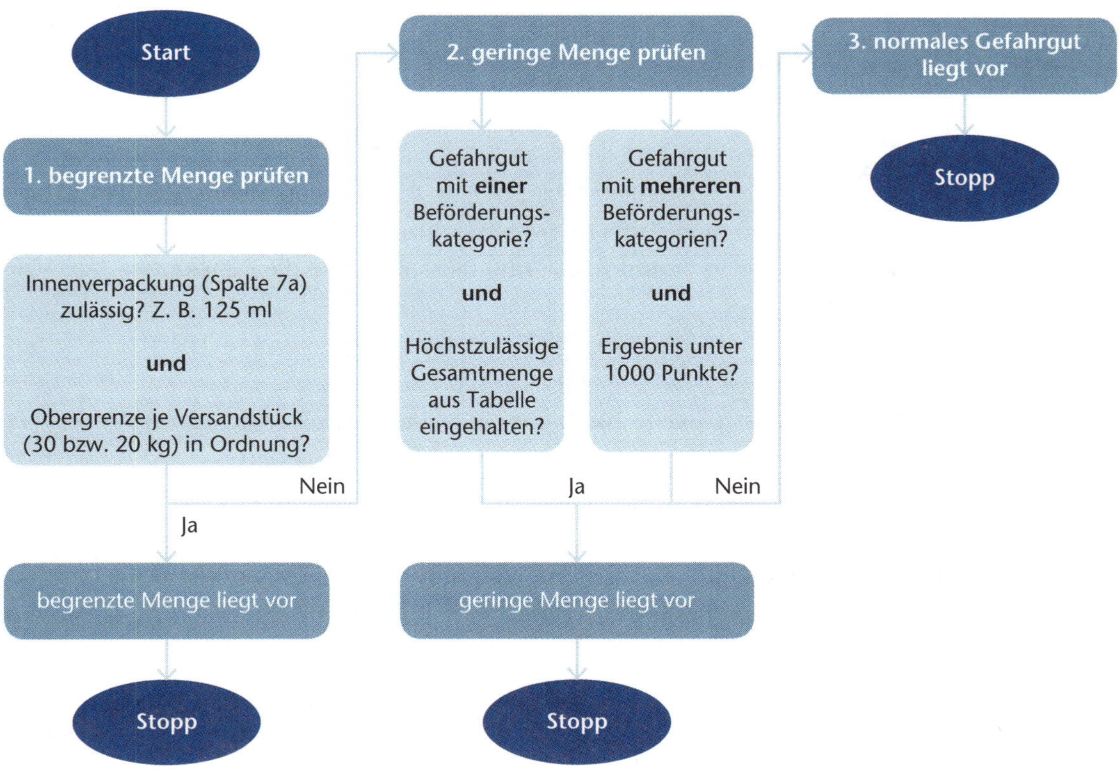

Vergleich Normales Gefahrgut und Sonderregelung für kleine Mengen Gefahrgut

Sendung	Normales Gefahrgut	Begrenzte Mengen (Limited Quantities)	Geringe Mengen je Beförderungseinheit
Bezeichnung nach ADR	Gefährliche Güter	Freistellung im Zusammenhang mit ... in begrenzten Mengen verpackten gefährlichen Gütern	Freistellung in Zusammenhang mit Mengen, die je Beförderungseinheit befördert werden
Kennzeichnung des Versandstücks	UN-Nr. einschließlich der Buchstaben „UN" ist erforderlich Bauartlich zugelassene Verpackung	Kennzeichnung mit dem weißen Rautensymbol, oberes und unteres Dreieck schwarz	UN-Nr. einschließlich der Buchstaben „UN" ist erforderlich Bauartlich zugelassene Verpackung
Bezettelung	Bezettelung mit Gefahrzettel	nicht erforderlich	Bezettelung mit Gefahrzettel
Dokumentation	Beförderungspapier nach Ziffer 5.4 ADR mit folgenden Angaben • UN-Nummer • offizielle Benennung • Nummer Gefahrzettelmuster • Verpackungsgruppe • Tunnelbeschränkungscode • Absender, Empfänger, Gefahrgutmenge, Versandstücke (bei mehreren Gefahrgütern in der Regel Angabe der Punktzahl)	keine	Beförderungspapier nach Ziffer 5.4 ADR mit folgenden Angaben • UN-Nummer • offizielle Benennung • Nummer Gefahrzettelmuster • Verpackungsgruppe • Tunnelbeschränkungscode • Absender, Empfänger, Gefahrgutmenge, Versandstücke (bei mehreren Gefahrgütern in der Regel Angabe der Punktzahl)
Schriftliche Weisung	Ja	keins	keins
Fahrzeugausrüstung	Ja	keine	nur Mindestausrüstung 2-kg-Feuerlöscher
Warntafel	Normaler Lkw: Neutrale Warntafeln hinten und vorn	keine	keine
Tunnelbeschränkungscode	Ja	bleibt unbeachtet, Ausnahme: über 8 000 kg	bleibt unbeachtet
Fahrerqualifikation	ADR-Schein	lediglich Unterweisung	lediglich Unterweisung

Aufgabe 1

Petra führt in ihrem Auto einen 5-l-Kanister Benzin mit. Prüfen Sie, ob für sie die Regelungen des ADR gelten.

Aufgabe 2

Ein Gefahrgut hat laut ADR eine höchstzulässige Nettomenge je Innenverpackung von 500 ml. Wie viele 400-ml-Flaschen dürfen maximal in einem Versandstück transportiert werden?

Aufgabe 3

Ein Gefahrgut hat die Beförderungskategorie 2 und wiegt 350 kg. Kann diese Sendung als geringe Menge je Beförderungseinheit versendet werden?

Aufgabe 4

Abgebildet ist die Kopfzeile des Verzeichnisses der gefährlichen Güter. Welche Informationen sind für den Verpacker/Absender von Bedeutung?

UN-Nummer	Benennung und Beschreibung	Klasse	Klassifizierungscode	Verpackungsgruppe	Gefahrzettel	Sondervorschriften	Begrenzte und freigestellte Mengen		Verpackung			ortsbewegliche Tanks und Schüttgut-Container	
									Anweisungen	Sondervorschriften	Zusammenpackung	Anweisungen	Sondervorschriften
	3.1.2	2.2	2.2	2.1.1.3	5.2.2	3.3	3.4.6/ 3.5.1.2		4.1.4	4.1.4	4.1.10	4.2.5.2 7.3.2	4.2.5.3
(1)	(2)	(3a)	(3b)	(4)	(5)	(6)	(7a)	(7b)	(8)	(9a)	(9b)	(10)	(11)
1695	Chloraceton, stabilisiert	6.1	TFC	I	6.1 +3+8	354	0	E0	P602		MP8 MP17	T20	TP2 TP35

ADR-Tanks		Fahrzeug für die Beförderung in Tanks	Beförderungskategorie (Tunnelbeschränkungscode)	Sondervorschriften für die Beförderung				Nummer zur Kennzeichnung der Gefahr	UN-Nummer	Name und Beschreibung
Tankcodierung	Sondervorschriften			Versandstücke	lose Schüttung	Be- und Entladung, Handhabung	Betrieb			
4.3	4.3.5, 6.8.4	9.1.1.2	1.1.3.6 (8.6)	7.2.4	7.3.3	7.5.11	8.5	5.3.2.3		3.1.2
(12)	(13)	(14)	(15)	(16)	(17)	(18)	(19)	(20)	(1)	(2)
L10C H	TU14 TU15 TE19 TE21	FL	1 (C/D)			CV1 CV13 CV28	S2 S9 S14	663	1695	Chloraceton, stabilisiert

Aufgabe 5

Welche Informationen können Sie dem Container entnehmen? Differenzieren Sie nach Themenbereichen.

Quelle: https://commons.wikimedia.org/wiki/File:Container_UN1695.jpeg (LosHawlos)

Aufgabe 6

Suchen Sie im ADR zu folgenden Gefahrgütern die höchstzulässige Nettomenge je Innenverpackung und die Beförderungskategorie:

UN 1259
UN 3182
UN 3152

Aufgabe 7

Stellen Sie fest und begründen Sie, ob eine Freistellung nach ADR möglich ist:

UN-Nummer	Verpackungsgruppe	Beförderungsmenge
3144	I	80 kg
3020	I	300 kg
2990		1 200 kg
3106		280 kg
2919		3 t
3223		18 kg

Aufgabe 8

900 kg Klebstoffe, UN-Nummer 1133, Klasse 3, Verpackungsgruppe III, Beförderungskategorie 3, sollen im Rahmen einer Sammelladung befördert werden.

a) Prüfen Sie, ob es sich um eine Freistellung von geringen Mengen je Beförderungseinheit handelt.

b) Nennen Sie die Gefahrgutmaßnahmen, die in diesem Fall zu ergreifen sind.

Aufgabe 9

Folgende Sendungen mit Gefahrgut sollen befördert werden. Prüfen Sie, ob es sich um Freistellung von geringen Mengen je Beförderungseinheit handelt.

a) 10 kg Gefahrgut der Klasse 3, Verpackungsgruppe I

b) 5 kg Gefahrgut der Klasse 8, Verpackungsgruppe I + 10 kg Gefahrgut der Klasse 3, Verpackungsgruppe II

Aufgabe 10

Überprüfen Sie mit Hilfe der folgenden Ergebnistabelle die Freistellung von geringen Mengen je Beförderungseinheit.

Sendungsdaten

Ein Nahverkehrsfahrer holt 240 kg Gefahrgut (Klasse 3, Verpackungsgruppe II) bei einem Versender ab. Von einem zweiten Versender erhält er weiteres Gefahrgut, nämlich 255 kg Farbe, ebenfalls Klasse 3, Verpackungsgruppe III.

Ergebnistabelle

	Gefahrgut 1	Gefahrgut 2	Summe 1	Summe 2
Menge				
Multiplikationsfaktor				
Punktzahl				

Lernfeld 9: Güter versenden

1 Einen Frachtbrief ausstellen

Seit ein paar Tagen ist Petra Meyer im Versand eingesetzt. Ihre Aufgabe besteht darin, die eingegangenen Bestellungen zu bearbeiten und die Waren für die Empfänger versandfertig zu machen. Gerade erledigt sie die letzten Arbeitsschritte für eine Sendung nach Düsseldorf, als Herr Heuser hereinkommt.

Herr Heuser: „Frau Meyer, ich möchte mal eben über die Bestellungen schauen, die Sie heute rausschicken wollen. Darunter ist eine Sendung nach Düsseldorf: zwei Paletten Fliesen sowie vier Säcke Fliesenkleber."

Petra: „Genau. Hier sind die Papiere. Ich wollte gerade die Paletten kennzeichnen."

Herr Heuser: „Gut. Und der Frachtbrief?"

Petra: „Welcher Frachtbrief?"

Herr Heuser: „Für die Sendung?"

Petra: „Aber wir stellen doch nie einen Frachtbrief aus."

Herr Heuser: „Nie stimmt nicht. Okay, mein Fehler. Sie haben bisher immer die Sendungen für unsere Stammkunden bearbeitet. Herr Haupt, unser Frachtführer, liefert zweimal pro Woche aus. Zur Vereinfachung haben wir mit ihm vereinbart, keinen Frachtbrief auszustellen. Bei der Düsseldorf-Sendung handelt es sich allerdings um einen Neukunden, der sehr hochwertige Fliesen bestellt hat. Diese Fliesen sind aus Steinzeug hergestellt, glasiert und aufgrund ihrer geringen Dicke äußerst bruchgefährdet. In diesem Fall stellen wir einen Frachtbrief aus, um auf die Empfindlichkeit schriftlich hinzuweisen.
Klar brauchen wir den nicht für den Frachtvertrag, aber als Beleg für die Besonderheiten dieser Sendung. Ich möchte nicht, dass die Fliesen durch unsachgemäße Behandlung beschädigt werden. Außerdem liefert heute ein anderer Frachtführer und verlangt einen Frachtbrief."

Petra: „Dann ist es sinnvoll, wenn wir als Absender und auch der Frachtführer auf dem Frachtbrief unterzeichnen."

Herr Heuser: „Das stimmt. Uns kann man dann nicht vorwerfen, der Fahrer hätte keine Informationen über die Empfindlichkeit der Fliesen gehabt. Ich gehe davon aus, dass Sie die Ware sorgfältig verpackt haben. Wenn es zu Schäden kommt, weil die Fliesen unzureichend geschützt waren, müssen wir dafür einstehen und nicht der Frachtführer."

Petra: „Ausreichend geschützt sind sie und, wie gesagt, entsprechend kennzeichnen wollte ich sie jetzt gleich."

HGB § 412 Abs. 1

Herr Heuser: „Also, stellen Sie den Frachtbrief in drei Ausfertigungen aus. Hier ist das Formular. Ach so, Sie müssten auch noch den Empfänger anrufen und ihm sagen, dass er die Paletten abladen muss. Bisher hat Herr Haupt das immer aus Kulanz erledigt. Der neue Frachtführer wird das aber nicht tun. Natürlich sagen Sie das dem Kunden nicht einfach so, sondern Sie verpacken es schön kundenorientiert."

Petra: „Wieso aus Kulanz? Ich dachte, der Frachtführer ist zum Abladen verpflichtet!"

Herr Heuser: „Frau Meyer, Sie erinnern sich doch bestimmt, dass nach HGB der Absender für das Beladen verantwortlich ist. Das gilt auch für das Abladen."

Petra ist verwirrt: So viel Theater wegen zwei Paletten Fliesen und ein bisschen Kleber und dann lässt Herr Heuser sie allein, obwohl sie noch nie einen Frachtbrief ausgefüllt hat. Eigentlich weiß sie auch nicht, wozu ein Frachtbrief gebraucht wird und warum sie ihn ausfüllen muss und nicht der Fahrer.

Arbeitsauftrag

Verschicken Sie die Sendung mit einem Frachtbrief und informieren Sie den Kunden über das Abladen.

1. Füllen Sie den Frachtbrief aus.
2. Erstellen Sie eine kurze Gesprächsnotiz als Grundlage für das Telefonat mit dem Empfänger, in dem Sie ihm mitteilen, dass er für das Abladen der Fliesen zuständig ist. Achten Sie dabei auf eine kundenorientierte Ansprache.

Erläuterungen zu den Feldern des Frachtbrief-Formulars

Feld 1–3 Postanschrift von Absender, Empfänger und Frachtführer

Feld 4 Anschrift, an die sich der Frachtführer am Empfangsort wendet, um nähere Informationen über die Ablieferung der Sendung zu erhalten. In der Binnenschifffahrt ist die Meldeadresse von großer Bedeutung, da der Frachtführer dort seine Entladebereitschaft anzeigen muss.

Feld 5 Postanschrift weiterer Frachtführer, die an dem Transport beteiligt sind

Feld 6 Einzutragen sind Ort und/oder Stelle (Straße und Hausnummer), an der die Güter vom Frachtführer abgeholt werden sollen.

Feld 7 Mit seiner Unterschrift bescheinigt der Frachtführer, dass er die im Frachtbrief aufgeführten Güter in äußerlich gutem Zustand übernommen hat und dass die Anzahl der Frachtstücke sowie ihre Zeichen und Nummern mit den Angaben im Frachtbrief übereinstimmen. In dieses Feld muss der Frachtführer Vorbehalte eintragen, wenn er Abweichungen zwischen den Frachtbriefangaben und den übernommenen Gütern feststellt.

Feld 8 Einzutragen sind Ort und/oder Stelle (Straße und Hausnummer), an der die Güter vom Frachtführer abgeliefert werden sollen.

Feld 9 Einzutragen sind Dokumente, die dem Frachtführer vom Absender übergeben worden sind und die der Frachtführer für die Transportabwicklung benötigt (z. B. Dokumente für die Verzollung).

Feld 10 Anzahl der Packstücke je Positionszeile

Feld 11 Markierung (Zeichen und Nummer der Versandeinheit), mit der das Packstück gekennzeichnet ist

Feld 12 Art der Packstücke als Packmittelbeschreibung (z. B. Karton, Palette) oder als Packmittelnummer

Feld 13 Beschreibung des Inhalts der Packstücke

Feld 14 Angabe des Brutto-Gewichts je kg (je Positionszeile)

Feld 15 Rauminhalt bzw. Lademeter der Sendung in Kubikdezimeter oder Lademeter

Feld 16 Bei Gefahrgut ist das Gut hier mit seinen gefahrgutrechtlichen Bezeichnungen (nach GGVSEB-/ADR-Vorschriften) näher zu kennzeichnen.

1 Absender (Name, Anschrift)	**FRACHTBRIEF** **für den gewerblichen Güterkraftverkehr**
2 Empfänger (Name, Anschrift)	3 Frachtführer (Name, Anschrift)
4 Meldeadresse	5 Nachfolgende Frachtführer (Name, Anschrift)
6 Übernahme des Gutes Versandort ______ Beladestelle ______	7 Vorbehalte und Bemerkungen der Frachtführer
8 Ablieferung des Gutes Ort ______ Entladestelle ______	
9 Beigefügte Dokumente	

10 Anzahl der Packstücke	11 Zeichen und Nummern	12 Art der Verpackung	13 Bezeichnung des Gutes	14 Bruttogewicht in kg	15 Volumen in m^3

16 Gefahrgut-Klassifikation			Nettomasse kg/l	
UN-Nr.		Offizielle Bennung		
Nummer Gefahrzettelmuster		Verpackungsgruppe		

17 Weisungen des Absenders

18 Nachnahme		20 Besondere Vereinbarungen
19 Frankatur		

21 Ausgefertigt in	am	Gut empfangen am
22 Unterschrift und Stempel des Absenders	23 Unterschrift und Stempel des Frachtführers	24 Unterschrift und Stempel des Empfängers

	25 Amtl. Kennzeichen	26 Nutzlast in kg	
Kfz			
Anhänger			

Feld 17	In diesem Feld kann der Absender besondere Weisungen für die Verzollung der Güter geben (z. B. Wahl des Zollverfahrens) oder für die Behandlung der Güter.
Feld 18	Sofern beim Empfänger eine Nachnahme zu erheben ist, wird hier der Betrag eingesetzt.
Feld 19	Die Angabe einer Frankatur gibt Auskunft, wer die Kosten der Beförderung übernimmt, z. B.: unfrei: Empfänger zahlt die Kosten frei Haus: Absender trägt die Kosten
Feld 20	Wenn die Güter in offenem, nicht mit Planen abgedecktem Fahrzeug befördert werden sollen, unterliegt die Sendung besonderen Gefahren (Nässe, Witterung, Verlust). Der Frachtführer kann verlangen, dass dies im Frachtbrief festgehalten wird, damit er sich im Schadensfall auf die entsprechenden Haftungsausschlüsse berufen kann (§ 427 HGB). Entsprechendes gilt für die Beförderung von Gütern auf Deck eines Binnenschiffes.
Feld 21	Ort, Datum der Ausstellung des Frachtbriefs
Feld 22	Stempel, Unterschrift des Absenders
Feld 23	Stempel, Unterschrift des Frachtführers
Feld 24	Datum sowie Stempel und Unterschrift des Empfängers
Feld 25	Amtliches Kennzeichen des eingesetzten Fahrzeugs
Feld 26	Nutzlast des eingesetzten Fahrzeugs

Benötigte Daten zur Frachtbriefausstellung

- Absender: Interlogistik GmbH, Luisenstr. 93, 47119 Duisburg
- Empfänger: Exklusive Bäder, Königsallee 106, 40215 Düsseldorf
- Frachtführer: Oberhausener Transportgesellschaft, Kruppstr. 42, 46045 Oberhausen
- 2 Europaletten Fliesen 1 850 kg, 4 Säcke Fliesenkleber zu je 25 kg
- Markierung ExBad 1, ExBad 2
- frei Haus
- Versandtag: 10.09.20..
- Auslieferung per Lkw (7,5 t) mit amtlichem Kennzeichen DU-HH 177
- Ladehilfsmittel: Europaletten

Aufgabe 1
Erklären Sie, was ein Frachtbrief ist, welche Angaben er enthält, warum der Absender ihn ausfüllt und warum er in dreifacher Ausfertigung erstellt wird. Erläutern Sie auch die Bedeutung des Feldes „Weisungen des Absenders" (§§ 408, 409 HGB).

Aufgabe 2
Erklären Sie in Ihren eigenen Worten, was § 414 HGB für die Arbeit der Interlogistik GmbH bzw. für Petra bedeutet.

Aufgabe 3
a) Stellen Sie die Vertragsbeziehungen zwischen den Beteiligten der Lernsituation in der unten stehenden Übersicht dar.

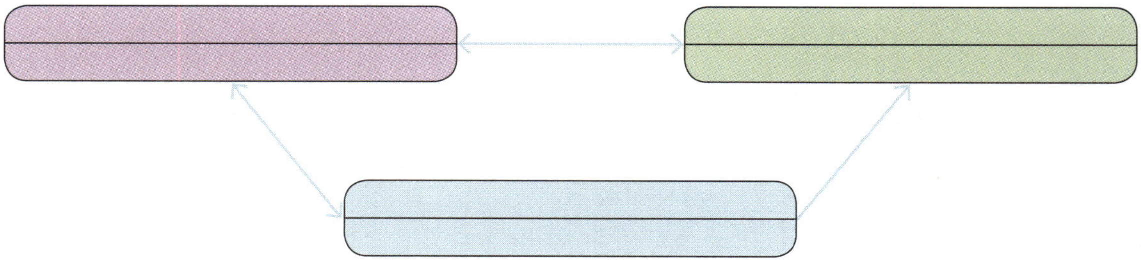

b) Vervollständigen Sie die Übersicht, indem Sie die Rechtsgrundlagen eintragen, die den Verträgen zugrunde liegen.

Aufgabe 4
Herr Heuser beauftragt Petra, den Kunden anzurufen und ihn zu informieren, dass er seine Ware selbst abladen muss.
Prüfen Sie, ob es der Praxis entspricht, dass der Kunde die Ware selbst abladen muss. Begründen Sie Ihre Entscheidung.

Aufgabe 5

HGB § 410 Gefährliches Gut
(1) Soll gefährliches Gut befördert werden, so hat der Absender dem Frachtführer rechtzeitig in Textform die genaue Art der Gefahr und, soweit erforderlich, zu ergreifende Vorsichtsmaßnahmen mitzuteilen.

Nennen Sie Gründe, die dafür sprechen, dass der Absender den Frachtführer über den Transport rechtzeitig schriftlich informieren muss.

Aufgabe 6

HGB § 411 Verpackung, Kennzeichnung
Der Absender hat das Gut, soweit dessen Natur unter Berücksichtigung der vereinbarten Beförderung eine Verpackung erfordert, so zu verpacken, dass es vor Verlust und Beschädigung geschützt ist und dass auch dem Frachtführer keine Schäden entstehen. Der Absender hat das Gut ferner, soweit dessen vertragsgemäße Behandlung dies erfordert, zu kennzeichnen.

Führen Sie Gründe auf, die den Gesetzgeber zur Niederschrift dieses Paragrafen veranlasst haben könnten.

Aufgabe 7
Der Fahrer eines Lkw der Interlogistik GmbH, Herr Schneider, ruft vom Büro der Impex GmbH, Hamburg, an: Er könne nicht abladen, weil der Empfänger wünscht, dass die 22 t Gemüsekonserven nicht hier in Hamburg, sondern zum REWE-Zentrallager in 22946 Großensee befördert werden. Sein Tourenplan sehe aber vor, nach der Ablieferung der Sendung in Hamburg eine andere termingebundene Sendung abzuholen und sofort nach Düsseldorf zu befördern. Wenn er dem Empfängerwunsch nachkomme, würde das einen Umweg von mindestens 80 km bedeuten, außerdem wäre dann der Termin der zweiten Sendung nicht mehr zu halten.

a) Prüfen Sie die Rechtslage (§§ 418, 421 HGB).
b) Entscheiden Sie begründet, wie sich der Fahrer verhalten soll.

Aufgabe 8
Sie werden beauftragt, bei Zustellung einer Sendung eine Nachnahme in Höhe von 1 500,00 € zu kassieren. Der Empfänger sagt, er hätte darüber Bescheid gewusst, ihm fehle aber gerade das Bargeld. Er schlägt vor, Sie laden schon mal ab und er bringt Ihnen dann am Abend das Geld vorbei. Sie weigern sich abzuladen und fahren stattdessen zur nächsten Entladestelle. Prüfen Sie die Rechtslage (§ 422 in Verbindung mit § 420 HGB).

Aufgabe 9
Frau Meyer hat bei der Sendung der Lernsituation anstatt zwei Europaletten nur eine Europalette und eine Einwegpalette als Ladehilfsmittel benutzt, da sie keine Europaletten mehr im Bestand hatte. Die Einwegpalette ist beim Transport gebrochen und ein Schaden ist entstanden: Zwölf Pakete Fliesen sind kaputt gegangen. Das Gewicht eines Pakets beträgt 20 kg.

Das führte dazu, dass der Fahrer auf der ganzen Pritsche Fliesenbruchstücke aufkehren musste, die Plane des Fahrzeuges hatte einen 20 cm langen Riss und für die Entsorgung der zerbrochenen Fliesen im Wertstoffhof entstanden Kosten in Höhe von 850,00 €. Der Interlogistik liegt nun eine Rechnung in Höhe von 850,00 € zuzüglich MwSt. vor.
Frau Meyer liest wegen der Klärung des Schadens im HGB nach. Ein Satz fällt ihr sofort ins Auge: „Der Absender haftet auch unverschuldet bei ungenügender Verpackung und Kennzeichnung, Unrichtigkeit und Unvollständigkeit der in den Frachtbrief aufgenommenen Angaben (...) mit einem Betrag von 8,33 Rechnungseinheiten für jedes Kilogramm Rohgewicht der Sendung." (§ 414 HGB)
Entscheiden Sie, ob die Rechnung und deren Höhe berechtigt sind (1 SZR = 1,12 €).

Aufgabe 10

Die unten stehenden Sendungen sollen transportiert werden. Entscheiden Sie, welches Verkehrsmittel Sie einsetzen würden.

Zu transportierende Sendungen	Verkehrsmittel
Zuchtrinder von Hamburg nach Teheran	
Lebende Affen von Kenia nach Frankfurt/M.	
Rohöl von Kuwait nach Rotterdam	
Rohöl von Rotterdam nach Köln	
Kies von Ludwigshafen nach Düsseldorf	
Eisenerz von Hamburg nach Duisburg	
Antike Möbel von London nach Düsseldorf	
Umzugsgut von Wiesbaden nach New York	

Aufgabe 11

Bewerten Sie die Eigenschaften der Verkehrsmittel nach Ihrer Einschätzung mit Schulnoten von 1 bis 6. Benutzen Sie dabei die folgende Tabelle.

	Kapazität	Kosten	Schnelligkeit	Sicherheit	Umweltverträglichkeit
Eisenbahn					
Lkw					
Seeschiff					
Binnenschiff					
Flugzeug					

Aufgabe 12

Definieren Sie in Ihren eigenen Worten die folgenden Begriffe:

- Verkehr
- Verkehrsmittel
- Verkehrswege
- Verkehrsträger

Aufgabe 13

Vergleichen Sie das Verkehrsaufkommen der verschiedenen Verkehrsträger in der Bundesrepublik Deutschland auf Grundlage der vorgegebenen Zahlenwerte.

a) Berechnen Sie die prozentualen Anteile der Beförderungsmenge der einzelnen Verkehrsträger am Gesamtverkehrsaufkommen im Jahr 2011. Geben Sie die Prozentsätze mit zwei Stellen nach dem Komma an.

Güterbeförderung				
Menge/Leistung	**Einheit**	**2009**	**2010**	**2011**
		Beförderungsmenge		
Eisenbahnverkehr	1000 t	317294	346118	361116
Binnenschifffahrt	1000 t	236765	243495	248974
Seeverkehr	1000 t	280972	299215	310948
Luftverkehr	1000 t	3036	3179	3349
Rohrleitungen	1000 t	95488	94219	90896
Straßengüterverkehr	1000 t	3077900	3250900	3429600
		Beförderungsleistung		
Eisenbahnverkehr	Mill. tkm	95421	107008	114615
Binnenschifffahrt	Mill. tkm	64095	63975	64717
Luftverkehr	Mill. tkm	16741	15844	15824
Straßengüterverkehr	Mill. tkm	404500	461900	466200

b) Vergleichen Sie die Entwicklung der Verkehrsträger Eisenbahn- und Lkw-Güterverkehr und begründen Sie diese Entwicklung.

c) Die Tabelle ist unterteilt nach Beförderungsmenge und nach Beförderungsleistung. Unterscheiden Sie diese Begriffe.

2 Schadensfälle annehmen und bearbeiten

Es ist Freitagnachmittag. Petra hat viel zu tun, damit alle Sendungen noch rechtzeitig an die Kundschaft herausgehen. Insgesamt ist sie sehr zufrieden mit ihrer Leistung: Der Versandraum ist aufgeräumt und alle Sendungen sind unterwegs. „Prima“, freut sie sich, „dann werde ich es wohl schaffen, pünktlich Schluss zu machen.“ Da klingelt das Telefon.

Petra: „Interlogistik GmbH, Petra Meyer. Was kann ich für Sie tun?“

Herr Henke: „Henke hier, von der Firma Wohntrend. Ich habe heute eine Palette mit Tischdecken von Ihnen bekommen. Frachtbrief Nr. 2547.“

Petra: „Guten Tag, Herr Henke. Ja, richtig, ist etwas nicht in Ordnung mit der Sendung?“

Herr Henke: „Genau. Dummerweise stand meine Palette Tischdecken wohl direkt neben einer Palette Wein. Einige Flaschen sind auf dem Transportweg so beschädigt worden, dass sie ausgelaufen sind. Dabei ist ein Karton meiner Tischdecken (25 kg) verschmutzt worden. Bei uns im Wareneingang riecht es wie in einem Weinkeller, die Tischdecken triefen nur so vor Wein. Den Schaden habe ich auch genauso auf dem Frachtbrief vermerkt.“

Petra: „Wie ist es denn Ihrer Meinung nach zu dem Schaden gekommen?“

Herr Henke: „So wie die Pritsche aussah, muss Ihr Fahrer wie ein Irrer gefahren sein. Als wir abladen wollten, war die Ladung verrutscht, zum Teil gekippt. Der Boden war vom Wein noch feucht. Meine Tischdecken lagen verstreut auf der Pritsche, weil der Karton aufgeweicht war.“

Petra: „Ich setze mich mit dem Frachtführer in Verbindung und regle mit ihm die Schadensabwicklung. Handelt es sich um eine Terminsendung?“

Herr Henke: „Gott sei Dank nicht. Ich werde Ersatz bestellen und der kann noch rechtzeitig geliefert werden. Die Schadenssumme liegt bei 595,00 €.“

Petra: „Dann haben wir ja Glück im Unglück. Es tut mir leid, dass Sie diese Unannehmlichkeiten haben. Ich kümmere mich um eine schnellstmögliche Schadensbearbeitung. Auf Wiederhören, Herr Henke.“

Herr Henke: „Vielen Dank und auf Wiederhören, Frau Meyer.“

Kurz darauf meldet sich der Fahrer, Herr Haupt.

Herr Haupt: „Frau Meyer, es gab da ein kleines Problem bei Wohntrend.“

Petra: „Habe schon davon gehört. Wie kam es zu diesem Problem?“

Herr Haupt: „An mir lag es nicht. Ich hatte einen kleinen Auffahrunfall, weil ich plötzlich scharf bremsen musste.“

Petra: „Warum?“

Herr Haupt: „Die Ampel wurde rot."

Petra: „Aber das sieht man doch rechtzeitig."

Herr Haupt: „Ich bückte mich aber gerade, weil mein Handy runtergefallen war."

Petra: „Damit wäre der Schadenshergang wohl geklärt. Ich bitte Sie, das schnellstmöglich zu regulieren."

Herr Haupt: „In Ordnung. Das geht auf meine Kappe. Die Versicherung wird sich freuen."

Ein wenig später klingelt erneut das Telefon.

Petra: „Guten Tag, Interlogistik GmbH, Petra Meyer. Was kann ich für Sie tun?"

Herr Brinkmann: „Brinkmann hier. Für mich ist das heute kein ‚Guter Tag'. Und für Sie wird der Tag auch nicht gut werden, wenn Sie die für 14:00 Uhr avisierte Sendung nicht schleunigst komplett zustellen. Der Fahrer kam zwei Stunden zu spät und von sechs Kartons ist einer nur zur Hälfte gefüllt. Pro Karton müssten 20 Trafos vorhanden sein. Angekommen sind insgesamt nur 110. Das habe ich gerade bei der Warenprüfung festgestellt. Bis heute 18:00 Uhr brauche ich die restlichen Transformatoren. Außerdem sind die zwei Gipsplatten 1 m x 2 m an den Ecken kaputt und eine ist sogar in der Mitte durchgebrochen. Ich kann nicht nachvollziehen, wie man die Platten zwischen den Paletten hochkant reinstellen kann. Und der Karton mit den 150 Birnen ist erst gar nicht mitgeliefert worden. Das mit den Gipsplatten und den Birnen habe ich auf dem Frachtbrief vermerkt. Ein Digitalbild von dem Schaden an den Gipsplatten habe ich an info@interlogistik.de geschickt.

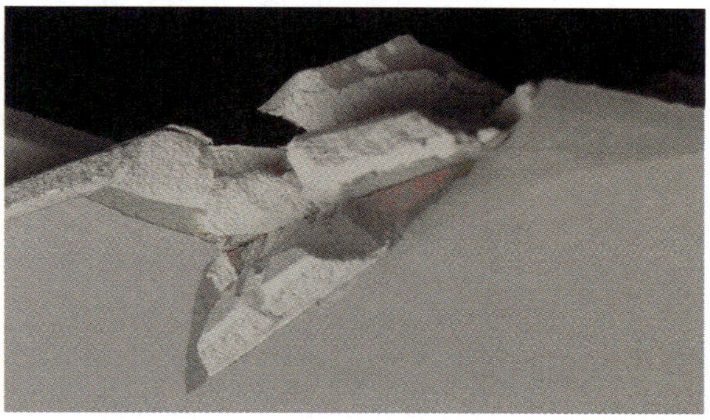

Wie soll der Kunde eine Beleuchtungsanlage installieren, wenn sowohl ein Teil der Trafos als auch sämtliche Birnen fehlen? Auf jeden Fall kann ich meinen Kunden nicht komplett beliefern. Mir droht eine Vertragsstrafe in Höhe von 2 000,00 €. Ich erwarte Ihren Rückruf in einer halben Stunde ..."

„Aufgelegt. Ein paar mehr Infos wären nett gewesen, Herr Brinkmann", murmelt Petra vor sich hin. „Dann schauen wir doch mal. Ach hier: Brinkmann Elektrohandel, sechs Kartons Niedervolttransformatoren, ein Karton Birnen (5 kg) und zwei Gipsplatten, insgesamt 270 kg, 1 080,00 € Warenwert. Fixtermin heute 14:00 Uhr. Frachtbetrag 125,00 €."

Zunächst schaut Petra sich die Frachtbriefkopie für die betreffende Sendung an. Es ist kein Vorbehalt eingetragen, dass ein Karton nicht verladen worden wäre. „Also muss der Frachtführer die Sendung komplett übernommen haben." Um sicher zu sein, entscheidet sie sich dafür, den fehlenden Teil der Ladung im Lager zu suchen. Doch, wie vermutet, findet sie nichts.

Arbeitsauftrag

Prüfen Sie die geschilderten Fälle anhand des HGB auf Haftungsfragen.
Stellen Sie fest, ob die Interlogistik GmbH oder der Frachtführer Herr Haupt für den Schaden der Sendungen haften muss. Nutzen Sie dazu folgende Fragen:
Was ist genau beschädigt/fehlt?
Wie ist es dazu gekommen?
Wer trägt die Verantwortung? §§ 425,427,426 HGB
Welche Folgen ergeben sich? §§ 429, 431 (1 SZR = 1,326 €), 435 HGB

Aufgabe 1

Gehen Sie davon aus, dass nicht Herr Haupt die obigen Sendungen ausgeliefert hat, sondern einer seiner Mitarbeiter. Entscheiden Sie begründet anhand des HGB, wer in diesem Fall für den Schaden haftet.

Aufgabe 2

Bei einem Transport von Düsseldorf nach Wiesbaden durch den Frachtführer Herrn Fahrland werden zehn Kisten mit Ware im Gesamtwert von 50 000,00 € gestohlen. Jede der Kisten wiegt 30 kg. Prüfen Sie die Rechtslage und stellen Sie fest, ob und gegebenenfalls in welcher Höhe Fahrland haften muss. Der Wert eines Sonderziehungsrechts (SZR) am Tag der Sendungsübernahme beträgt 1,10 €.

Aufgabe 3

Herr Fahrland hat den Auftrag, sechs Kartons mit Papiererzeugnissen zu befördern. Bei einem plötzlich auftretenden Wolkenbruch dringt Wasser durch die Lkw-Plane. Ein Karton wird durchnässt. Den Fixtermin kann er durch die resultierende Verzögerung nicht mehr einhalten.

Stellen Sie fest,

a) ob Herr Fahrland für den Güterschaden haften muss und

b) ob er eventuell auch für den geplatzten Termin Schadenersatz leisten muss.

Aufgabe 4

Nach einem Transport von EDV-Artikeln vermerkt der Empfänger im Frachtbrief „Ware teilweise beschädigt". Eine Woche nach Erhalt der Ware gibt der Empfänger an, dass ca. 20 % der Ware fehlt. Der Empfänger hält Herrn Fahrland für haftbar. Dieser will hierfür nicht aufkommen. Erläutern Sie die Rechtslage.

Aufgabe 5

Als Herr Fahrland nach längerer Wartezeit endlich das Fahrzeug an der Rampe des Empfängers angesetzt hat, wird ihm mitgeteilt: „Im Moment ist es ganz schlecht. Sie müssen noch ein halbes Stündchen warten." So nimmt er das Entladen selbst in die Hand. Indirekt habe man ihn doch dazu aufgefordert, indem der zuständige Mitarbeiter des Empfängers auf den Stapler gezeigt hatte. Dummerweise rammt Herr Fahrland mit dem Stapler eine andere Sendung, die komplett beschädigt wird und von hohem Wert ist. Der Empfänger ist der Meinung, Herr Fahrland müsse nun für den Schaden aufkommen. Dieser vertritt die Ansicht, dass es Sache des Empfängers sei, den Schaden zu regulieren. Entscheiden Sie, wie die Rechtslage ist (§§ 412, 428 HGB).

Aufgabe 6

Der Transport einer Luxusyacht vom Hersteller in Berlin zum Empfänger in Westerland auf Sylt verlief wenig erfolgreich. Obwohl der Transport behördlich genehmigt war, konnte Herr Fahrland eine Brücke, deren Durchfahrtshöhe nicht ausgeschildert war, nicht vollständig passieren. Die Yacht blieb an der Brückenunterführung hängen. Es entstand ein Schaden in Höhe von 350 000,00 €. Prüfen Sie die Rechtslage.

Aufgabe 7

Recherchieren Sie im Internet und ähnlichen Quellen, welche Versicherung die Kosten der Schäden von Herrn Haupt tragen könnte, und erläutern Sie die entsprechende Versicherung.

Aufgabe 8

In der Stadt trifft Herr Fahrland zufällig seinen alten Kumpel Herrn Schulz. Erläutern Sie die im Dialog angesprochenen Sachverhalte, indem Sie die eingefügten Fragen beantworten.

Schulz: „Wir haben uns ja jetzt schon wahnsinnig lange nicht mehr gesehen. Was machst du?"

Fahrland: „Ich bin Transportunternehmer mit inzwischen sechs Sattelzügen und fahre überwiegend für den Berger hier in Düsseldorf. Bin sehr zufrieden mit dem Geschäft, und die Zusammenarbeit klappt gut."

Schulz: „Der Job ist bestimmt total stressig und risikoreich."

Fahrland: „Wieso risikoreich?"

Schulz: „Wegen der ganzen Schäden. Ein richtig dicker Schaden oder mehrere kleine können dich finanziell ruinieren!"

Fahrland: „Grundsätzlich hafte ich nicht für alles. Der Absender haftet mit, wenn er seinen Pflichten nicht nachkommt."

a) Erklären Sie Schulz diesen Sachverhalt genau.

S: „Du willst mir aber doch jetzt nicht weismachen, dass du nicht haftest?"
F: „Natürlich hafte ich, und wie: Ich hafte für ein Gut ab Übernahme bis zu seiner Auslieferung. Das nennt sich dann Obhutshaftung."
S: „Was meinst du mit Obhutshaftung?"

b) Können Sie Schulz die Obhutshaftung erklären?

S: „Also, wenn ich das richtig verstanden habe, dann haftest du für Schäden an einem Gut, solange es sich in deiner Obhut befindet. Aber das heißt ja, dass du an einem Schaden, der in diesem Zeitraum eintritt, keine Schuld zu haben brauchst."

c) Ist das so?

S: „Haftest du nur für Beschädigungen oder auch für Verlust?"

d) Was sagen Sie dazu?

S: „Wenn du also z. B. 100 DVD-Rekorder transportierst und bei Ankunft sind nur noch 40 da, bist du dann für den Verlust der 60 Rekorder verantwortlich, obwohl du auch nicht weißt, wo die sind?"

e) Wie ist Ihre Meinung?

F: „Es gibt aber auch Ausnahmen: Von der Haftung befreit bin ich, wenn ein ‚unabwendbares Ereignis' vorliegt."

f) Was könnte das beispielsweise sein?

F: „Und wenn sogenannte ‚besondere Haftungsausschlussgründe' gelten. Einen davon habe ich dir ganz am Anfang schon erklärt, nämlich, dass ich nicht hafte, wenn der Schaden durch Fehler des Absenders verursacht worden ist oder der Empfänger bei der Entladung den Schaden verursacht hat."
S: „Was hat denn jetzt der Empfänger damit zu tun? Bisher hast du nur über den Absender gesprochen."

g) Was hat der Empfänger damit zu tun?

S: „O. k., klar. Und was sind die anderen Haftungsausschlüsse?"
F: „Die natürliche Beschaffenheit des Gutes, wenn sie besonders leicht zu Schäden führt."

h) Nennen Sie Beispiele.

F: „Z. B. die im Verkehr übliche Verladung auf offene Fahrzeuge oder an Deck. Und die Beförderung lebender Tiere."
S: „Dann bist du ja fein raus. Das gilt also demnach auch für empfindliche Güter, die vor Hitze, Kälte, Temperaturschwankungen oder Luftfeuchtigkeit geschützt werden müssen."

i) Meinen Sie das auch?

S: „Andere Frage, du hast gesagt, du hättest sechs Lkw. Wie sieht es da mit der Haftung aus? Haftest du auch für deine Leute? Oder was ist, wenn du so viele Aufträge hast, dass du einen anderen Frachtführer einsetzen musst? Kannst du denn überhaupt einen anderen Frachtführer einsetzen?"

j) Was gilt in diesem Fall?

S: „Wenn etwas beschädigt wird oder verloren geht, haftest du in Höhe des Warenwertes."
F: „Genau, aber ..."
S: „Wie aber?"
F: „Du hast ja schon festgestellt, dass mich ein richtig dicker Schaden ruinieren könnte, deshalb gibt es eine Haftungsbegrenzung. Also, grundsätzlich hafte ich in Höhe des entstandenen Schadens und muss auch die Kosten für einen eventuellen Gutachter tragen, der die exakte Schadenshöhe dann feststellt. Und jetzt kommt das Aber: Wenn der entstandene Schaden über der Haftungsbegrenzung liegt, dann hafte ich nur in Höhe der Haftungsgrenze."
S: „Und wie hoch ist diese Grenze?"
F: „8,33 Sonderziehungsrechte pro kg Rohgewicht."
S: „Wie bitte?"

k) Können Sie das erklären?

S: „Kommen wir doch mal zu einem konkreten Fall: Was ist z. B., wenn deine Leute einen schlechten Tag haben, es mit der ‚im Verkehr erforderlichen Sorgfalt' nicht so genau nehmen und ein Schaden entsteht?

l) Erklären Sie den Begriff der „im Verkehr erforderlichen Sorgfalt"?

F: „Dann wäre das ein Fall von Fahrlässigkeit, weil meine Leute leichtfertig gehandelt haben, in der Hoffnung, dass es zu keinem Schaden kommt. Aber die Wahrscheinlichkeit des Schadens wäre aufgrund des Handelns meiner Leute gestiegen. Also, Dummheit. Noch schlimmer ist aber Vorsatz, nach dem Motto ‚Mir doch egal!'. Das nennt man dann qualifiziertes Verschulden."

m) Was gilt in diesem Fall für die Haftungshöhe?

S: „Wir haben noch nicht darüber gesprochen, was ist, wenn du dich verspätest."
F: „Wenn ich die Lieferfrist nicht einhalten kann, dann hafte ich bis zum dreifachen Wert der Fracht."

n) Stimmt das so? Begründen Sie.

3 Das Rohergebnis einer Sammelladung ermitteln

Damit sich Petra Meyer die Tätigkeiten eines Spediteurs genauer vorstellen kann, bekommt sie die Chance, in der Spedition Intersped GmbH mitzuarbeiten. Herr Heuser hat dafür im Tausch einen Speditionskaufmann übernommen, der sich mit den Tätigkeiten eines Lagerlogistikers vertraut machen soll. Schon am ersten Tag sitzt Petra Meyer beim Disponenten Herrn Föcking, der eine neue Sammelgutrelation von Düsseldorf nach Berlin plant.

Petra Meyer: „Herr Föcking, warum fahren Sie bei kleineren Sendungen nicht einfach mit einem kleineren Fahrzeug? Es ist doch sonst ein Riesenaufwand, das alles zu koordinieren. Wenn Sie eine Tonne zu transportieren haben, bietet es sich deshalb doch an, einen Kleintransporter zu nehmen.“

Herr Föcking: „Aus organisatorischer Sicht wäre das perfekt. Aber wir haben nicht so viele Fahrzeuge und erst recht nicht so viele Fahrer. Und wir haben das Problem, dass es kaum Kunden gibt, an die wir komplette Ladungen versenden. Aber viele Versender wollen uns für kleinere Sendungen. Deswegen sammeln wir Ladungen, bis wir einen Lkw voll haben.“

Petra Meyer: „Aber wie wollen Sie denn mit dem großen Lkw und einem Anhänger bei den Kunden ausliefern? Sie können doch in keine Fußgängerzone hineinfahren, ohne ein Chaos anzurichten. Da ist meine Idee mit dem Kleinfahrzeug doch besser.“

Herr Föcking: „Stimmt, allerdings regeln wir die Zustellung vor Ort mit einem Partnerunternehmen. Das ist für uns eine Empfangsspedition in Berlin, die dann mit Nahverkehrsfahrzeugen ausliefert.“

Petra Meyer: „O. k., das hört sich logisch an. Das wird dann auch für die Kunden günstiger, wenn sie ihre Paletten auf einen Lkw mit draufstellen, als wenn sie die Kosten für einen Kleintransporter zahlen müssten.“

Herr Föcking: „Genau, beginnen wir mit der Kalkulation. Sehen Sie sich mal die Daten für die heutige Sammelladung an.“

Kunde	kg	km	Nachlauf in km
Meyer	450	490	5
Kunze	120	502	40
Klemm OHG	650	472	29
Dallmann KG	2600	488	10
Richter e. K.	55	510	45
VB Potsdam	401	486	12
Schneider	950	610	80

Mit den Kunden wurden Transportkosten nach der Preisliste der Intersped GmbH vereinbart. Dabei handelt es sich um Haus-Haus-Entgelte, und zwar vom Haus des Versenders bis zum Haus des Empfängers.

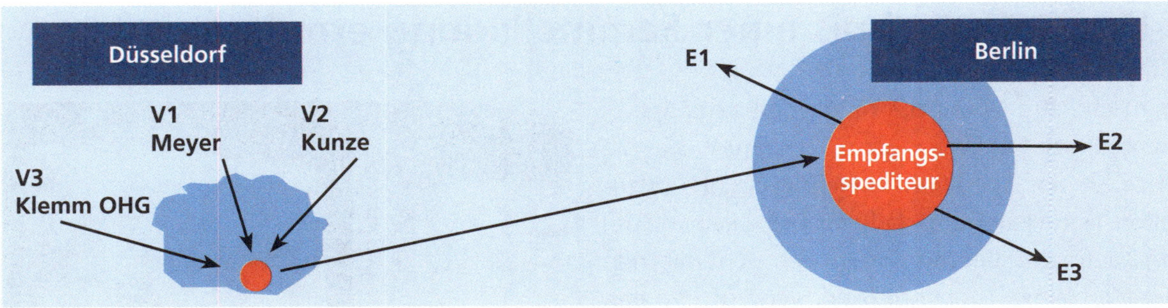

Preisliste der Intersped GmbH für Sammelgut						
Haus-Haus-Entgelte						
				Gewicht in kg		
Entfernung		1 – 50	51 – 100	101 – 200	201 – 300	301 – 400
in km		€	€	€	€	€
1 –	100	31,50	53,40	75,60	109,60	140,50
101 –	200	34,10	59,00	86,90	128,30	166,60
201 –	300	34,70	60,10	88,60	131,40	171,00
301 –	400	34,80	60,50	89,40	133,10	173,20
401 –	500	35,00	61,00	90,50	134,60	175,40
501 –	600	35,70	61,90	92,20	137,50	179,60
601 –	700	36,30	63,80	95,90	143,70	188,50
701 –	800	36,90	64,70	97,80	146,90	192,60
801 –	1000	37,50	66,50	101,50	153,20	201,70

				Gewicht in kg		
Entfernung		401 – 500	501 – 600	601 – 700	701 – 800	801 – 900
in km		€	€	€	€	€
1 –	100	167,90	195,60	229,00	262,10	272,90
101 –	200	201,70	236,60	277,40	318,00	336,00
201 –	300	207,00	243,50	285,30	327,40	346,50
301 –	400	209,60	246,80	289,50	332,10	352,20
401 –	500	212,60	250,20	293,30	336,50	357,20
501 –	600	218,50	257,10	301,50	346,00	367,70
601 –	700	229,40	270,80	317,80	364,80	388,90
701 –	800	234,90	277,70	325,70	373,80	399,40
801 –	1000	246,20	291,20	342,00	392,60	420,70

				Gewicht in kg			
Entfernung		901 – 1000	1001 – 1250	1251 – 1500	1501 – 2000	2001 – 2500	2501 – 3000
in km		€	€	€	€	€	€
1 –	100	303,40	330,80	358,70	369,00	369,90	370,60
101 –	200	374,20	414,70	454,70	472,70	493,30	511,80
201 –	300	386,00	428,80	471,00	490,00	513,80	535,20
301 –	400	392,00	435,70	479,20	498,50	523,90	547,10
401 –	500	397,80	442,90	487,20	507,10	534,40	558,80
501 –	600	409,60	456,80	503,40	524,50	554,90	582,40
601 –	700	433,20	484,70	535,40	558,90	595,90	629,40
701 –	800	444,80	498,50	551,50	576,20	616,70	652,90
801 –	1000	468,40	526,50	583,70	611,00	657,70	699,80

Die Spedition Intersped GmbH rechnet mit folgenden **Aufwendungen:**

- Für das Abholen der Sendungen in Düsseldorf (Vorlauf) verlangt der Frachtführer 5,00 € je 100 kg.
- Die Aufwendungen für den Hauptlauf richten sich nach den Preisvereinbarungen mit den Frachtführern (600,00 €).
- Der Empfangsspediteur berechnet für das Entladen und Verteilen (Umschlag) der Sendungen auf seinem Lager in Berlin 1,50 € je 100 kg.
- Für den Nachlauf von seinem Umschlagslager bis zum Haus des Empfängers berechnet der Empfangsspediteur ein Entgelt nach folgender Vereinbarung:

Verteilungskosten (Nachlauf) in €			
	bis 30 km	**bis 60 km**	**bis 90 km**
Mindestpreis	8,00 €	10,00 €	12,00 €
bis 300 kg	0,08 €/kg	0,09 €/kg	0,10 €/kg
bis 600 kg	0,07 €/kg	0,08 €/kg	0,09 €/kg
bis 900 kg	0,06 €/kg	0,07 €/kg	0,08 €/kg
bis 1200 kg	0,05 €/kg	0,06 €/kg	0,07 €/kg
bis 2000 kg	0,04 €/kg	0,05 €/kg	0,06 €/kg
bis 3000 kg	0,03 €/kg	0,04 €/kg	0,05 €/kg

Petra Meyer: „Man wird ja richtig erschlagen von dem ganzen Zahlenwerk. Aber ich habe schon erkannt, dass sich ein Teil der Zahlen nur auf die Abrechnung mit dem Kunden bezieht, während der andere Teil für unsere interne Kostenkalkulation wichtig ist."

Herr Föcking: „Also los, kalkulieren wir mal."

Arbeitsauftrag

Führen Sie einen Vergleich zwischen den Erträgen und den Kosten durch und ermitteln Sie das Rohergebnis. Begründen Sie, ob sich die heutige Sammelladung nach Berlin rechnet.

Ertrags- und Aufwandsvergleich Sammelladung	
Erträge	
Haus-Haus-Entgelte	
Summe Erträge	
Aufwendungen	
1. Vorlauf	
2. Hauptlauf	
3. Entladen und Verteilen/Umschlag	
4. Nachlauf	
Summe Aufwendungen	
Summe Erträge	
–Summe Aufwendungen	
Rohergebnis	

Kunde	kg	kg auf 100 kg aufrunden	Entfernung in km	Haus-Haus-Entgelt	Vorlauf	Umschlag	Nachlauf in km	Preis Nachlauf/kg	Nachlaufkosten
Meyer	450		490						
Kunze	120		502						
Klemm OHG	650		472						
Dallmann KG	2600		488						
Richter e.K.	55		510						
VB Potsdam	401		486						
Schneider	950		610						

Information zum Sammelgut

Spediteursammelgut liegt vor, wenn die Güter mehrerer Versender (mindestens zwei) von einem Spediteur (Versandspediteur) auf der ganzen Strecke oder auf einem Teil der Strecke zu einer Sendung zusammengefasst werden. Nach § 460 HGB darf der Spediteur Güter eines Versenders zusammen mit Gütern anderer Versender in Sammelladungen zusammenfassen und befördern lassen. Diese Festlegung ist verkehrsträgerneutral. Beim Sammelgutverkehr werden Einzelsendungen im Regelfall per Lkw abgeholt und dann zu einer Sammelladung zusammengefasst. Der anschließende Hauptlauf findet häufig ebenfalls mit dem Lkw statt. Der Spediteur kann aber für die Hauptstrecke auch andere Verkehrsmittel (Eisenbahn, Binnenschiff, Seeschiff, Flugzeug) einsetzen. Nachfolgend wird das Sammelgutgeschäft des Spediteurs am Beispiel des Lkw-Sammelgutverkehrs dargestellt.

Beteiligte am Sammelgutverkehr

1. **Urversender:** Er gibt dem Versandspediteur den Besorgungsauftrag.
2. **Versandspediteur:** Er organisiert die Zusammenstellung der einzelnen Sendungen zu einer Sammelladung; er wird auch Hauptspediteur genannt.
3. **Frachtführer:** Der Versandspediteur kann Frachtführer für den Hauptlauf einsetzen. Häufig transportieren Spediteure aber im Selbsteintritt, d. h., sie fahren mit dem eigenen Lkw.
4. **Empfangsspediteur:** Er nimmt die Sammelladung in Empfang und sorgt für die weitere Verteilung.
5. **Empfänger:** Sie sind die Endempfänger der Einzelsendungen einer Sammelladung.

Abwicklung des Lkw-Sammelgutverkehrs

Der Lkw-Sammelgutverkehr wird in die drei Kernabschnitte Vorlauf, Hauptlauf und Nachlauf unterteilt, die wiederum von Umschlagtätigkeiten auf dem Lager des Spediteurs unterbrochen werden.

1. **Vorlauf: Abholen von Sammelgut**
   Einzelsendungen werden bei verschiedenen Versendern (Urversendern) abgeholt und zum Lager des Versandspediteurs befördert. Beim Abholen von Stückgutsendungen sind unterschiedliche Verfahrensweisen möglich: Bestimmte Kunden wünschen die tägliche Abholung der Güter. In diesem Fall benötigt der Fahrer des Nahverkehrsfahrzeuges keine besonderen Fahraufträge. Andere Kunden vereinbaren mit dem Spediteur feste Abholtermine. Diese werden in schriftlichen Abholaufträgen festgehalten und dem Fahrer des Nahverkehrsfahrzeuges am Abholtag übergeben.

2. **Umschlag: Umschlag auf dem Lager des Versandspediteurs**
   Vom Nahverkehrsfahrzeug werden die Einzelsendungen im Lager entladen und auf die verschiedenen Sammelgutrelationen verteilt, d. h. auf bestimmten Stellplätzen zwischengelagert, bevor sie im Hauptlauf weiterbefördert werden.

3. **Hauptlauf: Beförderung der Sammelladung zum Empfangsspediteur**
   Die zu einer Ladung zusammengefassten Einzelsendungen werden in einen Fernverkehrs-Lkw geladen und zum Empfangsspediteur transportiert. Spediteure, die sich einer Sammelgutkooperation

angeschlossen haben, befördern die Sammelladung zunächst zu einem zentralen Verteillager (Hub). Von dort werden die Sendungen zu den Empfangsspediteuren verteilt.

4. **Umschlag: Umschlag auf dem Lager des Empfangsspediteurs**
   Vom Fernverkehrsfahrzeug werden die Einzelsendungen im Lager entladen und auf die Stellplätze für die verschiedenen Nahverkehrsfahrzeuge verteilt.

5. **Nachlauf: Beförderung der Einzelsendungen zum Empfänger**
   Eintreffendes Sammelgut wird mit Nahverkehrsfahrzeugen zu den verschiedenen Empfängern transportiert.

Spediteur-Sammelgutverkehr

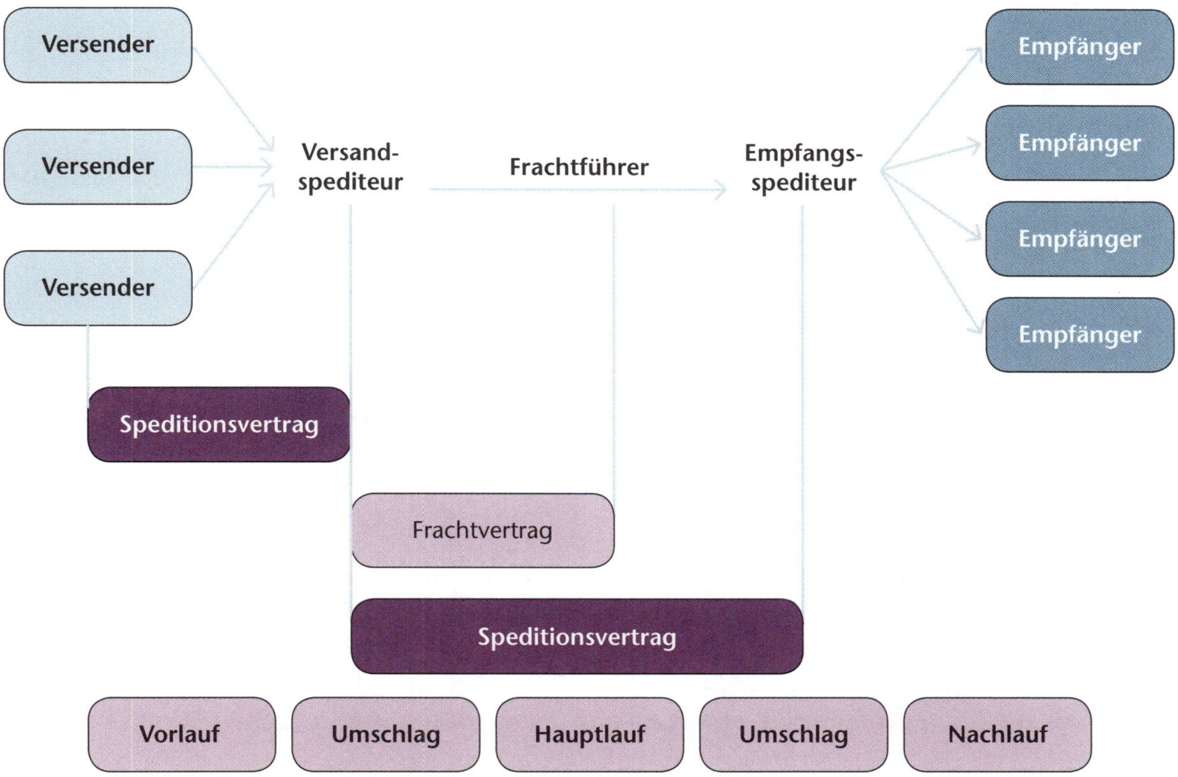

Aufgabe 1

Die Hauptpflicht des Spediteurs ist laut § 454 HGB die Organisation der Beförderung. Dieser Ablauf kann in drei Bereiche eingeteilt werden. Füllen Sie dazu folgende Tabelle aus:

Phasen	Aufgaben/Umsetzung
Planung	
Ausführung	
Überwachung	

Aufgabe 2

Petra Meyer: „Was mich jetzt noch interessiert, Herr Föcking, ist, ob Sammelgutverkehre zum Werkverkehr gehören. Ich habe gehört, dass es beim Werkverkehr weniger Auflagen gibt und er deshalb günstiger ist."

Herr Föcking: „Wissen Sie denn überhaupt, was man unter Werkverkehr versteht, Frau Meyer?"

Petra Meyer: „Nein, eigentlich nicht."

Herr Föcking: „Kein Problem, das werden Sie mit ihrem Fachbuch schon rausbekommen."

Prüfen Sie anhand des Güterkraftverkehrsgesetzes, ob es sich beim Sammelgutverkehr um Werkverkehr handelt. Begründen Sie Ihre Meinung.

Aufgabe 3

HGB § 461

Die Spedition Intersped GmbH bündelt Versandaufträge als Sammelladung und lässt sie dann per Frachtführer (Fremdfahrzeug) zum Empfangsspediteur nach Ravensburg transportieren. Dort werden die Sendungen vom Empfangsspediteur entsprechend an die Endempfänger ausgeliefert. Bei der Sammelladung kommt es zu folgenden Schäden:

1. Fall: Beim Umschlag im Lager Düsseldorf wird ein Packstück (180 kg) beschädigt.
2. Fall: Während des Hauptlaufs geht ein Karton (110 kg) verloren.

a) Ermitteln Sie für die beiden Fälle den jeweiligen Haftungshöchstbetrag nach HGB (1 SZR = 1,326 €).

b) Stellen Sie dar, von wem die Versender Schadenersatz verlangen können.

c) Zeigen Sie auf, wer den Schaden letztlich zu tragen hat.

Aufgabe 4

Grenzen Sie folgende Begriffe voneinander ab:

a) Sammelgut

b) Sammellagerung

Aufgabe 5

Berechnen Sie das Haus-Haus-Entgelt für eine Sendung mit einem Gewicht von 380 kg, die über eine Strecke von 550 km transportiert wird.
Hinweis: Die Preisliste der Intersped GmbH enthält Netto-Preise.

Aufgabe 6

Erklären Sie, welche Voraussetzungen die Intersped GmbH offensichtlich nachgewiesen hat, um überhaupt den gewerblichen Güterkraftverkehr durchführen zu dürfen

Aufgabe 7

a) Bestimmen Sie, welches Gesetz die zulässigen Höchstmaße und -gewichte für Lkw in Deutschland festlegt.

b) Stellen Sie die wichtigsten zulässigen Lkw-Höchstmaße in einer Übersicht zusammen.

	Gliederzug	Sattelzug
Lastzuglänge (außen)		
Lastzughöhe		
Zulässiges Gesamtgewicht		

c) Bestimmen Sie die maximale Palettenzahl, die ein Lkw laden kann, indem Sie die Maße und Werte in die Übersicht eintragen.

Palettenmaße (Flachpalette)	
Palettenmaße (Gitterbox)	
Maximale Palettenzahl im a) Gliederzug	
Maximale Palettenzahl im b) Gliederzug nach BDF-Norm	
Maximale Palettenzahl im c) Sattelzug	

Die für die folgenden Aufgaben nötigen Informationen entnehmen Sie der Preisliste der Intersped GmbH für Sammelgut, die Sie im Anschluss an die Aufgaben finden (siehe Seite 271 f.).

Aufgabe 8

Nachfolgend ist die Sammelgutrelation Düsseldorf–Berlin der Spedition Intersped GmbH in allgemeiner Form abgebildet.

a) Kennzeichnen Sie in der Übersicht die Tätigkeiten (Umschlag oder Beförderung).

b) Nehmen Sie an, im Hauptlauf kommt es zu einem Lkw-Unfall, der eine Beschädigung der geladenen Güter zur Folge hat. Wen können die Versender für die Situation haftbar machen, die Spedition Intersped GmbH oder den Frachtführer MÖLLER Trans?
V1 = Versender 1 E1 = Empfänger 1

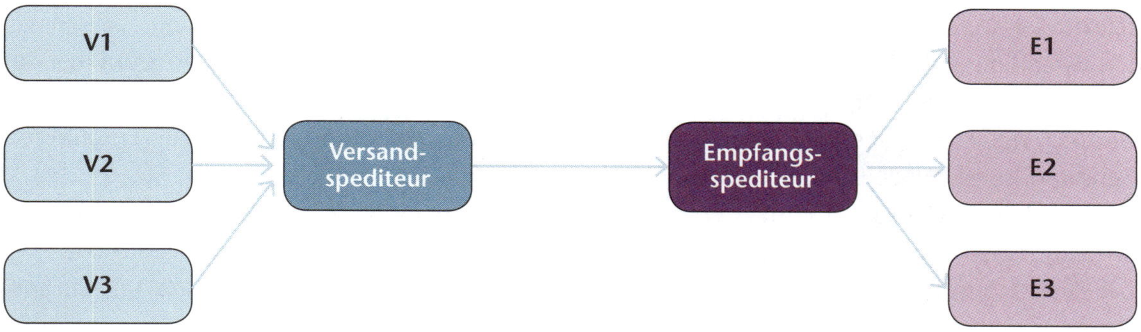

Umschlag oder Beförderung?					

Aufgabe 9

Bearbeiten Sie anhand des Originaltextes folgende Fragen und Aufgaben zur Preisliste der Intersped GmbH für Sammelgut

a) Geben Sie an wie die Begriffe
  aa) „Sammelgutverkehr" und
  ab) „Sendung" verstanden werden.

b) Ermitteln Sie, welchen Leistungsbereich und welchen Leistungsumfang das Haus-Haus-Entgelt abdeckt.

c) Nennen Sie einen Grund, warum die Selbstabholung nur unter Einschränkungen zugelassen wird.

d) Stellen Sie die Zahl der Gewichts- und Entfernungsstufen fest.

Aufgabe 10

Errechnen Sie das Entgelt (einschließlich Umsatzsteuer) für folgende Spediteurleistungen nach der Preisliste der Intersped GmbH für Sammelgut:

Sendung 1	Sendung 2	Sendung 3	Sendung 4	Sendung 5
70 kg	225 kg	1 540 kg	10 kg	3 000 kg
450 km	610 km	285 km	850 km	620 km
	Es handelt sich um Gefahrgut. Entgelt nach den tariflichen Nebengebühren	Die Sendung ist dem Empfänger zu avisieren.	Versendernachnahme über 1 350,00 €	Der Empfänger hat die Anweisung gegeben, die Sendung nicht bei der Empfangsadresse, sondern im 2 km entfernt gelegenen Lager abzuliefern.

Aufgabe 11

Prüfen Sie, ob folgende Sendungen nach der Preisliste der Intersped GmbH für Sammelgut sperrig sind und welches Gewicht der Frachtberechnung jeweils zugrunde gelegt wird.
Sendung 1: 110 x 110 x 100 cm, 180 kg
Sendung 2: 120 x 80 x 110 cm, 215 kg

Aufgabe 12

Mit einem Versender ist die Preisliste der Intersped GmbH für Sammelgut vereinbart worden. Allerdings erhält der Kunde eine Marge von 10 % auf das Haus-Haus-Entgelt. Rechnen Sie folgende Sendung (einschließlich Umsatzsteuer) ab: 255 kg, 540 km.

Aufgabe 13

Wem werden bei folgenden Frankaturen die Entgelte in Rechnung gestellt?

a) frei Haus
b) unfrei
c) ab Werk
d) frei Bestimmungsort

Aufgabe 14

- Die Spedition RHEINSPED GmbH in Duisburg übernimmt von der SILENUS GmbH in Oberhausen eine Sendung Babywindeln. Die Sendung wird auf fünf stapelbare Euroflachpaletten mit einem Bruttogewicht von jeweils 150 kg übernommen. Die Frankatur lautet „unfrei". Der Empfänger der Sendung ist die JUNIOR Fachmarkt GmbH in Bremerhaven.
- Die Spedition RHEINSPED GmbH wickelt ihre Sammelgutsendung für Norddeutschland mit dem Empfangsspediteur NORD-LOGISTIK GmbH in Bremen ab. Die Paletten werden getauscht.
- Die Sendung ist mit einer Nachnahme in Höhe des Warenwertes von 900,00 € belastet und soll aus diesem Grund beim Empfänger avisiert werden. Die Sendung wird auf der Grundlage der Preisliste der Intersped GmbH für Sammelgut abgerechnet.

a) Ermitteln Sie
   aa) das Gewicht, das der Berechnung des Speditionsentgelts zugrunde gelegt wird.
   ab) die für die Frachtberechnung maßgebende Entfernung (siehe Entfernungstabelle unten).

b) Berechnen Sie
   ba) das Haus-Haus-Entgelt.
   bb) die Summe der Nebengebühren.
   bc) den Betrag, den der Zahlungspflichtige entrichten muss.

c) Erstellen Sie die Rechnung für den Versender (Formular siehe unten).

Entfernungstabelle

von/nach in km	Oberhausen	Duisburg	Bremen	Bremerhaven
Oberhausen	0	15	264	343
Duisburg	15	0	275	354
Bremen	264	275	0	66
Bremerhaven	343	354	66	0

RHEINSPED GmbH Duisburg

RHEINSPED GmbH, Krefelder Str. 165, 47226 Duisburg

SILENUS GmbH
Bahnstraße 140
46147 Oberhausen

Krefelder Str. 165
47226 Duisburg
Tel.: 02065 98240
Fax: 02065 98245

Rechnung Nr. 4553-44 **Datum** 18.07.20..

Pos.-Nr.	Text	€	€
001	Haus-Haus-Entgelt Oberhausen – Bremerhaven		
002	Nebengebühren		
	Nettobetrag		
	+ 19 % USt.		
	Bruttobetrag		

Bankverbindung Konto 4265 044 200
Commerzbank Duisburg BLZ 350 400 38

Auszug aus der Preisliste der Intersped GmbH für Sammelgut

Bedingungen

1. Anwendung der Bedingungen

1.1 Diese Bedingungen finden Anwendung im innerdeutschen Spediteursammelgutverkehr auf Speditionsverträge zwischen Auftraggeber (Versender) und beauftragtem Spediteur. Sie gelten ergänzend zu den Allgemeinen Deutschen Spediteurbedingungen (ADSp), jeweils neueste Fassung.

1.2 Spediteursammelgut im Sinne dieser Bedingungen liegt vor, wenn die Güter mehrerer Versender von einem Spediteur (Versandspediteur) auf der ganzen Strecke oder auf einem Teil der Strecke bei der Versendung zusammengefasst werden.

2. Abgrenzung des Leistungsbereichs

2.1 Der Leistungsbereich des Spediteursammelgutverkehrs beginnt mit Übernahme des Gutes beim Versender und endet mit Übergabe des Gutes an den Empfänger (Haus-Haus-Leistungsbereich).

...

2.3 In den folgenden Fällen endet der Leistungsbereich bereits an der Entladestelle der Sammelladung:

2.3.1 Selbstabholung ist nur möglich, wenn diese vereinbart ist und grundsätzlich nur an der Umschlagsanlage des Empfangsspediteurs. Der Leistungsbereich endet dann mit der Übergabe des Gutes an den selbstabholenden Empfänger;

...

3. Haus-Haus-Entgelt

3.1 Entsprechend dem Haus-Haus-Leistungsbereich wird ein Haus-Haus-Entgelt berechnet.

3.2 Das Haus-Haus-Entgelt enthält die Vergütung für folgende Leistungen, soweit sie den normalen Umfang nicht überschreiten:

a) Beförderung innerhalb des in § 2 abgegrenzten Leistungsbereichs,
b) büromäßige Bearbeitung durch den Versand- und Empfangsspediteur.

3.3 Zusätzliche Leistungen und Auslagen werden zusätzlich zum Haus-Haus-Entgelt berechnet. Dies sind unter anderem:

- Nachnahmeprovisionen, Überweisungsspesen, Signierungskosten, Lagergelder, Avisgebühren, Wiegegebühren, Versicherungsprämien,

  ...
- Lademittelverwaltung,
- Aufmessen von Sperrgütern,

  ...
- Selbstabholergebühr,

  ...
- Postkosten,

  ...
- Beförderung gefährlicher Güter.

3.4 Soweit die Entgelte für zusätzliche Leistungen nach Ziffer 3.3 nicht im Nebengebührentarif aufgeführt sind, wird ein angemessener Betrag, mindestens aber werden die Auslagen berechnet.

3.5 Zuschläge für Schnelllieferungen und Terminverkehre sowie für Beförderungen in Isothermfahrzeugen oder anderen Sonderfahrzeugen werden nach Vereinbarung zusätzlich berechnet.

4. Berechnung des Haus-Haus-Entgelts

4.1 Das Haus-Haus-Entgelt wird für jede Sendung gesondert berechnet.

4.2 Eine Sendung ist das von einem Versender für einen Empfänger vom Spediteur gleichzeitig übernommene Gut.

4.3 Der Berechnung des Haus-Haus-Entgelts werden zugrunde gelegt:

a) Die verkehrsübliche Entfernung in Kilometern und
b) das Gewicht der Sendung in Kilogramm. Liegt das Gewicht der Sendung unter 200 kg je Kubikmeter (sperriges Gut), so wird der Frachtberechnung ein Gewicht von 2,0 kg je angefangene 10 dm^3 zugrunde gelegt. Die Berechnung eines höheren frachtpflichtigen Gewichts bedarf der Vereinbarung.

Für palettiert übernommene Güter werden der Frachtberechnung folgende Mindestgewichte zugrunde gelegt:

400 kg pro Palettenstellplatz (800 mm x 1 200 mm)
250 kg pro stapelbare Gitterboxpalette mit Euromaßen
200 kg pro stapelbare Flachpalette mit Euromaßen
100 kg pro Halbpalette
50 kg pro Viertelpalette.
Pro Lademeter wird ein Mindestgewicht von 1 000 kg berechnet.

5. Frankaturvorschriften

5.1 Erteilt der Auftraggeber im Speditionsauftrag die Frankaturvorschrift „frei Haus", berechnet ihm der Versandspediteur das Haus-Haus-Entgelt sowie ggf. besondere Entgelte für zusätzliche Leistungen.

5.2 Erteilt der Auftraggeber im Speditionsauftrag die Frankaturvorschrift „unfrei/ab Werk", so werden das Haus-Haus-Entgelt sowie ggf. besondere Entgelte für zusätzliche Leistungen beim Empfänger nachgenommen oder dem Empfänger berechnet.

5.3 Verwendet ein Auftraggeber die Frankaturvorschrift „franco", „frei" oder „franco bzw. frei Bestimmungsort", ist dies gleichbedeutend mit „frei Haus". Werden Incotermklauseln als Frankaturvorschriften verwendet, sind die „C- und D-Klauseln" gleichbedeutend mit „frei Haus" sowie die „E- und F-Klauseln" gleichbedeutend mit „unfrei/ab Werk".

...

6. Umsatzsteuer

In Preisofferten und -vereinbarungen (siehe Ziffer 16 ADSp) ist keine Umsatzsteuer (Mehrwertsteuer) enthalten. Sie ist zusätzlich zu berechnen, soweit nicht steuerliche Befreiungsvorschriften zum Zuge kommen.

Nebengebühren

1. Für in Ziffer 3.3 der Bedingungen unter anderem aufgeführte zusätzliche Leistungen werden zusätzlich zum Haus-Haus-Entgelt berechnet:

a) Gebühr für Versendernachnahmen	2 %, mindestens	€	15,30
b) Avisgebühren	pro Sendung	€	5,10
...			
d) Wiegen von Gütern sowie Aufmessen von Sperrgütern nach Zeit und Aufwand	pro Sendung mindestens	€	2,60
e) Lagergeld für Güter normalen Umfangs pro Tag und 100 kg		€	1,00
	mindestens	€	2,10
g) Nachträgliche Verfügungen des Versenders (z. B. Änderungen der Frankatur) und Anweisungen des Empfängers	pro Sendung mindestens	€	5,10
...			
i) Palettentauschgebühr für – genormte* Flachpaletten	je Palette	€	2,60
– genormte* Gitterboxpaletten	je Palette	€	10,20

* Die Normen für Abmessungen und Güte richten sich nach DIN.

...

2. Die bei der Versendung gefährlicher Güter erforderlichen zusätzlichen Leistungen werden mit einem angemessenen Betrag, mindestens aber in folgender Höhe abgerechnet:

pro Sendung

bis 300 kg	mindestens € 10,20
301 kg bis 1 000 kg	mindestens € 15,30
über 1 000 kg	mindestens € 20,50

...

Haus-Haus-Entgelte

Die vollständigen Tabellen sind der Lernsituation zu entnehmen, siehe Seite 264 und 265.

4 Verkehrsmittel für den Transport auswählen

Herr Föcking: „Guten Morgen, Frau Meyer, ich habe eine Aufgabe für Sie. Mehrere Kunden haben heute Morgen angerufen und mich gebeten, ihre Transporte zu organisieren."

Petra Meyer: „Ja und, Sie haben doch genügend Fahrzeuge auf dem Hof stehen, wo soll das Problem sein?"

Herr Föcking: „Sie dürfen den Spediteur nicht mit einem Frachtführer verwechseln. Wir haben als Spedition zwar eigene Fahrzeuge, werden aber dann nach HGB nicht als Spedition, sondern als Frachtführer behandelt. Als Spediteur ist unsere Hauptaufgabe, den Transport zu besorgen. Das heißt, wir vermitteln zwischen dem Versender und dem Frachtführer und suchen für beide Partner nach einer vernünftigen Lösung."

Petra Meyer: „Dann ist die Spedition Intersped GmbH also nicht nur Spedition, sondern auch Frachtführer?"

Herr Föcking: „Ja, genau so ist es. Einen Teil der Transporte übernehmen wir selbst. Dann sind wir als Frachtführer aktiv. Den anderen Teil der Transporte besorgen wir nur, dann sind wir als Spediteur aktiv. Aber wir wollen uns mal die Kundenanfragen anschauen."

Der **Kunde Meyer** hat folgende Anfrage gestellt:

Anfrage 1:
Transport von 320 t Feinkies von Duisburg nach Braunlage

Informationen zum Produkt:
Feinkies (2–8 mm, gewaschen)
Er kann als Belag für Gartenwege aufgestreut werden. Ferner wird Feinkies, vor allem als gebrochener Kies, für wasserdurchlässige Steinbelagfugen und als Verlegeschicht für Betonsteine und Platten verwendet.

Informationen zur Lagerung:
Der Kies liegt in Duisburg-Ruhrort und soll nach Braunlage im Harz geliefert werden. Der Auftrag eilt nicht, sollte aber im Laufe der nächsten Woche abgewickelt werden.

„Dann meldete sich ein Kunde aus Wolfsburg. Sie wissen schon: **das VW-Werk."**

Anfrage 2:
VW in Wolfsburg, regelmäßiger Transport freitags 16:00 Uhr ab Werk zum Seeschiff nach Emden, ca. 220 Autos. Verschiffung dort um 23:00 Uhr.

„Einen weiteren Auftrag bekamen wir aus Rotterdam:"

Anfrage 3:
600 t Stahlträger, 48 m lang, sollen von Rotterdam, Quebecstraat nach Hannover, Hansastraße 20 geliefert werden.

Petra Meyer: „Ups, das hört sich nicht so einfach an. Kann man denn 48 m lange Stahlträger überhaupt mit dem Lkw transportieren?!"

Herr Föcking: „Als Schwerguttransport lässt sich das schon machen. Aber der Aufwand und die Kosten wären immens. Hierfür gibt es angemessenere Transportlösungen mit anderen Verkehrsträgern, wir dürfen bei solchen Entscheidungen die Kosten nicht aus den Augen verlieren. Wir als Spediteure sind ja die Profis und wollen für den Kunden einen wirtschaftlichen Transport realisieren."

Petra Meyer: „Also müssen wir als Erstes darauf achten, welche Verkehrsträger geeignet sind, und danach ermitteln wir die Transportpreise."

Herr Föcking: „Richtig, und da wir professionell arbeiten, sollten wir das auch schnell erledigen. Was denken Sie: Welche Verkehrsträger sollten wir bei den vorliegenden Aufträgen prüfen?"

Petra Meyer: „Ich denke, die Verkehrsträger Schiene, Wasser und Straße."

Herr Föcking: „Genau. Insbesondere weil wir nicht bei jedem Verkehrsträger einen Haus-Haus-Service durchführen können, kann es sein, dass wir den Lkw im Vor- und Nachlauf einsetzen müssen."

Petra Meyer: „Darüber habe ich bisher noch nicht nachgedacht. Dabei ist es ganz klar, dass das Binnenschiffnetz nicht flächendeckend vorhanden sein kann. Ebenso bei Einsatz der Bahn, nicht überall gibt es Bahnlinien. Dann brauchen wir Karten, aus denen Häfen und Bahnhöfe ersichtlich sind, und wir benötigen Daten zur Kalkulation."

Herr Föcking: „Ja, richtig. Fangen wir mal mit unseren eigenen Lastkraftwagen an. Beim Lkw kalkulieren wir mit festen und variablen Tagessätzen. Ein Schüttgut-Lkw verursacht einen fixen Tagessatz von 320,00 € sowie 0,50 € variable Kosten pro gefahrenem Kilometer. Es handelt sich um einen 4-Achs-Kipper mit 17 m^3 Ladevolumen und 18 t Nutzlast. Beim Binnenschiff ist es etwas komplizierter. Für unsere Kalkulation rechnen wir mit einem Tonnensatz von 5,50 € bis 200 km, 6,00 € bis 300 km, 6,50 € bis 400 km, 7,00 € bis 500 km und 7,50 € bis 600 km. Die Preise gelten für das europäische Binnenwasserstraßennetz. Das sind Tarife, die wir mit einem Partikulier in Duisburg festgelegt haben.
Bei der Deutschen Bahn wird der Transport von der DB Schenker Rail abgewickelt. Dort gibt es die Möglichkeit, einen ganzen Zug zu mieten oder einzelne Waggons. Wir können auf die unterschiedlichsten Wagen dabei zurückgreifen. Wir beschränken uns auf bewährte Wagen mit zwei Achsen, so wie sie in der Tabelle dargestellt sind.

Gedeckter Güterwaggon

Rungenwaggon

Frau Meyer: „Wie werden denn Ganzzüge abgerechnet?"

Herr Föcking: „Das können Sie dieser Tabelle entnehmen:

Preise für Ganzzüge	Plantrain	Variotrain	Flextrain
Bis 300 km	18 000,00	24 000,00	28 000,00
Bis 500 km	20 000,00	26 000,00	29 000,00
Bis 800 km	21 000,00	27 000,00	30 000,00

Und die Konditionen für Einzelwaggons sehen folgendermaßen aus:"

Preise und Konditionen der Interlogistik GmbH mit der Bahntrans AG
Allgemeine Vereinbarungen für Gütertransportleistungen in einem Waggon mit zwei Achsen.

	Sendungsgewicht in t				
	0–13,499	**13,500–17,499**	**17,500–21,499**	**21,500–25,499**	**25,500–30,499**
Entfernung bis km	**Waggonpreise in €**				
100	449	449	449	495	554
110	458	458	471	525	589
120	458	458	496	554	620
130	515	515	520	581	650
140	515	515	544	607	680
150	539	539	567	634	711
160	539	539	592	663	741
170	551	551	616	689	770
180	551	565	641	716	803
190	573	587	666	742	831
200	573	609	689	769	863
220	573	639	724	808	905
240	587	677	767	856	959
260	620	716	810	905	1014
280	652	754	853	954	1068
300	686	792	896	1001	1121
320	717	828	938	1048	1172
340	745	861	977	1091	1222
360	776	895	1014	1134	1270
380	805	929	1053	1175	1317
400	834	963	1092	1218	1365
450	879	1014	1148	1283	1437
500	938	1082	1226	1369	1533
550	993	1146	1298	1450	1625
600	1046	1206	1366	1526	1708
650	1095	1264	1431	1598	1791
700	1144	1320	1495	1670	1870

Herr Föcking: „Die Kosten für den Umschlag dürfen wir natürlich auch nicht vergessen. Als Kalkulationssatz nehmen wir 0,80 € pro Tonne. In der folgenden Grafik können Sie erkennen, wie so ein Transport ablaufen könnte."

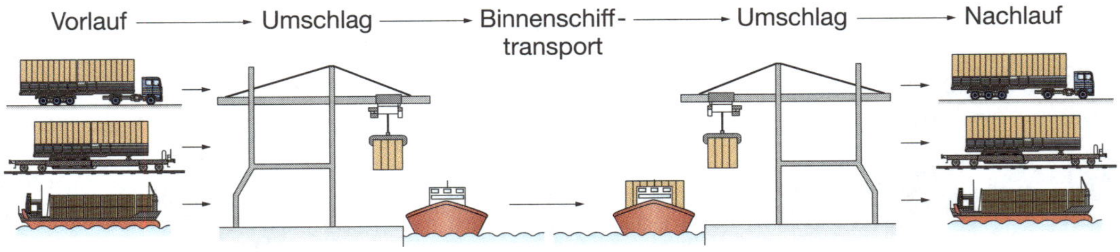

Frau Meyer: „In der Grafik wird angedeutet, dass mehrere Verkehrsträger für den Transport eingesetzt werden. Meinen Sie, dass das für alle Anfragen zutrifft?"

Herr Föcking: „Nein, mit Sicherheit nicht. Aber es ist prinzipiell denkbar."

Frau Meyer: „Dann mal Karten und Taschenrechner her! Das dürfte ja kein Problem sein, den Kunden die günstigste und optimale Variante herauszusuchen."

Herr Föcking: „Warten Sie, Frau Meyer. Noch sind nicht alle Kundenaufträge besprochen worden. Ich habe hier noch einen Kunden aus dem Düsseldorfer Bereich."

Anfrage 4:
Großhändler aus Düsseldorf-Rath, der in Hamburg in unregelmäßigen Abständen bis zu 750 t Obst für den süddeutschen Markt aufkauft. Die Waren befinden sich in Kühlhäusern im Seehafen. Dieser Kunde braucht in der Regel innerhalb kürzester Zeit eine Transportmöglichkeit bis in sein Verteillager in Stuttgart-Obertürkheim.

„Und von einem weiteren Kunden direkt aus unserer Nachbarschaft kommt folgende Anfrage:"

Anfrage 5:
150 t Baumstämme von 47138 Duisburg-Ruhrort, Kohleninsel 3, nach 95028 Hof, Am Güterbahnhof 2, innerhalb der nächsten 14 Tage.

Frau Meyer: „Na gut, dann werden wir uns hierfür auch etwas Passendes überlegen."

Arbeitsauftrag
Entwerfen Sie ein sinnvolles Transport-Konzept für die Sendungen und begründen Sie jeweils Ihre Entscheidung. Gehen Sie dabei auf die Kosten, die Vorteile des Verkehrsmittels und den Verlauf des Transports ein (Landkarte bzw. Skizze mit Umschlagspunkten).

Km- Entfernungen:

Duisburg – Salzgitter: 325 km
Salzgitter – Braunlage: 70 km
Wolfsburg – Emden: 315 km
Rotterdam – Hannover: 450 km
Hamburg – Stuttgart-Obertürkheim: 663 km
Duisburg – Hof: 581 km
Duisburg – Halle an der Saale: 560 km
Halle an der Saale – Hof: 175 km
Duisburg - Braunlage: 344 km

Lösungshinweis Umschlagskosten

Die Kosten für den Umschlag werden nur berechnet, wenn es sich um einen Transport handelt, für den ein zweiter Verkehrsträger genutzt wird. Das Beladen bzw. das Abladen bei einem Transport wird nicht berücksichtigt.

Lkw-Kalkulation

Sollte es sich ergeben, dass Lkw an einem Umschlagsort gebraucht werden, kalkulieren Sie mit den gleichen Kosten, die die Interlogistik GmbH, die entsprechende Vereinbarungen mit Frachtführern vor Ort geschlossen hat, selbst hat. Die Anfahrt von Duisburg zur Umschlagstelle muss also nicht beachtet werden. Die Lkw müssen bzgl. der Kilometeranzahl bis zum Sitz des Frachtführers (Startpunkt) berechnet werden.

Aufgabe 1

Für 400 Kilometer 8800 Kilometer unterwegs

Große Leere: Die Konstruktion hat zehn Meter Durchmesser, zu viel für viele Brücken

Der Umweg ist das Ziel: des Spektrometers Reiseroute

In den nächsten Tagen soll der Koloss den rumänischen Schwarzmeerhafen Konstanza erreichen und auf ein Schwergutschiff umgeladen werde: Das **Ultra-Hochvakuum-Hauptspektrometer**, ein vom Forschungszentrum Karlsruhe bestelltes Gerät zur Messung von Elementarteilchen (Neutrinos), muss vor seinem Einsatz bis etwa 20. November auf Europafahrt. Weil es für Straßen und manche Brücken des Rhein-Main-Donau-Kanals zu groß ist und die Endmontage nur im Werk erfolgen kann, macht das Stahlgebilde für die 400 Kilometer vom Deggendorfer MAN-DWE-Werk 8800 Kilometer Umweg.

Quelle: Für 400 Kilometer 8800 Kilometer unterwegs, in: FOCUS, 16.10.2006, Ausgabe 42, Seite 74, hrsg. v. FOCUS-Magazin Verlag GmbH

Wie Sie dem Bericht entnehmen können, führt die Sperrigkeit von Gütern teilweise zu extremen Wegstrecken.

a) Beschreiben Sie den Verlauf des Transports, indem Sie die Wasserstraßen sowie die Seen/Meere der gefahrenen Route auflisten.

b) Nennen Sie die Staaten, die der Transport durchfährt, mit Hauptstadt.

Aufgabe 2

Bei internationalen Eisenbahntransporten ist ein CIM-Frachtbrief zwingend erforderlich. Erläutern Sie,

a) wofür die Abkürzung CIM steht,

b) wer jeweils eine Durchschrift des CIM-Frachtbriefes erhält,

c) welche Rechte der Absender hat und

d) welche Pflichten dem Absender übertragen werden.

Aufgabe 3

Erklären Sie, welche Kostenanteile der Absender bei den nachfolgenden Zahlungsvermerken übernimmt.

Zahlungsvermerk	Absender übernimmt folgende Kosten
Franko Fracht	
Franko Fracht bis Bahnhof X	
Franko aller Kosten	

Aufgabe 4

Stückgutverfrachtung mit dem Binnenschiff

Am 30.09. sollen verschiedene Ladungen der Spedition Intersped GmbH von Emmerich nach Duisburg mit dem Schiff transportiert werden. Die Grundfracht für Ladungen ab 100 t beträgt 13,96 €/t, für Sendungen bis einschließlich 50 t 15,20 €, für leichtere Ladungen 16,41 €/t.

Aufgrund von Niedrigwasser wird ein Kleinwasserzuschlag (KWZ) von 20 % genommen. Dieser ist der Grundfracht hinzuzurechnen. Alle Sendungen, die weniger als 22 t wiegen, sind mit dem Vermerk „Alternativrechnung Lkw" zu versehen. Die anderen Sendungen erhalten den Vermerk „o. k.". Erstellen Sie eine Tabelle nach unten stehendem Muster. Achten Sie bei der Erstellung der Formeln darauf, dass eine Veränderung der Prozentsätze berücksichtigt wird.

	A	B	C	D	E	F	G	H
1	**Stückgutverfrachtung mit dem Binnenschiff**							
2	Grundfracht ≥ 100:	13,96 €						
3	Grundfracht ≥ 50:	15,20 €						
4	Grundfracht < 50:	16,41 €						
5	KWZ:	20 %						
6	USt.:	19 %						
7								
8	**Tonnen**	**Grundfracht**	**KWZ in €**	**GF und KWZ**	**Nettof.**	**USt.**	**Bruttof.**	**Vermerke**
9	8	16,41	3,28	19,69	157,54	29,93	187,47	Alternativrechnung Lkw
10	140							
11	90							
12	20							
13	100							
14	200							
15	70							
16	40							

Aufgabe 5

Was passt zusammen? Ordnen Sie die unten aufgeführten Begriffe den passenden Definitionen zu.

Container, Partikulier, Logistikketten, Befrachter, Umschlagen, Freihafen, Distributions-Logistik, Binnenschifffahrt

1. ______________________

   Übernimmt die Beförderung der Güter und gilt als Frachtführer, unabhängig davon, ob er eigenen oder fremden Schiffsraum einsetzt

2. ______________________

   Bezeichnung für die Schifffahrt auf Binnenseen, Flüssen und Kanälen des Festlandes

3. ____________________
Genormte Transportbehälter zur Verpackung von Gütern

4. ____________________
Im Einzelnen fallen darunter Arbeiten wie die Warenempfangnahme von eintreffenden Seeschiffen, Qualitätskontrollen, Nachbearbeitung von Waren, Kommissionierungen, Feinkonfektionierung, Verzollung.

5. Im ____________ fallen Zölle und andere Abgaben erst an, wenn die Güter den ____________ verlassen haben. Bis dahin können sie steuer- und zollfrei gelagert und bearbeitet werden.

6. ____________________
Steuerung des Warenflusses über mehrere Transportmittel

7. ____________________
Schiffseigner mit bis zu drei Schiffen

8. ____________________
Umladung des Gutes von einem Transportmittel zum anderen

Aufgabe 6

Bergverkehr: Schiffsverkehre, die von den Flussmündungen stromaufwärts zur Quelle gerichtet sind
Talverkehr: Schiffsverkehre, die von der Quelle zur Flussmündung stromabwärts gerichtet sind

Geben Sie an, über welche Wasserwege die folgenden Verkehre erfolgen und ob es sich um Berg- oder Talfahrten handelt:

a) Kohle von Neuss nach Mannheim
b) Erze von Emden nach Dortmund
c) Holz von Bremen nach Minden
d) Fahrzeuge von Stuttgart nach Rotterdam
e) Baustoffe von Neuwied nach Kehl
f) Steine von Brunsbüttel nach Magdeburg
g) Flüssiggut von Hamburg nach Berlin
h) Stahlträger von Ruhrort nach Speyer
i) Container von Wien nach Regensburg

Aufgabe 7

Geben Sie für die folgenden Binnenschiffsverkehre die zu benutzenden Wasserstraßen in der richtigen Reihenfolge an und nennen Sie zwei Binnenhäfen als Zwischenstationen.

a) Hamburg – Dresden
b) Köln – Plochingen
c) Bremen – Mülheim
d) Papenburg – Uerdingen
e) Hannover – Berlin
f) Düsseldorf – Hamburg
g) Lünen – Dessau
h) Nürnberg – Gelsenkirchen
i) Emden – Mainz

Aufgabe 8

Vergleichen Sie die Verkehrsträger Eisenbahnverkehr und Binnenschifffahrt, indem Sie je zwei Vor- und Nachteile auflisten.

Aufgabe 9

Als Mitarbeiter der Intersped GmbH sollen Sie heute einen Kunden beraten, der 5 600 t Stahlschrott von Duisburg nach Magdeburg transportieren will. Der Transport soll innerhalb der nächsten Wochen abgewickelt werden. Der Kunde wünscht von Ihnen ein Angebot für ein Binnenschiff und ein Angebot für einen Eisenbahntransport.

Zusätzliche Informationen:

Das Schiff braucht ca. drei Tage bei 24 Stunden Fahrzeit pro Tag.

Pro Waggon können 25 t Stahlschrott befördert werden. Ein Waggon kostet 90,00 €.

Ein Zug kann maximal 32 Waggons umfassen. Pro eingesetztem Zug entstehen zusätzliche Kosten von 1 200,00 €.

Rückladung ist bereits vorhanden.

a) Entscheiden Sie begründet, welches der abgebildeten Schiffe Sie für den Transport auswählen.

Schiff 1 hat ein Ladevolumen von 903 t. Der Verbrauch liegt bei 180 l Diesel pro Stunde. Der Liter Diesel kostet 0,52 € bei Fixkosten von 900,00 € pro Tag.	
Schiff 2 hat ein Ladevolumen von 2 817 t, verbraucht durchschnittlich 250 Liter Diesel pro Stunde. Der Liter Diesel kostete 0,52 €; bei Fixkosten von 1 100,00 € pro Tag.	
Schiff 3 besitzt ein Ladevolumen von 2 487 t und hat einen durchschnittlichen Verbrauch von 240 Liter Diesel pro Stunde. Ein Liter Diesel kostet 0,52 €; der Tag kostet 1 050,00 €.	

b) Berechnen Sie die Gesamtkosten der Beförderung per Binnenschiff.

c) Berechnen Sie die Gesamtkosten der Beförderung per Bahn.

d) Erläutern Sie, warum der Transport mit dem Binnenschiff ökologisch sinnvoll ist.

e) Geben Sie je zwei Nachteile für das Schiff bzw. für die Bahn an.

5 Die Versendung von Kleinsendungen organisieren

Frau Meyer ist für eine Woche wieder in der Interlogistik GmbH, weil ein Mitarbeiter erkrankt ist. Herr Heuser braucht dringend Hilfe, da das Wochenende vor der Tür steht und wichtige Sendungen noch bearbeitet werden müssen. Das Gespräch findet um 14:00 Uhr statt.

Herr Heuser: „Frau Meyer, dieser Karton mit Spezialschrauben, zwei Kilo, muss heute auf jeden Fall noch raus und vor allem morgen Vormittag bis 12:00 Uhr beim Empfänger sein."

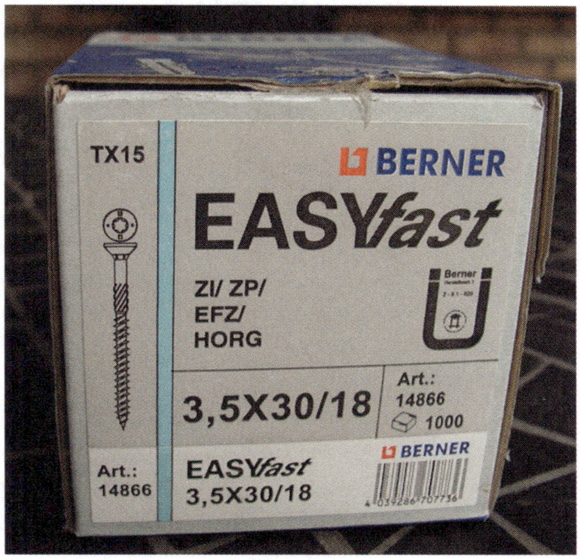

Frau Meyer: „Ich weiß zwar nicht, wo der Karton hin soll, aber unabhängig davon, unser Spediteur wird das nicht schaffen. Außerdem ist morgen Samstag."

Herr Heuser: „Das weiß ich. Der Karton soll nach Hofheim am Taunus. Merken Sie sich eines: Kleinsendungen wie diese gehen auf keinen Fall per Spedition raus. Das kann nicht funktionieren."

Frau Meyer: „Das verstehe ich nicht. Wir arbeiten nun schon recht lange mit der Intersped GmbH zusammen und es gab noch keine großen Probleme. Warum also nicht?"

Herr Heuser: „Weil so ein kleiner Karton schnell weg ist. Er geht schnell zwischen den anderen Sendungen verloren. Vor drei Jahren hatte ich Muster bestellt, die in einem Karton, auch zwei Kilo schwer, versendet wurden und 24 Stunden später bei uns sein sollten. Der Versandspediteur hatte sich überreden lassen, diesen mitzunehmen. Er wurde allerdings einer falschen Relation zugeordnet und tauchte durch einen dummen Zufall zwei Wochen später bei unserem größten Konkurrenten wieder auf. Er bestellte selbst die Ware, die wir im Rahmen einer Aktion verkaufen wollten. Also, keine Kleinsendungen per Spedition versenden. Schauen Sie sich doch mal die Maße an: 30 cm x 15 cm x 20 cm. Ist außerdem viel zu teuer. Beauftragen Sie einen KEP-Dienst. Vergleichen Sie aber vorher die Preise von mehreren Anbietern."

Frau Meyer: „Was ist ein KEP-Dienst?"

Herr Heuser: „KEP steht für Kurier-, Express- und Paketdienste. Nicht nur die Post bzw. DHL bietet einen Paketversand an. Mittlerweile gibt es eine gute Auswahl an Paketdiensten."

Frau Meyer: „Und welchen der drei soll ich nun beauftragen? Das Paket wird eh erst Montag ankommen."

Herr Heuser: „KEP-Dienste liefern in der Regel auch samstags. Prüfen Sie das vor Auftragserteilung und entscheiden Sie sich für den Günstigsten bzw. für den, der samstags ausliefert."

Frau Meyer: „Herr Heuser, ich habe gar keine Zeit, mich lange um Anfragen zu kümmern, wenn der Karton schon morgen in Hofheim sein soll. Außerdem meinte ich, ob ich einen Kurier-, Express- oder Paketdienst anfragen soll."

Herr Heuser: „Ein Kurierdienst scheidet selbstverständlich aus. Wenn der Paketdienst auch einen Expressdienst anbietet, dann den; ansonsten den Expressdienst und wie gesagt der günstigste! Erkundigen Sie sich bitte, wie der Dienstleister haftet, wenn er den Termin wider Erwarten nicht einhalten kann. Diese Sendung muss ebenfalls heute noch raus, denn die soll Montag in Westerland auf Sylt angeliefert werden."

Frau Meyer: „Dieses Paket ist aber sehr groß. Dann frage ich doch unseren Spediteur."

Herr Heuser: „Der wird zu teuer sein. Auch hier müssen wir einen KEP-Dienst nehmen, sofern es geht."

Frau Meyer: „Sagten Sie nicht, dass die nur Kleinsendungen transportieren?"

Herr Heuser: „Die Sendung ist eher sperrig als schwer: Abmessungen 90 cm x 35 cm x 120 cm bei 15 kg Gewicht. Bedenken Sie das bei der Preisanfrage. Und klären Sie mal ab, ob das Paket richtig verschlossen ist. Ich glaube nicht, dass das Paket optimal für den Transport geeignet ist."

Frau Meyer: „Kümmere ich mich sofort drum. Ich habe aber noch ein anderes Problem: Diese Rechnung über die Terrakottafliesen ist hier liegen geblieben. Die Sendung selbst steht schon im Hamburger Hafen, weil der Kunde damit sein Ferienhaus auf Teneriffa fliesen möchte. Nun kann die Sendung nicht auf das Schiff verladen werden, das Montag um 11:30 Uhr ausläuft, weil die Papiere aufgrund der fehlenden Originalrechnung unvollständig sind. Das nächste Schiff geht erst in zwei Wochen."

Herr Heuser: „Dann schaffen Sie diese Rechnung so schnell wie möglich nach Hamburg!"

Frau Meyer: „Und wie soll ich das machen?"

Herr Heuser: „Fragen Sie die KEP-Dienstleister, wenn Sie ohnehin schon dabei sind. Und beeilen Sie sich. Die Kosten tragen wir. Es handelt sich schließlich um einen unserer besten Kunden!"

Frau Meyer: „Was ist denn mit den zwei Paketen da in der Ecke?"

Herr Heuser: „Das sind auch noch zwei Sendungen, die Sie abfertigen müssen. Wobei bei den Paketen ein Zeitproblem dahintersteht, weil die bis zum nächsten Freitag ankommen müssen. Hier sind die Daten dazu:"

> Empfänger: Fa. Claderno in Lissabon,
> Maße 20 cm x 30 cm x 40 cm, ein Paket, Gewicht 19,50 kg

> Empfänger: Sportzentrum Berlin, Alexanderplatz 5,
> Maße 10 cm x 15 cm x 185 cm, ein Paket, 25 kg

Frau Meyer: „Wenn ich mir all die Sendungen anschaue, sind ja teilweise recht außergewöhnliche Maße dabei. Wenn ich an die Auslieferungsfahrzeuge denke, kann ich mir nicht vorstellen, dass die Sendungen transportiert werden."

Herr Heuser: „Wenn das die Paketdienste nicht mitnehmen können, beauftragen Sie unseren Hausspediteur. Der rechnet nach dem Sammelguttarif ab. Sehen Sie nur zu, dass die Sendungen heute noch das Lager verlassen. Wichtig ist auch, dass die Pakete versichert sind. Achten Sie darauf, dass mindestens ein Versicherungswert von 500,00 € im Preis bei den KEP-Diensten mit abgedeckt ist."

Arbeitsauftrag

Organisieren Sie die termingerechte und ordnungsgemäße Auslieferung der Sendungen und ermitteln Sie die Beförderungskosten für jede Sendung.

Hinweise zum Arbeitsauftrag

Sendung mit Originalrechnung wird in einer Versandtasche 25 cm x 35 cm x 4,5 cm verschickt. Gesamtgewicht 300 g.
Für den Vergleich der KEP-Dienste reichen zwei Anbieter aus. Sofern nichts anderes vereinbart wird, betrachten Sie folgende KEP-Dienste:

- DKD = Deutscher Kepdienstleister
- PBW = Paketdienst Bundesweit

(Tarife finden Sie unten stehend)
Die Tarife für die Sammelgutabrechnung entnehmen Sie der Tabelle aus der Lernsituation 3/Lernfeld 9.

Informationen und Tarife von DKD

DKD, Konditionen für die Interlogistik GmbH, alle Preise inkl. MwSt.
In unseren Paketshops haben Sie die Möglichkeit, Ihre Sendung EU-weit nach Volumen- oder Gewichtsabrechnung zu versenden. Genießen Sie folgende Vorteile:

- Die kurzen Regellaufzeiten (national nur 24 h).
- Eine Versicherung bis 520,00 € pro Paket ist inklusive.
- Bis zu drei Zustellversuche bei Nicht-Antreffen des Empfängers: bei Bedarf mit telefonischer Terminvereinbarung.
- Paketverfolgung und Online-Zustellnachweis: mit Empfangsbestätigung des Empfängers (P. O. D.) im Internet.

Neben dem nationalen Versandangebot können Sie Pakete in folgende Zonen versenden:

Zone 1	Zone 2	Zone 3	Zone 4
Belgien Dänemark Luxemburg Niederlande Österreich	Frankreich Großbritannien Italien Polen Schweden Slowakei Slowenien Tschechische Republik Ungarn	Estland Finnland Irland Lettland Litauen Portugal Spanien	Bulgarien Griechenland Rumänien
Regellaufzeit: 1 bis 2 Tage	Regellaufzeit: 2 bis 3 Tage	Regellaufzeit: 3 bis 4 Tage	Regellaufzeit: 3 bis 5 Tage

Nationaler Inselzuschlag: 12,50 €, Internationaler Inselzuschlag: 16,00 €

Preisliste DKD (Gewichtsabrechnung)
Maximale Abmaße: Länge: 175 cm; Gurtmaß: 300 cm (2x Höhe + 2x Breite + längste Seite); Gewicht: 31,5 kg

Gewichtsstaffel	National	Zone 1	Zone 2	Zone 3	Zone 4
5,00 kg	05,50 €	12,00 €	18,00 €	25,50 €	38,50 €
10,00 kg	06,50 €	15,00 €	19,50 €	28,00 €	43,80 €
20,00 kg	09,00 €	18,50 €	22,50 €	30,00 €	56,00 €
31,50 kg	12,50 €	20,50 €	25,00 €	33,50 €	65,50 €

Preisliste DKD (Volumenabrechnung)

Maximale Abmaße: Länge 175 cm; Gurtmaß 300 cm (2x Höhe + 2x Breite + längste Seite); Gewicht 31,5 kg

Bestimmung Volumenstaffel: längste + kürzeste Seite in cm (S < 50; M < 70; L < 90; XL < max. Gurtmaß)

Volumenstaffel	National	Zone 1	Zone 2	Zone 3	Zone 4
S-Paket	04,00 €	12,50 €	15,50 €	20,50 €	38,50 €
M-Paket	06,50 €	15,80 €	18,80 €	23,80 €	43,80 €
L-Paket	09,00 €	19,00 €	23,00 €	29,00 €	56,00 €
XL-Paket	13,00 €	22,50 €	27,50 €	34,50 €	65,50 €

Preisliste DKD Express

Maximale Abmaße: Länge 175 cm; Gurtmaß 300 cm (2x Höhe + 2x Breite + längste Seite); Gewicht 31,5 kg

Bestimmung Volumenstaffel: Längste + kürzeste Seite in cm (S < 50; M < 70; L < 90; XL < max. Gurtmaß). Bundesweite Zustellung bis Festlandende, ausgenommen Inseln in Nord- und Ostsee sowie in Binnengewässern und 78266 Büsingen. Preise verstehen sich inkl. gesetzlicher MwSt.

Gewichtsstaffel	Volumenstaffel	DKD 18:00 Uhr (Mo-Fr)	DKD 12:00 Uhr (Mo-Fr)	DKD 10:00 Uhr (Mo-Fr)	DKD 12:00 Uhr (Sa)
5,00 kg	S-Paket	14,00 €	19,00 €	29,00 €	39,00 €
10,00 kg	M-Paket	16,50 €	21,50 €	31,00 €	41,50 €
20,00 kg	L-Paket	19,00 €	24,00 €	34,00 €	44,00 €
31,50 kg	XL-Paket	23,00 €	28,00 €	38,00 €	48,00 €

Preisliste Paketdienst Bundesweit (PBW)

Pakettarife Paketdienst Bundesweit (PBW)					
	National	Zone 1	Zone 2	Zone 3	Zone 4
Paket bis 5 kg	6,90 €	17,00 €	30,00 €	35,00 €	40,00 €
Paket bis 10 kg	6,90 €	22,00 €	35,00 €	45,00 €	55,00 €
Paket bis 20 kg	11,90 €	32,00 €	45,00 €	65,00 €	85,00 €

Paketmaße: max. 120 x 60 x 30 cm; max. Gurtmaß (= L + 2x B + 2x H) 300 cm
inkl. gesetzlicher Umsatzsteuer (derzeit 19 %)
Für Pakete wird im Fall von Verlust und Beschädigung bis 500,00 € gehaftet.

Zone 1: EU: Belgien, Bulgarien, Dänemark (außer Färöer, Grönland), Estland, Finnland (außer Ålandinseln), Frankreich (außer überseeische Gebiete und Departements), Griechenland (außer Berg Athos), Großbritannien (außer Kanalinseln), Irland, Italien (außer Livigno und Campione d'Italia), Lettland, Litauen, Luxemburg, Malta, Monaco, Niederlande (außer außereuropäische Gebiete), Österreich, Polen, Portugal, Rumänien, Schweden, Slowakei, Slowenien, Spanien (außer Kanarische Inseln, Ceuta + Melilla), Tschechische Republik, Ungarn, Zypern/Republik (außer Nordteil)

Zone 2: Ålandinseln (Finnland), Andorra, Albanien, Armenien, Aserbaidschan, Berg Athos (GR), Bosnien-Herzegowina, Campione d'Italia (IT), Ceuta (E), Färöer-Inseln (DK), Georgien, Gibraltar (GB), Grönland (DK), Guernsey (GB), Island, Jersey (GB), Kanarische Inseln (E), Kasachstan, Kosovo (serbische Provinz), Kroatien, Liechtenstein, Livigno (IT), Mazedonien, Melilla (E), Moldau (Republik), Montenegro (Republik), Norwegen, Russische Föderation, San Marino, Schweiz, Serbien (Republik), Türkei, Ukraine, Vatikanstadt, Weißrussland, Zypern/Republik (Nordteil)

Zone 3: Ägypten, Algerien, Bahrain, Iran, Irak, Israel, Jemen, Jordanien, Kanada, Katar, Kuwait, Libanon, Libyen, Marokko, Oman, Saudi-Arabien, Syrien Tunesien, USA, Vereinigte Arabische Emirate

Zone 4: Alle Länder und Gebiete, die nicht den Zonen 1, 2 oder 3 zugeordnet sind.

Samstagszustellung *Zustellung am Samstag. + 11,90 €*

Aufgabe 1

Unterscheiden Sie Kurier-, Express- und Paketdienste.

Aufgabe 2

Beschreiben Sie den Ablauf der Versendung nach Sylt, indem Sie folgende Teilschritte von 1 bis 12 nummerieren.

- ☐ Aufteilung der Sendungen im Zieldepot auf das entsprechende Nahverkehrsfahrzeug zur Auslieferung
- ☐ Beladung des Lkw für den Hauptlauf zum HUB gemäß Verladeplan
- ☐ Bündelung von Sendungen gleicher Depotnummern auf Paletten
- ☐ Dokumentation des Empfangs durch den Empfänger per Unterschrift und Datenübertragung
- ☐ Fahrer holt die Sendung nebst Frachtbrief bei der Interlogistik GmbH ab
- ☐ Fahrer kontrolliert die Sendung hinsichtlich Papiere und Zustand
- ☐ Fahrer vergibt eine Depotnummer des Empfangsortes
- ☐ Interlogistik GmbH meldet das Paket (via Telefon oder Internet) zum Versand an
- ☐ Transport zum HUB
- ☐ Transportauftrag wird von der EDV einem Fahrer entsprechend seinem Abholgebiet o. Ä. zugeordnet
- ☐ Umschlag und Weiterleitung der Sendungen zum Zieldepot
- ☐ Zustellung der Sendung zum Empfänger Lückel

Aufgabe 3

Nennen Sie fünf Vorteile von KEP-Diensten.

Aufgabe 4

Bei folgenden Paketsendungen ist der günstigste Tarif mit den obenstehenden Konditionen auszuwählen. Berechnen Sie dazu die Tarife von DKD (Volumen und Gewichtsabrechnung) und von PBW. In der letzten Spalte tragen Sie bitte den Anbieter mit den niedrigsten Kosten ein.

Sendung nach	Länge	Breite	Höhe	Kg	Gurtmaß	Kosten DKD Volumen	Kosten DKD Gewicht	Kosten PBW	Tarifgünstigster
1 Köln	40	20	20	25					
2 Athen	80	40	10	5					
3 Lissabon	35	35	35	11					
4 Fürth	60	80	40	15					
5 Kiel	40	20	30	19					
6 Wien	100	50	40	2					
7 Paris	20	35	10	14					

Aufgabe 5
Eine Studie schreibt der KEP-Branche eine weiterhin wachsende Bedeutung zu. Nennen Sie drei Gründe, die diese These bestätigen.

Aufgabe 6
Erläutern Sie, warum die Spedition Intersped GmbH nicht in der Lage ist (vgl. Herr Heuser in der Lernsituation), die Sylt-Sendung bis Montag zuzustellen.

Aufgabe 7
Nennen Sie weitere Anbieter von KEP-Leistungen.

Aufgabe 8
Wichtige Schiffsdokumente (u. a. Original B/L = Frachtbrief mit Warenwertpapierfunktion) müssen schnellstmöglich von Hamburg nach Buenos Aires/Argentinien, damit das Schiff dort gelöscht werden kann. Die Ladung hat einen Wert von 840 000,00 €, die Liegekosten des Schiffes betragen pro Tag 16 000,00 €.

a) Entscheiden Sie begründet, wie Sie diese Dokumente befördern.
b) Ermitteln Sie den Preis für die Beförderung der Dokumente.

Aufgabe 9
Eine besondere Form eines Kurierdienstes ist der IC-Kurierdienst. Beschreiben Sie anhand eines Beispiels die Funktionsweise des IC-Kurierdienstes.

Aufgabe 10
KEP Dienste unterscheiden zwischen einem Gurtmaß und einem Gurtumfang.

a) Erklären Sie, was das Gurtmaß ausdrückt und wie es berechnet wird.
b) Der KEP-Dienstleister UPS befördert nur Sendungen bis zu einem Gurtumfang von 330 cm. Erklären Sie, was der Gurtumfang ausdrückt und wie er berechnet wird.
c) Berechnen Sie für die Sendung nach Sylt:
- den Gurtumfang
- das Gurtmaß

Aufgabe 11
Beförderungsgrenzen

a) Ermitteln Sie die maximalen Grenzen, die die Paketdienste für die Beförderungen von Paketen im Schalterbereich haben. Betrachten Sie dazu die KEP-Dienste DKD und PBW.
b) Vergleichen Sie die Beförderungsgrenzen aus a) mit denen aus Ihrem Unternehmen.

Aufgabe 12
Petra ist im Versandlager und fertigt sieben Pakete ab für den Kunden Peters in München, Maximilianstraße 40. Die Pakete haben jeweils ein Gewicht von 25,8 kg. Die Maße: 50 x 60 x 40 cm. Während sie die Papiere für den KEP-Dienst DKD ausfüllt, kommt ihr der Gedanke, die Sendung mit der Spedition zu verschicken. Helfen Sie ihr, den günstigeren Frachtführer zu finden.

Aufgabe 13
Die Firma Interlogistik wickelt den Briefverkehr mit dem privaten Briefdienst Yellow-Sprint ab. Folgende Konditionen sind vereinbart:

Konditionen

Briefdienst Yellow-Sprint

- **Schnell**
- **Zuverlässig**
- **Günstig**

Postkarte bundesweit	0,45 €
Standardbrief bundesweit Formate: B6, E6, C6 bis 20g	0,56 €
Kompaktbrief bundesweit Formate: B6, E6, C6 bis 50g	0,88 €
Großbrief bundesweit Formate: C5, C4 bis 500g	1,38 €
Maxibrief bundesweit Formate: C5, C4 bis 1 000g	2,15 €
Einwurf-Einschreiben C6 bis 50g (excl. Brief)	2,60 €
Einwurf-Einschreiben C5/C4 bis 1kg (excl. Brief)	3,10 €
Einschreiben eigenhändig C6 bis 50g (excl. Brief)	3,30 €
Übergabeeinschreiben mit Rückschein C6 bis 100g (excl. Brief)	3,50 €
Zulage für Expressbrief nächster Tag	6,60 €
Inselzuschlag	4,80 €
Standardbrief innerhalb der Europäischen Union: C6 bis 50g	2,60 €
Standardbrief in die USA: C6 bis 50g	6,40 €
Standardbrief in sonstige Staaten: C6 bis 50g	18,90 €

Petra Meyer muss folgende Briefsendungen abfertigen:

a) Postkarte von Duisburg nach Erfurt
b) Brief 45 g nach Ulm; garantierte Zustellung am nächsten Tag
c) 35 g Brief nach New York
d) Einschreiben eigenhändig, Brief 20 g, Plauen
e) Großbrief 380 g nach Wyk auf Föhr
f) Standardbrief, Luzern
g) Standardbrief, Stettin
h) Brief 90 g, Übergabeeinschreiben mit Rückschein, Kiel
i) Expressbrief mit einem Gewicht von 800 g E6 nach Hamburg
j) 400 g Brief von Duisburg nach Dresden als Einwurf-Einschreiben
k) Standardbrief nach Istanbul, 40 g
l) 3 Kompaktbriefe B6 mit je 30 g und 2 Maxibriefe C4 mit je 600 g nach Fürth
m) Expresszustellung nach Norderney, Großbrief als Einwurf-Einschreiben

6 Eine Auslandssendung zollrechtlich abwickeln

Frau Meyer ist mit der Abfertigung für den Paketdienst beschäftigt. Sie kontrolliert die Kommissionierliste mit dem Inhalt des Pakets und ermittelt bei Vollständigkeit der Artikel das Gewicht der Sendung. Dieses vergleicht sie mit dem errechneten Wert auf dem Kommissionierbeleg. Bei Übereinstimmung bändert sie das Paket und legt von außen die Rechnung in die Lieferscheintasche. Heute sind auch zwei Pakete dabei, die nach Norwegen adressiert sind, ein Paket nach Oslo, das andere nach Bergen. Dabei fällt ihr auf, dass auf den Rechnungen keine Mehrwertsteuer ausgewiesen ist.

Interlogistik GmbH
Luisenstraße 93
47119 Duisburg

INTER LOGISTIK

Tel.: +49 (0) 203/2724300
Fax: +49 (0) 203/2724360

DATUM: 25.6.20..
RECHNUNGSNR. 3638989
KdNr: 76618

Rechnungsadresse:
Nils Holgerson
Karl Johans Gate 11
0154 Oslo
Norwegen

Lieferadresse:
Nils Holgerson
Karl Johans Gate 11
0154 Oslo
Norwegen

Bestellnr.	Artikelbezeichnung	Menge	Einzelpreis	Gesamtpreis
1620357	Racktime Gepäckträger Stand-it Shine mit vormontiertem B&M Rücklicht, 28 Zoll	1	58,74 €	**58,74 €**
521148	Litech Lenker Sport Alu	1	7,73 €	**7,73 €**
523615	Continental Reifen GP4000 S	2	22,69 €	**45,38 €**
	Versandkosten	1	8,90 €	**8,90 €**
			zu zahlender Betrag	**120,75 €**

Beträge enthalten keine deutsche Mehrwertsteuer.
Bitte zahlen Sie den Rechnungsbetrag abzüglich Retoure innerhalb von 14 Tagen.
Sollten Sie nicht den vorgedruckten Überweisungsträger nutzen, übernehmen Sie bitte den Verwendungszweck.

Frau Meyer: „Herr Heuser, hier sind fehlerhafte Rechnungen, weil keine Mehrwehrsteuer ausgewiesen ist. In der Schule habe ich gelernt, dass auf alle Lieferungen und sonstigen Leistungen gegen Entgelt die Umsatzsteuer berechnet wird."

Herr Heuser: „Handelt es sich bei dem Paket um eine Rechnung an einen europäischen Kunden?"

Frau Meyer: „Ja, das sind Kunden in Oslo und in Bergen, also Norwegen, somit europäisch."

Herr Heuser: „O. k., ich muss mich genauer ausdrücken. Handelt es sich bei dem Kunden um einen, der innerhalb der Europäischen Gemeinschaft wohnt? Das ist bei Norwegen nicht der Fall."

Frau Meyer: „Soll das heißen, dass die Norweger unsere Produkte preisgünstiger bekommen, da sie die Mehrwertsteuer nicht zahlen?"

Herr Heuser: „Nein, so kann man das nicht sagen. Die Kunden außerhalb der EU müssen die Ware bei ihrem Zollamt anmelden. Dort wird dann die Mehrwertsteuer des dortigen Landes zugerechnet. Evt. wird noch ein Einfuhrzoll im Drittland fällig. Deswegen brauchen wir keine Mehrwertsteuer auszuweisen."

Frau Meyer: „Wie bekommt das norwegische Zollamt denn mit, dass wir etwas zu norwegischen Bürgern schicken?"

Herr Heuser: „Alle Pakete aus dem Ausland werden vom norwegischen Zoll geprüft und kontrolliert. Die schicken dann eine Meldung an den Empfänger, dass er das Paket am Zollamt abholen kann. Das natürlich nur gegen Bezahlung der dortigen Umsatzsteuer und den ggf. anfallenden Zollabgaben. Für uns bedeutet das auch mehr Arbeit beim Versand. Denn neben der Lieferscheintasche mit unserer Rechnung an den Kunden müssen wir eine zusätzliche Tasche ankleben für die Abwicklung des Zolls. Das sehen Sie hier an dieser Tasche, wo die Hinweise für uns als Versender draufstehen:"

Inhalt: Paketkarte, Zollbegleitpapiere usw.
Bulletin d'expédition, documents de douane etc. includs

Hinweise für den Versender

Bitte achten Sie auf die Vollständigkeit der Begleitpapiere.

Bei Nicht-EU-Staaten und Gebieten, die nicht zum Zollgebiet der EU gehören sowie Drittlandsgebieten im Sinne des Umsatzsteuerrechts, benötigen Sie grundsätzlich:

Paketkarte

Zollinhaltserklärung	Mit genauer Bezeichnung von Ware, Ursprungsland, Warenwert und Nettogewicht. Wenn bekannt auch Zolltarifnummer angeben.
Handelsrechnung	Bei kommerziellem Versand (in zweifacher Ausfertigung). Bei unentgeltlichen Lieferungen Proformarechnung bzw. Rechnung nur für Zollzwecke (bei EFTA-Staaten Ursprungserklärung mit Originalunterschrift).
Ausfuhranmeldung	Bei kommerziellem Versand mit Warenwerten über 1 000,00 €. Bitte kleben Sie den Aufkleber „Achtung Ausfuhranmeldung" in die Nähe der Anschrift.
Ursprungserklärung	Bei Warenwerten über 6 000,00 €. Hier ist das zollamtliche Formular „€.1" zu verwenden.
Sonstiges	Je nach Bestimmungsland kann auch das Beilegen weiterer Papiere (zum Beispiel Einfuhrbewilligung, Konsularrechnung etc.) erforderlich sein. In Zweifelsfällen bitte an die jeweilige Botschaft/das jeweilige Konsulat wenden.

Frau Meyer: „Die Paketkarte ist kein Problem, die habe ich schon fertig und klebt auf dem Paket. Bei den anderen Dokumenten müssen Sie mir helfen."

Herr Heuser: „Kein Problem. Hier sind die anderen Dokumente. Als erstes die Zollinhaltserklärung. Die dient dazu, das Zollamt in Norwegen zu informieren, welche Güter im Paket sind. In der Tabelle habe ich Ihnen die Daten zusammengefasst. Das Paket mit den Füllstoffen ohne Waren wiegt 560 g. An Porto werden wir 8,90 € berechnen."

Produkt	Nettogewicht/ Stück	Zolltarifnummer	Ursprungsland der Waren
Racktime luggage rack	0,75 kg	42021250	DE
Litech sports handlebar	0,26 kg	87149910	DE
Continental road bike tyre Grand Prix 4000 S	0,23 kg	40115000	DE

Deutsche Post
(Postverwaltung)/(Administration des postes)

ZOLLINHALTSERKLÄRUNG
DÉCLARATION EN DOUANE

CN 23

Von / De
Name und Anschrift des Absenders/Expéditeur
Zollnummer des Absenders (falls vorhanden) / Référence en douane de l'expéditeur (si elle existe)
DEUTSCHLAND/ALLEMAGNE

Einlieferungsnummer (Barcode falls vorhanden)
N° de l'envoi (code à barres, s'il existe)

Wichtig! Important!
Hinweise auf der Rückseite
Voir instructions au verso

Kann amtlich geöffnet werden.
Peut être ouvert d'office

An / A
Name und Anschrift des Empfängers/Destinataire
Bestimmungsland/Pays de destination

Kennnummer des Empfängers (falls vorhanden) (Steuernummer/Umsatzsteueridentifikationsnummer/Zollnummer des Empfängers)
Référence de l'importateur (si elle existe) (code fiscal/n° de TVA/code de l'importateur) (facultativ)

Telefon-/Faxnummer/E-Mail-Adresse des Empfängers (falls vorhanden)
N° de téléphone/fax/e-mail de l'impotateur (si connus)

Detaillierte Beschreibung des Inhalts (1) Description détaillée du contenu	Menge (2) Quantité	Nettogewicht (3) (in kg) Poids net (en kg)	(Zoll-)wert/Währung (5) Valeur	*Nur für Handelswaren/Pour les envois commerciaux seulement* Zolltarifnr. nach dem HS (7) N° tarifaire du SH	Ursprungsland der Waren (8) Pays d'origine des marchandises
		Gesamtbruttogewicht (4) Poids brut total	Gesamtwert (6) Valeur totale	Portokosten/Kosten (9) Frais des port/Frais	

Art der Sendung (10)
Catégorie de l'envoi
☐ Geschenk/Cadeau
☐ Dokumente/Documents
☐ Warenmuster/Echantillon commercial
☐ Warenrücksendung/Retour de marchandise
☐ Sonstiges/Autre

Erklärung
Explication:

Einlieferungsstelle/Einlieferungsdatum/Bureau d'origine/Date de dépôt

Bemerkungen (11) (z.B. Waren unterliegen den Quarantänebestimmungen/Gesundheitskontrollen/Bestimmungen für Pflanzenschutzmittel oder anderen Beschränkungen):
Observations: (p. ex. marchandise soumise à la quarantaine/à contrôles sanitaires, phytosanitaires ou à d'autres restrictions)

Ich bestätige, dass die in der vorliegenden Zollinhaltserklärung angegebenen Daten korrekt sind und diese Sendung keine gefährlichen, gesetzlich oder auf Grund postalischer oder zollrechtlicher Regelungen verbotenen Gegenstände enthält. Ich übergebe insbesondere keine Güter, deren Versand, Beförderung oder Lagerung gemäß den AGB der Deutschen Post ausgeschlossen ist.
Je certifie que les renseignements donnés dans la présente déclaration en douane sont exacts et que cet envoi ne contient aucun objet dangereux ou interdit par la législation ou la réglementation postale ou douanière. Je ne transmets notamment aucune marchandise dont l'envoi, le transport ou l'entreposage est exclu par les Conditions générales de Deutsche Post.

☐ Genehmigung (12)
Licence
Nummer der Genehmigung/en
N°(s) de la/des licences

☐ Bescheinigung (13)
Certificat
Nummer der Bescheinigung/en
N°(s) du/des certificats

☐ Rechnung (14)
Facture
Nummer der Rechnung/en
N° de la facture

Datum und Unterschrift des Absenders (15)
Date et signature de l'expéditeur

915-803-000
1✂ 01.04

Frau Meyer: „O. k., dann müsste ich die Daten haben. Wofür dient das nächste Formular?“

Herr Heuser: „Das ist die Handelsrechnung, auch Commercial Invoice genannt. Die Handelsrechnung dient der Rechnungsstellung und als Unterlage für die zollamtliche Behandlung im Einfuhrland. Sie beschreibt die Ware näher. Dazu müssen Sie folgende Punkte beachten: Namen und Anschriften der Vertragspartner. Warenbezeichnung, Menge und Preis der Ware. Also ähnlich wie auf der Zollinhaltserklärung.“

INTER LOGISTIK

Commercial INVOICE

Interlogistik GmbH
Luisenstraße 93
47119 Duisburg

INVOICE NR.
DATE:

Sent By:
Company name
Name/department
Address
City/Postal Code
Country
Phone

Sent To:
Company name
Name/department
Address
City/Postal Code
Country
Phone

COMMENTS OR SPECIAL INSTRUCTIONS:

DESCRIPTION	CUSTOMS COMMODITY CODE	COUNTRY OF ORIGIN	QUANTITY	UNIT PRICE	TOTAL
				SUBTOTAL	

I/We hereby certify that the information on this Invoice is true and correct and that the contents of this shipment are as stated above.

Signature: ______________________

Frau Meyer: „Da wird man ja erschlagen von Dokumenten! Und das alles für eine Lieferung?"

Herr Heuser: „Ja, so ist das. Aber etwas bleibt uns erspart: Wir brauchen keine Ausfuhranmeldung zu erstellen, da der Warenwert der vorliegenden Sendung unter 1 000,00 € liegt. Somit sind Sie erst mal informiert. Sehen Sie zu, dass das Paket jetzt auf den Weg kommt, damit wir einen zufriedenen Kunden in Norwegen haben."

Arbeitsauftrag
Wickeln Sie den Paketversand nach Norwegen ab, indem Sie die Versanddokumente fertigstellen.

Aufgabe 1

Petra hat die Paketsendungen für den nächsten Tag fertiggestellt. Für die Auslandssendungen hat sie die entsprechenden Papiere alle vorbereitet und den Paketen beigefügt. Ein größeres Paket hat Herr Heuser zur Seite gestellt.

Frau Meyer: „Herr Heuser, warum haben Sie das Paket nach Oslo ausgesondert?"

Herr Heuser: „Der Warenwert liegt über 1 000,00 €. Ab diesem Wert ist neben den Ihnen bekannten Dokumenten eine Ausfuhranmeldung erforderlich."

Frau Meyer: „Soll ich das eben erledigen?"

Herr Heuser: „Das habe ich soweit in die Wege geleitet. Bei Sendungen über 1 000,00 € muss dem örtlichen Zollamt Gelegenheit gegeben werden, die Sendung zu überprüfen. Dafür müssen wir eine 24-Stunden-Voranmeldefrist für Gestellung der Ware außerhalb des Zollamts beachten. Die kommen nicht zwangsläufig, aber wenn sie kommen, möchten sie die Originalsendung sehen und kontrollieren."

a) Erklären Sie in diesem Zusammenhang den Begriff „Gestellung".
b) Entnehmen Sie der vorliegenden Ausfuhranmeldung folgende Daten:

Ort der Ausgangszollstelle:	
Bestimmungsland Code:	
Verkehrszweig an der Grenze:	
Rohmasse:	
Artikelbezeichnung:	
Zolltarifnummer:	
Zeitfenster für den Zoll für die Gestellung:	

EUROPÄISCHE GEMEINSCHAFT

A

2 Versender/Ausführer Nr. DE4287290
Interlogistik GmbH
Luisenstraße 93
47119 Duisburg
DE

1 VERFAHREN
EU | A

3 Vordrucke 1 | 3
4 Ladelisten

MRN 12DE830258921951E4

C Ausgangszollstelle
DE 008302
Hauptzollamt Duisburg
Ruhrstraße 25
47120 Duisburg

8 Empfänger Nr.
Kay Jörgesen
Blankstraat 5
1339 Vöyenenga
NO

5 Positionen: 1
6 Packst. insgesamt: 1
7 Bezugsnummer: 4122229

9 Verantwortlicher für den Zahlungsverkehr

10 Erstes Best. Land
11 Handels- Land
12 Angaben zum Wert
13 G.L.P.

14 Anmelder/Vertreter Nr. DE4287290
Interlogistik GmbH
Luisenstraße 93
47119 Duisburg
DE

15 Versendungs-/Ausfuhrland: DE
15 Vers./Ausf.L.Code a| b|
17 Bestimm.L.Code a| NO b|
16 Ursprungsland
17 Bestimmungsland: Norwegen
20 Lieferbedingung: DAP Norwegen
22 Währung u. in Rechn. gestellter Gesamtbetr.: € 1.798,38
23 Umrechnungskurs
24 Art des Geschäfts: 1 | 1 |
28 Finanz- und Bankangaben

18 Kennzeichen und Staatszugehörigkeit des Beförderungsmittels beim Abgang
19 Ctr.: 0

21 Kennzeichen und Staatszugehörigkeit des grenzüberschreitenden aktiven Beförderungsmittel
Flugzeug | DE

25 Verkehrszweig an der Grenze: 4
26 Inländischer Verkehrszweig: 30
27 Ladeort

Ort des Verladens bzw. des Verpackens:
Frau Meyer
Luisenstraße 93, 47119 Duisburg
vom 21.6.20(00) 09:15 Uhr bis 21.6.20(00) 12:15 Uhr

A

29 Ausgangszollstelle: DE007154
30 Warenort

31 Packstücke und Warenbezeichnung
Zeichen und Nummern - Container Nr. - Anzahl und Art
Anzahl: 1 Art: CT.Karton Nummer des Packstücks: 4122229
Warenbezeichnung: Fahrrad Warennummer: 87120030
Versender: Interlogistik GmbH Verfahren: 1000 Ausfuhrland: DE
Bestimmungsland: NO Rohmasse: 15 kg Eigenmasse: 12 kg

32 Positions- Nr.
33 Warennummer
34 Urspr.land Code a| b|
35 Rohmasse (kg): 15,0
36 Präferenz
37 VERFAHREN
38 Eigenmasse (kg)
39 Kontingent
40 Summarische Anmeldung/Vorpapier
41 Besondere Maßeinheit
42 Artikelpreis
43 B.M. Code

44 Besondere Vermerke/ Vorgelegte Unterlagen/ Bescheinig. u. Genehmig.
Internationale Unterlagen
T: N380
R: 4122229 Handelsrechnung
T: Y903
R:
Die angemeldeten Waren sind nicht in der Liste der Kulturgüter enthalten.

Code B.V
45 Berichtigung
46 Statistischer Wert: 1.798

E PRÜFUNG DURCH DIE ZOLLSTELLE
Ergebnis:
Angebrachte Verschlüsse: Anzahl:
Zeichen:
Frist (letzter Tag):

K PRÜFUNG DURCH DIE AUSGANGSSTELLE
Ankunftsdatum:
Prüfung der Verschlüsse:
Bemerkungen:

Aufgabe 2

Innerhalb der Europäischen Gemeinschaft ist der Versand von Gütern ohne weitere Dokumente bezüglich der Verzollung abzuwickeln. Kreuzen Sie in der folgenden Liste die Länder an, bei denen Zollpapiere der Sendung beigelegt werden müssen:

☐ Niederlande
☐ Norwegen
☐ Österreich
☐ Schweiz
☐ Lichtenstein
☐ Ungarn
☐ Türkei
☐ Dänemark
☐ England
☐ Schweden
☐ Tunesien
☐ Südafrika
☐ China
☐ Taiwan
☐ Polen

Aufgabe 3

In Deutschland unterscheidet man bei der Berechnung der Zollhöhe die Begriffe Wertzoll und Präferenzzoll. Erklären Sie den Unterschied.

Aufgabe 4

Ordnen Sie folgenden Begriffen die entsprechende Beschreibung zu:

- Schutzzölle
- Finanzzölle
- Freizone/Freihäfen
- Nichtgemeinschaftsware
- Gemeinschaftsware

	Nichtgemeinschaftsware wird durch Überführung in den freien Verkehr des Zollinlandes zur Gemeinschaftsware.
	Dienen dem Schutz der inländischen Güterproduktion (EU = Inland) vor ausländischer Konkurrenz.
	Haben lediglich die Aufgabe, die staatlichen Einnahmen zu erhöhen.
	Bezeichnung für Ware aus dem Ausland, die die Zollgrenze überschreitet.
	Sie sind deutsches Hoheitsgebiet, aber kein Zollgebiet, und gelten umsatzsteuerrechtlich als Ausland.

Aufgabe 5

Im internationalen Versand können neben dem Frachtbrief andere Belege erforderlich sein.

a) Nennen Sie einen anderen Begriff für die Warenausgangsrechnung des Lieferers und beschreiben Sie die Aufgabe des Beleges.
b) Können Tiere bedenkenlos über die Grenze mitgenommen werden?
c) Für welche Sendungen sind Zollinhaltserklärungen notwendig?
d) Zeigen Sie den Nutzen des Carnet-TIR-Verfahrens auf.
e) Erklären Sie die Bedeutung des Ursprungzeugnisses.

Aufgabe 6

Sie sind Mitarbeiter/-in eines Elektronik-Großhändlers in Düsseldorf und mit der Zollabwicklung von zu importierenden und exportierenden Waren betraut. Ihr Chef erwartet noch heute von Ihnen eine Entscheidung, ob für die vorliegenden Fälle Zoll anfällt und wie weiter zu verfahren ist. Begründen Sie Ihre Entscheidung.

a) 45 Kisten für den Export nach Kanada.
b) Im Freihafen stehen 90 Kartons mit Handys aus Japan bereit.
c) Bei der Lieferung aus der Türkei liegen Präferenzpapiere bei.

Aufgabe 7

Für die Firma Krenz GmbH in Bern (Schweiz) stehen mehrere Behälter zur Verladung und Versendung bereit. Um diese Güter im grenzüberschreitenden Verkehr transportieren zu können, ist die abgebildete Ausfuhranmeldung erforderlich.

Füllen Sie Feld 16 und 17 aus, indem Sie die jeweils erforderlichen Informationen eintragen.

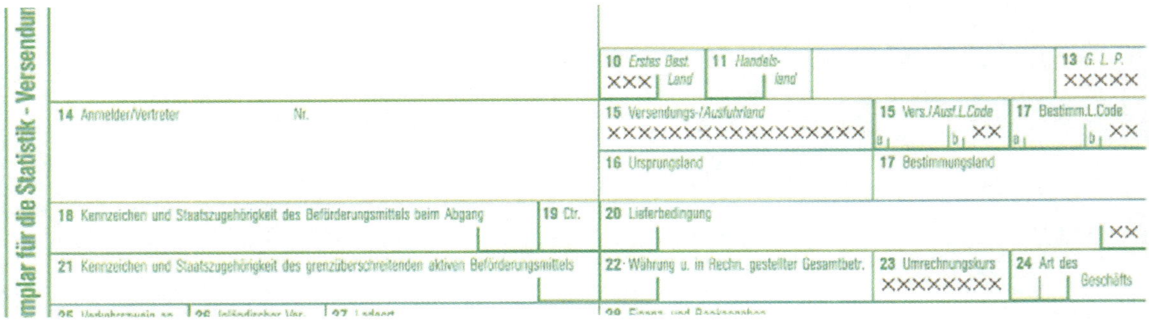

Aufgabe 8

a) Überprüfen Sie die Zolltarifnummern aus der Lernsituation mit dem Warenverzeichnis des Außenhandels unter www.zolltarifnummern.de.

b) Die Interlogistik GmbH bezieht die Continental Reifen GP4000S aus Taiwan. Ermitteln Sie den derzeitigen Zollsatz für diese Produktgruppe auch mit o.g. Website.

7 Die Versendung einer Überseesendung organisieren

Seit ein paar Wochen ist Petra bei der Spedition INTERSPED GmbH in der Abteilung internationaler Versand eingesetzt. Die Arbeit findet sie äußerst spannend, weil jeder Transportauftrag etwas Neues beinhaltet. Innerhalb Europas hat sie sich bereits mit dem Straßen- und/oder Bahntransport beschäftigt. Jetzt hat sie die Gelegenheit, Transporte nach Übersee mit dem Seeschiff oder Flugzeug zu organisieren. Da klingelt das Telefon. Sie nimmt ab.

Petra Meyer: „Spedition Intersped GmbH, Düsseldorf. Petra Meyer. Guten Tag."

Herr Becker: „Becker hier vom Cycel-Versand in Duisburg. Guten Tag, Frau Meyer."

Petra Meyer: „Guten Tag, Herr Becker. Was kann ich für Sie tun?"

Herr Becker: „Ich habe ein Problem. Mein Kunde arbeitet als Animateur auf dem Aida-Kreuzfahrtschiff und ist für das Sportprogramm verantwortlich. Normal kommt er mit 20 Mountainbikes klar, jedoch zeichnet sich jetzt schon ab, dass er für die nächsten Wochen 10 Bikes zusätzlich braucht. Verkauft habe ich ihm die Fahrräder schon. Sie stehen versandfertig in meinem Lager. Ich brauche jetzt kurzfristig eine Transportmöglichkeit nach New York zum Kai der Aida, die dort am 07.12. um 10:00 Uhr einläuft. Muss ich einen ganzen Container buchen, oder gibt es alternative Transportmöglichkeiten? Kann das Schiff überhaupt rechtzeitig da sein?"

Petra Meyer: „Der Container ist als Transportmittel schon eine gute Wahl, er ist einfach relativ kostengünstig. Ich denke aber auch an einen Flugzeugcontainer ..."

Herr Becker: „Sie haben recht. Ich bin jetzt von einem Seeschiff ausgegangen, weil es mir im Sinne unseres ökologischen Fußabdrucks umweltfreundlicher erscheint. Aber das Flugzeug ist eine ansprechende Alternative. Frage ist, sind die Fahrräder rechtzeitig in den USA?"

Petra Meyer: „Die Laufzeit eines Schiffes beträgt etwa 8–11 Tage. Beim Transport mit dem Flugzeug geht es natürlich schneller, was sich im Preis widerspiegelt. Wir holen die Sendung bei Ihrem Kooperationspartner ab und kümmern uns um die Verladung. Beim Versand mit dem Schiff ist meist ein Tag vor Schiffsabfahrt Ladeschluss im Hafen. Bis dahin muss der Container auf jeden Fall im Hafen sein. Dort wird er dann auf das Schiff geladen. Im Bestimmungshafen wird er gelöscht und der Container entladen. Nach erfolgter Zollabfertigung kann der Container an den Kai zugestellt werden."

Herr Becker: „Das klingt komplikationslos und relativ schnell. Und die Kosten?"

Petra Meyer: „Preismäßig kann ich Ihnen noch nichts sagen, da ich erst bei unserem Partner nachfragen muss. Ich melde mich bei Ihnen, wenn ich alle Informationen habe."

Herr Becker: „Gut. Teilen Sie mir bitte mit, mit welchem Schiff bzw. welchem Flugzeug die Sendung rausgehen könnte. Ich warte auf Ihren Rückruf. Vielen Dank. Tschüss, Frau Meyer."

Petra Meyer: „Ich melde mich schnellstmöglich. Auf Wiederhören, Herr Becker."

Kurz darauf erhält Petra folgendes Angebot vom Hafenagenten Interport GmbH. Dieses hatte sie zuvor angefragt.

Sehr geehrte Frau Meyer,

aufgrund Ihrer Anfrage vom 19.11.20.. bieten wir wie folgt an:

Transport in einem 20' Container (LCL)	
1. Vorlauf Duisburg – Bremerhaven	50,00 €
2. THC Bremerhaven	80,00 €
3. ISPS-Zuschlag	25,00 €
4. Seefracht Bremerhaven – New York	95 USD pro frt (m³/t) Aufrundung auf volle Einheiten + 10 % CAF
5. THC New York	75,00 USD
6. Nachlauf	130,00 USD

Unsere Raten verstehen sich einschließlich Verzollung und Abfertigung sowie sonstiger Gebühren.

Mögliche Abfahrten:
1. Ocean vessel M/S Yellow Sea
POL Bremerhaven ETS 22.11.20.. – Closing: 20.11.20.. 24:00h
POD New York ETA 05.12.20..
2. M/S Sealand Pride
POL Bremerhaven ETS 24.11.20.. – Closing: 22.11.20.. 24:00h
POD New York ETA 05.12.20..
3. M/S Atlantic Concert
POL Bremerhaven ETS 27.11.20.. – Closing: 25.11.20.. 24:00h
POD New York ETA 07.12.20..

Mit freundlichen Grüßen,

Christian Heitmann
Interport GmbH 19.11.20..

Petra wendet sich an Herrn Föcking.

Petra Meyer: „Herr Föcking, Sie haben das Gespräch ja mitbekommen. See- oder Lufttransport für die 10 Fahrräder? Was machen wir jetzt?"

Herr Föcking: „Die Konditionen vom Hafenagenten liegen ja nun vor. Beim Luftfrachttransport arbeiten wir mit der Lufthansa Cargo AG, die bieten die Verbindung Düsseldorf – New York als Linienflug an."

Petra Meyer: „Fliegen die täglich?"

Herr Föcking: „Ja. Herr Becker betonte, dass er ohne die Fahrräder sein Sportprogramm nicht realisieren kann. Die Zeitvorgabe ist zu beachten. Da ist das Flugzeug die erste Wahl. Aber wir haben ja einen Zeitpuffer, sodass wir den Transport mit dem Seeschiff ins Angebot aufnehmen sollten. Zu den Kosten beim Lufttransport: Bei den Fahrrädern wird nicht das Gewicht so gravierend sein, die wiegen ja nur 12 kg, sondern die Maße der Versandkartons. Die allein wiegen ca. 6 kg und haben Außenmaße von 135 cm x 35 cm x 95 cm. Da das Volumen des Flugzeuges knapp ist, rechnet die Luftfahrtgesellschaft ab einem Verhältnis von 6 dm^3 für 1 kg nach Volumen ab."

Petra Meyer: „Das funktioniert sicherlich ähnlich wie beim Sammelguttarif. Zu beachten ist also besonders die Sperrigkeit."

Herr Föcking: „Richtig, die Abwicklung des Transportes läuft ähnlich wie die Versendung mit dem Seeschiff. Der Kunde verpackt die Ware. Wir holen sie ab und liefern sie zum Flughafen nach Düsseldorf. Da fallen 40,00 € Vorlaufkosten an. Dann wird sie in einen Container verladen. Diese Container haben mit den Containern, die Sie aus dem Seeverkehr kennen, nur wenig gemeinsam. Sie sind in den meisten Fällen kleiner und an die besonderen Verhältnisse eines Flugzeugs angepasst. Das ist auf dieser Abbildung gut zu erkennen. Bevor die Ware in das Flugzeug verladen wird, durchläuft sie eine Sicherheitskontrolle. Dann wird sie nach New York verflogen und entladen. Erneute Sicherheitskontrolle durch die amerikanischen Behörden und Zollabfertigung. Für die Zustellung vor Ort fallen 120,00 USD an."

LD3- Container; /B – Abrechnung
Maße: 164BW / 201W × 153D × 163H (cm)
Volumen: 4,3 m³
Bemerkungen: abgeschrägt, halbe Breite
Volumen bezeichnet das innere Volumen; BW – base width; W – overall width

Petra Meyer: „Im Vergleich zum Seeschiff tatsächlich sehr ähnlich, nur schneller."

Herr Föcking: „Ja. Ich stimme Ihnen zu. In der Regel ist die Fracht mit dem Schiff die kostengünstigere Beförderungsart im Überseeverkehr. Aber bei zeitkritischen Transporten bleibt nichts anderes übrig, als den Flieger zu nehmen."

Petra Meyer: „Dann rufe ich neben der Lufthansa mal bei drei weiteren Airlines an und erfrage deren Rate nach New York."

Herr Föcking: „Das brauchen Sie nicht. Es gibt gemeinsame Tarife der IATA, die für alle angeschlossenen Luftverkehrsgesellschaften als Richtwert gelten. Wir haben mit unserem Luftfrachtagenten unten stehende Tarife in Anlehnung an den TACT ausgehandelt, nach denen wir abrechnen. Luftverkehrssendungen werden von unserer Spedition abends bis 21:00 Uhr am Flughafen in Düsseldorf angeliefert. Morgens um 7:35 Uhr werden sie verflogen und kommen um 15:00 Uhr unserer Zeit in New York an."

Auszug aus dem Luftfrachttarif (TACT = The Air Cargo Tariff)			Erläuterungen zum TACT
Düsseldorf €	DE KGS	DUS €	DUS = Düsseldorf (Drei-Buchstaben-Code des Abflughafens KGS = Kilogramm, EUR = € (Währung des Abganglandes)
New York	USA		
	M	75,00	M = Minimum-Rate (Minimum Charge)
	N	4,80	N = Normalrate (Normalrate unter 45 Kilogramm)
	45	3,80	45, 100, 300, 500 = Mengenraten
	100	3,05	/B = Containerrate
	300	2,40	
	500	1,95	
	/B	520,00	

Petra Meyer: „Dann fangen wir mit dem TACT mal an."

Herr Föcking: „M ist die Mindestrate, die gezahlt werden muss. Sie können sich merken, dass grundsätzlich der niedrigere Frachtsatz berechnet wird. Hier also 75,00 €. N steht für Normalrate, also 4,80 € pro kg. Dabei werden die kg-Sätze immer auf das nächste halbe oder volle Kilogramm aufgerundet. Die nächste Stufe gilt dann ab 45 kg, dort zahlen Sie dann 3,80 €/kg. Sie können auch die 100er Rate nehmen, wenn es günstiger ist. Dann müssen Sie natürlich für 100 kg zahlen. Es macht teilweise Sinn, einen ganzen Container zu nutzen, hier im TACT die /B-Rate, als die Sendungen einzeln abzurechnen. Unser Agent erstellt den Luftfrachtbrief, englisch Air Waybill oder kurz AWB. Und für den Zoll brauchen wir noch die Ausfuhranmeldung."

Petra Meyer: „Ich dachte, man braucht nur eine Zollanmeldung für eingeführte Waren zu machen, weil nur auf diese Zoll erhoben wird."

Herr Föcking: „Da haben Sie Recht: bei der Ausfuhr wird kein Zoll fällig, bei der Einfuhr in die USA aber. Damit die USA kontrollieren kann, woher die Ware kommt und wie sie zollrechtlich zu behandeln ist. Die Zollanmeldung macht aber unsere Zollabteilung, wenn Sie denen eine Kopie des Frachtbriefes einreichen."

Arbeitsauftrag

Bearbeiten Sie die Anfrage von Herrn Becker und erstellen Sie einen begründeten Vorschlag, mit welchem Verkehrsträger aus Ihrer Sicht die Fahrräder versendet werden sollten. Berücksichtigen Sie dabei folgende Punkte:

- Berechnen Sie die entstehenden Transportkosten für das Schiff und das Flugzeug (1 USD = 1,30 €);
- Stellen Sie die Transportdauer auf je einer Zeitschiene dar, indem Sie die Schritte der Sendungsabwicklung eintragen.
- Fertigen Sie eine Skizze für den Luftfrachtcontainer an. Aus dieser soll ersichtlich werden, wie die Fahrradkartons in den Container gestaut werden.
- Informieren Sie Herrn Becker anschließend per E-Mail über das Ergebnis.

Zusatzinformationen

Hafenagent

Der Hafenagent ist selbstständiger Kaufmann, der im Namen eines oder mehrerer Reeder handelt. Er übernimmt die ständige Vertretung von Reedereien. Im Export-Geschäft schließt er Frachtverträge mit den Reedern und Abladern ab. Bei Import-Sendungen liefert er Sendungen an die Empfänger aus. Er kann aber auch weitere mit dem Seetransport zusammenhängende Tätigkeiten übernehmen, z. B. die Organisation des Vor- oder Nachlaufs. Er ist vergleichbar mit dem Spediteur.

Häufige englische Abkürzungen in der Seeschifffahrt

Abkürzung	Englisch	Deutsch
B/L	Bill of Lading	Konnossement = Seefrachtbrief
	Carrier	Spediteur, Frachtführer
	Consignee	Empfänger
Ctr.	Container	Container
	Shipper	Absender
FCL	Full container load	Voller Container
frt	freight ton	Frachttonne, Abrechnung je nachdem, welches Abrechnungskriterium dem Verfrachter die höheren Einnahmen erbringt
LCL	Less than container load	Weniger als ein voller Container = Stückgut, Teilsendung
THC	Terminal handling charge	Hafengebühren für die Bewegung der Sendung im Hafen
CAF	Currency adjustment factor	Währungszuschlag als Ausgleich für Wechselkursschwankungen
M/S	Motor Ship	Motorschiff
POL	Port of Loading	Ladehafen
POD	Port of Discharge	Löschhafen oder Bestimmungshafen
ETS	Estimated time of sailing	Voraussichtliche Schiffsabfahrt
ETA	Estimated time of arrival	Voraussichtliche Schiffsankunft
	Closing	Ladeschluss im Hafen
20'/20 ft.	20 feet Container	20 Fuß Container

Seefrachtberechnung

Man unterscheidet zwischen

- Gewichtsraten: Die Rate berechnet sich ausschließlich nach Gewicht unabhängig vom Volumen.
- Maßraten: Hier zählt nur das Volumen und nicht das Gewicht.
- Lumpsum-Raten: sind Pauschalraten pro Einheit, z. B. pro Pkw, pro Container o. Ä.

Grundsätzlich gilt: 1 m^3 entspricht 1 t, andernfalls ist die Sendung sperrig.

Zeitschiene (Muster)

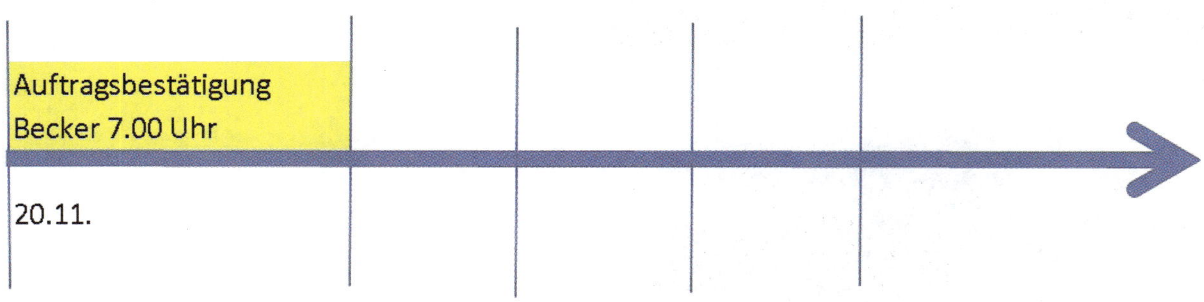

Aufgabe 1

Kreuzen Sie an, welcher der folgenden Punkte kein Vorteil des Containereinsatzes im Seeverkehr ist.

- [ ] Lange Lade- und Löschzeiten
- [ ] Umschlag ohne Umpacken der Güter
- [ ] Schutz der Ware vor dem Zugriff Dritter
- [ ] Vor- und Nachlauf im Kombinierten Verkehr möglich
- [ ] Zusammenfassung einzelner Packstücke zu einer Containereinheit

Aufgabe 2

Ordnen Sie folgende Schiffstypen den entsprechenden Bildern zu und beschreiben Sie das Einsatzgebiet der verschiedenen Schiffstypen.
Vollcontainerschiff, Barge mit Carrier (Trägerschiff mit Schiffcontainer), Ro/Ro-Schiff (Roll-on/Roll-off), Tanker, konventioneller Stückgutfrachter

Aufgabe 3

Ordnen Sie den nachfolgenden Aussagen folgende Begriffe zu:

Begriffe

Linienverkehr, Trampverkehr, Frachten-Pool, Less than Container load (LCL), Full Container load (FCL)

Aussagen

a) Diese Verkehrsgebiete werden nach einem festen Fahrplan angefahren.	
b) Die englische Bezeichnung für den Stückgutversand mit einem Container.	
c) Um einen einheitlichen Tarif und einheitliche Beförderungsbedingungen anbieten zu können, schließen sich mehrere Schifffahrtsgesellschaften zusammen. Gleichzeitig einigen sie sich darauf, die Einnahmen nach einem bestimmten Schlüssel zu verteilen.	
d) Fahren Seeschiffe nur gelegentlich ein bestimmtes Verkehrsgebiet an, so spricht man von ...	
e) Die englische Bezeichnung für Haus-Haus-Container bzw. Komplettcontainer.	

Aufgabe 4

Um sprachlich bedingte Missverständnisse im Vorfeld zu vermeiden und bestehende Gesetzeslücken zu schließen, wurden erstmals 1936 die Incoterms®[1] beschlossen (aktuelle Fassung Incoterms® 2010). Sie werden in vier Gruppen eingeteilt.

a) Ordnen Sie den Beschreibungen die entsprechenden Gruppen zu und nennen Sie die infrage kommenden Klauseln.

Beschreibung	Gruppe	Klauseln
Abholklauseln: Der Verkäufer hat die Ware lediglich zur Verfügung zu stellen. Der Importeur (= Käufer) trägt die gesamten Kosten und das Transportrisiko.		
Haupttransport wird vom Verkäufer bezahlt: Der Verkäufer hat den Beförderungsvertrag auf eigene Kosten abzuschließen. Der Käufer übernimmt das Risiko bereits ab Übergabe der Ware an den Frachtführer. Kosten- und Gefahrenübergang sind also nicht identisch (sog. Zwei-Punkt-Klauseln).		
Haupttransport wird vom Käufer bezahlt: Der Verkäufer hat die Ware einem vom Käufer beauftragten Frachtführer zu übergeben. Ab der Übergabe trägt der Käufer Kosten und Gefahren.		
Ankunftsklauseln: Der Verkäufer übernimmt die Kosten und das Transportrisiko bis zu Ankunft der Ware am Bestimmungsort.		

b) Erläutern Sie, was man
   1. unter Kostenübergang und
   2. unter Gefahrenübergang versteht.

c) Die C-Klauseln werden auch Zwei-Punkt-Klauseln genannt. Beschreiben Sie den Unterschied zu den anderen Klauseln.

---

[1] *Seit dem 01.01.2011 sind die Incoterms® 2010 gültig. Incoterms® ist ein eingetragenes Markenzeichen der Internationalen Handelskammer ICC – International Chamber of Commerce; www.iccgermany.de.*

Aufgabe 5

Bei einem Transport von Maschinen von München nach New York in den USA fallen folgende Kosten an:

- Transportkosten von München zum Versandhafen Hamburg 400,00 €
- Verladekosten auf das Schiff 200,00 €
- Seefracht für den Transport per Schiff von Hamburg nach New York 3 000,00 €
- Seeversicherung für den Seetransport 300,00 €
- Entladekosten im Empfangshafen, Einfuhrkosten und Transportkosten zum Empfänger 600,00 €

a) Erläutern Sie die Transportkostenaufteilung bei der Lieferbedingung FOB.
b) Ermitteln Sie die Kosten, die der Verkäufer übernehmen muss, wenn die Lieferbedingung FOB lautet.
c) Geben Sie die Höhe der Kosten an, die der Käufer bei der Lieferbedingung FOB zu tragen hat.

Aufgabe 6

Unter der Bezeichnung ARA-Range werden drei wichtige Häfen der Nordsee zusammengefasst. Nennen Sie diese.

Aufgabe 7

Entscheiden Sie, um welche Ozeane es sich handelt.

a	
b	
c	
d	

Aufgabe 8

Nennen Sie die Meerengen bzw. Seekanäle, die bei folgenden Transporten befahren werden. Tragen Sie die entsprechende Kennziffer in das Kästchen ein. Unter Länderverbindung ist das fehlende Land einzutragen.

1	Suezkanal
2	Straße von Hormus
3	Panamakanal
4	Straße von Dover/Der Kanal
5	Straße von Gibraltar

6	Straße von Malakka
7	St.-Lorenz-Seeweg
8	Nord-Ostsee-Kanal
9	Bosporus/Dardanellen

Stadtverbindung		Länderverbindung
	Abu Dhabi–Karachie	Vereinigte Arabische Emirate–
	Acapulco–San Juan	–Puerto Rico (USA)
	Akaba–Haifa	Jordanien–
	Athen–Odessa	Griechenland–
	Barcelona–Elat	–Israel
	Kopenhagen–Bremen	–Deutschland
	Marseille–Lissabon	–Portugal
	Rangun–Hongkong	Myanmar–
	Rio de Janeiro–Baranquilla	–Kolumbien
	Rotterdam–Dublin	Niederlande–
	Toronto–New York	Kanada–

Aufgabe 9

Nennen Sie Güter, die für den Transport mit Flugzeugen besonders geeignet sind.

Aufgabe 10

Beschreiben Sie, wofür die Abkürzung IATA steht. Gehen Sie dabei auch auf die Aufgaben der IATA ein.

Aufgabe 11

Nennen Sie zu den folgenden Flughäfen die Bundesländer.

Flughafen	Bundesland
Frankfurt am Main	
Berlin	
München	
Hamburg	
Hannover	
Köln	
Düsseldorf	
Nürnberg	
Stuttgart	
Leipzig	
Dresden	

Aufgabe 12

Erläutern Sie, was man unter Charterfluggesellschaften versteht.

Aufgabe 13

Berechnen Sie den Luftfrachttarif für folgende Sendung von Düsseldorf nach New York: Maße: 60 cm x 60 cm x 40 cm, Gewicht: 17,6 kg. Die Abrechnungsraten entnehmen Sie der Lernsituation.

Aufgabe 14

Berechnen Sie die örtlichen Ankunftszeiten von Frachtflugzeugen, wenn diese von Frankfurt/M. zu den genannten Uhrzeiten starten. Tragen Sie zudem das Zielland ein.

Abflug Ortszeit Frankfurt/M.	Flugzeit in Std.	überquerte Zeitzonen	Zielort	Ankunft Ortszeit	Zielland
a) 20:00	19	9	Sydney		
b) 04:00	12	9	San Francisco		
c) 19:00	3	1	Lissabon		
d) 01:00	8	4,5	Bombay		
e) 20:30	4	1	Kairo		

Aufgabe 15

Herr Heuser übt mit Frau Meyer für die Abschlussprüfung. Er möchte von ihr wissen, ob folgende Belege als Frachtpapiere bei der Warenannahme von einem Lkw-Fahrer vorgelegt werden können und welche Bedeutung die Belege haben.

a) Kreuzen Sie an, ob die genannten Belege als Frachtpapiere dienen können.

- ☐ Ladeschein
- ☐ CIM-Frachtbrief
- ☐ Konnossement
- ☐ Air Waybill
- ☐ CMR-Frachtbrief
- ☐ Paketschein

b) Erklären Sie die Belege und zeigen Sie auf, für welchen Verkehrsträger sie in der Regel eingesetzt werden.

Lernfeld 10: Logistische Prozesse optimieren

1 Die Aufgaben der Logistik erfassen

Herr Heuser: „Frau Meyer, ich möchte Sie fragen, ob Sie damit einverstanden sind, wenn Sie ab nächster Woche für ungefähr eine Woche bei Burgmüller Veranstaltungsverleih aushelfen?"

Petra Meyer: „Ist das nicht der Veranstalter, der unser Firmenjubiläum ausgerichtet hat?"

Herr Heuser: „Ja, genau. Frau Burgmüller hat mich angerufen und um Hilfe gebeten. Es sind einige Mitarbeiter durch Krankheit und Unfall ausgefallen. Einige Personallücken können durch Leiharbeitnehmer geschlossen werden. Aber es wird dringend auch eine Fachkraft benötigt, die beim Organisieren, Kommissionieren und Rücklauf hilft. Und da dachte ich an Sie."

Petra Meyer: „Was soll ich denn da kommissionieren? Haben die überhaupt ein Lager?"

Herr Heuser: „Sie wissen, Burgmüller ist ein Non-Food-Zulieferer in der Veranstaltungslogistik. Es geht um die Ausstattung für einen Boxkampf am Wochenende in einem Fußballstadion hier in Duisburg. Burgmüller liefert dafür den Hallenboden, Bestuhlung, die Ausstattung der VIP-Lounge, also mit Tischen und Bars, sowie die Küchen bzw. Buffets mit Einrichtung. Hinzu kommen Dekoration und Beleuchtung sowie die Präsentationstechnik."

Petra Meyer: „Ich verstehe immer noch nicht, was es da zu kommissionieren gibt?"

Herr Heuser: „Wie gesagt, Stühle, Tische, Teller, Gläser, Bestecke, Lampen, Theken und so weiter."

Petra Meyer: „Wieso überhaupt Logistik? Burgmüller verleiht doch eigentlich nur das Zubehör für diese Veranstaltung. Ich kenne den Begriff Logistik im Zusammenhang mit der Wertschöpfungskette; so wird aus einem Baum Papier hergestellt, das ich zu Hause in meinen Drucker lege. Alle Aktivitäten, vom Fällen des Baumes bis zum Papier in meinem Drucker, beziehen sich auf die Wertschöpfung. Sie selbst haben zu mir gesagt, dass Logistik alle Aktivitäten bezeichnet, die die Organisation, Planung, Überwachung und Ausführung des Materialflusses, von der Beschaffung über die Produktion und Distribution vom Rohstoff bis zum Endverbraucher, bezeichnet, einschließlich Informationsfluss. Noch konkreter die 6 ‚R'!"

Herr Heuser: „Ich bin beeindruckt. Sie erinnern sich dann bestimmt auch noch daran, dass die Logistik sich in verschiedene Teilbereiche gliedert?!"

Petra Meyer: „Sie meinen Beschaffungs-, Produktions-, Distributions-, Lagerlogistik und sogar Entsorgungs- und Informationslogistik?"

Herr Heuser: „Genau, die meine ich. Und so müssen Sie Burgmüller einordnen. Ein Dienstleister in der Veranstaltungslogistik. Er stellt ja nicht nur das Zubehör zur Verfügung, sondern liefert es zum Veranstaltungsort. Darüber hinaus bestuhlt Burgmüller, sorgt für das Licht, sammelt das dreckige Geschirr, spült es und lagert dann alles wieder ein. Daneben muss er mit anderen Unternehmen zusammenarbeiten, damit der Erfolg der Dienstleistung in Form eines reibungslosen Ablaufs garantiert ist."

Petra Meyer: „Langsam erkenne ich die Verbindung zum, sagen wir mal, klassischen Versorgungskettenmanagement. Also, wie kann ich konkret helfen?"

Herr Heuser: „Wir treffen uns gleich mit Frau Burgmüller, um alles Weitere zu klären."

Frau Burgmüller: „Frau Meyer, schön, dass Sie mir weiterhelfen!"

Petra Meyer: „Ich freue mich, dass ich bei dieser Veranstaltung dabei sein kann."

Frau Burgmüller: „Unser Kunde wünscht eine Ausstattung für 3 000 Personen. 1 500 Personen sollen darüber hinaus noch an Tischen essen können. Zunächst einmal geht es darum, eine grobe Übersicht zu entwerfen, damit wir einen Ausgangspunkt für unsere Planung haben und nichts vergessen."

Petra Meyer: „Dann könnten wir unsere Ergebnisse in einer Mindmap festhalten?"

Frau Burgmüller: „Genau, wir benutzen immer folgendes Grundgerüst. Darüber hinaus habe ich noch ein paar Anforderungen aus dem Kundengespräch zusammengefasst."

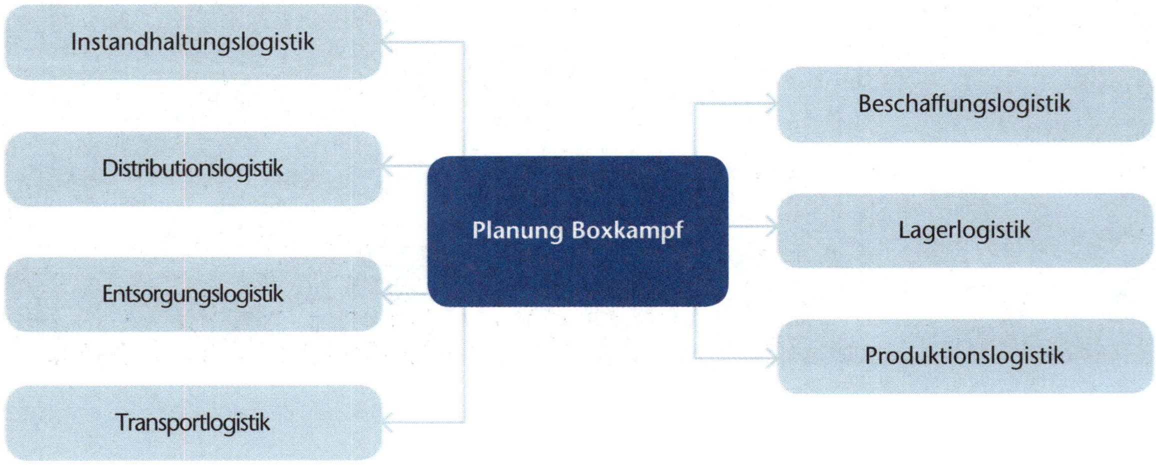

Arbeitsauftrag

Entwickeln Sie ein grobes logistisches Konzept für den Boxkampf.
Halten Sie Ihre Überlegungen in der vorliegenden Mindmap fest.

Aufgabe 1

Bilden Sie jeweils Beispiele für planende, durchführende und kontrollierende Maßnahmen im Rahmen der Vorbereitung für den Boxkampf.

Aufgabe 2

Aufgrund einer Fehlbuchung fehlen 200 Sektgläser im Bestand. Entwickeln Sie Vorschläge, wie aufgrund der Fehlmenge die Erfüllung des Auftrags gelingen kann. Gehen Sie dabei auf die 6 "R" der Logistik ein.

Aufgabe 3

Beschreiben Sie die Herkunft des Begriffes Logistik und wie der Begriff seit den 1970er-Jahren in der privaten Wirtschaft Einzug gehalten hat.

Aufgabe 4

Es klingelt an der Haustür. Petra öffnet die Tür. Ein Fahrer eines KEP-Dienstes bringt ein Paket.

Fahrer: „Guten Tag, ich habe hier eine Sendung für Sie!“

Petra: „Da habe ich schon drauf gewartet. Anhand der Paketnummer habe ich die Sendung im Internet verfolgt. Das müsste meine CD sein, die ich gestern online bestellt habe. Ich bekomme heute Abend Gäste und möchte gerne die aktuellsten Hits auflegen.“

Fahrer: „Das hat ja dann prima geklappt. Aber für uns ist ein 24-Stunden-Service kein Problem. Den bekommen wir fast immer hin. Oder Sie zahlen mehr und lassen sich die Waren mit Express schicken, dann garantieren wir Ihnen sogar die Anlieferung innerhalb von 24 Stunden zu 100 %. So jetzt muss ich das Paket scannen und dann bekomme ich noch eine Unterschrift von Ihnen.“

Der Fahrer zieht den Scanner über den Barcode. Nichts ist zu hören. Er zieht ihn ein zweites Mal etwas langsamer über den Barcode. Es piept. Der Fahrer ist zufrieden und reicht Petra den Scanner zur Unterschriftsgebung.

Ship From:	Ship To:
Avery Research Center 2900 Bradley Street Pasadena, CA 91107	Petra Meyer Dieselstraße 7 46049 Oberhausen

88888AAAA666666

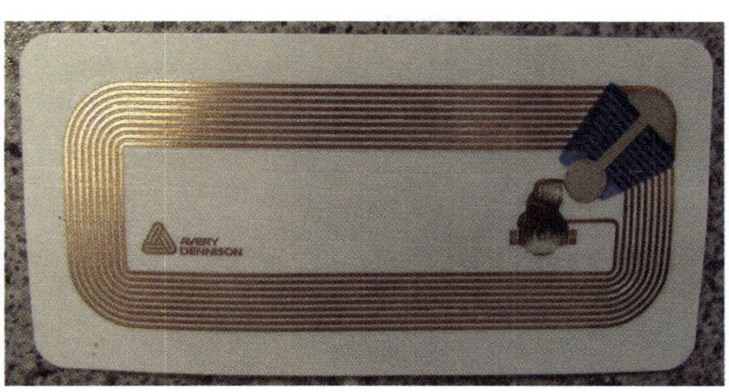

Petra: „Warum scannen Sie das Etikett denn noch? Ich sehe an der Verpackung, dass dort ein Transponder sitzt. Den können Sie doch per Funk auslesen."

Fahrer: „Das stimmt, wenn ich einen Funkscanner hätte. Aber bei der Auslieferung haben wir normale Barcodescanner in der Tasche. Ansonsten haben Sie das richtig erkannt, dass die Ware durch Funktechnologie zu identifizieren ist. Das bringt beim Beladen meines Fahrzeuges Vorteile, da alle Pakete fast zeitgleich durch Funk festgehalten werden. – Dann einen schönen Abend."

Petra: „O. k. Sie haben zwar meine Frage nicht beantwortet, aber dennoch Danke und auf Wiedersehen."

Zeigen Sie Anwendungen der RFID-Technologie in der KEP-Branche auf und begründen Sie, warum der KEP-Dienst-Fahrer den Handscanner anstatt des Funkscanners nutzt.

Aufgabe 5

Ergänzen Sie folgenden Satz zur Definition der Logistik:

Zur Logistik in einem Unternehmen zählt die Planung, ______________________ und ______________________ eines optimalen ______________________ und ______________________ flusses vom ______________________ in das Unternehmen, innerhalb ______________________ sowie vom Unternehmen zu ______________________

Aufgabe 6

Ordnen Sie die im Folgenden genannten logistischen Tätigkeiten den Logistikbereichen eines Industrieunternehmens zu:

1 Beschaffungslogistik 2 Produktionslogistik 3 Distributionslogistik 4 Entsorgungslogistik

- [ ] Transport von zehn Paletten vom Lager in Bocholt zum Kunden nach Essen
- [ ] Bereitstellung von Werkzeug zur Montage am Fließband
- [ ] Qualitätskontrolle zwischen dem 1. und 2. Fertigungsschritt
- [ ] Überprüfung einer angelieferten Sendung auf Vollständigkeit
- [ ] Beladung eines Lkw im Versandlager
- [ ] Sortieren von gebrauchtem Verpackungsmaterial in unterschiedliche Behälter
- [ ] Vergleich von Lieferbedingungen verschiedener Lieferanten
- [ ] Übergabe von leeren Batterien an ein Recyclingunternehmen

Aufgabe 7

Im Rahmen der Ziele eines Logistikkonzeptes geht es in erster Linie um die Optimierung der Logistikleistung. Beschreiben Sie anhand von Beispielen aus Ihrem Ausbildungsbetrieb, was dies bedeutet.

Aufgabe 8

Um die Wünsche des Kunden erfüllen zu können, ist es wichtig, Zielsetzungen im betrieblichen Material- und Güterfluss zu setzen. Entscheiden Sie durch Ankreuzen, welche Ziele sich die Logistik dabei gesetzt hat.

- ☐ Die besten Materialien – in maximaler Qualität – mit der richtigen Qualität – zur richtigen Zeit – an dem Lagerort – mit minimalem Aufwand
- ☐ Mit dem geringsten Aufwand – an einem Lagerort – in der richtigen Zeit – mit der maximalen Qualität – am richtigen Ort – mit der genauen Menge
- ☐ Die richtigen Materialien – auf dem schnellsten Weg – in den größten Lagerort – mit maximalem Aufwand – in der minimalen Stückzahl – in einem bestimmten Zeitraum
- ☐ Die richtigen Materialien – in der richtigen Menge – mit der richtigen Qualität – zur richtigen Zeit – am richtigen Ort – zu minimalen Kosten
- ☐ Auf dem schnellsten Weg – mit der größten Menge – mit der größten Qualität – zum genauen Zeitpunkt – am Verbauort – zu den maximalen Kosten

Aufgabe 9

Zeigen Sie die Vorteile der Transponderlabel gegenüber der Nutzung von Barcodelabeln auf.

Aufgabe 10

Hinweis zur Prüfziffer und zum Modulo-11-Verfahren

Eine Prüfziffer ist die einfachste Form einer Prüfsumme. So wird sichergestellt, dass fehlerhafte Eingaben von Teilenummern in der EDV-Bearbeitung weitgehend ausgeschlossen werden können (vgl. LF 2). Die Prüfziffer wird aus einer längeren Zahl mithilfe eines bestimmten Verfahrens aus den übrigen Ziffern berechnet. Durch die Berechnung der Prüfziffer können Eingabefehler erkannt werden. Fehlerhafte Eingaben werden mit einer Wahrscheinlichkeit von 99 % erkannt, gemeldet und in einem Datenerfassungsgerät verworfen.
Prüfziffern können sowohl bei manueller Eingabe über die Tastatur als auch bei automatischer Datenerfassung, z. B. OCR (optische Zeichenerkennung) oder Barcodeleser, verwendet werden.

a) Gestalten Sie mit einer Tabellenkalkulationssoftware ein Programm zur Bestimmung der Prüfziffer.

Hinweise zur Gestaltung und zum Verfahren bei einer vierstelligen Artikelnummer:

B5 bis E5: Die ersten vier Ziffern der Artikelnummer werden von rechts nach links aufsteigend gewichtet. Begonnen wird mit der Gewichtung 2, dann 3 usw. Tragen Sie die Gewichtung in die Zellen ein.

B6 bis E6: Multiplizieren Sie die Zahlen der Artikelnummer mit der darunter stehenden Gewichtung, d. h., die letzte Ziffer wird mit 2, die vorletzte mit 3 usw. multipliziert.

G6: Summieren Sie den Bereich von B6 bis E6.

B8: Zellbezug zu G6 herstellen.

F8: Diese Summe wird durch 11 geteilt.

H8: Weisen Sie eine ganzzahlige Ziffer aus, die den fehlenden Wert bis zum nächsten 11er-Teiler ausdrückt. Benutzen Sie hierzu die Funktion REST.

D10: Zellbezug zu H8 herstellen.

F10: Der Rest wird von 11 subtrahiert. Das Ergebnis ist in der Regel die Prüfziffer.

b) Gestalten Sie die Information für den Mitarbeiter/die Mitarbeiterin.

D18: In der Regel ist das Ergebnis aus F10 die Prüfziffer. Ist die Summe selbst schon eine Elferzahl, so ist die Prüfziffer 0. Wenn der Abstand zur nächsten Elferzahl 10 ist, wird statt der 10 (die ja zweistellig ist) ein X gesetzt.

D19: Das Sortiment des Artikels in D19 entnehmen Sie der Artikeltabelle. Das Eingliederungskriterium für das Sortiment ist jeweils die erste Stelle der Artikelnummer.

D20: Den Einlagerungsplatz entnehmen Sie ebenfalls der Artikeltabelle.

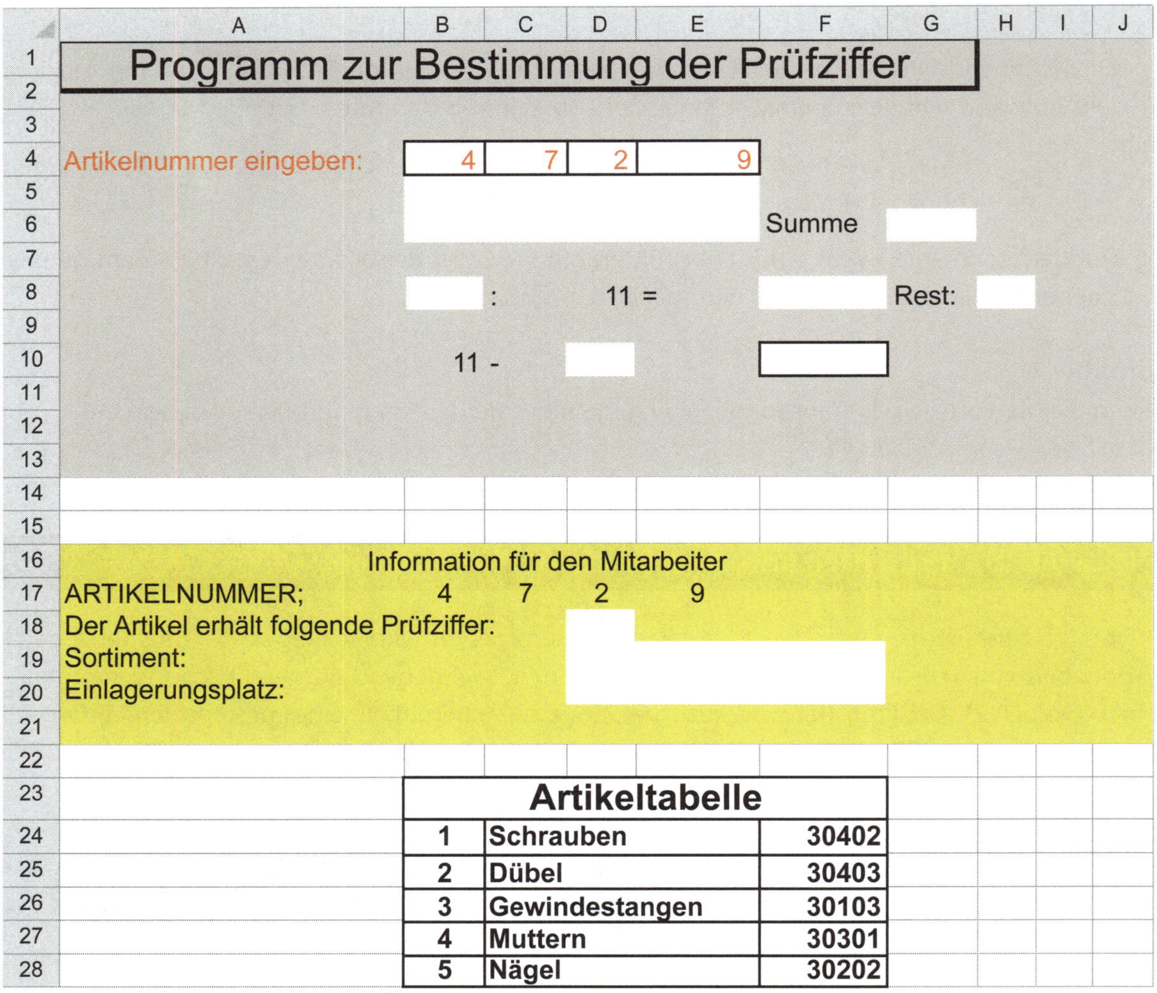

2 Die Teilnahme am Kombinierten Verkehr Straße/Schiene prüfen

In der Spedition Intersped GmbH wird überlegt, ob man zukünftig am Kombinierten Verkehr Straße/Schiene teilnehmen soll. Insbesondere die Diskussion um die Belastung der Umwelt durch Lkw-Transporte lässt es dem Unternehmen ratsam erscheinen, verstärkt auf Schienentransporte zu setzen. Außerdem verspricht man sich einen Image-Gewinn, wenn man auf die Teilnahme am Bahnverkehr verweisen kann. Die zunehmende Größe des Unternehmens und das damit verbundene gestiegene Interesse der Öffentlichkeit an den Verhaltensweisen der Intersped GmbH machen es notwendig, sich öffentlich als umweltbewusstes und verantwortlich handelndes Unternehmen darzustellen.

Trotzdem sollen aber Umweltgesichtspunkte nur **ein** Entscheidungskriterium sein; insbesondere die Kosten dürfen nicht außer Acht gelassen werden.

Herr Föcking: „Frau Meyer, nachdem wir uns die verschiedenen Verkehrsträger angeschaut haben, beschäftigen wir uns jetzt mal mit dem Kombinierten Verkehr."

Frau Meyer: „Das kenne ich schon. Sobald man bei einem Transport zwei Verkehrsträger einbindet, liegt kombinierter Verkehr vor. Z. B. haben wir die Sendung mit 320 t Kies in den Harz zuerst mit dem Binnenschiff und dann mit dem Lkw transportiert. Dabei haben wir bei beiden Verkehrsmitteln die speziellen Vorteile genutzt."

Herr Föcking: „Richtig. Jetzt werden wir uns mal die Kombination aus den Verkehrswegen Straße und Schiene anschauen. Sie kennen die Lkw mit den Wechselpritschen. Diese Pritschen sind sehr flexibel und können zügig vom Lkw auf den Eisenbahnwaggon umgeladen werden. Auch gut geeignet sind Container."

Frau Meyer: „O. k., welche Aufgabe habe ich?"

Herr Föcking: „Sie werden an einem konkreten Fall überprüfen, ob sich der Transport mit zwei Wechselpritschen von Duisburg nach Mailand mit dem Kombinierten Verkehr rechnet. Dabei betrachten Sie nicht nur die Kosten, sondern auch die Beförderungszeiten, die Abwicklung, die Organisation usw."

Frau Meyer: „Bis wann brauchen Sie die Ergebnisse?"

Herr Föcking: „Bis morgen um 15:00 Uhr. Das Ergebnis Ihrer Untersuchung soll auf einer Sitzung der führenden Mitarbeiter und Mitarbeiterinnen vorgestellt werden. Für die Vorstellung habe ich den Aufbau der Sitzungsvorlage schon einmal entworfen."

Vorschläge zum Aufbau der Sitzungsvorlage

I. Teilnahmebedingungen (Definition, Organisation [Vor-, Haupt- und Nachlauf], Streckenverlauf, Varianten)

II. Betriebswirtschaftliche Betrachtung: Vergleich von Kosten und Beförderungszeiten

1. Welche Kosten entstehen im Vergleich zu einem normalen Straßentransport?
   a) beim Transport mit eigenen Fahrzeugen (nur Straßenverkehr)
   b) beim Einsatz eines fremden Frachtführers (nur Straßenverkehr)
   c) beim Kombinierten Verkehr
2. Mit welchen Beförderungszeiten ist zu rechnen?

III. Umweltgesichtspunkte/Image des Unternehmens

IV. Vergleich der Vor- und Nachteile

V. Empfehlung

Frau Meyer: „Alles klar, dann lege ich jetzt los."

Herr Föcking: „Achten Sie bitte darauf, dass der Empfangsspediteur die Pritschen nicht später zur Verfügung hat als bisher. Er teilte uns mit, dass er sonst den Nachlauf nicht pünktlich organisieren kann."

Frau Meyer: „O. k., das ist einleuchtend. Ich werde darauf achten."

Zusätzliche Informationen über die Spedition Intersped GmbH

- Fahrzeuge mit den technischen Erfordernissen des Kombinierten Verkehrs stehen zur Verfügung oder können auf einfache Weise umgerüstet werden.
- Für die Relation Duisburg–Mailand ist in beiden Richtungen annähernd gleiches Ladungsaufkommen vorhanden (paariger Verkehr). In Mailand gibt es einen Empfangsspediteur, der ohne Umstellungsschwierigkeiten am Kombinierten Verkehr teilnehmen kann und will.
- Zu prüfen ist lediglich der Kombinierte Verkehr mittels Wechselbehälter, und zwar eine Kombisendung in Form von zwei Wechselbehältern mit einer Außenlänge von je 7,82 m und einem Gesamtgewicht von je 16,5 t.
- Die Relation Duisburg–Mailand wurde bisher wöchentlich und im Regelfall mit eigenen Fahrzeugen bedient. Im Einzelfall (fehlende Kapazitäten) wurde auch ein fremder Frachtführer eingeschaltet. Der Frachtführer berechnete für den Transport 960,00 € (ohne Umsatzsteuer).
- Die Möglichkeit der Rabattausnutzung wird außer Acht gelassen.

Zahlen für die Kalkulation eines Lkw-Transportes Duisburg–Mailand

Kilometersatz:	0,30 €
Tagessatz:	390,00 €
Stundensatz für den Nahverkehr (bei zwölf Einsatzstunden pro Tag):	32,00 €

Für die Lkw-Fahrt Duisburg–Mailand (1 000 km) sind 1,5 Tagessätze in der Kalkulation zu berücksichtigen.

Für den Kostenvergleich mit dem Kombinierten Verkehr sind zudem folgende Sachverhalte zu beachten:
- Vorlauf (Duisburg–Köln): 1 Stunde, 40 km
- Nachlauf (Terminal Mailand bis Empfangsspediteur): 1 Stunde, 50 km

Die Nachlauf-Kosten werden der Intersped GmbH vom Empfangsspediteur berechnet, aus Gründen der Vereinfachung werden die Stunden- und km-Sätze von Intersped GmbH zugrunde gelegt.

Kombifahrplan Köln (Ausschnitt)				
Anmeldeschluss: 11:00 Uhr	von Köln			
Ladeschluss an Samstagen: 12:00 Uhr Öffnungszeiten Bahnhof: Mo – Fr 5:00 – 21:30 Uhr Sa 5:30 – 12:00 Uhr	Abfahrtstage (1 = Montag)	Annahme-schluss	Lauftage (B = nächster Tag)	Ablade-beginn
Empfangsbahnhof				
I-Busto Arsizio (Mailand)	2 – 4	11:15	B	07:30
I-Busto Arsizio (Mailand)	1 – 5	12:45	B	09:30
I-Busto Arsizio (Mailand	1 – 5	16:30	B	10:30
I-Busto Arsizio (Mailand)	1 – 4	18:45	B	15:00
I-Busto Arsizio (Mailand)	5	18:45	D	05:00
I-Busto Arsizio (Mailand)	1 – 4	22:30	B	18:00
I-Busto Arsizio (Mailand)	5	22:30	D	05:00
I-Busto Arsizio (Mailand)	6	11:45	C	23:45

Beförderungszeiten im bisherigen Lkw-Verkehr
Sonntag: 22:00 Uhr Abfahrt Duisburg
Dienstag: 07:00 Uhr Ankunft Mailand

Zeitaspekte beim Kombinierten Verkehr
Im Kombinierten Verkehr wäre für den Vorlauf Duisburg – Köln (Umschlagsbahnhof) eine Stunde Fahrzeit zu berücksichtigen, ebenso eine Stunde für den Nachlauf (Busto Arsizio – Empfangsspediteur Mailand). Der Bahnhof Busto Arsizio hat dieselben Öffnungszeiten wie der Kölner Bahnhof.

Preisliste der Kombiverkehr KG **(Auszug, ohne Umsatzsteuer)**

Köln – Busto Arsizio (Mailand)	Preise in €				
	Gesamtgewicht der Ladeeinheit				
Außenlänge der Ladeeinheit	**bis 8 t**	**bis 16,5 t**	**bis 22 t**	**bis 34 t**	**über 34 t**
bis 6,15 m/20′ (20-Fuß-Container)	252	355	433	591	670
bis 7,82 m	292	394	433	591	670
bis 9,15 m/30′	331	433	591	591	670
bis 10,90 m	552	591	788	788	788
bis 12,19 m/40′	394	591	630	630	788
bis 13,75 m/45′	552	591	788	788	788

Quelle: in Anlehnung an http://www.kombiverkehr.de/web/Deutsch/Terminaldetails/?hafasid=8000177

Preisermittlung: Der Brutto-Preis ergibt sich aus der Außenlänge und dem Gewicht pro Ladeeinheit.

Arbeitsauftrag

Entwerfen Sie eine Vorlage für eine Sitzung der Geschäftsleitung zur Frage, ob die Spedition Intersped GmbH am Kombinierten Verkehr teilnehmen sollte. Beschränken Sie sich auf den Transport von Wechselbehältern. Wählen Sie zur Veranschaulichung beispielhaft einen Transport von Duisburg (Kombiverkehrsterminal Köln) nach Mailand (Italien).

Kalkulationsschema bei Selbsteintritt

					€
km-abhängige (variable) Kosten	km x		€/km	=	
+ zeitabhängige (fixe) Kosten	______ Einsatztage x	______	€ Tagessatz	=	
= Selbstkosten				=	
		19 %			
		Bruttosumme			

Kalkulation fremder Frachtführerleistungen

a) Lkw-Frachtführer

		€
vereinbarter Preis		
	19 %	
	Bruttosumme	

b) Kombiverkehr KG/Eisenbahn

		€	€
Vorlauf	Stundensatz		
	+ km-Satz		
	= Vorlaufkosten		
Hauptlauf	lt. Preisliste		
Nachlauf	Stundensatz		
	+ Kilometersatz		
	= Nachlaufkosten		
	Summe (Vorlauf, Hauptlauf, Nachlauf) = Selbstkosten		
		19 %	
		Bruttosumme	

Aufgabe 1

Erklären Sie die Zielsetzung, die man mit dem Einsatz von Kombiniertem Verkehr erreichen will.

Aufgabe 2

Durch den Einsatz des Kombinierten Verkehrs ergibt sich die Möglichkeit, direkte Haus-Haus-Verkehre zu realisieren. Zeigen Sie auf, welche Verkehrsträger davon profitieren.

Aufgabe 3

Die Bahn bezeichnet die Beförderung von Lkw, Sattelaufliegern und Wechselbrücken auf Bahnwagen als Huckepackverkehr. Erläutern Sie, welche drei Varianten sich dabei unterscheiden lassen.

Aufgabe 4

Durch den Preisverfall im Straßengüterverkehr ergeben sich Auswirkungen auf den Kombinierten Verkehr zwischen Lkw und Bahn. Erläutern Sie eine mögliche Konsequenz.

Aufgabe 5

Eine besondere Form des Kombinierten Verkehrs hat sich im Straße/Schienen-Schiffsverkehr ergeben. Der Fachbegriff heißt Ro/Ro-Verkehre. Beschreiben Sie diese Form.

Aufgabe 6

Kombinierter Verkehr in 1000 t					
	insgesamt	Unbegleiteter kombinierter Verkehr			begleiteter Kombinierter Verkehr (Lastkraftwagen, Sattelzugmaschinen)
		zusammen	mit Containern	mit Fahrzeugen (z. B. Lkw-Anhängern)	
Eisenbahnverkehr	70147	66958	60258	6700	3189
Binnenschifffahrt	20051	20051	20051	0	0
Seeverkehr	201014	183325	146592	36733	17689
	291212	270334	226901	43433	20878

In der obigen Tabelle finden Sie Zahlen zum Kombinierten Verkehr.

a) Stellen Sie in einem Säulendiagramm die Anteile des Unbegleiteten kombinierten Verkehrs denen des Begleiteten kombinierten Verkehrs gegenüber und interpretieren Sie das Ergebnis.

b) Erklären Sie, warum im Unbegleiteten kombinierten Verkehr beim Verkehrsträger Binnenschiff keine Tonnage unter der Rubrik „mit Fahrzeugen" ausgewiesen ist.

c) Berechnen Sie die Tonnagensätze beim Unbegleiteten kombinierten Verkehr von KV mit Containern in Prozent.

3 Die Kosten für den Direktverkehr und den Hub & Spoke-Verkehr vergleichen

Petra Meyer ist von der Entwicklung des Sammelgutverkehrs bei der Intersped GmbH beeindruckt. Was mit der Relation Duisburg—Berlin angefangen hat, hat sich mittlerweile auf andere große deutsche Städte erweitert. Aufgrund des regelmäßig hohen Sendungsaufkommens werden 11 Relationen, u. a. Berlin, Hamburg, Frankfurt und München, direkt angefahren. Für die kleineren Städte, die man aus Kostengründen nicht direkt anfahren kann, hat man sich mit anderen Spediteuren zu LOG24 zusammengeschlossen.

Jeden Tag treffen sich die Lkw aus ganz Deutschland in Bad Eichenzell bei Fulda, hier ist ungefähr die geografische Mitte Deutschlands. Eichenzell dient somit als Hub (Nabe). Die Zubringerorte werden als Spoke (Speiche) bezeichnet. Das Gesamtsystem nennt man Hub and Spoke.

Die Intersped GmbH fährt in der Regel mit mehreren kompletten Zügen Sammelgut, das für Niederlassungen in ganz Deutschland gedacht ist, dorthin. In Eichenzell werden vorn an der Umschlaghalle die Wechselpritschen zum Entladen der Paletten abgestellt. Der Lkw fährt dann auf die Rückseite der Umschlagshalle zu den Wechselpritschen, die mit den Paletten für den Duisburger Raum beladen werden. Im Rahmen dieser Mitgliedschaft bei LOG 24 haben sich die Sammelgutaktivitäten der Intersped GmbH positiv entwickelt. Jeder Winkel Deutschlands ist innerhalb von 24 Stunden erreichbar.

Heute, am 26. Januar 20.., „brummt" es wieder besonders: Allein acht Lkw mit insgesamt 245 Paletten fahren nach Eichenzell, um dort ihre Ladung umzuschlagen. Insbesondere die Empfangsniederlassungen

- Hannover (24 Paletten),
- Koblenz (17 Paletten),
- Leipzig (21 Paletten) und
- Nürnberg (19 Paletten)

sind zum wiederholten Male stark vertreten.

Herr Föcking: „Wir sollten einmal analysieren, ob es nicht sinnvoller ist, ab einer bestimmten Palettenzahl direkt die Empfangsstationen anzufahren. Für mich ist es Kosten- und Zeitverschwendung, 24 Paletten für Hannover erst nach Eichenzell zu fahren, dort auf die Pritsche für Hannover zu verladen und dann erst zuzustellen."

Petra Meyer: „Das machen wir schon seit zwei Monaten so. Bisher recht erfolgreich. Ich wüsste nicht, warum wir das ändern sollten?"

Herr Föcking: „Weil es im Laufe der Zeit immer wieder zu Änderungen kommen kann, z. B. im Ladungsaufkommen. Was einmal läuft, muss doch nicht für immer gelten. Der Ablauf an sich spricht ja für sich. Das Sendungsaufkommen ist enorm gestiegen. Aber ich denke, wir können den Prozess optimieren, indem wir die eine oder andere Station direkt anfahren."

Petra Meyer: „Davon müssten Sie mich überzeugen! Wenn es so etwas wie eine kritische Palettenanzahl gibt, ab der ein Direktverkehr günstiger ist, sollten wir das prüfen."

Herr Föcking: „Gut, schauen wir uns mal die Kalkulationsdaten an."

Folgende Daten stehen zur Verfügung:

Kosteninformation

I. Kosten für einen kompletten Lkw über eigene Frachtführer

- Sattelzug
- Kapazität 33 Paletten

UNITRANS GMBH, Oberhausen:
Duisburg–Hannover 280,00 €
Duisburg–Koblenz 190,00 €

SCHRÖER & SOHN, Mülheim/Ruhr:
Duisburg–Leipzig 540,00 €
Duisburg–Nürnberg 400,00 €

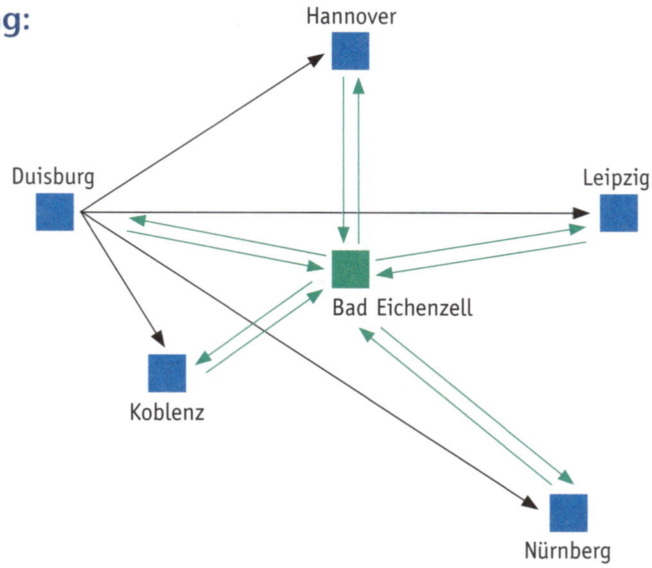

II. Kosten bei Verladung über das Hub in Eichenzell

Der Transport vom Lager Duisburg zum Hub Eichenzell kostet 300,00 €. Die Kosten werden von der Spedition Intersped GmbH getragen. Bei einer kalkulierten Auslastung von 30 Paletten werden somit pro Palettenstellplatz 10,00 € verrechnet.

Die Umschlagskosten im Hub werden den Ausgangsniederlassungen mit 1,60 € pro 100 kg berechnet. Auswertungen der letzten drei Monate ergeben für die Intersped GmbH ein durchschnittliches Palettengewicht von 300 kg pro im Hub umgeschlagener Palette. Die Transporte vom Hub zu den Empfangsniederlassungen werden von der Zentraldisposition in Eichenzell organisiert. Die Abrechnung an die Versandstationen erfolgt über einen Verrechnungspreis pro Palettenstellplatz.

Folgende aktuelle Liste der Verrechnungspreise für alle Empfangsstationen (alphabetisch sortiert) liegt vor:

LOG 24 Preisübersicht			
Verrechnungspreise für den Transport vom Hub Eichenzell zu den Empfangsstationen (Auszug)			
Stand: 01.07.20..			
Empfangsspediteur	**PLZ**	**Ort**	**Verrechnungspreis pro Palettenstellplatz**
Schneider & Hansen	21129	Hamburg	9,50 €
Ostendorf Transporte	30669	Hannover	7,50 €
F. X. Oberleitner	95030	Hof	9,00 €
Spedition Clement	34131	Kassel	3,50 €
Kannenberg KG	56072	Koblenz	7,00 €
Leipziger Transportgesellschaft	04347	Leipzig	8,50 €
Leitner und Sohn	80939	München	10,00 €
Dombrindt & Co.	48163	Münster	8,00 €
Frankenland-Spedition	90471	Nürnberg	6,00 €

Herr Föcking: „Ich glaube, wir haben alle Daten zu den Kosten der Fahrten zwischen dem Hub und den Niederlassungen. Die Ermittlung der Gesamtkosten ist allerdings aufwendiger, weil sich die Transportkosten aus mehreren Einzelleistungen unterschiedlicher Anbieter zusammensetzen. Da sind die Preise unserer Frachtführer einfacher zu handhaben. Aber das wird uns nicht davon abhalten, eine Gegenüberstellung der Kosten von Direktfahrten oder Verladungen über das Hub zu machen. Vielleicht finden wir ja doch Einsparungspotenziale. Dann mal ran!"

Petra Meyer: „Am besten lege ich eine Tabelle in einem Tabellenkalkulationsprogramm an. So können bei Veränderungen die Kosten schnell neu berechnet und die Lösung kann zudem grafisch veranschaulicht werden."

Arbeitsauftrag

Vergleichen Sie die Kosten für den Direktverkehr und den Hub & Spoke-Verkehr.

1. Berechnen Sie mathematisch die Palettenanzahl, ab der es für die Spedition Intersped GmbH günstiger ist, den Empfangsspediteur direkt anzufahren als die Sendungen über das Hub Bad Eichenzell zu verladen.
2. Stellen Sie für die Relation Duisburg–Koblenz die Lösung in einem Liniendiagramm dar.
3. Erstellen Sie eine Arbeitsanweisung für die Dispositionsabteilung (Aushang am Schwarzen Brett), aus der klar hervorgeht, wann ein Direktverkehr zu disponieren ist und wann das Hub eingesetzt werden soll.

Tabellenaufbau für Arbeitsauftrag 2 und 3. Die Palettenanzahl ist so zu variieren, dass die kritische Palettenanzahl ersichtlich ist.

Palettenkosten von DU zum Hub	
Durchschnittliches Palettengewicht	
Umschlagskosten im Hub	
Kosten vom Hub nach Koblenz	

Palettenanzahl	6	7	8	9	10	11	12	13	14	15
Kosten von Duisburg zu Hub										
+ Umschlagskosten										
Kosten vom Hub nach Koblenz										
Summe der Kosten über Hub										
Kosten Direktverkehr										
= Einsparung bei Direktverkehr										

Aufgabe 1

Erläutern Sie die Funktionsweise des beschriebenen Hub and Spoke-Systems im Rahmen der Sammelgutkooperation LOG 24.

Aufgabe 2

Das Nabe-Speiche-System hat unter den gegebenen Umständen gegenüber der traditionellen Zustellung im Direktverkehr u. a. folgende Vorteile:

- Standortwahl des Hub „auf der grünen Wiese"
- Fahrer- und Fahrzeugdisposition
- Arbeitsfluss in der Nabe
- Fördermittel im Hub
- Aufgaben und Aufbau der Speichenniederlassung
- Kommunikation und EDV

Nennen und erläutern Sie die verschiedenen Vorteile jeweils anhand eines Beispiels.

Aufgabe 3

Herr Föcking und Petra erreichen mit der Feststellung der kritischen Palettenanzahl, dass logistische Prozesse optimiert werden. Zeigen Sie auf, inwiefern die Ergebnisse sich positiv für die Intersped GmbH auswirken.

Aufgabe 4

Während in der Vergangenheit das Hauptproblem des Spediteurs in der Organisation des Güterversandes bestand (Güterlogistik), haben sich die physischen Abläufe in den Speditionen heute weitgehend eingespielt. Immer wichtiger wird die Frage, wie die Beteiligten am Gütertransport jederzeit Informationen über den Stand der Auftragsabwicklung bekommen können. Ziel ist es, zu jedem Zeitpunkt den Zustand (den „Status“, Mehrzahl „Stati“) einer Sendung festzustellen. In diesem Zusammenhang werden häufig die Begriffe Tracking und Tracing genannt.

a) Unterscheiden Sie die Begriffe Tracking und Tracing.
b) Beschreiben und erklären Sie, welche Hilfsmittel zur Verfügung stehen müssen, um Tracking und Tracing sinnvoll in den Informationsfluss zu integrieren.

Aufgabe 5

Folgende Grafik stellt den Verlauf eines Gütertransports dar. Stellen Sie fest, an welchen Stellen der Kette Einscann-Punkte im Rahmen der Sendungsverfolgung sinnvoll sind. Nennen Sie dazu die Schnittstellen, indem Sie die Begrifflichkeiten nutzen, die beim Sammelgut üblich sind. Beschreiben Sie für jede genannte Schnittstelle, welche Prozesse dem Güterfluss und welche dem Informationsfluss zuzurechnen sind.

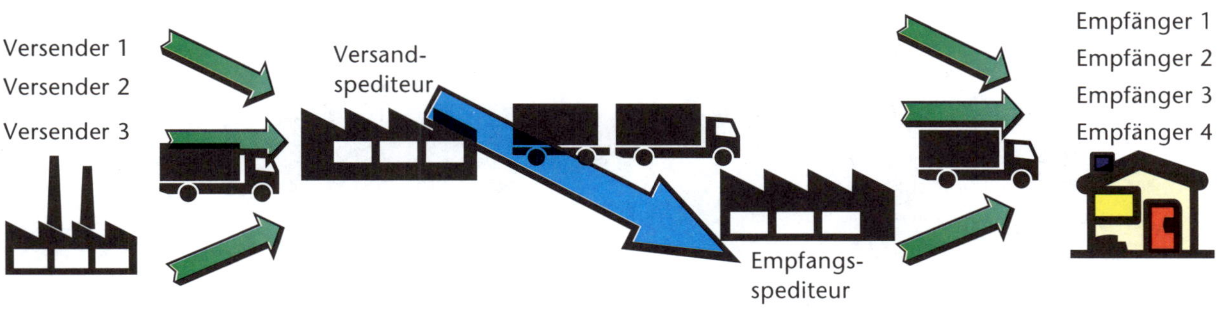

Aufgabe 6

Erläutern Sie, inwiefern ein RFID-Chip Vorteile gegenüber dem Barcode im Rahmen von Tracking und Tracing aufweist.

Aufgabe 7

Welche weiteren Informationen sind notwendig, um über den reinen Kostenvergleich hinaus eine Entscheidung für eine Verladung über das Hub treffen zu können?

Aufgabe 8

Die im Arbeitsauftrag erstellte Arbeitsanweisung findet Niederschlag in der Ablauforganisation eines Betriebes. Aufgabe der Ablauforganisation ist die optimale Ordnung von Arbeitsprozessen im Unternehmen. Dabei werden zwei Ziele der Ablauforganisation bestimmt:

1. Minimierung der Durchlaufzeiten der zu bearbeitenden Objekte
2. Optimierung der Kapazitätsauslastung

Symbol	Bedeutung
	Start, Stopp
	Bearbeitung, Tätigkeit
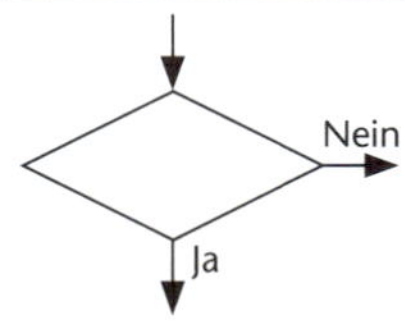	Entscheidung mit Ja/Nein-Verzweigung
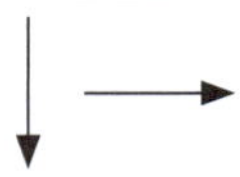	Ablauflinie, die Flussrichtung erfolgt hauptsächlich in der Senkrechten
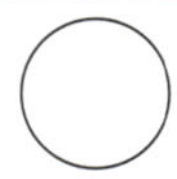	Anschlusspunkt, Sprungstelle

Durch die Flussdiagrammtechnik werden die Abläufe logisch dargestellt. Stellen Sie die Arbeitsvorgänge bei der Disposition von Sammelgutlastkraftwagen in Form eines Flussdiagramms dar. Dabei sind folgende Arbeitsschritte zu verwenden.

1. Start
2. Relationen mit Palettenanzahl feststellen
3. Direktverkehr möglich? Wenn ja, weiter mit 8.
4. Wenn nein, Anzahl der Hub-Lkw feststellen
5. Stehen genügend Hub-Lkw zur Verfügung? Wenn ja, zurück zu 3.
6. Wenn nein, Anruf beim Frachtführer
7. Eintreffen der Lkw vom Frachtführer abwarten, Rücksprung zu 3.
8. Frachtpapiere fertigstellen
9. Lkw beladen
10. Abfahrt des Sammelgut-Lkw
11. Stopp

Beispiel: Arbeitsablauf „Europaletten tauschen im Wareneingang“

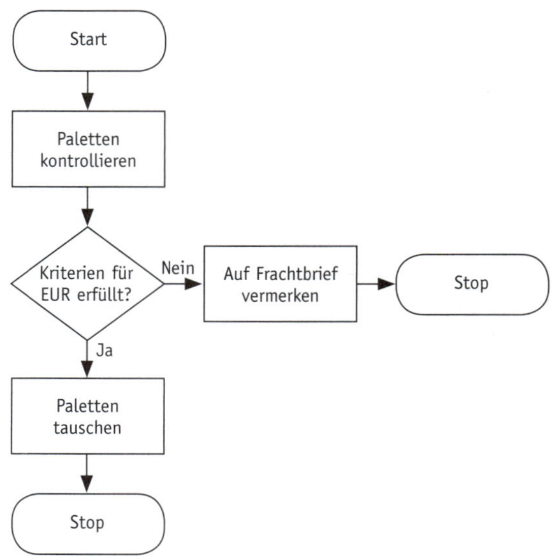

Aufgabe 9

Kaizen (sprich Kaisén)

Permanenter Wandel im Sinne von Verbesserungen eines Prozesses ist die Grundidee des Kaizen-Prinzips, hier beispielhaft in der Lernsituation angewendet. Dazu gehört auch die Vermeidung jeglicher Verschwendung. Unterschieden werden folgende Verschwendungsarten durch:

- Überproduktion,
- zu hohe Bestände,
- Transport,
- Wartezeiten,
- zu aufwendige Prozesse (Overprocessing),
- unnötige Bewegung,
- Fehler und
- ungenutztes Potenzial (speziell im Hinblick auf die Mitarbeiter/-innen der Unternehmung).

1. Beschreiben Sie, wie der Grundgedanke des Kaizen nach ständiger Verbesserung bei der Problemlösung der Lernsituation ersichtlich wird.
2. Wählen Sie für jede Verschwendungsart ein anschauliches Beispiel.

4 Qualitätsmanagement betreiben

Mittwoch, kurz vor Feierabend: Petra Meyer kontrolliert gerade die letzten drei Paletten, die am nächsten Morgen versendet werden sollen, als der Qualitätsbeauftragte der Spedition Intersped GmbH, Christoph Rensing, auf sie zukommt. Christoph macht immer einen engagierten Eindruck und Petra hat sich schon mal gefragt, was genau eigentlich die Aufgaben eines Qualitätsbeauftragten sind.

Christoph: „Hallo Petra, gut, dass Sie noch da sind – ab morgen müssen Sie mir helfen, in der nächsten Woche kommt ein Audit auf uns zu."

Petra: „Ein neues Auto? Was habe ich damit zu tun?"

Christoph: „Nein, ein Audit. Dabei wird überprüft, ob wir auch gemäß unseren TQM-Vorschriften arbeiten."

Petra: „Ich halte mich immer genau an die Anweisungen von Herrn Föcking. Was ist TQM?"

Christoph: „Die Abkürzung steht für Total Quality Management, das ist ein umfassendes Qualitätssicherungssystem, das unseren Dienstleistungen zugrunde liegt. Das müssten Sie aber wissen! Im Qualitätshandbuch sind unsere Qualitätsstandards detailliert beschrieben: auf welche Weise in jeder einzelnen Abteilung zu arbeiten ist, wie die Abläufe sein sollen, welche Formulare zu benutzen sind und und und. Der Prüfer, der nächste Woche hierher kommt, schaut sich das alles genau an und bewertet aufgrund dessen unsere Niederlassung."

Petra: „Qualitätshandbuch – habe ich schon mal gehört. Ich dachte, es ginge dabei um die Qualität der Produkte, die wir einlagern. Und wer ist der Prüfer? Darf der einfach so vorbeikommen?"

Christoph: „Ja, das ist ein Kollege aus unserer Niederlassung in Leipzig. Wir Qualitätsbeauftragten bei der Intersped GmbH kontrollieren uns in regelmäßigen Abständen gegenseitig. Das nennt man internes Audit – also eine unternehmensinterne Überprüfung. Dabei geht es um grundsätzliche Arbeiten, wie z. B. das ordnungsgemäße Etikettieren von Paletten. Ein Problem ist beispielsweise, dass die Verpacker die Versandetiketten unterschiedlich aufkleben, sodass beim Verladen viel Zeit verloren geht, weil man das Etikett zum Scannen suchen muss."

Petra: „Verstehe, aber warum sind Sie denn so aufgeregt? Bei uns läuft doch alles nach Vorschrift."

Christoph: „Schön wär's! Mir ist schon länger klar, dass nicht alle Anweisungen befolgt werden, aber ich hatte zuletzt zu viel mit der EDV-Anbindung unseres neuen Großkunden zu tun. Schauen Sie doch mal auf diese Seite des Qualitätsmanagement-Handbuchs. Da geht es um Ihre Abteilung, den Versand. Was fällt Ihnen auf?"

Petra nimmt das Handbuch und liest die folgenden Abschnitte sorgfältig durch:

Qualitätsmanagement-Handbuch Spedition Intersped GmbH

Erstellt am:	29.09.20..	Rensing
Freigegeben:	12.10.20..	Grossmann

Spedition Intersped GmbH
Spedition und Lagerei

Innovation und Qualität
des 21. Jahrhunderts

Abschnitt 4: Versandlager

4.1 Zweck
Dieser Abschnitt beschreibt die Abwicklung der Versandaufträge und die arbeitstägliche Kontrolle in der Versandabteilung jeder Spedition Intersped GmbH-Niederlassung. Es dient der Einhaltung aller im Managementsystem vorgegebenen Qualitäts- und Umweltstandards und stellt verbindliche Regelungen zur Abwicklung auf.

4.2 Anwendungsbereich
Dieser Prozess findet Anwendung im Funktionsbereich Versandlager der Niederlassung.

4.3 Ablauf
Nach der Übergabe einer fertig kommissionierten und auf Vollständigkeit kontrollierten Palette in das Versandlager (vgl. Abschnitt 3 – Kommissionierung) sind folgende Tätigkeiten durchzuführen:
– (...)

4.4 Gewichts- und Volumenkontrolle
Arbeitstäglich sind durch den Schichtleiter Gewichts- und Volumenkontrollen stichprobenweise (mindestens eine) vorzunehmen. Bei einer **Exportsendung muss immer** das Volumen ermittelt werden. Fehlerhafte Angaben sind sofort zu korrigieren.

4.5 Fixtermine
Sendungseinheiten/Packstücke mit späteren Lieferterminen (Fixterminen) sind mit dem
Fixtermin-Aufkleber → Form WA 2.58-4
zu markieren.

4.6 Sendungsrelationierung
Zur optimalen Sicherung des Warenflusses ist eine Sendungsrelationierung unabdingbar. Das Identifikationslabel auf den Sendungseinheiten/Packstücken ist daher mit einer Relationsnummer zu versehen.

4.7 Relationsplätze
Die Relationsplätze für den Versandbereich sind so einzurichten, dass jede Sendungseinheit/jedes Packstück sofort identifizierbar und greifbar ist. Die Markierung der Relationsplätze ist so deutlich anzubringen, dass ein falsches Abstellen der Waren ausgeschlossen werden kann. Die Anordnung der Plätze ist so vorzunehmen, dass die vom Sendungsaufkommen her größten Relationsplätze den kürzesten Transportweg verlangen.

4.8 (...)

Nach dem Durchlesen schaut Petra den Qualitätsbeauftragten erstaunt an:

Petra: „Wie haarklein hier alle Tätigkeiten vorgegeben sind – das hätte ich nicht gedacht. Und ich glaube, ich verstehe jetzt auch, warum Sie bei der Vorbereitung des Audits Hilfe brauchen können. Wenn ich nur diese Palette nach Belgien hier anschaue. (Petra zeigt auf die letzte Europalette, die sie soeben kontrolliert hat.) Ich habe die Sendung nicht gemessen, nur die Lieferscheintasche, aber keine Aufkleber angebracht und einfach zwischen zwei Paletten gestellt, die – hier, schauen Sie selbst – nach Hamburg und nach Frankfurt gehen ... Aber ich kann hier auch keine Relationsplätze erkennen. Und der Abschnitt 4.3 fehlt ganz!"

Christoph: „Sehen Sie, das meine ich. Was die Palette betrifft, darauf hätte Sie der Schichtmeister hinweisen müssen."

Petra: „Welcher Schichtmeister? Der ist auf Fortbildung. Er hat mir die Aufgaben für heute übertragen."

Christoph: „Und was ist mit dem Stellvertreter?"

Petra: „Den kenne ich nicht. Ich bin doch nur im Versand eingesetzt worden, da sonst keiner zur Verfügung stand. Ich arbeite in der Abteilung von Herrn Föcking. Mit den anderen Abteilungen habe ich wenig zu tun."

Christoph: „Hat Sie Herr Föcking ohne Absprache mit Herrn Peters hier abgestellt?"

Petra: „Soviel ich weiß …"

Christoph: „Dazu hat er keine Befugnis."

Petra: „Wieso? Er ist doch Abteilungsleiter."

Christoph: „Aber nicht vom Versand."

Petra: „Woher soll ich wissen, wer wo welche Funktion hat. Ich muss mich wirklich um wichtigere Dinge kümmern."

Christoph: „Dafür gibt es unser Organigramm. Es beschreibt die Anordnungsbeziehungen von übergeordneten zu untergeordneten Stellen."

Organigramm
Intersped GmbH

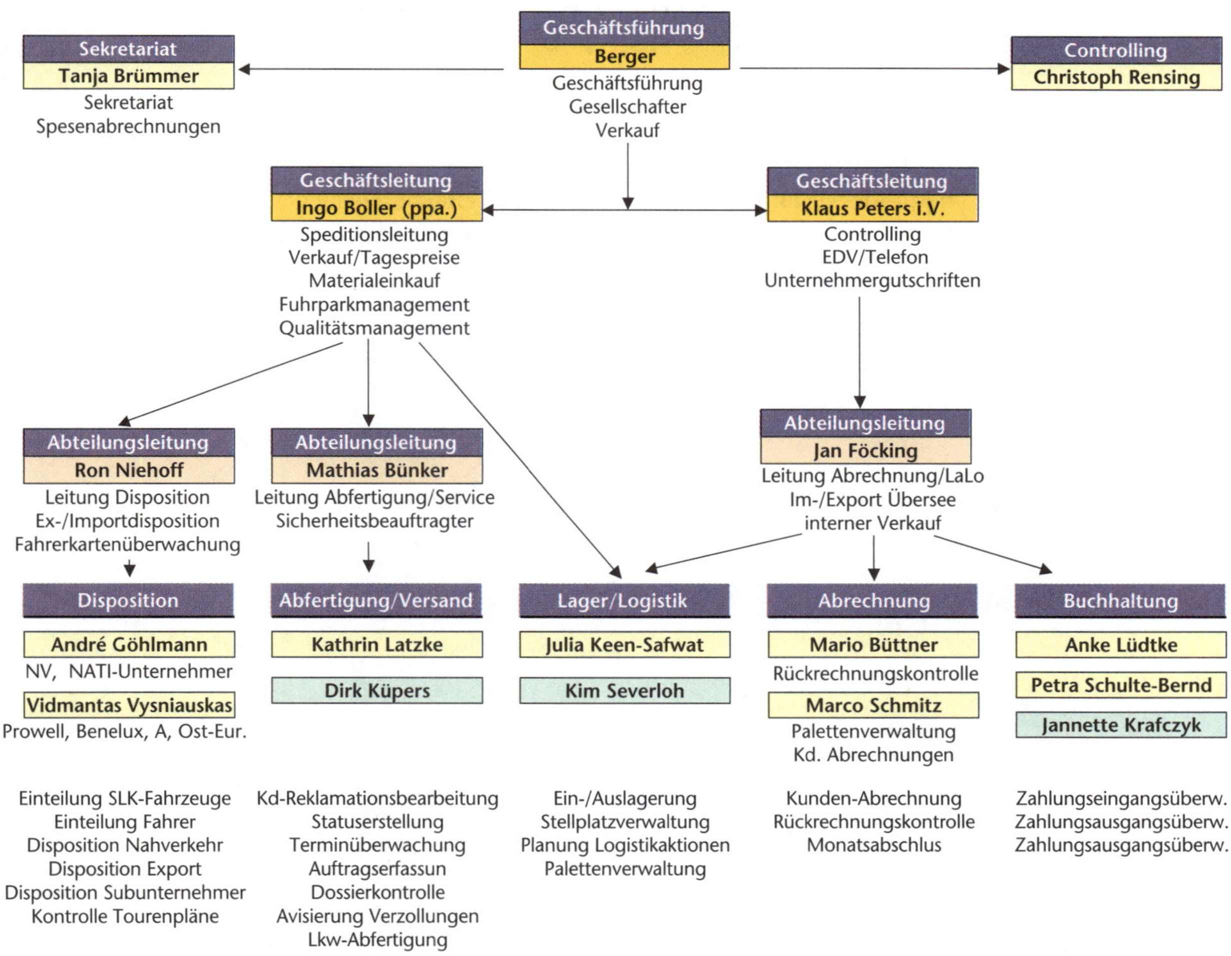

Petra: „Das kenne ich nicht."

Christoph: „Sie sehen, ich brauche also Ihre Unterstützung. Als Erstes möchte ich Sie bitten, die Palette, die Sie mir gerade gezeigt haben, nach den Vorschriften abzuwickeln. Dann informieren Sie sich genau, was man unter TQM versteht, damit Sie mir folgen können. Anschließend ergänzen Sie bitte den Abschnitt 4.3 hier im QM-Handbuch. Dann wäre schön, wenn Sie weitere qualitätssichernde Maßnahmen im Versand vorschlagen könnten. Sie sind ja jetzt meine Ansprechpartnerin. Alle anderen stehen laut Organigramm offenbar nicht zur Verfügung. Wenn wir gerade dabei sind: Das Organigramm können Sie sich schließlich genauer ansehen und mir sagen, warum Herr Föcking keine Befugnis hat, Sie hier zu beschäftigen."

Petra beginnt den Aufgabenkatalog von Christoph abzuarbeiten. „Darf er mich eigentlich für seine Zwecke missbrauchen? Herr Föcking ist doch mein Chef?!"

Arbeitsauftrag

Wenden Sie die Anweisungen des Qualitätshandbuches an und ergänzen Sie die fehlende Information zum Ablauf.

1. Beschreiben Sie konkret, wo Petra bei der Abfertigung der Palette gegen die Anweisungen des Handbuches verstoßen hat.
2. Ergänzen Sie den Punkt 4.3 im QM-Handbuch, indem Sie beschreiben, welche Tätigkeiten die Mitarbeiter/-innen im Versandlager durchzuführen haben.

Aufgabe 1

Neben dem oben beschriebenen internen Audit gibt es auch ein externes Audit. Beschreiben Sie, was man darunter versteht und wer dieses durchführt.

Aufgabe 2

Total Quality Management

a) Erläutern Sie, was man unter Total Quality Management versteht.
b) Schlagen Sie drei Maßnahmen bei der Organisation der Abläufe im Versandlager vor, mit denen die Intersped GmbH den Ansprüchen eines TQM gerecht werden kann.

Aufgabe 3

Nennen Sie die wesentlichen Aufgaben eines Qualitätsbeauftragten.

Aufgabe 4

Erläutern Sie den Begriff „Relationsplatz" und sortieren Sie die folgenden – in zahlreichen Unternehmen gängigen – Relationsnummern den genannten Städten zu:

040 – 100 – 200 – 280 – 470 – 500 – 700 – 800

	Berlin
	Bremen
	Duisburg
	Hamburg

	Köln
	Leipzig
	München
	Stuttgart

Aufgabe 5

Betrachten Sie das Organigramm der Intersped GmbH.

a) Zeigen Sie auf, inwiefern Herr Föcking gegen die Anordnungsbeziehung der Intersped GmbH verstoßen hat.
b) Ermitteln Sie, ob Christoph Rensing gegenüber Petra Meyer anweisungsberechtigt ist.

Aufgabe 6

Herr Föcking ist sauer: „Toll, da erzähle ich dem Betriebsleiter, wie wir durch eine einfache Umstellung in der Kommissionierung Personal und Kosten einsparen können und er verkauft das beim Geschäftsführer als seine eigene Idee. Dafür darf ich nach Feierabend die nötigen Umstellungsarbeiten vornehmen. Das nächste Mal behalte ich meine Ideen für mich!"
Beschreiben Sie, inwiefern der Betriebsleiter gegen die Grundideen des Kontinuierlichen Verbesserungsprozesses (KVP) verstoßen hat und beschreiben Sie die Schritte, nach denen ein Mitarbeiter-Vorschlagswesen gemäß KVP ablaufen sollte.

Aufgabe 7

Die Interlogistik GmbH lagert für eine Papierfabrik regelmäßig Paletten mit Kopierpapier. Als Großhändler ist die Interlogistik somit Teil der Lieferkette (Supply Chain) vom Fällen des Baumes im Wald bis zum Einlegen des Papiers in den Drucker beim Endverbraucher. Beschreiben Sie die gesamte Wertschöpfungskette (Supply Chain) am Beispiel des Kopierpapiers. Erläutern Sie anhand dieses Beispiels, was man bei der Interlogistik GmbH unter Supply Chain Management versteht.

Aufgabe 8

Da alle Ihre Zulieferer nach ISO 9000 ff. zertifiziert sind, können Sie Ihre Warenannahme den neuen Voraussetzungen anpassen. Entscheiden Sie durch Ankreuzen, welche der folgenden Maßnahmen geeignet ist, die Zeiten für die Qualitätssicherung zu verringern und damit auch den Warenfluss in der Warenannahme zu verbessern.

- ☐ Die Waren werden ohne jede Wareneingangsprüfung direkt der Vorverpackung bzw. dem Lager zugeleitet.
- ☐ Die vom Lieferer über Internet avisierten Waren werden direkt und sofort dem Lagerbestand zugebucht.
- ☐ Diebstahlgefährdete Waren werden bei einem Lagerhalter zwischengelagert und von diesem ausgeliefert.
- ☐ Gefahrgüter werden aus dem Warensortiment genommen und über den Fremdhandel abgewickelt.
- ☐ Von der bisherigen 100%igen Qualitätskontrolle wird auf eine Stichprobenkontrolle umgestellt.

Aufgabe 9

Informieren Sie sich über das Einlinien-, Stablinien- und Mehrliniensystem sowie die Matrixorganisation als gängige Leitungssysteme (Organigramme) und beschreiben Sie diese.

Aufgabe 10

Zeichnen Sie anhand der nachfolgenden Angaben ein Organigramm für ein Einliniensystem.

- Abteilungsleiter Verkauf (AVK)
- Lager (L)
- Einkaufsplanung (EP)
- Personalwesen (PerW)
- Kaufmännischer Direktor (KD)
- Werbung und Absatz (WA)
- Abteilungsleiter technische Dienste (ALT)
- Abteilungsleiter Einkauf (AEK)
- Produktionswerkstatt (PW)
- Rechnungswesen (ReWe)
- Hauseigene Werkstatt (HW)
- Abteilungsleiter Verwaltung (AVerw)
- Fuhrpark (FP)
- Unternehmensleitung (UL)
- Abteilungsleiter Produktion (ALP)
- Einkaufsabwicklung (EA)
- Technischer Direktor (TD)

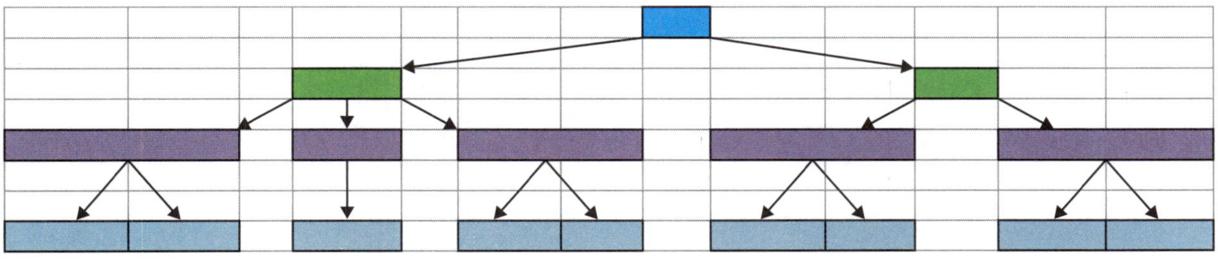

Aufgabe 11

Zeichnen Sie anhand der folgenden Angaben ein Organigramm (Mehrliniensystem). Die Vernetzungen, die ein Mehrliniensystem kennzeichnen, sind farbig zu markieren.

Gruppe Lkw	Herr Stark	GKL
Ausführende Stelle	Frank	Mitarbeiter Pkw
Abteilung Karosserie	Herr Kunze	AbtK
Ausführende Stelle	Ingo	Sachbearbeiter Rechnungswesen
Ausführende Stelle	Ruth	Instandhaltung
Gruppe Pkw	Herr Wamper	GKP
Ausführende Stelle	Klaus	Mitarbeiter Pkw
Unternehmensleitung	Herr Meyer	UL
Gruppe Rechnungswesen	Herr Coenen	GVR
Ausführende Stelle	Stefanie	Sachbearbeiterin Personal
Ausführende Stelle	Stefan	Mitarbeiter Lkw
Ausführende Stelle	Melanie	Lagerarbeiter
Gruppe Personal	Frau Teklote	GVP
Ausführende Stelle	Mathias	Lagerarbeiter
Ausführende Stelle	Marie	Mitarbeiterin Pkw
Ausführende Stelle	Marco	Instandhaltung
Gruppe Lager	Frau Sinne	GRL
Ausführende Stelle	Christoph	Mitarbeiter Lkw
Ausführende Stelle	Britta	Sachbearbeiterin Rechnungswesen
Gruppe Instandhaltung	Herr Willemsen	GRI
Ausführende Stelle	Martina	Sachbearbeiterin Personal
Abteilung Verwaltung	Frau Drießen	AbtV
Abteilung Reparatur	Herr Klott	AbtR

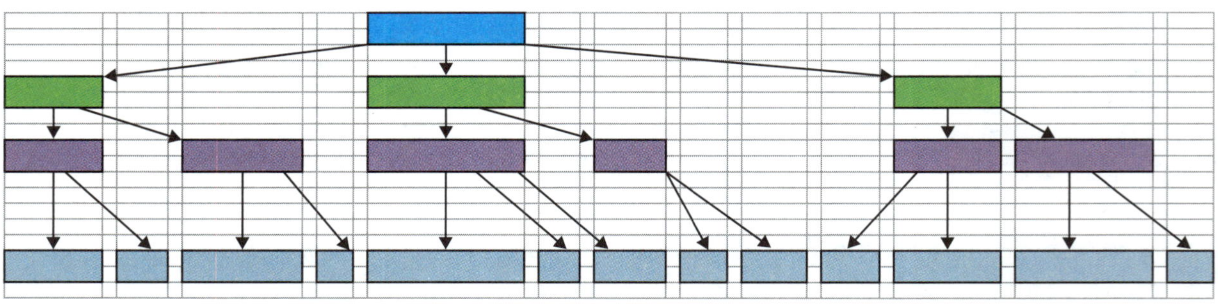

Hinweise

Herr Willemsen hat die Möglichkeit, Anweisungen an Mathias und Melanie zu geben.
Frau Sinne hat die Möglichkeit, Anweisungen an Marco und Ruth zu geben.
Herr Wamper kann bei Engpässen auf Ruth zurückgreifen.
Herr Stark kann bei hohem Arbeitsanfall Marie zum Lkw-Bereich abziehen.
In der Abteilung Verwaltung stehen Martina und Ingo für beide Gruppen zur Verfügung.

5 Die Beschaffungsplanung mit der ABC-Analyse verbessern

Die Zeit bei der Spedition Intersped GmbH ist für Petra Meyer nun vorbei. Die nächsten Monate soll sie wieder bei der Interlogistik GmbH verbringen, diesmal in der Abteilung Einkauf bei Herrn Demmer, um die Zusammenhänge im Büro besser zu verstehen. Anscheinend kommt der Sachbearbeiter Herr Demmer mit der Arbeit nicht mehr hinterher. Interessiert verfolgt sie folgendes Gespräch:

Herr Demmer: „Herr Reisch, ich weiß überhaupt nicht mehr, wo mir der Kopf steht. Die neuen Methoden zur Kostensenkung, die Sie hier eingeführt haben, mögen in der Theorie ja ganz nett sein, aber in der Praxis ist das alles gar nicht mehr zu schaffen!"

Herr Reisch: „Können Sie mir das bitte genauer erklären?"

Herr Demmer: „Na, dieser ganze Kram: Lieferantendatei führen, zusätzliche Anbieter in externen Quellen ermitteln, Angebote einholen, Angebotsvergleich durchführen, optimale Bestellmenge und Bestellzeitpunkt errechnen. Seit ich das alles so mache, wie Sie gesagt haben, sind jeden Tag Überstunden fällig. Und trotzdem wird der Stapel mit den unerledigten Bestellungen immer höher. Allein für diese Bestellung von 20 Litern Holzleim habe ich den ganzen Vormittag gebraucht! Bei den Stahlrohren war es dafür sehr einfach. Habe ich einfach beim vorherigen Anbieter bestellt."

Herr Reisch: „Wollen Sie etwa sagen, dass Sie einen Angebotsvergleich für Holzleim durchgeführt haben? Und für die Rohre nicht? Trotz schwankender Stahlpreise?"

Herr Demmer: „Ja, ich habe unter neun Anbietern den günstigsten ermittelt und die optimale Bestellmenge errechnet. Die liegt genau bei 20 Litern. Und was die Rohre angeht: Als wir das letzte Mal Rohre bestellten, war dieser Anbieter der günstigste und zuverlässig."

Herr Reisch: „Das darf doch nicht wahr sein! Für so einen Kleinkram lohnt sich nicht einmal eine schriftliche Bestellung und Sie vertrödeln einen ganzen Vormittag mit einem Angebotsvergleich! Bei den Rohren dagegen hätte sich der Aufwand gelohnt."

Herr Demmer: „War das vielleicht meine Idee? Sie haben schließlich diese neumodischen Methoden hier eingeführt! Aber ich habe ja gleich gesagt, dass das alles reine Zeitverschwendung ist. Und wir brauchen für übermorgen die Rohre."

Herr Reisch: „Dann auch noch mit Express! Ich will nicht wissen, was das kostet! Mir scheint, Sie haben nicht verstanden, warum ich Sie mit diesem ‚Kram', wie Sie es nennen, betraut habe. Ich habe Sie beauftragt, für die Produkte aus der Liste, die ich Ihnen gegeben habe, eine Rangordnung zu erstellen. Die Produkte mit einem hohen Wert werden anders gehandhabt als Produkte, die einen sehr geringen Wert haben. Anders ausgedrückt: Die 50 Bleistifte, die wir im Jahr hier in der Firma verbrauchen, sind wenig wert, vielleicht gerade mal 20,00 €. Da lohnt es sich nicht, Anfragen rauszuschicken. Selbst wenn wir einen Anbieter finden, der uns die Bleistifte für 18,00 € liefert, bringt uns das kostenmäßig gar nichts. Denn die Zeit, die Sie dafür einsetzen, ist wesentlich teurer. Selbst wenn Sie sich nur eine Stunde mit der Beschaffung der Bleistifte beschäftigen. Ihr Arbeitslohn liegt bei ca. 40,00 €, die Ersparnis bei 2,00 €. Fazit für das Unternehmen: Mehrkosten in Höhe von 38,00 €. Einverstanden?"

Herr Demmer: „Ja, ich glaube, ich weiß, worauf Sie hinauswollen."

Herr Reisch: „Bei den Hochdruckreinigern, die wir gut verkaufen, da lohnt sich die intensive Arbeit, um zuverlässige und kompetente Lieferanten zu bekommen. Hier sollten wir um Rabatte und Skonti kämpfen. Wenn wir statt 4% z.B. 6% Rabatt heraushandeln können, sparen wir schon 5,78 € bei einem Listeneinkaufspreis von 289,00 €. Das sind Produkte, in denen viel Kapital gebunden ist, wenn wir sie einlagern. Hier wäre es mir viel lieber, wenn wir die Bestände gering halten könnten. Noch besser wäre eine Just-in-time-Anlieferung."

Herr Demmer: „Nachvollziehbar."

Herr Reisch: „Zeigen Sie mir bitte mal die Liste."

Herr Demmer: „Gern."

Artikel	Preis pro Einheit	Jahresbedarf	Jahresverbrauch
Stahlrohr	16,00 € pro m	950 m	schwankend
Holzschrauben	0,45 € pro Stück	18000 Stück	unregelmäßig
Bleistifte	0,33 € pro Stück	50 Stück	gleichmäßig
Montageblech	12,00 € pro qm	50 qm	unregelmäßig
Kugellager	12,00 € pro Stück	280 Stück	unregelmäßig
Holzplatten Birke	44,00 € pro qm	820 qm	schwankend
Glasplatten	19,00 € pro qm	40 qm	schwankend
Hochdruckreiniger	289,00 €	210 Stück	gleichmäßig
Holzleim	9,00 € pro Liter	120 Liter	unregelmäßig

Herr Reisch: „Ich schlage Folgendes vor:

1. Übertragen Sie diese Daten in eine Tabelle.
2. Ermitteln Sie den Verbrauchswert pro Materialart und den gesamten Verbrauchswert.
3. Legen Sie eine Rangfolge der Materialien nach der Höhe ihres Verbrauchswertes fest (Material mit dem höchsten Verbrauchswert = Rang 1 usw.).
4. Berechnen Sie den prozentualen Anteil des Verbrauchswertes jedes Artikels am gesamten Verbrauchswert (Summe). Rechnen Sie dabei mit zwei Kommastellen.
5. Kumulieren Sie die prozentualen Verbrauchswerte der einzelnen Materialien und unterteilen Sie die Materialien dabei in drei Wertgruppen:
   A-Güter sind die Materialien, deren Verbrauchswert bezogen auf den Gesamtverbrauchswert 20% und mehr ausmachen.
   B-Güter sind die Materialien, deren Verbrauchswert bezogen auf den Gesamtverbrauchswert zwischen 5% und 20% liegt.
   C-Güter sind die restlichen Materialien, deren Verbrauchswert bezogen auf den Gesamtverbrauchswert kleiner als 5% ist."

Herr Demmer: „Verstanden. Das mache ich mit einem Tabellenkalkulationsprogramm, dann kann ich die Ergebnisse direkt anhand von Diagrammen veranschaulichen."

Herr Reisch: „Gute Idee. Schauen Sie, dass auf der x-Achse die Produkte stehen und auf der y-Achse die kumulierten Prozentwerte. Tragen Sie die Linien für die Verbrauchswerte und die Menge in die Grafik ein und stellen die ABC-Zonen anschaulich dar."

Herr Demmer: „Gut. Dabei kann mir dann Frau Meyer helfen."

Petra Meyer: „Kein Problem, das kenne ich aus der Schule. Da haben wir auch gelernt, dass Verbrauchsschwankungen für die Analyse wichtig sind."

Herr Reisch: „Da haben Sie recht. Man nennt diese Ergänzung zur ABC-Auswertung XYZ-Analyse. Prima, dann sind wir ja auf dem richtigen Weg. Auf geht's!"

Arbeitsauftrag

Führen Sie eine ABC-Analyse durch, indem Sie die geforderte Tabelle und die grafische Auswertung erstellen. Begründen Sie, welche betriebswirtschaftlichen Entscheidungen sich für den Artikel Holzleim, Stahlrohre und Hochdruckreiniger ergeben.

Tabellenmuster für den Arbeitsauftrag

	A	B	C	D	E	F	G	H	I	J	K
1	**Rang**	**Artikel**	**Wert pro Einheit**	**Menge**	**Menge %**	**Verbrauchswert**		**Kumulierte Werte**			**Gruppe**
2						€	Wert in %	Verbr. wert €	Verbr. wert %	Menge in %	
3											
4											
5											
6											
7											
8											
9											

Aufgabe 1

Herr Reisch begründet den Beschaffungsaufwand mit dem Argument, letztendlich Kosten sparen zu wollen. Nennen Sie die Gründe aus dem Text und finden Sie weitere.

Aufgabe 2

Fertigen Sie eine ABC-XYZ-Analyse mit den Daten aus der Lernsituation an und zeigen Sie auf, wie mit den Beständen insgesamt umgegangen werden sollte.

Die XYZ-Analyse ordnet die Produkte in folgender Tabelle ein:

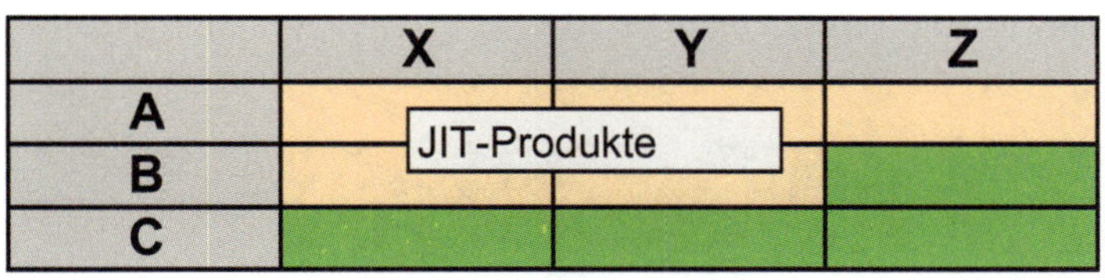

Analyse:

- Die grün markierten Kombinationen sind für JIT-Produkte nicht geeignet.
- Bezüglich der Steuerung sind AX- und BX-Artikel verhältnismäßig einfach zu steuern. Gekennzeichnet sind sie durch einen hohen Wertanteil und einen gleichmäßigen Verbrauch.
- AZ- bzw. BZ-Artikel sind schwieriger zu interpretieren. Sie haben einen hohen Anteil am Wert, unterliegen aber einem unregelmäßigen Bedarf. Ein zu hoher Bestand führt zu hohen Kosten. Bei einem zu niedrigem Stand sinkt die Kundenzufriedenheit, wenn nicht geliefert werden kann.

Aufgabe 3

Petra Meyer hat aufgrund der ABC-Analyse aus der Lernsituation den Bestand der Hochdruckreiniger geprüft und folgende Tabelle erstellt.

Monat	Anfangsbestand	Endbestand	Eingang	Verbrauch
Januar	250			20
Februar				16
März			60	18
April				18
Mai				15
Juni			60	17
Juli				15
August				18
September			60	17
Oktober				19
November				18
Dezember			60	19
Summe				

a) Ergänzen Sie die Tabelle mit den fehlenden Werten.

b) Interpretieren Sie das Ergebnis.

c) Beurteilen Sie die Nachteile von
- zu großen,
- zu kleinen,
- zu späten Bestellungen.

d) Optimieren Sie die oben stehende Tabelle.

Aufgabe 4

Erklären Sie in Ihren eigenen Worten den Unterschied zwischen der ABC-Analyse und der XYZ-Analyse.

Aufgabe 5

Sie arbeiten in der Einkaufsabteilung und werden beauftragt, den Aufwand, der für den Materialeinkauf betrieben wird, zu untersuchen. Dabei wurden für die Positionen 1001 bis 1010 im Jahr 20.. folgende Werte ermittelt:

	A	B	C	D	E	F
	Position	Jahresbedarf/ Stück	Stückpreis/€	Warenwert/€	%-Anteil/€	Wertgruppe
1	1001	2000,00	170,00	340000,00	ac)	ba)
2	1002	10000,00	54,00	540000,00	22,7	A
3	1003	24000,00	30,00	aa)	30,2	bb)
4	1004	10000,00	18,00	180000,00	7,5	C
5	1005	2000,00	14,00	28000,00	1,2	C
6	1006	4000,00	3,00	12000,00	0,5	C
7	1007	60000,00	0,10	6000,00	0,3	C
8	1008	40000,00	0,50	20000,00	0,8	C
9	1009	6000,00	80,00	480000,00	20,2	A
10	1010	500,00	110,00	55000,00	2,3	C
11	Summe	158500,00		ab)	100	

Vorgaben der Geschäftsleitung

Die Güter, die zusammen ca. 73 % des Gesamtwertes ausmachen, werden als A-Güter, die nächsten 15 % als B-Güter und der Rest als C-Güter behandelt.

a) Ermitteln Sie die fehlenden Werte in den Feldern aa) bis ac) der oben stehenden ABC-Analyse. Tragen Sie diese ermittelten Werte in die Kästchen ein (Wert in ac auf eine Stelle nach dem Komma runden).

aa)	
ab)	
ac)	

b) Ermitteln Sie, welche der nachstehenden Wertgruppen in den Feldern ba) und bb) einzutragen sind.

Zelle	Wertgruppe
ba)	
bb)	

c) Tragen Sie zu folgenden Zellen die entsprechende kopierfähige Excel-Formel in das Kästchen ein. Beachten Sie folgende Bedingungen: A-Güter haben einen Wertanteil von mehr als 20 %, bei B-Gütern ist der Anteil größer gleich 10 % und bei C-Gütern unter 10 %.

Zelle	Formel
aa)	
ab)	
ac)	
ba)	

d) Entscheiden Sie durch Ankreuzen, welche zwei Maßnahmen der unten aufgeführten bei der Beschaffung von A-Gütern erforderlich sind.

- ☐ Immer auf die bisherigen Lieferanten zurückgreifen
- ☐ Intensive Kaufverhandlungen führen
- ☐ Meldebestände heraufsetzen
- ☐ Lieferantenbewertung vornehmen
- ☐ Auf Qualitätskontrolle verzichten
- ☐ In großen Mengen einkaufen

Aufgabe 6

Stellen Sie fest, in welchem Fall eine sehr hohe Kapitalbindung vorliegt. Kreuzen Sie an.

- ☐ Wenn die hergestellten Erzeugnisse gegen Barzahlung verkauft werden
- ☐ Wenn die hergestellten Erzeugnisse mit Verlust verkauft werden
- ☐ Wenn die hergestellten Erzeugnisse sofort verkauft werden können
- ☐ Wenn die hergestellten Erzeugnisse nicht verkauft werden können
- ☐ Wenn die hergestellten Erzeugnisse mit Gewinn verkauft werden

Aufgabe 7

Ermitteln Sie, welche Maßnahme die Kapitalbindung im Rahmen des Güter- und Materialflusses senken kann. Kreuzen Sie an.

☐ Es wird seltener, dafür aber jeweils mehr bestellt.

☐ Eine Zwischenlagerung zwischen den einzelnen Produktionsstufen wird vermieden.

☐ Die Durchlaufzeit eines Produktes im Fertigungsprozess wird erhöht.

☐ Die Sicherheitsbestände werden aufgrund längerer Lieferfristen erhöht.

☐ Die Sicherheitsbestände werden aufgrund vermehrten Ausschusses erhöht.

Aufgabe 8

Sie arbeiten in der Lagerorganisation und helfen mit, die logistischen Abläufe zu verbessern. Entscheiden Sie durch Ankreuzen, welche Ihrer Arbeiten sich direkt auf den Informations- und Materialfluss im Bereich des innerbetrieblichen Transports auswirkt.

☐ Sie erstellen eine Übersicht über die im Lager befindlichen gekauften und selbst hergestellten Teile.

☐ Sie erfassen die im Lager befindlichen Teile nach ihrem Wert in einer ABC-Analyse und erstellen dazu ein Schaubild.

☐ Sie erstellen eine Tabelle über die Mindest- und Meldebestände der im Lager befindlichen Teile.

☐ Sie erstellen einen Plan über die Einsatzbereiche der Auszubildenden im Lager für den folgenden Monat.

☐ Sie rüsten die Stapler mit Terminal und Displays aus, damit der Staplerfahrer schnell erkennen kann, welche Palette er wann an welchen Lagerplatz fahren soll.

Aufgabe 9

Im Fertigungsbereich kommt es zum Produktionsstillstand. Prüfen Sie, in welchem Fall eine Störung des innerbetrieblichen Material- und Güterflusses die Ursache ist. Kreuzen Sie an.

☐ Wenn durch einen Computerabsturz das fahrerlose Transportsystem ausfällt.

☐ Wenn der Einkäufer zu wenig Teile bestellt.

☐ Wenn der Lieferant die falschen Teile liefert.

☐ Wenn die Qualitätssicherung fehlerhafte Teile nicht aussondert.

☐ Wenn der Einkäufer die falschen Teile bestellt.

Aufgabe 10

Bestimmen Sie die Voraussetzung für eine termingerechte Auftragsabwicklung. Kreuzen Sie an.

☐ Gleichzeitiger Versand der Rechnung mit der Auftragsbestätigung

☐ Aktuelle Kundeninformation durch Rundschreiben und Sonderangebote

☐ Organisatorische Abstimmung zwischen den Bereichen Beschaffung, Leistungserstellung, Lagerung und Absatz

☐ Termingerechte Erstellung der Versandanzeigen

☐ Marktforschung zur Erkennung neuer Absatztrends

Aufgabe 11

Über Ihr DV-Programm haben Sie ermittelt, dass 10 % der Menge 60 % des gesamten Warenwertes, 40 % der Menge 30 % des gesamten Warenwertes, 50 % der Menge 10 % des gesamten Warenwertes ausmachen. Ihr Lagermeister bittet Sie, diese Situation grafisch darzustellen. Stellen Sie die Auswertung der ABC-Analyse in folgender Grafik dar.

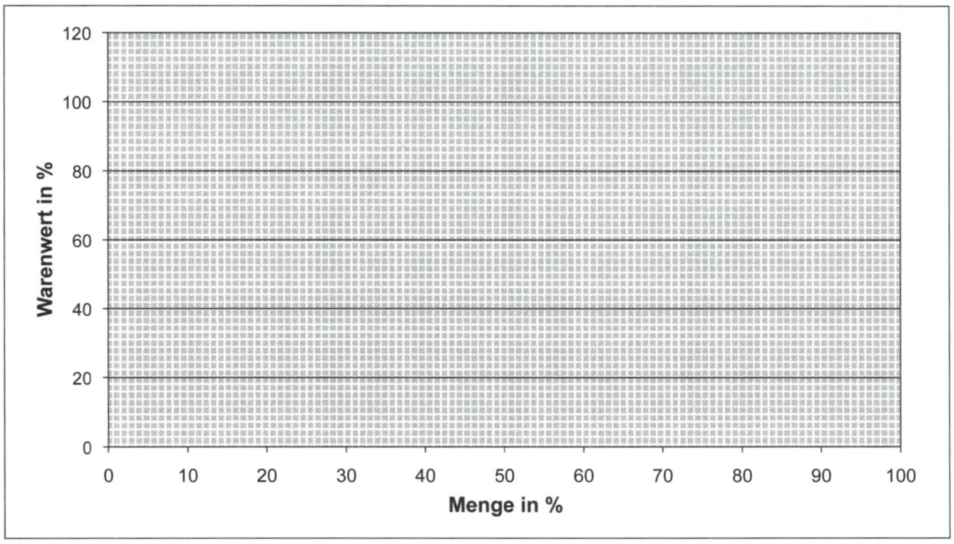

Aufgabe 12

In der Einkaufsabteilung der Interlogistik GmbH gibt es Absatzschwierigkeiten. Frau Meyer und Herr Reisch beschließen, zuallererst die Materialien unter die Lupe zunehmen, die den größten Teil der Kosten ausmachen. Dazu verwenden Sie die folgende interne ABC-Kategorisierung aus der Rechnungswesenabteilung:

Kategorie	Wertanteil
A	Größer als 30 %
B	Größer als 10 %
C	Kleiner gleich 10 %

a) Führen Sie eine ABC-Analyse durch.

b) Stellen Sie Ihre Auswertung grafisch dar.

	A	B	C	D	E	F	G	H	I
1							Kumulierte Werte		
2	Material Nummer	Jahresbedarf in kg	Preis je kg in €	Verbrauchswert in €	Menge in %	Wert in %	Mengen in %	Wert in %	Klasse
3	653	20000	23,32						
4	221	12000	0,60						
5	784	15600	9,96						
6	899	11000	1,59						
7	333	19000	2,12						
8	600	5600	2,99						
9	149	1360	7,99						
10	401	800	9,65						
11	260	9900	17,51						
12	712	19600	28,52						
13	489	1500	19,46						
14									

Lernfeld 11: Güter beschaffen

1 Die Bedarfsplanung für die Feldmann GmbH optimieren

Die Feldmann GmbH, ein Hersteller von Badezimmerarmaturen aus Duisburg, hat mit der Interlogistik im vergangenen Monat einen Lagerhaltungsvertrag abgeschlossen. Gelagert werden die für die Feldmann GmbH eingehenden Grundmaterialien und Fertigbauteile für Dusch- und Waschtischarmaturen. Der Hausspediteur der Feldmann GmbH kommt täglich zweimal zur Interlogistik, um die für die laufende Produktion eingelagerten Teile abzuholen. Die benötigten Materialien werden der Feldmann GmbH entsprechend dem Produktionsprozess angeliefert („produktionssynchrone Anlieferung").

Am heutigen Montag ist Herr Brill, der Einkaufsleiter der Feldmann GmbH, bei der Interlogistik GmbH, um sich mit Herrn Heuser über eine mögliche Erweiterung der Aufgabengebiete der Interlogistik GmbH zu unterhalten.

Herr Heuser: „Guten Morgen, Herr Brill. Schön, dass Sie sich Zeit nehmen konnten, um unsere Lagerabläufe mal persönlich zu beobachten."

Herr Brill: „Guten Morgen, Herr Heuser. Das ist, glaube ich, gar nicht nötig. Schließlich haben wir bei Feldmann lange nach einem kompetenten Lagerhalter gesucht. Wir sind froh, dass wir in Ihnen einen solchen gefunden haben. Auch die reibungslose und zuverlässige Kooperation mit unserem Hausspediteur bestätigt jeden Tag aufs Neue unsere Entscheidung. Wie sieht es übrigens mit Ihrer aktuellen Auslastung aus?"

Herr Heuser: „Dank unserer langjährigen Erfahrung und dank Ihres Auftrages läuft es bei uns sehr gut. Aber ich nehme an, dass Ihre Frage einen anderen Hintergrund hat?"

Herr Brill: „Das stimmt. Sie wissen, dass das Outsourcing der Grundmaterialien und der Fertigbauteile der Dusch- und Waschtischarmaturen nur ein erster Schritt zur langfristigen Senkung der Lagerkosten war. Leider habe ich wegen der aktuellen unternehmensinternen Umstrukturierungen im Moment kaum noch Zeit für Dinge außerhalb des Tagesgeschäftes. Daher kann ich diese Aufgabe derzeit nicht besonders vorantreiben. Seit letzter Woche kommt auch noch ein spezielles Problem in unserem Lager dazu."

Herr Heuser: „Wie können wir Ihnen dabei helfen?"

Herr Brill: „Wir haben festgestellt, dass sich insbesondere die Lagerdauer einiger Artikel in unserem Badewannensortiment erhöht hat, wodurch unsere Lagerkosten gestiegen sind. Am schlimmsten ist es bei der Badewanne ‚Oceanic Dream'."

Herr Heuser: „Das klingt nicht gut."

Herr Brill: „Da ich Sie und Ihr Team als kompetente Ansprechpartner kennengelernt habe, bitte ich Sie, sich die Sachverhalte einmal genauer anzusehen, insbesondere die Bestellmenge."

Herr Heuser: „Das sollte kein Problem sein. Ich brauche allerdings einige Hintergrundinformationen zu den bisherigen Einkaufsgewohnheiten der Artikel Ihres Badewannensortiments."

Herr Brill: „Kein Problem, Herr Heuser. Wir orientieren uns bei der Beschaffung an den geplanten Produktionszahlen. Aus dem aktuellen Produktionsplan ergeben sich dann die Stücklisten der zu beschaffenden Materialien. Die Zeitabstände für die Bestelltermine liegen bei uns allerdings vorher fest und sind immer gleich. Im Bereich des Badewannensortiments haben wir leider rückläufige Absatzzahlen, woraufhin unser Lagerbestand an Fertigerzeugnissen deutlich zugenommen hat."

Herr Heuser: „Gut, dann werde ich mich zunächst um Ihre aktuelle Form der Bedarfsermittlung kümmern und hierzu einen alternativen Vorschlag unterbreiten. Für die Ermittlung der kostengünstigsten Bestellmenge der Badewanne ‚Oceanic Dream' brauche ich noch folgende Angaben: Bestellkosten pro Bestellvorgang, den bisherigen Monatsbedarf, die Lagerkosten pro Stück und Ähnliches. Können Sie mir die Daten in den nächsten Tagen zukommen lassen? Ich kann Ihnen dann Ende dieser Woche meine Ergebnisse mitteilen."

Herr Brill: „Ich wusste, dass ich mich auf Sie verlassen kann. Dann bin ich auch wieder offen für Gespräche zur Erweiterung Ihres Auftrages. Sie wissen, dass wir unseren Partnern gerne langfristig unser Vertrauen aussprechen. Das Fax mit den erforderlichen Daten schicke ich Ihnen noch heute Nachmittag. Auf Wiedersehen, Herr Heuser."

Herr Heuser: „Auf Wiedersehen, Herr Brill."

Am Nachmittag trifft folgendes Fax bei der Interlogistik GmbH ein:

Feldmann GmbH

Fax Deckblatt

Wörthstraße 14
40476 Düsseldorf
Telefon: 0211 456876
Fax: 0211 456877
E-Mail: info@Feldmann.de

DATUM: 20..-11-15 **ZEIT:** 15:45

AN: Interlogistik GmbH
Luisenstraße 93
47119 Duisburg

FAX: 0203 2724360

Lagerdaten zum Artikel „Oceanic Dream"

Sehr geehrter Herr Heuser,

bezugnehmend auf unser Gespräch vom heutigen Vormittag übersende ich Ihnen einen Auszug der Lagerdaten des Artikels „Oceanic Dream".

Bestellkosten pro Bestellvorgang: 30,00 €, Anfangsbestand Monat März: 320 Stück,
Menge pro Bestellvorgang: 240 Stück, Bestellungen pro Monat: 6
Eiserner Bestand: 200 Stück, Lieferzeit 3 Tage, täglicher Verbrauch 40 Stück
Monatsbedarf: 1 200 Stück (Wir lagern durchschnittlich die halbe Bestellmenge.)
Lagerkosten pro Stück: 3,00 € pro Monat

Mit freundlichen Grüßen

Gerd Brill

– Leiter Einkauf/Materialwirtschaft –

Arbeitsauftrag

Ermitteln Sie für den Artikel „Oceanic Dream" wirtschaftliche Kennzahlen und stellen Sie die Lösung grafisch dar. Gehen Sie dabei folgendermaßen vor:

1. Erstellen Sie mit den Angaben aus dem Fax eine Lagerbewegungskurve und analysieren Sie das Ergebnis.
2. Ermitteln Sie die „optimale Bestellmenge" für die Badewanne „Oceanic Dream" und stellen Sie den Verlauf der Lager-, Bestell- und Gesamtkosten grafisch dar.
3. Optimieren Sie den Bestellvorgang, indem Sie eine Lagerbewegungskurve mit der optimalen Bestellmenge aus Arbeitsauftrag 2 und einem optimierten Eisernen Bestand zeichnen. Begründen Sie die neue Situation.

Formular zum Arbeitsauftrag 2

Ermittlung der optimalen Bestellmenge				
Kosten für eine Bestellung	30,00 €	Monatsbedarf	1 200	Stück
Lagerkosten je Stück	3,00 €	Eiserner B.	0	Stück

Bestellungen	Best.-Menge X	Durchschn. Lagerbestand	Lager-Ko. KL	Bestell-Ko. KB	Gesamt-Ko. KG
1					
2					
3					
4					
5					
6					
7					
8					
9					
10					
11					
12					
13					
14					
15					
16					
17					
18					

Aufgabe 1

Beschreiben Sie, welches Bestellverfahren sich hinter dem Begriff „produktionssynchrone Anlieferung" verbirgt, und nennen Sie je zwei mögliche Vor- und Nachteile für die Interlogistik GmbH und die Feldmann GmbH.

Aufgabe 2

Erstellen Sie in Ihrer Gruppe eine Liste möglicher Lagerkosten.

Aufgabe 3

Analysieren Sie die Form der Bedarfsermittlung bei der Feldmann GmbH.

Aufgabe 4

Die Feldmann GmbH beabsichtigt, die Armaturen im Duschbereich zukünftig nicht mehr selbst herzustellen, sondern diese über Zulieferer zu beziehen. Nennen Sie Gründe, die die Feldmann GmbH dafür haben könnte.

Aufgabe 5

Wie in der Lernsituation beschrieben, werden die benötigten Teile produktionssynchron bzw. just in time angeliefert. Bestimmen Sie die Voraussetzungen, die erfüllt sein müssen, damit ein Just-in-time-Verfahren durchgeführt werden kann.

Aufgabe 6

Die Feldmann GmbH bezieht bei einem Lieferanten aus Italien die Waschtische „Mediterrana Romana", die insbesondere im Wellness-Bereich von Saunalandschaften eingesetzt werden. Der italienische Produzent übernimmt für die Feldmann GmbH auch die Vormontage der Armaturen. Leider kam es in den letzten Monaten vermehrt zu Reklamationen, da der Produzent in Italien Dichtungsringe und Zulaufstutzen bei der Warmwasserversorgung schlecht vormontiert hatte. Die Feldmann GmbH überlegt nun, die Vormontage selbst zu übernehmen, statt sie vom Produzenten in Italien durchführen zu lassen. Hierzu wird ein Kostenvergleich durchgeführt:
Der Bezugspreis einer montierten Armatur aus Italien beträgt 170,00 €. Die Fixkosten für die Einrichtung des Montagearbeitsplatzes würden jährlich 12 000,00 € betragen. Wenn die Feldmann GmbH die Montage übernimmt, erhält sie das Waschbecken und die unmontierte Armatur für 146,00 €.

a) Bestimmen Sie die Einkaufsmenge des Waschtisches „Mediterrana Romana", bei der die Kosten für die Fremd- bzw. Eigenmontage gleich hoch sind.
b) Die Feldmann GmbH rechnet damit, in diesem Jahr 600 Waschtische zum Preis von 210,00 € absetzen zu können. Ermitteln Sie den Gewinn der Feldmann GmbH bei Eigen- bzw. Fremdmontage.
c) Stellen Sie die Ergebnisse aus a) grafisch dar (X-Achse: Menge; Y-Achse: Kosten).
d) Eine alte Kaufmannsweisheit bei Feldmann besagt: „Im Einkauf liegt der halbe Gewinn." Erläutern Sie, was damit gemeint ist.

Aufgabe 7

Die einzukaufende Menge eines Artikels und der Lagerbestand hängen von vielen Faktoren ab. Dabei ist es wichtig, dass der Lagerbestand weder zu groß noch zu klein ist. Wenn dieses Ziel erreicht worden ist, spricht man vom optimalen Lagerbestand. Stellen Sie die Auswirkungen eines zu hohen bzw. zu niedrigen Lagerbestandes in der nachfolgenden Tabelle einander gegenüber.

Auswirkungen eines zu hohen Lagerbestandes	Auswirkungen eines zu niedrigen Lagerbestandes

Aufgabe 8

Bringen Sie den Ablauf des Kanban-Systems in die richtige Reihenfolge.

☐ Entnahme aus den Behältern

☐ Verladung der Sendung beim Lieferer

☐ Bedarfsermittlung durch Abscannen des Barcodes auf der Behälterkarte

☐ Einlagerung der neuen Lieferung ins Kanban-Regal beim Kunden

☐ Kommissionierung beim Lieferer

☐ Übermittlung des Bestellimpulses per DFÜ vom Kunden zum Lieferer

Aufgabe 9

Geben Sie für die Interlogistik GmbH an, welche Fragen im Rahmen der Bedarfsermittlung zu klären sind.

Aufgabe 10

Bei der Brandauer GmbH werden in der Produktion pro Jahr etwa 120000 Messingscharniere verbraucht. Je Scharnier entstehen etwa 0,04 € an Lagerkosten. Jede Bestellung verursacht 20,00 € Kosten. Die Einkäuferin Frau Michels könnte einerseits den gesamten Jahresbedarf auf einmal bestellen und auf Lager nehmen. Sie könnte aber auch kleinere Mengen bestellen, im Extremfall täglich. Um die Summe beider Kosten bei unterschiedlichen Bestellhäufigkeiten zu bestimmen, erstellt sie eine Tabelle. Sie berechnet für jede Anzahl von Bestellungen die Bestellkosten, die Lagerkosten und die Summe der Kosten. Bei den Lagerkosten berücksichtigt sie, dass durchschnittlich nur die Hälfte der Bestellmenge auf Lager liegt. Um Zeit zu sparen, bedient sie sich der Hilfe eines Computers und einer Tabellenkalkulationssoftware.

a) Ermitteln Sie mit einem Tabellenkalkulationsprogramm die optimale Bestellmenge. Verwenden Sie dazu folgendes Muster. Die maximale Anzahl der Bestellungen für die Tabelle liegt bei 18.

	A	B	C	D	E	F
1	**Brandauer GmbH**					
2						
3			**Ermittlung der optimalen Bestellmenge**			
4	Kosten für eine Bestellung		20,00€	Jahresbedarf	120000	Stück
5	Lagerkosten je Stück		0,04€	Eiserner Bes.	0	Stück
6						
7						
8	Bestellungen	Best.-Menge	Durchschn.	Lager-Ko.	Bestell-Ko.	Gesamt-Ko.
9		X	Lagerbestand	KL	KB	KG
10	1	120000	60000	2400,00€	20,00€	2420,00€
11	2	60000	30000	1200,00€	40,00€	1240,00€
12	3	40000	20000	800,00€	60,00€	860,00€
13	4	30000	15000	600,00€	80,00€	680,00€

b) Stellen Sie Ihre Auswertung grafisch dar.
Lösungsvorschlag:

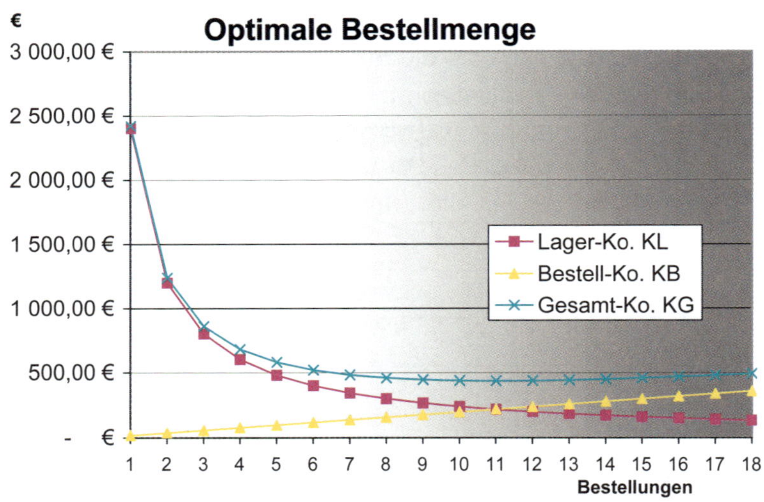

c) Überprüfen Sie anhand der Tabelle, wie sich die Bestellmenge und die Bestellhäufigkeit ändern, wenn ein eiserner Bestand von 6000 Stück gehalten wird.

d) Überprüfen Sie anhand der Tabelle, wie sich die Bestellmenge und Bestellhäufigkeit ändern, wenn zusätzlich zum eisernen Bestand die Bestellkosten auf 30,00 € steigen.

Aufgabe 11

Berechnen Sie den Meldebestand.
Lieferzeit: 8 Tage
Täglicher Verbrauch: 85 Stück
Eiserner Bestand: 340 Stück

Aufgabe 12

In einem Betrieb wird bei der Beschaffung einer Warensorte mit folgenden Bedingungen gerechnet:
Ein Bedarf für drei Monate beträgt 6000 Stück. Listenpreis je Stück: 10,00 €

Der Lieferer gewährt folgende Rabatte:	
Abnahme von	**Rabatt**
1 000 Stück	1 %
2 000 Stück	3 %
3 000 Stück	5 %
6 000 Stück	10 %

Mit folgenden Transportkosten ist zu rechnen:	
Transport von	**Kosten**
1 000 Stück	410,00 €
2 000 Stück	750,00 €
3 000 Stück	1 050,00 €
6 000 Stück	1 900,00 €

Die Bestellkosten betragen je Bestellvorgang 150,00 €. Die täglichen Lagerkosten je Stück betragen 0,04 €. Berechnen Sie in der unten stehenden Tabelle die optimale Bestellmenge.

Bestellmenge	1 000	2 000	3 000	6 000
Zahl der Bestellungen				
Ermittlung der Beschaffungskosten				
Rechnungspreis				
abzüglich Rabatt				
Einkaufspreis				
Transportkosten				
Bestellkosten				
Beschaffungskosten				
Ermittlung der Lagerkosten				
Lagerkosten				
Summe Beschaffungs- und Lagerkosten				

Aufgabe 13

Die Lack AG fragt sich, welche Lagerbewegungen sich ergeben, wenn der Anfangsbestand 65 Stück beträgt, jeweils 45 Stück bestellt werden und ein eiserner Bestand von zehn Stück gehalten werden muss. Der Tagesverbrauch beträgt fünf Stück. Erstellen Sie dazu eine Lagerbewegungskurve. Tragen Sie zusätzlich den Höchstbestand und den Meldebestand in die Grafik ein. Die Lieferzeit beträgt vier Tage.

Hinweis

Nehmen Sie kariertes Papier. Auf der x-Achse entspricht ein Kästchen einem Tag, tragen Sie 40 Tage ein. Auf der y-Achse entspricht die Menge von zehn Stück zwei Kästchen. Tragen Sie hier bis 70 Stück ein.

Aufgabe 14

In einem Betrieb stimmen die Lagerbestände nicht. Optimieren Sie die Bestände mithilfe folgender Daten:
Bestellmenge: 250 Stück, eiserner Bestand: 100 Stück
Geplanter Höchstbestand: eiserner Bestand + Bestellmenge
Anzahl der Bestellungen: 12
Aus Vereinfachungsgründen werden die Zu- und Abgänge einmal im Monat gebucht.

a) Stellen Sie die Ist-Situation in einer Lagerbewegungskurve dar.

b) Optimieren Sie die Bestände und stellen Sie Ihre Ergebnisse in einer neuen Lagerbewegungskurve dar.

		AB	Abgänge	Zugänge
Januar	01. Jan	140		
Januar	15. Jan		222	250
Februar	14. Feb		245	250
März	15. Mrz		196	250
April	14. Apr		200	250
Mai	14. Mai		150	250
Juni	13. Jun		230	250
Juli	13. Jul		302	250
August	12. Aug		150	250
September	11. Sep		180	250
Oktober	11. Okt		210	250
November	10. Nov		250	250
Dezember	10. Dez		240	250

Beide Aufgaben sind mit einem Tabellenkalkulationsprogramm zu lösen. Auf der x-Achse erscheint das Datum, auf der y-Achse erscheinen die Bestände. Als Darstellungsform wählen Sie ein Liniendiagramm.

2 Angebote von Lieferanten einholen und bewerten

Petra ist seit einer Woche in der Einkaufsabteilung der Interlogistik GmbH eingesetzt und freut sich, ihre bisherige Arbeit einmal von der anderen Seite betrachten zu können. Und verstehen zu können, warum sie im Wareneingang so viel zu tun hat, denn jedem Wareneingang muss im Vorfeld eine Bestellung vorausgegangen sein. Einiges durfte sie in der letzten Woche bereits selbst erledigen: Faxe an Lieferanten versenden, Eingangsrechnungen mit den getätigten Bestellungen abgleichen und Telefonate am Apparat von Herrn Reisch entgegennehmen, dem sie bei seiner Arbeit über die Schulter gucken darf.

Herr Reisch: „Guten Morgen, Frau Meyer. Am Freitagnachmittag war Herr Dettmer, unser Fahrer für den Auslieferungsbereich linker Niederrhein, auf der A 57 bei Neuss in einen Auffahrunfall verwickelt."

Petra: „Ist ihm etwas passiert?"

Herr Reisch: „Herr Dettmer blieb glücklicherweise unverletzt und ist auch heute schon wieder bei der Arbeit. Zum Unfall selbst kann ich nicht viel sagen. Allerdings ist am Auslieferungsfahrzeug, einem Mendez Sprinter, Totalschaden entstanden. Solange wir kein neues Auslieferungsfahrzeug gekauft haben, müssen wir uns ein Fahrzeug von einem Händler leihen. Das wird auf Dauer zu teuer. Daher sollten wir uns so schnell wie möglich nach einer Alternative umsehen und das ist die Aufgabe unserer Abteilung."

Petra: „Wieso kaufen wir nicht einfach wieder einen Sprinter?"

Herr Reisch: „Nun, unser Abteilungsleiter für Lager und Versand, Herr Heuser, möchte die Gelegenheit nutzen, direkt ein größeres Fahrzeug anzuschaffen. Herr Dettmer musste in der Vergangenheit häufig mehrmals täglich neue Ware bei uns aufnehmen, um diese dann erneut unseren Kunden zuzustellen. Ein 7,5-Tonner sollte es schon sein, dann kann Herr Heuser die Touren sinnvoller disponieren."

Petra: „Muss es denn unbedingt wieder ein Mendez sein?"

Herr Reisch: „Nein, nicht unbedingt. Haben Sie eine andere Idee?"

Petra: „Am Wochenende habe ich eine Anzeige eines IVITO-Händlers gesehen, der ganz in der Nähe seine Niederlassung wieder eröffnet hat. Ich glaube, dass man dort auch gute Nutzfahrzeuge kaufen kann. Irgendwo habe ich auch noch ein Anschreiben ..."

Herr Reisch: „Na ja, mit der Serviceleistung unserer bisherigen Werkstatt waren wir bislang immer zufrieden."

Petra: „Selbstverständlich. Aber was kostet es uns denn, dort einmal anzufragen? Vielleicht kann der Händler uns ja ein preisgünstigeres Angebot machen als der Mendez-Händler."

Herr Reisch: „Sie haben recht. Aber denken Sie auch daran, dass es für Herrn Heuser nicht nur auf den Preis ankommt. Wichtig ist das Gesamtpaket. Gerade die laufenden Kosten wie Verbrauch,

Steuern und Versicherungen müssen berücksichtigt werden. Dabei dürfen Sie nicht vergessen, dass wir einen modernen Lkw brauchen, der unter anderem in die Fußgängerzonen ausliefern kann, auch wenn aufgrund der hohen Luftbelastung Fahrverbote gelten."

Petra: „Ja, das ist richtig. Neben dem Preis spielen weitere Kriterien eine Rolle."

Herr Reisch: „Richtig, Frau Meyer. Dann fragen Sie bitte bei Mendez und IVITO ein Angebot an und führen Sie einen Angebotsvergleich durch. Wie Sie richtig erkannt haben, sind uns neben dem Preis weitere Kaufkriterien wichtig. Somit sollte der Angebotsvergleich rechnerisch und qualitativ durchgeführt werden, z. B. durch eine Nutzwertanalyse."

Arbeitsauftrag

1. Verfassen Sie eine Anfrage für den Mendez- oder den IVITO-Händler.
2. Führen Sie für die beiden vorliegenden Angebote einen rechnerischen und einen qualitativen Angebotsvergleich durch und treffen Sie eine Entscheidung mit Hilfe der Nutzwertanalyse über den Bezug des Fahrzeuges.

Hinweis

Die beiden Angebote von Mendez und IVITO sind der Einfachheit halber schon eingetroffen.

Informationen zur Nutzwertanalyse

Die Nutzwertanalyse dient dazu, Entscheidungen mithilfe mehrerer wichtiger Kriterien zu erleichtern. Dabei geht man davon aus, dass die verschiedenen Kriterien (z. B. Lieferbedingungen, Preise, Termintreue usw.) für die Kaufentscheidung unterschiedlich wichtig sind, d. h. unterschiedlichen Teilnutzen für den Beschaffungsprozess haben. Ein niedriger Bezugspreis ist somit wichtiger als gute Zahlungsbedingungen bzw. Qualitätsanforderungen und die sind wiederum wichtiger als die Lieferbedingungen. Für jedes Angebot wird dieser Teilnutzen bestimmt (Punkte- oder Notenvergabe). Durch Addition der Werte für den Teilnutzen ergibt sich der Gesamtnutzen. Die Kaufalternative mit dem höchsten Gesamtnutzen (der höchsten Punktzahl bzw. besten Noten) ist zu favorisieren. Die Nutzwertanalyse wird konkret durchgeführt, indem in die Spalten einer Matrix die jeweiligen Beurteilungskriterien und Alternativen aufgelistet werden. In den Zeilen werden die Punktwerte je Kriterium und Alternative notiert. Vorher muss die Punkte- oder Notenskala definiert sein.

Punkteskala: 0 bis 10 Punkte (0 = kein Nutzenbeitrag, 10 = besonders hoher Nutzenbeitrag)

		Alternativen							
Kriterien	**Gewichtung (G)**	**A**		**B**		**C**		**D**	
		Punkte (P)	P x G	Punkte (P)	P x G	Punkte (P)	P x G	Punkte (P)	P x G
Preis	30	8	240	10	300	6	180	5	150
Service	10	10	100	5	50	10	100	9	90
Prozessfähigkeit	20	7	140	6	120	10	200	9	180
Zuverlässigkeit	20	8	160	9	180	10	200	9	180
Zahlungsbedingungen	5	3	15	10	50	1	5	0	0
Lieferbedingungen	15	3	45	10	150	1	15	9	135
Summe aus P x G			700		850		700		735
Rangfolge			**3**		**1**		**4**		**3**

Notizblatt für die Nutzwertanalyse

Kriterium	Gewichtung	Mendez Daten	IVITO Daten	Mendez		IVITO	
				Punkte	Gewichtet	Punkte	Gewichtet
				Summe:			

Angebote zum Arbeitsauftrag 2:

IVITO-WEST-NUTZFAHRZEUGE GMBH
NIEDERLASSUNG DÜSSELDORF

IVITO WEST, Benrather Weg 44, 40470 Düsseldorf

Interlogistik GmbH
Luisenstraße 93
47119 Duisburg

IVITO WEST
Nutzfahrzeuge GmbH
Filiale Düsseldorf
Benrather Weg 44
40470 Düsseldorf

Ihr Zeichen, Ihre Nachricht vom	Telefon, Name	Unser Zeichen, unsere Nachricht vom	Datum
Herr Reisch	0203 7567890, Hans Kurtz		Januar 20..

Eröffnungs-Tage bei IVITO

Sehr geehrter Herr Reisch,

Endlich – wir haben wieder eröffnet! Nach einer umfangreichen Renovierung möchten wir Sie über unsere einmaligen Neueröffnungs-Angebote informieren. Neben unseren bisherigen Lkw-Modellen steht **IVITO** Ihnen nun auch als verlässlicher Partner mit dem neuen IVITO Eurocargo zur Verfügung.

Denn **IVITO**-Kunden wissen:

IVITO fahren lohnt sich!

Z. B. mit dem **IVITO Eurocargo** zum Angebotspreis von 92 000,00 € netto.
Die Überführungskosten betragen 100,00 € netto.

Der **IVITO Eurocargo** erfüllt die EU-Abgasnorm 4. Wir bieten einen kostenfreien Pannenservice bis 100 000 km. Sollte eine Reparatur nicht sofort möglich sein, stellen wir ein Ersatzfahrzeug – ebenfalls kostenfrei! Die Zuladung beträgt 3,4 t. Der Verbrauch liegt bei 14,4 l Diesel. Die Inspektionsintervalle liegen bei 25 000 km. Der Hubraum des Motors beträgt 5,9 l.

Der **IVITO Eurocargo** ist ab dem **1. März 20..** lieferbar. Also, greifen Sie zu, denn egal wohin Sie wollen, IVITO kommt an!

Für weitere Fragen stehe ich gern zur Verfügung.

Mit freundlichen Grüßen

H. Kaz

Bankverbindung
Commerzbank Duisburg
BLZ 410 601 20, Konto-Nr. 42677723

Handelsregister
AG Duisburg
HRB 1357

Geschäftsführer
Herbert Kaz

Mendez-Müller GmbH
Wir holen Ihnen die Sterne vom Himmel!

Mendez-Müller GmbH, Grüner Weg 77, 40878 Ratingen

Interlogistik GmbH
Luisenstraße 93
47119 Duisburg

Mendez-Müller GmbH
Grüner Weg 77
40878 Ratingen

Ihr Zeichen, Ihre Nachricht vom	Telefon, Name	Unser Zeichen, unsere Nachricht vom	Datum
Herr Reisch	02102 – 335645-12, Gunter Schmitz		Januar 20..

Angebot Nr. 3–18

Sehr geehrter Herr Reisch,

vielen Dank für Ihre Anfrage. Wir freuen uns, Ihnen folgendes Angebot machen zu können:

Pos.	Art.-Nr.	Art.-Bez.	Menge	Einzelpreis	Treuerabatt
1	106020	Mendez L 4000	1	120 000,00 € zzgl. 19 % USt.	10 %

Die Überführungskosten betragen 150,00 € (netto).

Das Modell entspricht neuesten Sicherheitsstandards und erfüllt die in der EU neu in Kraft getretene EURO 5.

Die Zuladung beträgt 2,9 t. Der Verbrauch liegt bei 14,8 l Diesel. Der Hubraum des Motors umfasst 4,25 l. Die Inspektion sollte alle 25 000 km durchgeführt werden.

Die Zahlung ist innerhalb von 30 Tagen zu leisten. Bei Zahlung innerhalb von 14 Tagen gewähren wir 2 % Skonto.

Voraussichtlicher Liefertermin: 15. Februar 20..

Wir freuen uns über Ihren Auftrag und auf weitere gute Zusammenarbeit.

Mit freundlichen Grüßen

Gunter Schmitz

Bankverbindung	Handelsregister	Geschäftsführer
Deutsche Bank Ratingen	AG Ratingen	Gunter Schmitz
BLZ 301 700 30, Konto-Nr. 3344434	HRB 1357	

Aufgabe 1

Erläutern Sie die rechtliche Bindung von Anfrage und Angebot.

Aufgabe 2

Herr Reisch möchte für den Bereich Warengruppe 1 „Elektrotechnik“ das aktuelle Sortiment um einen leistungsstarken Akkubohrer erweitern. Nennen Sie Möglichkeiten, wie Herr Reisch Bezugsquellen für diesen Artikel ermitteln kann.

Aufgabe 3

a) Die Elektronikgerätehersteller „Makito" und „White & Checker" machen der Interlogistik GmbH folgende Angebote über Akkubohrer. Die Interlogistik möchte insgesamt 250 Stück bestellen. Entscheiden Sie, welches Angebot günstiger ist, indem Sie den Bezugspreis pro Stück berechnen.

Angebot „Makito":
Akkubohrer je Stück, 32,50 € frei Haus, 7,5 % Mengenrabatt bei einer Abnahme von mind. 120 Stück. Zahlungsziel 30 Tage rein netto, bei Zahlung innerhalb von 10 Tagen –3 % Skonto.

Angebot „White & Checker":
Akkubohrer je Stück 30,80 € je Stück ab Werk. Bezugskosten je angefangene 50 Stück 33,00 €. Mengenrabatt bei einer Abnahme von 150 Stück 5 %. Zahlungsziel 30 Tage rein netto, bei Zahlung innerhalb von 14 Tagen 2 % Skonto.

b) Nennen Sie weitere Aspekte, die für die Auswahl eines Lieferanten von Bedeutung sein könnten (qualitativer Angebotsvergleich).

Aufgabe 4

Entscheiden Sie für die nachfolgenden Fälle, wie lange ein Lieferant jeweils an sein Angebot gebunden ist, und begründen Sie Ihre Meinung.

a) Ein Lieferant der Interlogistik GmbH nennt in einem Telefonat einen einmaligen Einführungspreis für die neu hergestellte Hanseat-Stichsäge „PST 712".
b) Die Interlogistik GmbH erhält das Angebot eines Lieferanten aufgrund einer Anfrage aus der vergangenen Woche per Fax.
c) Auf dem Postweg erreicht die Interlogistik GmbH das Angebot eines Lieferanten für eine neue Duschwanne.

Aufgabe 5

Willenserklärungen können auf drei unterschiedliche Arten abgegeben werden. Geben Sie jeweils ein Beispiel für die drei Möglichkeiten einer Willenserklärung.

Aufgabe 6

Vervollständigen Sie den folgenden Lückentext, sodass die Sätze wahrheitsgemäße Aussagen wiedergeben.

Wenn zwei ____________________ Willenserklärungen abgegeben werden, kommen in der Regel

____________________ zustande. Hierzu macht eine Partei einen ____________________ und

die andere Partei bestätigt ihren Willen durch eine ____________________.

Aufgabe 7

Entscheiden Sie begründet, in welchen der nachfolgenden Fälle ein Kaufvertrag zustande gekommen ist.

a) Ein Einzelhändler richtet eine spezielle Anfrage an einen Großhändler, der daraufhin ein verbindliches Angebot zuschickt.
b) Jens stellt ein Paket Nudeln aus seinem Einkaufswagen auf das Kassenband, bezahlt und steckt die Nudeln in seine Tragetasche.
c) Ein Kunde bestellt Waren aufgrund eines verbindlichen Angebotes, ändert aber die Lieferbedingung von „Ab Werk" in „Frei Haus".
d) Der Einzelhändler K. bestellt Waren, ohne zuvor ein Angebot erhalten zu haben. Der Lieferer schickt daraufhin eine Auftragsbestätigung.
e) Jenny bestellt einen Kleinwagen bei einem Autohändler. Mit der Lieferung wird in sechs Wochen gerechnet.
f) Aufgrund eines Angebotes mit der Klausel „Preise freibleibend" bestellt ein Käufer eine Ware und trägt bei seiner Bestellung den Preis der letzten Bestellung des Artikels bei diesem Lieferanten ein.

3 Märkte nach der Anzahl der Marktteilnehmer unterscheiden

Zu Petra Meyers Tätigkeiten im Büro gehört auch das Rechnungswesen bzw. Controlling. Vor dem Buchen von Belegen hat sie die Belege auf Höhe und Richtigkeit zu überprüfen. Heute kontrolliert sie die neuen Kontoauszüge. Stutzig wird sie bei folgender Abbuchung:

Lastschrift auf dem Girokonto: Stadtwerke Duisburg 800,00 € für Gas. Zeitraum Januar.

Petra: „Herr Reisch, die Stadtwerke haben 800,00 € von unserem Konto abgebucht. Das kommt mir sehr hoch vor."

Herr Reisch: „Ich habe gerade nachgesehen, dass wir im Vormonat nur 720,00 € an die Stadtwerke zahlen mussten. Der Betrag erscheint mir deutlich zu hoch."

Petra: „Wahrscheinlich sind die Energiepreise wieder gestiegen."

Herr Reisch: „Der Gaspreis ist an den Ölpreis gekoppelt. Nach oben werden die Preise immer sehr schnell angepasst. Nach unten ist die Preisanpassung sehr verzögert oder findet gar nicht statt."

Petra: „Dann suchen Sie sich doch einen neuen Gaslieferanten. Ich könnte direkt eine Anfrage starten."

Herr Reisch: „Dann starten Sie mal. Auch wenn das wahrscheinlich nicht viel bringt, weil Sie kaum andere Anbieter finden werden."

Petra: „Das glaube ich nicht. Warten Sie mal ab."

Als Nächstes hat sie Tankquittungen zu kontrollieren, die vom Auslieferungsfahrzeug vorliegen. Eingesetzt werden im Wechsel die Fahrer Herr Kunze oder Herr Lage.

Shell Select Station			
47852	Duisburg		
Obj.-Nr.: 000000123 Tel: 0203/47892			
Steuer-Nr. Gesellschaft: 270150			
Belg-Nr.	15.01.20..	14:12	
2	Diesel	25,17 €	A*
Zp 5	24,46 l	1,029 €/l	
Gesamtbetrag		25,17 €	
Typ	Netto	MwSt.	Brutto
A: 19 %	21,15	4,02	25,17
Fahrer:	Kunze	km	221

Aral Station am Butenpass			
47852	Duisburg		
Obj.-Nr.: 220000246 Tel: 0203/153872			
Steuer-Nr. Gesellschaft: 452168			
Belg-Nr.	17.01.20..	18:33	
2	Diesel	59,74 €	A*
Zp 8	58,17	1,027 €/l	
Gesamtbetrag		59,74 €	
Typ	Netto	MwSt.	Brutto
A: 19 %	48,39	11,35	59,74
Fahrer:	Lage	km	423

Herr Reisch hat sie auch beauftragt, den Verbrauch des Fahrzeuges zu ermitteln, um seine Wirtschaftlichkeit zu prüfen. Dazu soll sie den Verbrauch des Fahrzeuges pro 100 km ausrechnen und mit den Werten aus dem Vormonat vergleichen.

Werte aus dem Vormonat:

Fahrer	Gefahrene Kilometer	Liter	Zeit lt. Tachoscheibe
Kunze	3094	334	49 Std. 54 Min
Lage	2912	395	44 Std. 7 Min.

Petra: „Herr Reisch, ich stelle fest, dass Herr Lage unwirtschaftlich fährt. Sie sollten mal mit ihm reden. Wenn er fährt, ist der Dieselverbrauch unseres Fahrzeuges auf 100 km mehrere Liter höher als bei Herrn Kunze."

Herr Reisch: „Und warum soll das unwirtschaftlich sein?"

Petra: „Weil er über 20% mehr Diesel verbraucht. Das ist doch bei den heutigen Preise ein enormer Kostenfaktor."

Herr Reisch: „Das kann man so nicht sagen. Herr Lage fährt zwar nicht so energiefreundlich, dafür ist er schneller. Wenn Sie mal die Durchschnittsgeschwindigkeit pro 100 km ausrechnen, erkennen Sie, dass Herr Lage weniger Zeit benötigt. Er ist dann schneller wieder im Lager und kann weitere Aufgaben übernehmen. Die Personalkosten, die wir dadurch sparen, entsprechen wahrscheinlich den Mehrkosten an Diesel. Immerhin liegt der Stundensatz für die Fahrer, die wir als Betrieb zahlen, bei 45,00 € die Stunde. Aber prüfen Sie das ruhig mal, vielleicht liege ich mit meiner Vermutung auch falsch."

Petra: „Ich habe letztens noch mit Herrn Kunze gesprochen. Er sagte mir, dass er versucht, mit einer Tankfüllung möglichst weit zu kommen."

Herr Reisch: „Da denkt Herr Lage anders. Er berechnet vorher immer die Kilometer der Tagesstrecke und versucht dann, möglichst wenig Diesel zu verbrauchen. Ich denke beide Ansätze sind in Ordnung."

Petra: „Mir ist noch etwas anderes aufgefallen: Obwohl unsere Fahrer täglich tanken, z.T. auch an unterschiedlichen Tankstellen, sind die Preise bis auf ein oder zwei Cent immer gleich. Egal, ob bei Shell, Aral, Jet oder sonstwo getankt wird. Das ist eigenartig."

Herr Reisch: „Da haben Sie recht. Meist sprechen die Tankstellenbesitzer in unserer Region die Preise einfach ab."

Petra: „Aber das ist doch verboten. Habe ich in der Schule gelernt."

Herr Reisch: „Es gibt relativ wenig Tankstellen hier, deshalb ziehen die anderen mit ihren Preisen sofort nach, wenn eine davon die Preise erhöht. Die brauchen sich gar nicht groß abzusprechen, die handeln einfach. Normalerweise verhält sich der Markt nicht so, aber hier liegt eine besondere Marktsituation vor, Preise ergeben sich immer durch das Zusammenspiel von Angebot und Nachfrage."

Petra: „Aha."

Petra kommt zum nächsten Beleg: „Da hat Herr Heuser aber einen guten Preis ausgehandelt!" Letztens hat sie selbst Paletten gekauft, allerdings für 15,10 € das Stück.

Quittung Euro **257** Cent **22**

inkl. **19** % MwSt. **39,01 €**

Zwei - Fünf - Sieben Cent wie oben
Euro in Worten

Einwegpaletten, 80 x 120, 18 Stück a 14,29 €
von
Herr Heuser
für
Palettenfabrik Ostermann
dankend erhalten

Ort:	Datum:	Unterschrift Empfänger
Duisburg	29.01.	Meyermann

Arbeitsauftrag

1. Finden Sie für die genannten Märkte die Marktform heraus.
2. Führen Sie eine Wirtschaftlichkeitsbetrachtung durch.
   a) Erläutern Sie die Arbeitsprinzipien von Herrn Lage und Herrn Kunze.
   b) Berechnen Sie die Wirtschaftlichkeit der Fahrer, indem Sie die Kennzahlen zum Vergleich ermitteln.

Ökonomisches Prinzip

Markt	Anzahl der Anbieter	Anzahl der Nachfrager	Marktform	Beschreibung
Gasmarkt in Duisburg				
Tankstellenmarkt in Duisburg				
Palettenmarkt				

Aufgabe 1

Überprüfen Sie die in der Lernsituation aufgeführten Belege auf ihre rechnerische Richtigkeit.

Aufgabe 2

In der Lernsituation bearbeitet Petra Meyer eine Quittung, die Herr Heuser für den Kauf von Paletten erhalten hat.
Erklären Sie die rechtliche Bedeutung der Quittung.

Aufgabe 3

Bestimmen Sie durch Ankreuzen, welche drei Aussagen zum Ökonomischen Prinzip zutreffen.

- ☐ Es wird versucht, mit dem geringsten Einsatz von Mitteln, das größtmögliche Ziel zu erreichen.
- ☐ Das ökonomische Prinzip wird auch Wirtschaftlichkeitsprinzip genannt.
- ☐ Versucht ein Autofahrer mit seinem Wagen, der mit 50 Liter Benzin voll getankt ist, eine möglichst weite Fahrtstrecke zurückzulegen, so spricht man vom Maximalprinzip.
- ☐ Versucht ein Wirtschaftssubjekt ein vorgegebenes Ziel mit größtmöglichen Mitteln zu erreichen, so handelt es sich um das Maximalprinzip.
- ☐ Wenn eine Person versucht, mit dem Auto von Dresden nach München zu fahren und auf diesem Weg möglichst wenig Benzin zu verbrauchen, so spricht man vom Minimalprinzip.

Aufgabe 4

Bestimmen Sie durch Ankreuzen, welches Produktionsfaktoren der Volkswirtschaft sind.

- [ ] Arbeit, Boden, Kapital
- [ ] Beschaffung, Fertigung, Absatz
- [ ] Roh-, Hilfs-, Betriebsstoffe
- [ ] Rohstoffe, halbfertige Erzeugnisse, Fertigerzeugnisse
- [ ] Urerzeugung, weiterverarbeitende Industrie, Land- und Forstwirtschaft

Aufgabe 5

Bestimmen Sie, welche der folgenden Marktformen in den unten stehenden Fällen vorliegen. Tragen Sie die Ziffer vor der jeweils vorliegenden Marktform in das Kästchen ein.

Marktformen:
1 Angebotsmonopol, 2 Angebotsoligopol, 3 Polypol

Fälle:

- [ ] In der Großmarkthalle können Floristen zwischen Pflanzen von vielen Anbietern auswählen.
- [ ] Die Haushalte müssen ihren Müll durch das von der Stadt beauftragte Unternehmen entsorgen lassen.
- [ ] Die zahlreichen Heimwerker können vor Ort zwischen drei Baumärkten wählen.
- [ ] Als einziges Unternehmen produziert die Technik AG einen Triebwagen, der weltweit nachgefragt wird.
- [ ] Autofahrer können zum Tanken zwischen wenigen Mineralölgesellschaften auswählen.

Aufgabe 6

Stellen Sie fest, welche der folgenden betrieblichen Produktionsfaktoren in den unten stehenden Beispielen vorliegen. Tragen Sie die Ziffer vor dem jeweils vorliegenden Produktionsfaktor in das Kästchen ein.

Betriebliche Produktionsfaktoren:
1 Ausführende Arbeit, 2 Dispositive Arbeit, 3 Werkstoffe, 4 Betriebsmittel

Beispiele:

- [ ] Farbpatronen für die Drucker im Lagerbüro
- [ ] Von der Geschäftsleitung ausgestellter Plan zur Kundenauftragsabwicklung
- [ ] Einsatz einer weiteren Fachkraft für Lagerlogistik im Wareneingangsbereich
- [ ] Schmiermittel für die Gabelstapler
- [ ] Hochregallager in der Lagerhalle

Aufgabe 7

In welchen der unten stehenden Fälle handelt es sich um
1 volkswirtschaftliche Arbeitsteilung?
2 betriebliche Arbeitsteilung?
3 berufliche Arbeitsteilung?
4 Arbeitszerlegung?

Tragen Sie die Ziffer vor der jeweils zutreffenden Antwort in das Kästchen ein. Tragen Sie eine 5 ein, wenn keine der genannten Formen der Arbeitsteilung zutrifft.

Fälle:

- ☐ Zur Bearbeitung der Mahnung eines Lieferers wird vom Einkauf die Eingangsrechnung aus der Buchhaltung geholt.
- ☐ Der Kommissionierer A gibt einen Teilauftrag an Kommissionierer B in dessen Lagerzone weiter.
- ☐ Das Autohaus Köster eröffnet eine Filiale.
- ☐ Der Sanitärhersteller Arco lässt die Ware von Frachtführern ausliefern.
- ☐ In einem Neubauhaus hat der Elektriker die Leitungen verlegt, jetzt kann der Tapezierer seine Arbeit aufnehmen.

Aufgabe 8

Ordnen Sie die unten stehenden Begriffe den nachfolgenden Aussagen zu.

Begriffe:
1 Bedürfnis, 2 Bedarf, 3 Nachfrage, 4 Angebot

Aussagen:

- ☐ a) André Beier hat den Wunsch, seine Freundin zu überraschen, um ihr eine Freude zu machen.
- ☐ b) In einem Prospekt von Fleurop informiert sich André über verschiedene Blumensträuße.
- ☐ c) Nach reiflicher Überlegung entscheidet sich André für einen bestimmten Freundschaftsblumenstrauß aus dem Prospekt.
- ☐ d) André sucht ein Blumengeschäft auf und erklärt dem Verkäufer, welchen Strauß er gern kaufen möchte.
- ☐ e) Da das Blumengeschäft gerade diese speziellen Blumen nicht im Sortiment hat, zeigt ihm der Verkäufer die vorrätigen Blumen.
- ☐ f) André bestellt einen dieser Freundschaftssträuße.

Aufgabe 9

Welche Aussage trifft auf folgende Begriffe zu?

Begriffe
1 Bedürfnisse, 2 Bedarf, 3 Nachfrage, 4 Angebot, 5 Markt

Aussagen:

- ☐ Ein auf dem Markt geltend gemachter Kaufwunsch
- ☐ Die innere Antriebskraft für den Kaufwillen
- ☐ Das Zusammentreffen von Angebot und Nachfrage
- ☐ Ein unbestimmtes Mangelgefühl
- ☐ Planbar und mit Kaufkraft ausgestattet
- ☐ Wird nur durch einen Kaufentschluss am Markt wirksam
- ☐ Hält der Einzelhandel für die Nachfrage der Kunden bereit

Aufgabe 10

Ordnen Sie unten stehenden Gütern die folgenden Güterarten zu.

Güterarten:

1 Konsumgut und Verbrauchsgut
2 Konsumgut und Gebrauchsgut
3 Produktionsgut und Verbrauchsgut
4 Produktionsgut und Gebrauchsgut
5 Dienstleistung

Güter:

☐ Nahrungsmittel im Haushalt eines Einzelhändlers

☐ Beratung eines Einzelhändlers durch seinen Steuerberater

☐ Stereoanlage in der Privatwohnung eines Buchhändlers

☐ Datenkasse im Verkaufsraum eines Supermarktes

☐ Benzinvorrat im Tank des Lieferwagens eines Möbelfachgeschäftes

Aufgabe 11

Die Hersteller von Deko-Vasen vermuten auf dem Markt den in der Tabelle dargestellten Zusammenhang zwischen Preisen und

1. den zu verkaufenden Mengen (Nachfrage der Verbraucher),
2. den von den Herstellern angebotenen Mengen (Angebot) an Deko-Vasen pro Monat.

Preis in €	5	10	15	20	25	30	35	40	45
Angebotsmenge in Stück	300	400	500	600	700	800	900	1 000	1 100
Nachfragemenge in Stück	1 100	1 000	900	800	700	600	500	400	300

a) Zeichnen Sie nach oben stehenden Angaben eine Angebots- und Nachfragekurve in das nachfolgende Diagramm ein.

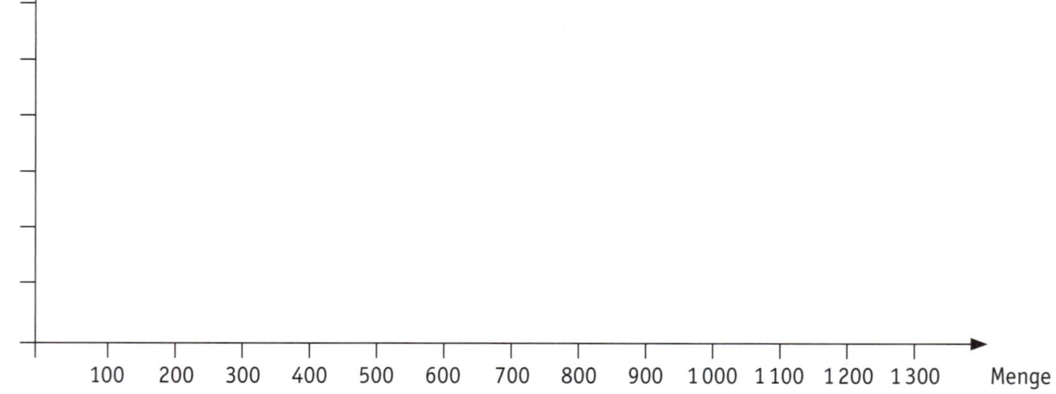

b) Ermitteln Sie
- **ba)** den Punkt, an dem die nachgefragte Stückzahl der Angebotsmenge entspricht (Gleichgewichtspreis),
- **bb)** den Stückpreis bei einer angebotenen Stückzahl von 1 000,
- **bc)** den Nachfrageüberhang in Stück bei einem Stückpreis von 15,00 €,
- **bd)** den Angebotsüberhang bei einem Stückpreis von 40,00 €.

c) Die Situationen aus b) lassen sich aus der Sicht eines Einzelhändlers auch durch die folgenden Begriffe beschreiben. Ordnen Sie den genannten Begriffen unten stehende Aussagen zu.

Begriffe:
1 **Normalsortiment** (Angebot des Einzelhändlers entspricht der Nachfrage der Kunden)
2 **Übersortiment** (Angebotsüberhang)
3 **Untersortiment** (Nachfrageüberhang)

Aussagen:
Das Sortiment

- ☐ entspricht der Nachfrage,
- ☐ ist kleiner als die Nachfrage,
- ☐ führt zu größter Wirtschaftlichkeit,
- ☐ führt zu Kundenverlusten,
- ☐ führt zu geringem Warenumschlag.

Aufgabe 12

Eine Volkswirtschaft lässt sich einteilen in die Bereiche
1 Urerzeugung (primärer Sektor),
2 Weiterverarbeitung (sekundärer Sektor),
3 Dienstleistungen (tertiärer Sektor).

a) Stellen Sie fest, welchen Sektoren (1–3) die nachfolgend genannten Unternehmen zuzuordnen sind.

- ☐ Hühnerfarm
- ☐ Bank
- ☐ Stahlwerk
- ☐ Versicherung
- ☐ Lebensmittelgeschäft
- ☐ Forstbetrieb
- ☐ Möbelschreinerei
- ☐ Maschinenfabrik
- ☐ Bergwerk (Eisenerz)
- ☐ Möbelfachgeschäft
- ☐ Fabrik für Tiefkühlgerichte
- ☐ Baumarkt
- ☐ Spedition

b) Aus den unter a) genannten Unternehmen lassen sich Produktionsketten (vom primären zum tertiären Sektor) bilden. Stellen Sie drei Produktionsketten grafisch dar.

Aufgabe 13

Ordnen Sie folgende Begriffe den unten stehenden Aussagen zu.

Begriffe:

1 Gebrauchsgüter
2 Verbrauchsgüter
3 sich ergänzende (komplementäre) Güter
4 sich gegenseitig ersetzende (substitutive) Güter
5 gleichartige (homogene) Güter
6 verschiedenartige (heterogene) Güter

Aussagen:

☐ Das Wirtschaftsgut stiftet nur einmal Nutzen und geht bei der Nutzung unter.

☐ Ein Wirtschaftsgut kann durch ein anderes ausgetauscht werden (z. B. Kaffee durch Tee).

☐ Es handelt sich um Güter von unterschiedlicher Art und Beschaffenheit.

☐ Das Wirtschaftsgut kann über längere Zeit genutzt werden und nutzt sich nach und nach ab.

☐ Bestimmte Wirtschaftsgüter werden nur zusammen mit anderen nachgefragt (z. B. Auto und Benzin).

4 Zahlungsein- und -ausgänge bearbeiten und überwachen

Petra Meyer ist stolz darauf, dass sie für die Beschaffung der MP3-Player bei dem Lieferanten Onlineshop einen so guten Preis bekommen hat. Immerhin war er 20 % günstiger als die anderen Lieferanten. Und das mit dem Bezahlen hat ja auch super geklappt. Der Onlineshop hat auf seiner Homepage alle Bankdaten hinterlegt. Da Petra Meyer ohne Rücksprache Rechnungen bis 500,00 € bezahlen darf, hat sie das auch getan. Der Lieferant hatte die Zahlung des Kaufpreises per Überweisung oder per Nachnahme angeboten. Doch die Nachnahme wäre teurer geworden, sodass Petra Meyer die Rechnungssumme direkt überwiesen hat.

Inzwischen hat sie allerdings kein gutes Gefühl mehr: Seit Zahlungsausgang sind inzwischen 14 Tage vergangen und die Ware ist immer noch nicht bei der Interlogistik GmbH eingetroffen. Dabei stand im Kaufvertrag „Lieferung sofort nach Zahlungseingang“. Den Kontoauszug hat sie schon überprüft. Am Tag nach der Bestellung ist das Geld auch wertmäßig vom Girokonto abgebucht worden.

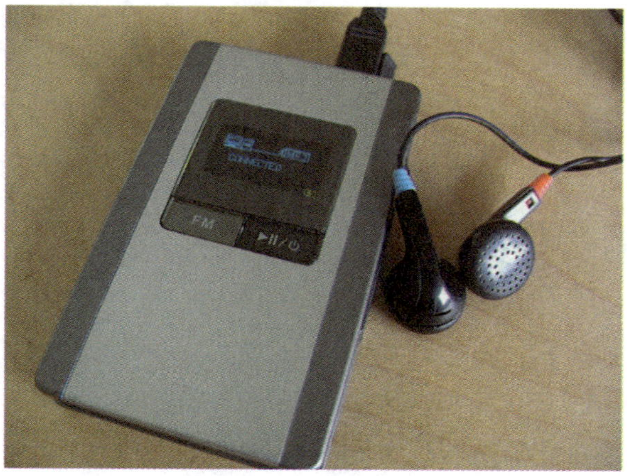

Petra Meyer: „Herr Reisch, ich brauche Ihren Rat.“

Herr Reisch: „Hallo, Frau Meyer, wo drückt denn der Schuh?“

Petra Meyer: „Ich habe ein Problem mit der Firma Onlineshop. Vor gut 14 Tagen habe ich auf deren Webseite 80 MP3-Player bestellt. Ich habe in dem Bestellformular alle wesentlichen Informationen eingegeben und dann mit dem Button ‚Bestellung abschicken‘ die Abwicklung abgeschlossen.“

Herr Reisch: „Haben Sie denn von der Firma eine Bestätigung über die Bestellung erhalten?“

Petra Meyer: „Ja, eine Auftragsbestätigung ist per Mail eingegangen.“

Herr Reisch: „Das ist ja schon mal gut. Trotzdem ist es verständlich, dass die Firma nicht sofort liefert, wir hatten ja noch keine geschäftlichen Beziehungen zum Onlineshop. Das Risiko ist für den Lieferanten viel zu groß, dass er das Geld nicht bekommt.“

Petra Meyer: „Das Geld habe ich aber schon überwiesen.“

Herr Reisch: „Wie sind Sie denn an die Zahlungsinformationen gekommen? Sie haben doch keine Rechnung vorliegen.“

Petra Meyer: „Die Kontendaten habe ich unter der Rubrik Impressum gefunden. Da standen Informationen zu der Firma, unter anderem die Bankverbindung. Und die habe ich sofort genutzt, damit die Lieferung direkt rausgeht.“

Herr Reisch: „Sie haben also die MP3-Player schon bezahlt, obwohl weder eine Rechnung vorliegt geschweige denn die Ware bei uns eingetroffen ist?“

Petra Meyer: „Ja. Ich habe gehofft, dass die Player dann schneller geliefert werden. Mittlerweile habe ich diese Hoffnung aber aufgegeben.“

Herr Reisch: „Haben Sie denn mal beim Onlineshop angerufen?“

Petra Meyer: „Ja, es geht aber keiner ran.“

Herr Reisch: „Dann schreiben Sie denen einen Brief per Einschreiben, in dem Sie zur sofortigen Lieferung auffordern. Setzen Sie ihnen eine Frist von sieben Tagen und weisen Sie darauf hin, dass wir bei Nichteinhaltung der Frist unseren Rechtsanwalt einschalten werden. Wo wir gerade dabei sind: Wie sieht es eigentlich mit der Rechnungsbegleichung unseres Kunden Herrn Weber aus?"

Petra: „Was soll damit sein? Herr Weber hat per Scheck bezahlt. Ich habe den Verrechnungsscheck fristgerecht zu unserer Bank gebracht. Zwei Tage später wurde die Zahlung unserem Bankkonto gutgeschrieben. Das habe ich auch anhand des Kontoauszugs kontrolliert."

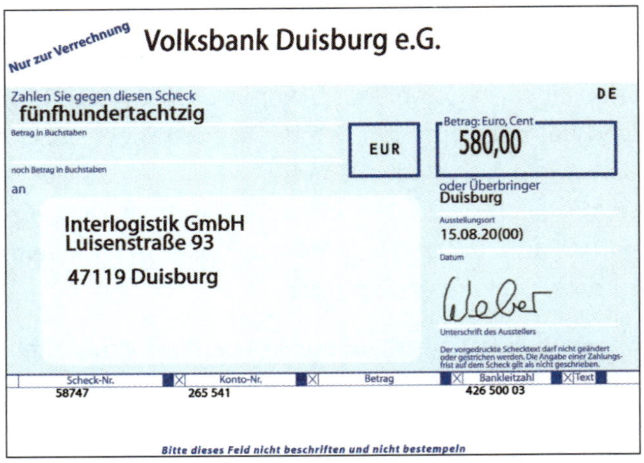

Herr Reisch: „Der Scheck ist geplatzt. Heute wurde die Rückbuchung auf unserem Konto gebucht."

Petra Meyer: „Wie kann das denn sein? Hier sehen Sie selbst, der Scheck ist unserem Konto laut diesem Kontoauszug vor gut einer Woche gutgeschrieben worden."

Herr Reisch: „Frau Meyer, Schecks werden von der Bank immer unter Vorbehalt gutgeschrieben. Wenn der Schuldner eine mangelnde Deckung auf seinem Konto hat, erfolgt eine Rückbuchung. So wie hier geschehen."

Petra Meyer: „Das wusste ich nicht. Wieso wissen Sie eigentlich, dass der Scheck geplatzt ist? Ich war doch noch gar nicht bei der Bank und habe die Auszüge abgeholt?"

Herr Reisch: „Weil ich auf einen dringenden Zahlungseingang warte, habe ich schon mal online nachgesehen und den faulen Scheck entdeckt."

Petra Meyer: „Das heißt, Sie können alle Wertbewegungen online einsehen und ich muss trotzdem jeden Tag zweimal zur Bank gehen?"

Herr Reisch: „Frau Meyer, das ist keine Schikane, sondern Sicherheit. Die Zugangsdaten, die sog. PIN und die TAN, für das Onlinebanking habe nur ich. Und ich möchte, dass das auch so bleibt."

Petra Meyer: „Das mit der Sicherheit leuchtet mir ein. Was eine PIN ist, weiß ich, glaube ich. Aber TAN habe ich noch nie gehört. Noch eine Frage zum Scheck: Warum akzeptieren wir überhaupt noch Schecks? Sollen doch alle Kunden per Überweisung bezahlen."

Herr Reisch: „Aus Kulanz unsererseits. Obwohl es zugegebenermaßen nur Ärger bringt. Ich werde mal mit Herrn Weber telefonieren und ihn auf die Zahlung ansprechen."

Petra denkt: „Heute hat aber auch gar nichts richtig geklappt. Und zugegebenermaßen kennt sie sich im Zahlungsverkehr wirklich nicht gut aus. Was das Onlinebanking angeht, verwirren sie nicht nur PIN und TAN, sondern auch die unterschiedliche Verwendung der Begriffe durch Herrn Reisch: Home Banking, Electronic Banking und Onlinebanking. Ist das alles das Gleiche?

Arbeitsauftrag

Erledigen Sie die Arbeiten bei der Abwicklung der Zahlungsein- und -ausgänge.

1. Schreiben Sie den Brief an den Onlineshop.
2. Erstellen Sie eine Zusammenfassung über den Bar- und Verrechnungsscheck als Zahlungsmittel.
3. Petra Meyer hat nur eine ungenaue Vorstellung vom Onlinebanking. Beschreiben Sie ihr dieses Verfahren. Erklären Sie ihr darin auch die Verwendung von PIN und TAN.

Aufgabe 1

Sie lesen in zwei unterschiedlichen Fachzeitschriften die unten abgebildeten Anzeigen bzw. Artikel zum Onlinebanking. Erarbeiten Sie jeweils die Vor- und Nachteile des Onlinebankings.

Anzeigetexte

Banking am PC – unabhängig von Ort und Zeit

eBank eBank

Was kann Onlinebanking?

Mit dem Banking am PC machen Sie sich unabhängig von Ort und Zeit – schnell erledigen Sie Ihre Bankgeschäfte. 24 Stunden am Tag, sieben Tage die Woche – überall auf der Welt. Sie können z. B. jederzeit:

- Kontostand und Umsätze abfragen
- Überweisungsaufträge erteilen
- Daueraufträge einrichten, ändern oder löschen

Wie funktioniert es? Wie sicher ist es?

Um das Programm zum Onlinebanking überhaupt starten zu können, erhalten Sie von uns eine persönliche Onlinebanking-Geheimzahl (PIN = Personal Identification Number), mit der Sie sich als berechtigter Kontoinhaber ausweisen und die nur Sie kennen. Zusätzlich legen Sie ein selbstgewähltes Kennwort fest, das Sie bei jeder Anmeldung eingeben. Beide (PIN und Kennwort) geben Sie bitte an niemanden weiter.

Was brauchen Sie?

- Ein Girokonto bei einer Bank
- Einen internetfähigen PC

Was kostet es?

Für die Nutzung unseres Programms Direct-B@nking fallen keine Kosten an – im Gegenteil: Sie erhalten für jeden über Direct-B@nking eingereichten Überweisungsauftrag 1,00 €, maximal 18,00 € pro Quartal. Sie zahlen nur die Gebühren Ihres Providers (z. B. T-Online).

Quelle: Bildungsverlag-EINS-Archiv

Artikel zum Internet-Banking aus der Zeitschrift „PC Großhandel"

„Kompliziert und riskant" – Ergebnisse einer Studie

Das Internet informiert nicht ausreichend: Auch wenn alle für den Kunden wichtige Informationen im Netz vorhanden sind, ist dieser längst nicht über alles Wesentliche informiert, da er die Informationen selbst suchen muss und nicht immer alles sofort findet.

Das Internet ersetzt alte Probleme durch neue: Ärgerten sich die Kunden früher über ungünstige Öffnungszeiten oder lange Warteschlangen am Schalter, so führen heute Softwareprobleme und/oder Unzuverlässigkeiten (z. B. überlastete Leitungen) zu Problemen. Der Kunde wird zur „Kasse gebeten": Er zahlt die „erweiterten Öffnungszeiten" mit viel Geduld und Zeit, eigenem Arbeitsaufwand und weniger Beratung am Bankschalter. Bestimmte Kundengruppen werden benachteiligt: Das Onlinebanking stellt hohe Anforderungen an den Verbraucher: Er muss nicht nur einen PC bereithalten, sondern auch über umfangreiche Kenntnisse hinsichtlich Technik und Sprache verfügen.

Onlinebanking verursacht Kosten: Neben den Anschaffungskosten für die erforderlichen Geräte fallen evtl. Gebühren für den Provider und meist hohe Telefongebühren an.

Quelle: Bildungsverlag-EINS-Archiv

Aufgabe 2

Beurteilen Sie das Onlinebanking im Vergleich zu Einkäufen mit Zahlungsziel sowie Kreditkarten aus Sicht eines Kunden.

Aufgabe 3

Folgende Geschäftsfälle treten bei der Interlogistik GmbH im Laufe eines Jahres auf. Entscheiden Sie, mit welcher Zahlungsform Sie die nachfolgend dargestellten Zahlungen am besten abwickeln würden.

1 Einzugsermächtigung, 2 Dauerauftrag, 3 normale Überweisung

- [ ] Monatliche Miete für das Geschäftslokal
- [ ] Monatliche Umsatzsteuerzahllast an das Finanzamt
- [ ] Gehaltzahlungen an das Verkaufspersonal
- [ ] Gelegentliche Rechnungen kleinerer Lieferanten
- [ ] Regelmäßige Rechnungen eines Großlieferanten
- [ ] Rechnungen der Telekom über Telefongebühren
- [ ] Gutschrift für einen Kunden wegen einer mangelhaften Lieferung

Aufgabe 4

Die Interlogistik GmbH hat mit der Telekom AG die Bezahlung fälliger Telefonrechnungen mithilfe des Lastschriftverfahrens in Form der Einzugsermächtigung vereinbart. Das Bankkonto der Telekom AG wird bei der Postbank AG, Niederlassung Essen, geführt.

a) Ordnen Sie die folgenden Begriffe und die Firmennamen der Beteiligten den Buchstaben A–D zu.
- Zahlstelle
- Zahlungsempfänger
- Zahlungspflichtiger
- Inkassostelle

b) Ordnen Sie folgende Abwicklungsschritte den Nummern 1–6 zu.
- Weiterleitung Lastschriftdatensatz gegen Kontoverrechnung
- Lastschrifteinreichung
- Kontobelastung
- Einzugsermächtigung
- Prüfung (Kontodeckung)
- Kontogutschrift E. v.

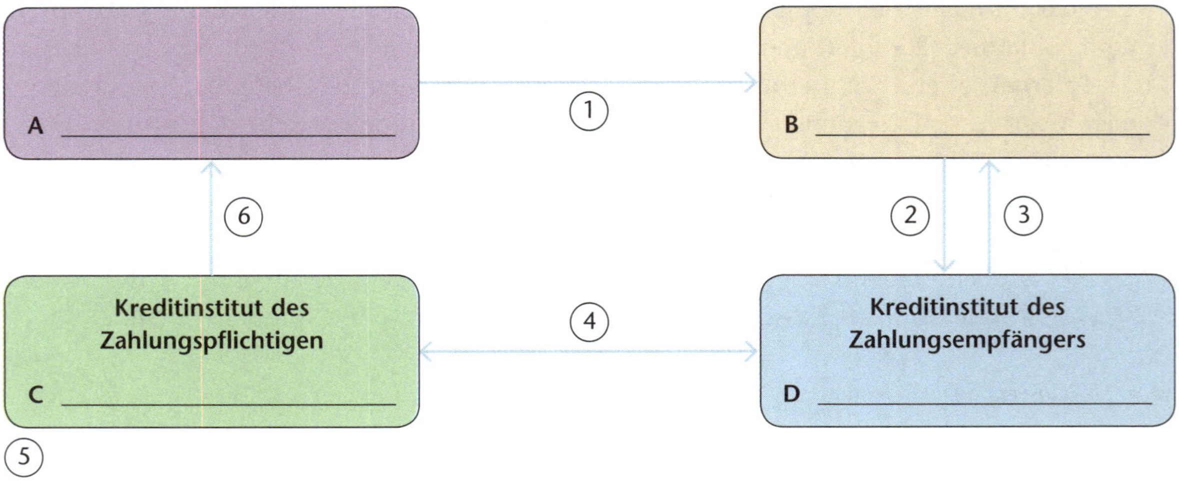

c) Nennen Sie das Lastschriftverfahren, welches aus Sicht der Interlogistik GmbH zu bevorzugen ist.
d) Erläutern Sie die Vorteile aus Sicht der Interlogistik GmbH, die sich aus der Anwendung des Lastschriftverfahrens gegenüber einer Zahlung per Überweisung ergeben.
e) Erläutern Sie die Vorteile, die sich aus der Sicht der Telekom AG aus der Anwendung des Lastschriftverfahrens gegenüber einer Zahlung per Überweisung ergeben.

Aufgabe 5

Entwerfen Sie eine Übersicht, die Auskunft darüber gibt, wodurch sich das Lastschriftverfahren und das Dauerauftragsverfahren voneinander unterscheiden. Beurteilungsmerkmale sind: Zahlungsbetrag, Zahlungstermin, Gläubiger.

Aufgabe 6

Prüfen Sie, ob es sich bei den unten stehenden Zahlungen um
a) Barzahlung,
b) halbbare Zahlungen,
c) bargeldlose Zahlung
handelt.

- ☐ Ein Kunde begleicht eine Rechnung mit Banküberweisung.
- ☐ Die Telefonrechnung wird im Lastschriftverfahren beglichen.
- ☐ Ein Lieferant erhält einen Verrechnungsscheck.
- ☐ Ein Kunde zahlt mit einem Barscheck.
- ☐ Die Geschäftsmiete wird per Dauerauftrag bezahlt.
- ☐ Ein Kunde bezahlt die Rechnung eines Versandhauses durch den beigelegten Zahlschein.
- ☐ Eine Aushilfe erhält für ihre Mitarbeit bei Lagerarbeiten einen Barscheck und löst diesen an der Kasse der bezogenen Bank ein.

Aufgabe 7

Erstellen Sie eine Liste mit allen Zahlungsformen, die Sie bisher kennengelernt haben. Gehen Sie dabei von Barzahlung, halbbarer und bargeldloser Zahlung aus. Ergänzen Sie die nachfolgende Tabelle und tragen Sie alle Zahlungsformen darin ein, mit denen sich sinnvoll Zahlungen zwischen Absender und Empfänger durchführen lassen. Unter „Banküberweisung" sollen hier auch die Sonderformen der Überweisung (Dauerauftrag, Lastschriftverfahren) verstanden werden.

Empfänger / Absender	Kein Konto (z. B. Konto unbekannt)	Bankkonto
Kein Konto (z. B. überzogen)		
Bankkonto		

5 Über die Anwendung von elektronischen Zahlungsformen entscheiden

Herr Reisch im Gespräch mit seiner Verwaltungsleiterin, Frau Klawitter:

Herr Reisch: „Ich habe festgestellt, dass es an unseren Kassen kein einheitliches Vorgehen gibt, ob nun electronic cash oder das Lastschriftverfahren angewendet wird."

Frau Klawitter: „Wir haben auch keine Kassenanweisung in dieser Frage."

Herr Reisch: „Aber merkwürdig ist es schon: Frau Sänger an der Kasse sagt z. B., dass sie bei größeren Beträgen das girocard-System verwendet, bei kleineren Beträgen ELV. Sie kann aber keine genaue Betragsgrenze angeben."

Frau Klawitter: „Ich glaube, die meisten entscheiden mehr nach dem Gefühl."

Herr Reisch: „Ja, genau. Die Kassiererin Frau Everding schaut sich den Kunden an. Sieht er vertrauenswürdig aus, wählt sie das Lastschriftverfahren, sonst – und auch bei allen neuen Kunden – girocard und PIN (ehemals electronic cash). Wenn allerdings viel zu tun ist, nimmt sie lieber ELV, weil bei girocard mit PIN mehr technische Probleme auftreten."

Frau Klawitter: „Die Kunden kommen oft mit der Eingabe der PIN und der Bedienung des Terminals nicht zurecht. Manchmal gibt aber auch das Konto des Kunden nicht genug her."

Herr Reisch: „Für uns sind aber doch zunächst einmal die Kosten und das Ausfallrisiko entscheidend. Die Bankgarantie bei girocard mit PIN kostet uns 0,2% des Kaufbetrages und mindestens 8 Cent – ist es uns das wert? Beim elektronischen Lastschriftverfahren können wir uns diese Kosten sparen."

Frau Klawitter: „Dafür ist aber das Risiko größer!"

Herr Reisch: „Deshalb sollten wir einen festen Betrag festlegen, bis zu dem wir das Risiko eingehen, den Kaufbetrag vom Kunden nicht zu bekommen. Dieser Betrag soll dann aber für alle Kassen gelten."

Frau Klawitter: „Ich stelle einige Daten zusammen und mache Ihnen einen Vorschlag."

Herr Reisch: „Sehr schön. Dann sollten wir aber auch einen Mindestbetrag festsetzen, ab dem wir überhaupt eine Kartenzahlung akzeptieren. Frau Everding berichtete, dass es Kunden gibt, die auch 2,50 € mit Karte bezahlen wollen."

Frau Klawitter: „Ja, die Kundschaft neigt dazu, auch kleinere Beträge mit der Karte zu zahlen, da sie kein Bargeld mit sich führt und die Kartenzahlung sehr sicher ist. Ich kümmere mich darum und entwerfe auch einen kundenfreundlichen Aushang, der auf den Mindestkaufbetrag mit Kartenzahlung hinweist."

Arbeitsauftrag

Entscheiden Sie über die Anwendung von girocard mit PIN und dem elektronischen Lastschriftverfahren (ELV) an den Kassen der Interlogistik GmbH.

1. Stellen Sie die Daten in der Entscheidungstabelle zusammen.
2. Legen Sie einen Betrag fest, bis zu dem das elektronische Lastschriftverfahren beim Kassieren anzuwenden ist.
3. Bestimmen Sie einen Mindestbetrag für die Kartenzahlung und entwerfen Sie einen kundenfreundlichen Aushang dazu für die Kassen.

Kassenauswertung

Interlogistik GmbH 31.03.20.. Finanzbericht Monat 03/20..	
Gesamtumsatz brutto	550 000,00 €
Anzahl Kunden	13 750
Bruttoumsatz pro Kunde	40,00 €
Barumsatz brutto	275 000,00 €
Kundenzahl	8 650
ec-Umsatz brutto	165 000,00 €
Kundenzahl	3 800
ELV-Umsatz brutto	110 000,00 €
Kundenzahl	1 300

Mitteilung des Instituts für Handelsforschung, Köln

> **„Zwei Drittel der Einkäufe in Innenstädten liegen unter 50,00 €."**

Interlogistik GmbH

Zahlungsausfälle beim elektronischen Lastschriftverfahren im März 20..

Kunde	Betrag	Status
Cramer	125,00	offen
Demey	155,00	uneinbringlich
Rudolf	78,00	uneinbringlich

Entscheidungstabelle

	girocard und PIN (ehemals electronic cash)		elektronisches Lastschriftverfahren (ELV)	
Abläufe				
Arbeitsaufwand beim Kassieren				
Kosten	**für Zahlungsgarantie/Autorisierungsgebühr Einzelbeträge** (0,2%)		– €	
Kaufbetrag 10,00 €				
Kaufbetrag 26,67 €				
Kaufbetrag 50,00 €				
Kaufbetrag 100,00 €				
Kaufbetrag 200,00 €				
Kaufbetrag 1 000,00 €				
Kosten der Interlogistik GmbH im Monat März 20.. für Zahlungsgarantie/Autorisierungsgebühr (0,2%) – Umsatzanteil	in €:	in %:	in €:	in %:
Sicherheit (Ausfallrisiko)				
Betragsentscheidung	ab:		bis:	

Aufgabe 1

In der Entscheidungstabelle führt ein Kaufbetrag von 26,67 € genau zu den 0,08 € Mindestgebühr für die Autorisierung/Zahlungsgarantie. Stellen Sie den Rechenweg dar, der zu diesem Ergebnis führt.

Aufgabe 2

Betrachten Sie den nebenstehenden Text auf der Rückseite eines von der Kasse erstellten Lastschriftbelegs.

Die Lastschrift wird nicht eingelöst (Konto nicht gedeckt). Begründen Sie, welches Recht, das der Kunde durch seine Unterschrift auf der Lastschrift eingeräumt hat, nun für die Interlogistik GmbH wichtig wird.

Ich ermächtige die Interlogistik GmbH, Luisenstraße 93, 47119 Duisburg, DE98ZZZ02625648741 [Gläubiger-ID des Händlers], den heute fälligen, o. g. Betrag unter o. g. Mandats-Referenz (M-ID) einmalig von meinem durch die verwendete Karte identifizierten Konto per Lastschrift einzuziehen. Die Frist zur Ankündigung des Lastschrifteinzugs wird auf einen Tag verkürzt. Die Belastung meines Kontos erfolgt an dem Geschäftstag, der dieser Zahlung folgt. Hinweis: Ich kann innerhalb von 8 Wochen, beginnend mit dem Belastungsdatum, die Erstattung des belasteten Betrages verlangen. Es gelten dabei die mit meinem Kreditinstitut vereinbarten Bedingungen.

Ich weise mein Kreditinstitut unwiderruflich an, die Lastschrift einzulösen und im Falle der Nichteinlösung der Lastschrift dem o. g. Unternehmen oder, bei Forderungsabtretung, dem jeweiligen Gläubiger oder deren Beauftragten auf Anforderung meinen Namen und meine Anschrift zur Geltendmachung der Forderung mitzuteilen.

Tanja Sommer

Unterschrift des Karteninhabers
(Betrag siehe Vorderseite)

Aufgabe 3

a) Die Kundin Melanie Baader hat von ihrer Bank eine girocard erhalten, dessen Chip mit einem Guthaben von 200,00 € innerhalb 20 Tagen ausgestattet ist. Sie kauft in einem Geschäft Waren im Wert von 115,00 € und zahlt „mit Karte" offline über das Verfahren GeldKarte. Begründen Sie die nachfolgenden Aussagen:

1. Der Kaufbetrag wird vom Guthaben des Karten-Chips abgebucht.
2. Es findet keine Prüfung über die Verrechnungszentrale (Autorisierungsstelle) statt.
3. Die Gebühr von 0,2 % der Kaufsumme wird nicht erhoben.
4. Die Zahlung ist trotzdem durch die kartenausgebende Bank garantiert.

b) Unmittelbar nach diesem Kauf geht Melanie Baader in ein weiteres Geschäft. Dort erwirbt sie Waren für 100,00 € und zahlt per Karte und PIN (ehemals electronic cash). Begründen Sie, ob nun das online- oder das offline-Verfahren angewendet wird.

Aufgabe 4

Ein Handwerker legt einem Baustoffgroßhändler bei der Bezahlung von 120 m^2 Gipskartonplatten zu einem Preis von 456,50 € die abgebildete Karte vor.

a) Entscheiden Sie begründet, welche Zahlungsform Sie auswählen.

b) Schildern Sie die Abwicklung der Zahlung mit der von Ihnen gewählten Zahlungsform.

c) Der Kunde hat nur 250,00 € Guthaben auf seinem Geschäftskonto. Entscheiden Sie begründet, ob in diesem Fall mit dieser Karte bezahlt werden kann.

Aufgabe 5

In dem Uhren-Schmuck-Fachgeschäft Kaiser ist die Kasse voreingestellt: ab 200 € mit girocard und PIN (ehemals electronic cash), darunter ELV. Wenn allerdings Stammkunden im Geschäft für Beträge über 200,00 € einkaufen, stellt die Inhaberin des Geschäftes die Kasse um auf ELV. Begründen Sie die Verhaltensweise der Inhaberin.

Aufgabe 6

Erläutern Sie die Bedeutung der im Folgenden abgebildeten Piktogramme.

Piktogramm	Erläuterung
Maestro	
girocard	

Modellunternehmen Interlogistik GmbH

Unternehmensphilosophie

Stillstand bedeutet Rückschritt ...

... deshalb setzen wir auch in unserem neuen Warensortiment konsequent auf Qualität und Innovation. Unser Motto: Wir vertreiben nur Artikel, die wir selbst nutzen wollen. Ein Prinzip, das uns in gerade mal fünf Jahren Firmengeschichte zu einem der wichtigsten Großhandelsmärkte in Europa hat werden lassen. Wir bleiben auch dieses Jahr unseren Prinzipien treu: hohes Qualitätsniveau, günstige Preise und die vollste Zufriedenheit unserer Kunden. Denn diese Zufriedenheit ist die Voraussetzung für gewinnbringende und langfristige Zusammenarbeit.

Unternehmensdaten

Interlogistik GmbH	Telefon: 0203 2724-300	www.interlogistik.de
Luisenstr. 93	Telefax: 0203 2724-360	M@il: info@interlogistik.de
47119 Duisburg		

Amtsgericht Duisburg	Stadtsparkasse Duisburg	Volksbank Duisburg	Postbank Dortmund
HRB 47/12/1990	BLZ: 350 500 35	BLZ: 350 603 86	BLZ: 440 100 46
	Konto: 123456789	Konto: 28905831	Konto: 65795112

Finanzamt Duisburg
Steuer-Nr.: 283/0976/6687
Ust-IDNr: DE487025442

Betriebs-Nr. für die Sozialversicherung: 42541874
Anzahl der Mitarbeiter: 44 inkl. 3 Auszubildende (siehe Organigramm)

Organigramm der Interlogistik GmbH

GESCHÄFTSLEITUNG
Josef Schulte
Andreas Scherlers

Assistentin der Geschäftsleitung
Miriam Becker

Stabsstelle Rechtsberatung
Dr. Helmut Kasak

EINKAUF
Hubert Reisch
Abteilungsleiter

- **GASTRONOMIE**
  Thomas Böhre (GL)
  Markus Schnalke
- **GROSSVERBRAUCHER**
  Heinz Demmer (GL)
  Stefan Waltermann
  Corinna Glockner
- **GEWERBE**
  Hilda Erpe (GL)
  Martin Hinrich
  Karl Vierstein
- **IMPORT**
  Claudia Zalotti (GL)

VERKAUF/MARKETING
Sabine Klawitter
Abteilungsleitung

- **WG: Elektrotechnik**
  Walter Vogel (GL)
  Kristin Ebel
  Barbara Ulrich (Azubi)
- **WG: Baustoffe**
  Peter Knuffer (GL)
  Engelbert Tewes
  Susanne Claus
- **WG: Textil**
  Doris Braun (GL)
  Heidrun Gelka
  Jens Hauck
- **WG: Sanitär**
  Klaus Beckmann (GL)
  Walter Meier
  Patrick Clauberg (Azubi)
- **EXPORT**
  Miroslav Kloser (GL)

LAGER/VERSAND
Frank Heuser
Abteilungsleiter

- **VERSAND**
  Klaus Krumme
- **FUHRPARK**
  Clemens Sauer
  Heiko Schmidt
- **LAGER**
  Siegfried Alefs (GL)
  Mechmet Ökta
  Frauke Paulis
  Petra Meyer (Azubi)

VERWALTUNG
Alfons Siepe
Abteilungsleiter

- **PERSONAL**
  Gerd Beyer (GL + AusBL)
  Martina Nolte
  Meike Becker
- **BUCHHALTUNG/KLR**
  Claudia Strunk (Azubi)
  Karsten Schön (GL)
  Tanja Schönhauer
- **DV**
  Horst Resing (GL)
  Sven Bauer

GL = Gruppenleiter
AusBL = Ausbildungsleiter

Sortimentsliste

Liefer-Nr.	Best.-Nr.	EK-Preis netto/€	Artikelbezeichnung	Artikel-Nr.	Listenverkaufspreis, netto/€
Warengruppe I: Elektrotechnik			**Kalkulationszuschlag 80 %**		
	227060	277,22	**Variotec-Kreissäge „Profi“**, 4-fach gelagerter Aluminium-Format-Schiebetisch, 0–75 mm Schnitthöhe, Arbeitshöhe 85 cm. 400 V/2500 Watt	125E314	499,00
	127061	66,11	**Hanseat-Stichsäge "PST 710"**, 3 Stufen Pendelhub, Schnitttiefe in Holz/Stahl (mm) 65/8, 220 V/710 Watt	125E315	119,00
	827063	99,44	**Bosch-Schlagbohrmaschine „BSM 1010“**, 2-Gang, 13 mm-Schnellspannfutter, Autolock, 220V/1010Watt	125B217	179,00
	127064	127,22	**Reinhall-Bohr-/Meißelhammer „PN 300 Super AX“**, SDS Bohrfutter, Hammerbohrer, Meißel und Schrauber, Fixtec-Adapter, Schlagstopp, Beton/Stahl/Holz: 30/18/50, 230V/1200 Watt	125E875	229,00

Liefer-Nr.	Best.-Nr.	EK-Preis netto/€	Artikelbezeichnung	Artikel-Nr.	Listenverkaufspreis, netto/€
	728090	166,11	**Kärcher-Hochdruckreiniger „320 plus“**, integrierter Wasserfilter, Dreckfräse, 330l/h, 230V/1400 Watt	258E985	299,00
	870023	8,80	**Zeitschaltuhr MT 1002**	6459	15,84
Warengruppe II: Baustoffe	**Kalkulationszuschlag 110 %**				
	315201	6,57	**Verblendsteine „Flex“ mit glatter Oberfläche**, farb-, lichtecht und frostsicher Stein-Maß: 21,5/5 cm, 1 m² pro Packung	236B125	13,79
	216530	1,90	**Beton Rotrand**, frostsicher, 40 kg	236B485	3,99
	415202	3,09	**Fermacell-Gipsplatte „Die Leichte“**, 62,5/100 cm, Stärke 12,5 mm	354B585	6,49
	217505	12,14	**Natursteinfliese „Venezia“**, Abrieb V, Größe 33,5/33,5 cm, Packung = 1,12 m², 25 Stück	259B149	25,49
	215211	0,97	**Spiritus 94 % vol.** 1 Liter, UN 1170, brennbar, leicht entzündlich	259B150	1,91
	916531	5,23	**Fliesenkleber „flex“**, flexibel, frostsicher, 25 kg	260B150	10,99
	F14578	2,50	**Fugenmasse außen**	1212	5,25
	E478	4,80	**Eichenbretter**	8956	10,08
Warengruppe III: Sanitär	**Kalkulationszuschlag 100 %**				
	725500	49,50	**Hänge-WC „Ideal“**, Tiefspüler, weiß	260S525	99,00
	525502	24,98	**Standsäule „Ideal“**, passend für Waschtisch „Ideal“, Keramik, weiß	155B878	49,96
	625601	229,50	**Eckbadewanne „Larissa“**, Sanitär-Kunststoff, Fassungsvermögen 300 l, Schenkellänge 140 cm, Außenhöhe 45 cm, weiß	374B258	459,00
	235602	67,50	**Frontschürze „Larissa“**, passend für Eckwanne „Larissa“, weiß	354B986	135,00
	325611	144,50	**Duschwanne „Miguel“**, Sanitär-Kunststoff, Innenhöhe 4 cm, Schenkellänge 80/80 cm, weiß	178B694	289,00
	325111	49,50	**Waschtischarmatur „Diamant“**, Einlochbatterie, Einhebelmischer, chrom	114B251	99,00
Warengruppe IV: Textil	**Kalkulationszuschlag 60 %**				
	971211	10,31	**T-Shirt „Atlanta“**, Baumwolle, Farbe: weiß/blau, Größe: universal	243B165	16,49
Warengruppe V: Sonstiges	**Kalkulationszuschlag 85 %**				
	801280	15,56	**Handwerkerset** „Vom Hammer bis zu Kabelbindern“	313S874	28,79
	801290	5,54	**Fahrradflickset** (bestehend aus je 4 Flicken Größe A und Größe B, 3 Mantelheber, 50 gr. Vulkanisationstube)	313S810	10,25

Liefer-Nr.	Best.-Nr.	EK-Preis netto/€	Artikelbezeichnung	Artikel-Nr.	Listenverkaufspreis, netto/€
Warengruppe V: Sonstiges Kalkulationszuschlag 85 %					
	830172	12,80	**Digital-Multimeter PM 334**	313S811	23,68
	710572	4,99	**Tintenpatrone Geha HP 810C**	313S812	9,23
	50368	8,70	**Steckdosenleiste**	313S813	16,10
	720104	3,20	**NICd Accu 120 mAH Block E**	313S814	5,92
	500242	0,99	**Universalmesserklingen abbrechbar im 5er-Pack**	313S815	1,83
	87945	14,80	**Handgriff mit Rosette je 2**	4545	
	877	5,90	**Kreuzschrauben 100er-Pack**	4546	
			Türgriffset bestehend aus Handgriffen, Rosetten, Schrauben	4547	19,99
	457	16,11	**Scharniere aus Blattgold, Auslaufmodell**	1458	29,80
	555	53,78	**Zarge auf Maß, nach Kundenangaben**	7455	99,50

Bildquellenverzeichnis

ALKOR VENILIA GmbH, Gräfelfing: 138.1, 138.2
Awista, Düsseldorf: 196.1–196.4
CHEMICA GmbH & Co KG, Sarstedt: 192.1, 192.2
CHEP Deutschland, Köln: 37.7
Deutsche Post AG, Bonn: 290.1
Deutsches Verpackungsinstitut e.V., Berlin: 177.1, 177.2
Deutscher Industrie- und Handelskammertag e. V.: 238.2, 238.4
Deutscher Sparkassen Verlag GmbH, Stuttgart: 360.2
dpa Picture-Alliance GmbH, Frankfurt: 277.1, 277.2
Eberl Internationale Spedition GmbH & Co. KG, Aiging bei Traunstein: 316, 321
EURO Kartensysteme GmbH, Frankfurt: 358.2, 361.2
Fachingen Heil- und Mineralbrunnen GmbH, Fachingen: 66
Fischer Metallbau AG, Zürich (CH): 334
Gesamtverband der Deutschen Versicherungswirtschaft e. V., Berlin: 234.1–234.3
gewe LagerTec Lagersysteme Planungs- und Vertriebs GmbH, Breuna: 69
Hörmann KG, Steinhagen: 226.2
Iveco S.p.A., Torino (Italia): 198.1, 198.2, 340
Johann Ridder, Wesel: 223
KNAPP AG, Hart/Graz (Austria): 168
Kombiverkehr GmbH & Co KG, Frankfurt A. M.: 311.1, 311.2
Krüger Transporte KG, Issel: 197
LEUBE Zementwerk GmbH, St. Leonhard (Austria): 230.1
MLR System GmbH, Ludwigsburg: 130
obs/MasterCard Europe: 361.1
Otto GmbH & Co KG, Hamburg: 141
MEV Verlag GmbH, Ausgburg: 21, 28.2, 50.2
picture-alliance / dpa, Frankfurt a. M.: 277.1
Party Rent, Bocholt: 305
Paul Tebroke, Bocholt: 7, 12 (alle), 16, 17, 23 (alle), 24 (alle), 30, 31.1, 31.2, 37.1, 37.4, 37.5, 37.6, 37.7, 37.9, 39, 43.1, 43.2, 43.3, 50.4, 55.1, 61, 73, 74 (alle), 75 (alle), 82, 84.1, 84.2, 95 (alle), 104, 111.1, 111.2, 122, 126.1, 126.2, 128.5, 132.1, 142 (alle), 143 (alle), 152.1, 152.2, 156.2, 174, 179, 185.1, 185.2, 186.2, 186.3, 192.3-193.7, 218.2, 226.1, 227.1, 227.2, 229.1, 229.2, 230.2, 230.3, 233, 236, 237 (alle), 238.1, 251, 258, 259, 279, 280 (alle), 281, 282.1, 282.2, 293, 294, 297, 300.1, 307.3, 322, 353
Prodinger oHG, Coburg: 94.1
PTV, NAVTEQ, Karlsruhe: 208, 211, 221
richter & heß INDUSTRIE- und GEFAHRGUTVERPACKUNGS GmbH, Chemnitz: 186.1
Rose Versand, Bocholt: 49, 150, 291, 295
Sozialversicherung für Landwirtschaft, Forsten und Gartenbau: 31.1, 31.2
Stöckl Maschinenbau GmbH, Fridolfing: 190
Strapex GmbH, Holzgerlingen: 90.3
TELE-SOUND GmbH, Verl: 171
Verband der Wellpappen-Industrie e.V., Darmstadt: 172, 178, 182.2, 190, 195, 234.4
Vocollect by Honeywell, Pittsburgh (USA): 164.1
Wikimedia-Stiftung, San Francisco (USA): 50

Fotolia.com:

Andreas Rodriguez: 214, BG: 20, 55.2, Christian Stoll: 215, Cofeman: 169.1, Createur: 218.1, Cristina Bedia: 96, Eisenhans: 160, Endostock: 46.2, 163, Flying-Tiger: 300.3, GaToR-GFX: 156.1, Gerhard Egger: 46.2, Globalflyer: 37.3, Guido Grochowski: 91, Henry Bonn: 169.2, henryn0580: 50.5, Janina Dierk: 238.2, Jeanette Dietl: 300.2, Jokatoons: 287, Kalle Kolodziej: 327, Kostolnik Rudolf: 205, 224.2, LianeM: 50.6, Marco Birn: 51, Markus Gössing: 8, Mowitsch: 296, Oliver Hammacher: 108.2, Photallery: 302, PhotoStocker, 28.1, Qjuuu: 37.2, Ralf Beier RRF: 124, T. Michel: 31.3, 31.4, 31.5, Tournee: 128.1, Willi: 128.2, Wladi: 302.1, Wogi: 85.4, 85.5, 86.1, 86.2, 189 (alle)

Zeichnungen:

Angelika Brauner, Hohenpeißenberg/ Bildungsverlag EINS GmbH, Köln: 67, 132.2, 133 (alle), 224.1, 246.1, 246.2, 247.1

Elisabeth Galas, Bad Breisig/ Bildungsverlag EINS GmbH, Köln: 201, 202

Umschlagfoto:

Fotolia.com: Kelvin Cantlon